Comment utiliser le tableau de bord prospectif

Pour créer une organisation orientée stratégie

Éditions d'Organisation
Groupe Eyrolles
61, bd Saint-Germain
75240 Paris Cedex 05
www.editions-organisation.com
www.editions-eyrolles.com

Library of Congress Cataloging-in-Publication Data
Kaplan, Robert S.
The strategy-focused organization : how balanced scorecard companies thrive in the new business environment / Robert S. Kaplan, David P. Norton.
Copyright 2001 Harvard Business School Publishing Corporation.

© Groupe Eyrolles, 2001
ISBN : 978-2-7081-2590-2

Robert S. KAPLAN ▪ David P. NORTON

Comment utiliser le tableau de bord prospectif

Pour créer une organisation orientée stratégie

Traduit de l'américain par Eileen Tyack-Lignot

Septième tirage 2009

EYROLLES

Éditions d'Organisation

Sommaire

CHAPITRE **4**

Élaborer des cartes stratégiques dans les entreprises du secteur privé

CHAPITRE **5**

Créer des tableaux de bord stratégiques pour les organisations à but non lucratif, les administrations et les organismes de soins

DEUXIÈME PARTIE

Mettre l'organisation en adéquation avec la stratégie pour créer des synergies

CHAPITRE **6**

Créer des synergies entre les centres de profit

CHAPITRE **7**

Créer des synergies au moyen des services communs

Préface

Dans la préface de notre premier livre, *Le tableau de bord prospectif,* nous écrivions « Ce livre que nous nous sommes efforcés de rendre aussi complet que possible … n'est qu'une étape intermédiaire… Nous espérons … que des entreprises innovantes contribueront à encore perfectionner la structure et l'utilisation du système. Peut-être même que dans quelques années nous pourrons écrire une suite à ce livre. »

Cette prédiction s'est avérée juste à tous égards. Depuis 1996, nous avons vu les premiers adeptes du tableau de bord prospectif s'épanouir et prospérer en le plaçant au centre même de leur système et de leurs processus de gestion. Et de nombreuses autres organisations ont depuis utilisé le tableau de bord prospectif avec beaucoup de succès. Ceux qui l'ont adopté sont présents dans le monde entier, à la fois dans des petites et de grandes entreprises, dans les secteurs de l'industrie et des services, ayant atteint une certaine maturité ou en croissance rapide. Ces entreprises sont à la fois publiques et privées, à but lucratif ou non. Au moment où nous mettons sous presse *Le Tableau de bord prospectif* a déjà été traduit en dix-neuf langues, prouvant ainsi l'universalité de son attrait et de son applicabilité.

Nous avons au départ lancé *Le Tableau de bord prospectif* pour résoudre un problème de mesure. Face à une concurrence fondée sur le savoir, il était indispensable pour les entreprises de développer, d'alimenter et de mobiliser leurs actifs incorporels. Or les indicateurs n'intégraient pas la valeur créée par les actifs immatériels : comme l'aptitude, les compétences et la motivation des salariés, les bases de données et les technologies de l'information, les processus de fonctionnement efficaces et proactifs ; la capacité de développer des produits et des services innovants, la fidélisation des clients ; les relations avec les partenaires et la conformité sur les plans politique, juridique et social. Nous avions alors proposé le tableau de bord prospectif pour répondre à ce problème de mesure de performance.

Mais nous avons appris que les entreprises qui avaient adopté le tableau de bord prospectif l'avaient utilisé pour résoudre un problème bien plus important que celui de mesurer la performance à l'ère de l'information. Ce problème, dont nous n'avions absolument pas pris conscience lorsque nous avons initialement proposé *Le Tableau de bord prospectif*, est celui de la mise en œuvre de nouvelles stratégies. Les statistiques en provenance de sources diverses révélaient que les organisations avaient beaucoup de mal, voire n'arrivaient pas, à mettre en œuvre de nouvelles stratégies.

Or, face à cette situation généralisée, nous nous sommes rendu compte qu'un grand nombre des premiers utilisateurs du tableau de bord prospectif parvenaient à mettre en place de nouvelles stratégies et à obtenir des résultats positifs dans les douze à vingt-quatre mois qui suivaient. Nous avons alors pris conscience qu'une nouvelle forme de structure était née « l'entreprise orientée stratégie ». Les responsables de ces entreprises, qui utilisaient le tableau de bord prospectif, le faisaient pour assurer la cohésion de leurs centres de profit, de leurs services communs, de leurs équipes et de leurs salariés autour des objectifs communs de l'organisation. Ils canalisaient les processus majeurs de gestion — la planification, les allocations de ressources, les budgets, le reporting et les réunions de direction — vers la stratégie. La vision, la stratégie et les allocations de ressources venaient d'en haut ; la mise en œuvre, l'innovation, les informations et l'apprentissage remontaient du terrain et des bureaux. Grâce à leur nouvelle orientation, leur nouvelle cohésion et leur nouvel apprentissage, les performances des organisations faisaient des bonds. Le tout devenait bien plus que la somme des parties.

Beaucoup nous ont aidés à comprendre comment orienter une entreprise sur la stratégie. Nous avons appris et nous avons été inspirés par des leaders d'organisations exceptionnelles :

Brian Baker et Bob McCool	Division marketing et raffinage Amérique du Nord de Mobil
Gerry Isom et Tom Valerio	Division assurance dommages de CIGNA

Robert Gordon	Store 24
Norman Chambers	Halliburton Energy Development
Michael Hegarty et Lee Wilson	Chemical and Chase Banks, à présent chez Axa
Bill Catucci	AT&T Canada, à présent chez Equifax
Larry Brady	FMC Corporation, à présent chez UNOVA
Pam Syfert	Ville de Charlotte, Caroline du Nord
Gouverneur Gary Locke et Joe Dear	État de Washington
Dr. Jon Meliones	Hôpital pour enfants de Duke
Vanessa Kirsch et Kelly Fitzsimmons	New Profit, Inc.
Tris Chapman	Southern Garden Citrus
Kathleen Bradley Kapsalis	Institut May
Elaine Brennan	Hôpital Montefiore

De nombreuses personnes ont apporté des transformations dans leur organisation pour parvenir aux formidables expériences et aux succès que nous décrivons dans cet ouvrage :

Jay Forbes	Nova Scotia Power
Mike Brown et Doug Schultz	UPS
Ron Mambu	FMC Corporation
Richard Magnus	Tribunaux de Singapour
Guillermo Babatz	Grupo Bal, Mexico
Steve Kirn	Sears, Roebuck & Co.
Cheryl Thomas et William Ehrhorn	Fannie Mae
Steven Relyea	Université de Californie, San Diego
Ted Francavilla	Chemical and Chase Banks
Ed Lewis	M&RAN de Mobil
Todd D'Attoma	M&RAN de Mobil, Lubrifiants
Stephen Mournighan	Ministère américain de l'Énergie
Lory Byrd	Ministère américain des Transports

Julie Chesley et M. Wenger	National Reconnaissance Office
Dennis Wymore	Shell
Eileen Moser	United Way dans le sud est de la Nouvelle Angleterre
Lisa Schumacher et Nancy Eliott	Ville de Charlotte, Caroline du Nord
John Davis	Nationwide Financial Services
Marc de Quervain	ABB Suisse
Al Derden	Texaco
Wolfgang Schmidt-Soelch	Winterthur International
James Noble et Martin Shotbolt	General Motors
Garrett Walker	GTE Service Corporation
Randy Numbers et Mary Gray	J.P. Morgan

En outre, nous avons beaucoup appris des expériences innovantes faites par nos collègues de la Balanced Scorecard Collaborative : Michael Contrada, Geoffrey Fenwick, Laura Downing, Bill Hodges, Terry Brown, Ann Nevius, Rob Howie, Cynthia Baird, Mario Bognanno, Dave Foster, Randy Russel et Gaelle Lamothe ; ainsi que de ceux qui étaient autrefois chez Renaissance Worldwide : Francis Gouillart, Sean Hogan, Ryan England et Timothy Henry ; ainsi qu'Ellen Kaplan pour son aide au May Institute New Profit Inc. et United Way of Southeastern New England.

Nos interlocuteurs chez Harvard Business School Press : Carol Franco à la présidence ; Hollis Heimbouch, Constance Devanthéry-Lewis et Barbara Roth à l'édition, ainsi que Laura Noorda à la fabrication nous ont apporté leurs suggestions et leur soutien inconditionnel.

Nous les remercions tous de nous avoir aidés à créer ce livre.

Robert S. Kaplan et David P. Norton

Boston et Lincoln, Massachusetts,
juin 2000

Chapitre

Créer l'organisation orientée stratégie

LA CAPACITÉ À EXÉCUTER LA STRATÉGIE. Une étude portant sur 275 responsables révéla que la capacité à exécuter une stratégie était plus importante que la stratégie elle-même[1]. Ces responsables citaient la mise en œuvre de la stratégie comme étant le facteur majeur de l'évaluation du management de l'entreprise. Cette découverte semble surprenante dans la mesure où ces vingt dernières années, les théoriciens et consultants du management ainsi que la presse professionnelle se sont surtout penchés sur la façon d'élaborer des stratégies qui génèreraient la performance maximale. Il semble même que la formulation de la stratégie n'ait jamais été aussi importante.

Pourtant d'autres observateurs confirment l'étude et pensent que la mise en œuvre de la stratégie peut être plus importante que la stratégie elle-même. Une étude, réalisée par des consultants en management au début des années 80, révélait que moins de 10 % de stratégies correctement formulées étaient appliquées avec succès[2]. Plus récemment, un dossier de Fortune, consacré aux échecs des grands dirigeants, concluait que l'accent

---

1. *Measures That Matter* Ernst & Young (Boston, 1998), 9.
2. Walter Kiechel, « Corporate Strategists under Fire » *Fortune*, 27 décembre 1982, 38.

placé sur la stratégie et la vision pouvait laisser croire à tort qu'une bonne stratégie était suffisante pour réussir. « Dans la majorité des cas — que nous estimons à 70 % — le réel problème ne venait pas (d'une mauvaise stratégie, mais)… d'une mauvaise exécution. » précisaient les auteurs[3]. Ainsi, avec des taux d'échecs de l'ordre de 70 à 90 %, nous pouvons comprendre pourquoi des investisseurs expérimentés en sont venus à penser que la mise en œuvre est plus importante qu'une bonne vision.

Pourquoi les organisations ont-elles du mal à appliquer des stratégies bien formulées ? L'un des problèmes vient de ce que les stratégies, — les seuls moyens durables par lesquels les organisations créent de la valeur — sont en train de changer alors que les outils pour les mesurer n'ont pas suivi. À l'époque industrielle, les entreprises créaient de la valeur avec leurs actifs matériels, en transformant les matières premières en produits finis. Une étude du Brookings Institute en 1982 montrait que les valeurs comptables matérielles représentaient 62 % de la valeur de marché d'une entreprise industrielle. Dix ans plus tard, ce taux était passé à 38 %[4]. Et des études récentes estimaient qu'à la fin du vingtième siècle, la valeur comptable des actifs matériels ne représentait plus que 10 à 15 % des valeurs des entreprises sur le marché[5]. Il est clair que les occasions de créer de la valeur passent de la gestion des actifs matériels à la gestion des stratégies fondées sur le savoir, qui font appel aux actifs incorporels : la relation clientèle, les services et produits innovants, les processus de fonctionnement de haute qualité et réactifs, la technologie de l'information et les bases de données ainsi que les capacités, les compétences et la motivation des salariés.

Dans une économie caractérisée par les actifs matériels, les indicateurs financiers étaient adaptés pour enregistrer les stocks, les biens, les usines et le matériel, sur les bilans des sociétés. Les comptes de résultats pouvaient également retracer les dépenses associées à l'utilisation de ces actifs matériels pour générer des recettes et des profits. Mais l'économie actuelle, où les actifs incorporels sont devenus des sources majeures d'avantages concurrentiels, exige des outils qui décrivent les actifs fondés sur le savoir et les stratégies de création de valeur que ces actifs génèrent.

---

3. R. Charan et G. Colvin, « Why CEO's Fail, » *Fortune*, 21 juin 1999.
4. M. B. Blair, *Ownership and Control : Rethinking Corporate Governance for the Twenty-First Century* (Washington, DC : Brookings Institute, 1995), chapitre 6.
5. Recherche menée par le Professeur Baruch Lev de l'Université de New York, citée dans « New Math For a New Economy » *Fast Company*, janvier-février 2000, 217-224.

En l'absence de tels outils, les entreprises ont eu du mal à gérer ce qu'elles ne pouvaient ni décrire ni mesurer.

Les entreprises ont également eu des difficultés à tenter d'appliquer des stratégies fondées sur le savoir à des organisations conçues pour la concurrence de l'ère industrielle. Même vers la fin des années 70, de nombreuses structures fonctionnaient de façon centralisée au moyen de grands départements fonctionnels. La stratégie pouvait être élaborée d'en haut et appliquée grâce à une culture hiérarchique d'ordre et d'exécution. Les changements étaient progressifs, aussi les responsables pouvaient-ils utiliser des systèmes de contrôle de gestion lents et tactiques tels que le budget. Mais de tels systèmes ont été conçus pour les entreprises industrielles du xixe siècle et du début du xxe siècle. Ils ne sont plus adaptés à l'environnement dynamique et constamment changeant d'aujourd'hui. Et pourtant de nombreuses entreprises continuent à les utiliser. Est-il dès lors surprenant qu'elles rencontrent des difficultés à appliquer des stratégies totalement nouvelles élaborées pour une concurrence fondée sur le savoir au xxe siècle ? Les organisations ont besoin d'un nouveau système de management conçu pour la stratégie et non pour la tactique.

La plupart des structures de nos jours fonctionnent en équipes et en centres de profit décentralisés qui sont bien plus proches du client que les états-majors des grandes sociétés. Ces structures savent que l'avantage concurrentiel vient davantage des relations, des compétences et des connaissances immatérielles créées par les salariés que des investissements en actifs matériels et de l'accès au capital. La mise en œuvre de la stratégie exige donc que tous les centres de profit, les services de soutien et les salariés soient en phase avec la stratégie. Et en raison des changements rapides de la technologie, de la concurrence et des réglementations, la formulation et l'application de la stratégie doivent devenir un processus participatif continu. Aujourd'hui les entreprises ont besoin d'un langage pour communiquer leur stratégie, tout comme elles ont besoin de processus et de systèmes qui contribuent à appliquer cette stratégie et avoir un retour sur cette stratégie. Le succès ne vient qu'à partir du moment où la stratégie devient la préoccupation quotidienne de chacun.

Il y a quelques années de cela, nous avons lancé le tableau de bord prospectif[6]. À cette époque, nous pensions que le tableau de bord prospectif

---

6. R. S. Kaplan et D. P. Norton « The Balanced Scorecard : Measures That Drive Performance » *Harvard Business Review* (janvier-février 1992) ; 71-79.

concernait la mesure et non la stratégie. Nous étions partis de l'hypothèse qu'en se fiant exclusivement aux indicateurs financiers d'un système de gestion les entreprises prenaient de mauvaises décisions. Les indicateurs financiers sont des indicateurs de suivi ; ils rendent comptent des résultats, des conséquences des actions passées. En se fiant exclusivement aux indicateurs financiers, les entreprises favorisaient des comportements à court terme, qui sacrifiaient la création de valeur à long terme au profit de la performance à court terme. La méthode du tableau de bord prospectif conservait les indicateurs de performance financière, les indicateurs de suivi, mais les complétait par des mesures sur les inducteurs, les indicateurs prospectifs, des futures performances financières.

Mais quels étaient les bons indicateurs de la future performance ? Si les indicateurs financiers incitaient à faire les mauvaises choses, quels indicateurs inciteraient à faire les bonnes choses ? En fait, la réponse est venue d'elle-même : ceux **qui mesuraient la stratégie** ! Ainsi tous les objectifs et les indicateurs sur le tableau de bord prospectif, qu'ils soient financiers ou non financiers, devraient découler de la vision et de la stratégie de l'organisation. Et bien que nous ne nous soyons pas pleinement rendu compte de toutes ses implications à l'époque, le tableau de bord prospectif devint très vite un outil de gestion de la stratégie, un outil pour traiter les taux d'échec de 90 %.

Plusieurs des premières compagnies qui ont fait appel à nous pour mettre en place le tableau de bord prospectif — la division Marketing et Raffinage Amérique du Nord de Mobil, la division Assurance Dommages de CIGNA, Chemical Retail Bank et la division Rockwater de Brown & Root Energy Services — connaissaient des difficultés ; elles perdaient de l'argent et étaient à la traîne dans leur secteur. Chacune s'était récemment dotée d'une nouvelle direction pour redresser la situation. Et chaque nouvelle équipe de direction avait adopté des stratégies totalement nouvelles pour mieux orienter leurs structures vers le client. Ces stratégies ne se contentaient pas seulement de réduire les coûts et de se recentrer, elles nécessitaient de repositionner l'organisation sur son marché concurrentiel. Et, en outre, les nouvelles stratégies impliquaient que l'ensemble de l'organisation adopte un nouvel ensemble de valeurs et de priorités culturelles. À la réflexion, il nous avait été demandé de mettre en place le tableau de bord prospectif dans quatre des pires scénarios : dans des structures en situation d'échec, démoralisées, qui avaient besoin que leurs effectifs allant jusqu'à 10 000 salariés apprennent et comprennent une nouvelle stratégie et modifient des comportements enracinés en eux depuis des décennies.

La division marketing et raffinage de Mobil Amérique du Nord

En 1992, cette division de Mobil[7] avec un chiffre d'affaires de 15 milliards de dollars annuel, se traînait à la dernière place du secteur en rentabilité, réalisant un taux de retour sur investissement inacceptable ; au point de nécessiter que la maison mère y réinjecte 500 millions de dollars de trésorerie ne serait-ce que pour entretenir et améliorer les installations. La nouvelle équipe de direction mit au point une nouvelle stratégie orientée client. L'équipe décentralisa l'organisation en 18 centres de profit en fonction des segments de marché avec une comptabilité propre et réorganisa les fonctions centrales en quatorze groupes de services communs. Le tableau de bord prospectif fut mis en place en 1994 pour communiquer et gérer le déploiement de la nouvelle stratégie.

Les résultats ne se firent pas attendre. Et après des années de performance inférieure à la moyenne, y compris la dernière place de son groupe en 1992 et 1993, Mobil se hissa à la première place en 1995, avec des profits de 56 % supérieurs à la moyenne du secteur (voir la Figure 1.1.). Ce retournement a été possible en deux ans grâce à l'introduction d'une nouvelle stratégie, d'une nouvelle organisation et d'un processus de gestion performant fondé sur l'utilisation du tableau de bord prospectif. Ce qui est plus impressionnant encore c'est que Mobil a conservé cette première place au cours des quatre années suivantes. Brian Baker, directeur général de cette division en 1998, commentait les succès de la structure en ces termes : « En 1997, nous avons occupé la première place pour la troisième année consécutive, ce qui est une première pour une grande compagnie pétrolière...C'est au tableau de bord prospectif que revient la plus grande part de ce succès. Nous avons créé un esprit de performance grâce au tableau de bord prospectif. »

---

7. Le chiffre d'affaires exclut les taxes collectées à la pompe pour le compte du gouvernement.

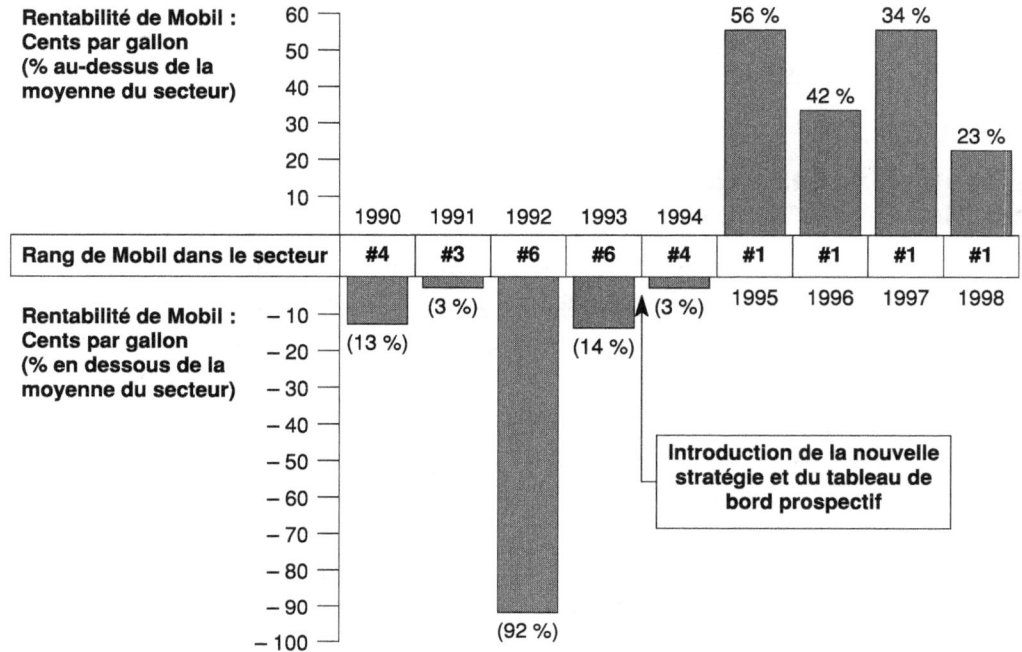

Figure 1-1. Rentabilité relative de la Division Marketing et Raffinage de Mobil Amérique du Nord, 1990-1998

CIGNA Assurance Dommages

En 1993, cette division de CIGNA a perdu près de 275 millions de dollars, ce qui en faisait la pire des performances du secteur. Bien que ses mauvaises performances soient dues en partie à quelques catastrophes exceptionnelles, pratiquement toutes ses activités étaient limites. La nouvelle équipe de direction mit au point une nouvelle stratégie : celle de devenir un « spécialiste » en se recentrant sur les niches pour lesquelles l'entreprise disposait d'avantages concurrentiels sur le plan de l'information. L'équipe de direction appliqua la nouvelle stratégie à ses vingt et un centres de profit en 1994, en utilisant le tableau de bord prospectif comme processus de gestion central.

Les résultats furent rapides et spectaculaires. En deux ans, CIGNA avait retrouvé sa rentabilité et a, depuis lors, maintenu et amélioré ses performances au cours de chacune des quatre années suivantes. En 1998, sa rentabilité lui permit d'accéder à un rang élevé dans le secteur, certaines de ses activités s'affichant dans le premier quartile de performance. À la fin de 98, la maison mère céda la division pour 3,45 milliards de dollars. Selon Gerald Isom le président de CIGNA Assurance Dommages, le tableau de bord prospectif joua un rôle majeur dans cette histoire qui finit bien : « CIGNA a eu recours au tableau de bord prospectif pour gérer sa transformation et passer d'une entreprise généraliste à une entreprise spécialisée figurant dans le premier quartile. »[8]

La division Rockwater de Brown & Root Energy Services

Rockwater est une entreprise de construction sous-marine qui est une division de Brown & Root Energy Services (dans le groupe Halliburton). Avec son siège à Aberdeen en Écosse, elle a pour principaux clients les grandes compagnies pétrolières et gazières offshore. En 1992, Rockwater perdait de l'argent. En 1993, Norm Chambers, le nouveau président de la division, présenta le tableau de bord prospectif à son équipe de direction. Son but était de clarifier sa vision et d'obtenir un consensus autour de sa nouvelle stratégie qui consistait à apporter davantage de valeur ajoutée au client plutôt que de lui offrir le meilleur prix. En 1996 déjà, Rockwater était le premier de sa niche en termes à la fois de croissance et de rentabilité. Chambers déclara : « Le tableau de bord prospectif nous a aidés à améliorer notre communication et à accroître notre rentabilité. »[9]

Chemical (Chase) Retail Bank

L'application chez Chemical Retail Bank débuta peu après la fusion de Manufacturers Hanover et de Chemical Bank en 1992. Michael Hegarty, le président de la banque de détail eut recours au tableau prospectif pour appliquer sa nouvelle stratégie : diversifier l'activité de la banque au-delà de ses comptes courants et de comptes d'épargnes, de plus en plus liés aux produits standardisés, et qui étaient gérés dans des agences onéreuses de la région new-yorkaise. Après la fusion, Chemical devait fermer des centaines d'agences qui faisaient alors double emploi. En utilisant le tableau de bord prospectif pour communiquer sur l'accent à mettre sur les clients ciblés, la banque a été à la fois capable de réaliser les réductions de

---

8. « Letters to the Editor » *Harvard Business Review* (mars-avril 1996) : 170.
9. « Letters to the Editor » *Harvard Business Review* (mars-avril 1996) : 172.

coûts attendues de la fusion tout en minimisant la perte des clients ciblés. En fait, elle est même parvenue à augmenter ces recettes avec la clientèle ciblée. Les profits de la banque de détail ont évolué comme suit :

Année	Profits
1993 (année de base)	x
1994	8x
1995	13x
1996	19x

L'amélioration a représenté des centaines de millions de dollars par an au cours des trois premières années où la banque a adopté le tableau de bord prospectif. Hegarty déclara : « Le tableau de bord prospectif est devenu partie intégrante de notre processus de gestion du changement. Le TBP nous a permis de regarder au-delà des indicateurs financiers et de nous concentrer sur les facteurs qui créent de la valeur économique. »[10]

Par rapport aux difficultés que rencontrent la plupart des organisations pour appliquer leur stratégie, ces quatre adeptes du tableau de bord prospectif l'ont tous utilisé pour accompagner des changements stratégiques et organisationnels majeurs. Et le « long terme » est arrivé bien vite en ce sens que ces entreprises ont rapidement retiré de substantiels bénéfices de leurs nouvelles stratégies dès le début de leurs applications.

C'est le TBP qui a fait la différence. Toutes ces organisations ont appliqué leurs stratégies en utilisant les mêmes ressources physiques et humaines qui auparavant les avaient fait échouer. Les stratégies étaient mises en œuvre en ayant recours aux mêmes produits, aux mêmes locaux, aux mêmes effectifs et aux mêmes clients. La différence est venue du fait qu'une équipe de direction a utilisé le tableau de bord prospectif pour concentrer toutes les ressources de l'organisation sur une nouvelle stratégie. Le TBP a permis à ces structures performantes de créer un mode de management d'un genre nouveau, un mode de management conçu pour gérer la stratégie. Ce nouveau mode de management avait trois aspects distincts :

1. Un aspect stratégique. Faire de la stratégie le point central à l'ordre du jour dans l'organisation. Pour la première fois, le TBP permettait aux

---

10. « Letters to the Editor » *Harvard Business Review* (mars-avril 1996) : 172.

organisations de décrire et de communiquer leur stratégie d'une façon qui pouvait être comprise et suivie.

2. Un aspect convergent. Créer une convergence parfaite. Avec le TBP comme instrument de navigation, chaque ressource et chaque activité est en adéquation avec la stratégie.

3. Un aspect organisationnel. Mobiliser tous les salariés pour agir de façon totalement nouvelle. Le TBP a procuré la logique et le cadre pour établir de nouvelles liaisons entre les centres de profits, les services communs et les individus.

Ces organisations ont utilisé le tableau de bord prospectif pour créer des organisations orientées stratégie. Elles sont parvenues à déjouer les freins qui empêchaient l'exécution parfaite des stratégies.

LES PRINCIPES DES ORGANISATIONS ORIENTÉES STRATÉGIE

Lorsqu'on leur parle des moyens qui leur ont permis de réaliser ces résultats exceptionnels, les responsables citent deux mots **cohésion** et **convergence**. Comment est-ce que la convergence peut mener à des performances exceptionnelles ? Pensez à la lumière diffuse émanant des milliers de watts de lampes incandescentes et fluorescentes dans une salle bien éclairée. Comparez cette lumière chaleureuse et diffuse au faisceau de lumière qui vient d'une petit pile d'une pointe laser de poche. Malgré ses ressources limitées (deux piles de 1,5 volts) la pointe laser produit une lumière aveuglante grâce à l'émission de tous les photons et de toutes les radiations lumineuses sans déphasage et de façon cohérente. Le laser fonctionne de façon non linéaire, il emploie sa source d'énergie limitée pour produire une faisceau de lumière incroyablement brillant et concentré. De la même façon, une stratégie bien conçue et bien comprise peut, grâce à la cohésion et à la convergence des ressources limitées de l'organisation, produire une performance exceptionnelle.

Le tableau de bord prospectif a ainsi permis aux premières entreprises qui l'ont adopté d'assurer la cohésion et la convergence de leur équipe dirigeante, de leurs centres de profit, de leurs effectifs, de leur technologie de l'information et de leurs ressources en capitaux au profit de la stratégie de l'organisation (voir Figure 1-2).

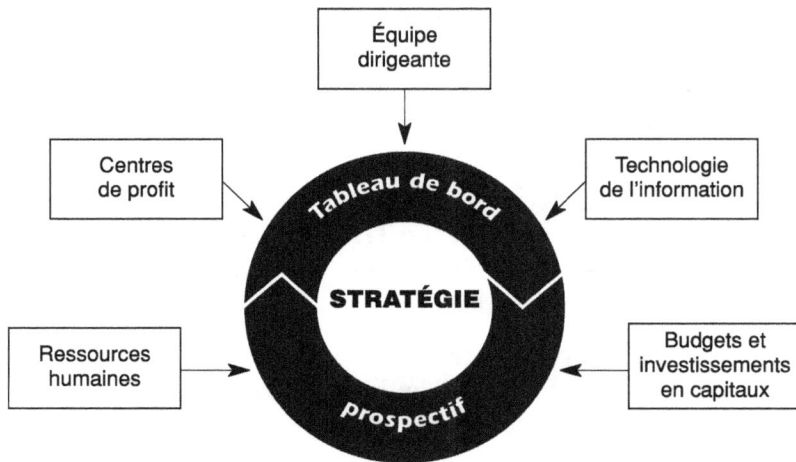

Figure 1-2. Cohésion et convergence des ressources sur la stratégie

Figure 1-3. Les principes de l'organisation orientée stratégie

Les recherches que nous avons menées auprès des entreprises qui ont adopté le tableau de bord prospectif avec succès nous ont permis de découvrir un schéma récurrent pour atteindre cette convergence et cette cohésion. Bien que chaque organisation ait abordé le problème de façon différente, à des rythmes différents et dans un ordre différent, nous avons trouvé cinq principes communs en présence. C'est ce que nous appelons les principes de l'organisation orientée stratégie (voir Figure 1-3).

Premier principe : Traduire la stratégie en termes opérationnels

La rapidité avec laquelle les nouvelles stratégies ont porté leurs fruits semble indiquer que les succès de l'entreprise n'étaient pas dus au lancement d'un nouveau produit ou d'un nouveau service majeur, ou à d'importants investissements en capitaux ni même au développement de nouveaux actifs incorporels ou « intellectuels ». Les entreprises étaient, bien sûr, en train de mettre au point de nouveaux produits et services tout comme elles investissaient à la fois dans des actifs physiques et matériels ainsi que dans d'autres actifs incorporels et immatériels. Mais elles n'auraient pas pu autant bénéficier de ces investissements en deux ans. Pour parvenir aux résultats que nous venons de décrire, les entreprises ont capitalisé sur des capacités et des actifs aussi bien matériels qu'immatériels qui existaient déjà dans leurs structures. Les nouvelles stratégies des entreprises et le tableau de bord prospectif ont libéré des capacités et des actifs qui étaient cachés (ou bloqués) dans l'ancienne structure.

En fait, le tableau de bord prospectif a fourni « la recette » qui a permis d'associer des ingrédients qui étaient déjà présents dans la structure pour leur permettre de créer de la valeur à long terme. Imaginez seulement à quel point un repas requiert d'association de matières premières (les ingrédients), de capital et d'actifs corporels (des ustensiles de cuisine, un four et une cuisinière) et de capital immatériel et humain (le chef). Mais un grand repas nécessite une recette qui tire profit de tous ses actifs matériels et immatériels. La recette est l'actif immatériel majeur. Elle transforme les matières premières, les actifs matériels et immatériels, qui individuellement n'ont que peu de valeur, en un superbe repas d'une valeur considérable. La recette correspond à la stratégie de l'entreprise qui associe les capacités et les ressources à créer des propositions de valeur uniques pour des clients ciblés sur des segments de marché choisis. Les entreprises citées dans notre exemple ont réussi avec le tableau de bord prospectif parce qu'elles ont entraîné tous les salariés et pas seulement le chef à réaliser et à améliorer la recette[11].

---

11. Nous avons emprunté la métaphore de la recette à Paul Romer, le pionnier actuel des écrits sur la croissance économique.

Le tableau de bord prospectif fournit un cadre pour décrire et communiquer la stratégie de façon cohérente et claire. Nous ne pouvons guère nous attendre à appliquer une stratégie si nous sommes incapables de la décrire. À l'encontre de ce qui se passe dans le domaine financier, où il existe des documents standards tels que le grand livre, le compte de résultats et le bilan pour illustrer le plan financier, il n'existe pas de format généralement reconnu pour décrire la stratégie. Il y a autant de manières de décrire une stratégie que de théoriciens ou de méthodologies dans le domaine.

Depuis que nous avons mis au point le tableau de bord prospectif en 1992, nous avons collaboré avec plus de deux cents équipes dirigeantes pour les aider à concevoir leurs projets de tableau de bord. Nous commencions en leur demandant : « Quelle est la stratégie ? ». Et à partir de là, nous mettions au point un cadre général pour décrire et appliquer la stratégie que nous pensions pouvoir être utile — tout comme le cadre du compte de résultats, du bilan, du tableau de trésorerie sont utilisés par les directeurs financiers pour le planning et le reporting financiers —. Ce nouveau cadre, que nous avons baptisé « la carte stratégique », est une structure logique et détaillée pour décrire la stratégie. Elle fournit les bases pour concevoir le tableau de bord prospectif qui est la pierre angulaire du nouveau « système de management stratégique ».

Les cartes stratégiques et les tableaux de bord prospectifs comblent les lacunes des systèmes de mesure fondés sur les actifs corporels de l'ère industrielle. Les mesures des liaisons des relations de cause à effet dans les cartes stratégiques montrent comment les actifs immatériels se transforment en résultats matériels (financiers).

Les systèmes de mesure financiers enregistrent en soi les valeurs comptables des actifs matériels : la caisse, les créances, le stock, les terrains, l'usine et le matériel. Les valeurs de ces actifs sont indépendantes de celui qui les possède. Par contre, les actifs immatériels, n'ont généralement en eux-mêmes que peu de valeur, leur valeur leur vient de leur incorporation dans des stratégies cohérentes et en cohésion. L'utilisation que fait le tableau de bord prospectif d'indicateurs quantitatifs, mais non financiers tels que la durée du cycle, la part de marché, l'innovation, la satisfaction, les compétences, permet de mesurer et de décrire le processus de création de valeur au lieu de le déduire. La proposition de valeur pour le client décrit le contexte dans lequel des actifs immatériels, tels que des salariés compétents et motivés et des systèmes d'information sur le client, se transforment en résultats concrets comme la fidélisation du client, en recettes venant des nouveaux produits et services et finalement en profits. La carte stratégique et le programme de mesure du tableau de bord prospectif correspondant fournissent des outils pour décrire comment les actifs immatériels créent de la valeur pour l'actionnaire. Les cartes stratégiques et le tableau de bord prospectif constituent des techniques de mesure pour manager dans une économie fondée sur le savoir.

En traduisant ainsi leur stratégie dans le schéma logique d'une carte stratégique et d'un tableau de bord prospectif, les entreprises créent un point de référence commun et compréhensible pour toutes les équipes et tous les salariés.

Deuxième principe : Mettre l'organisation en adéquation avec la stratégie

La synergie est le but suprême de la conception de l'organisation. Les organisations comprennent de nombreux secteurs, des centres de profit et des départements spécialisés qui ont chacun leur propre stratégie. Pour que la performance de l'organisation soit plus que la somme de ses parties, les différentes stratégies doivent être liées et intégrées. L'entreprise définit les liaisons qui devraient créer la synergie et s'assure que ces liaisons s'effectuent vraiment : une tâche qui est toutefois plus facile à dire qu'à faire.

Les entreprises sont généralement structurées autour de spécialités fonctionnelles telles que la finance, la production, le marketing, les ventes, le bureau d'étude et les achats. Chaque fonction a son savoir, son langage et sa culture. Des cloisonnements fonctionnels se dressent ainsi dans l'entreprise et constituent une barrière majeure à l'application de la stratégie. Les entreprises ont les plus grandes difficultés à communiquer et à se coordonner au travers de ces fonctions spécialisées.

Les organisations orientées stratégie parviennent toutefois à franchir ces barrières. Les responsables substituent aux structures hiérarchiques formelles des priorités et des concepts stratégiques cohérents qui peuvent être utilisés par les différentes unités dispersées. Il n'est plus nécessaire de faire de nouveaux organigrammes. Les centres de profit et les services communs sont en cohérence avec la stratégie par les concepts et les objectifs communs qui découlent de leurs tableaux de bord prospectifs. Parfois, des structures ad hoc émergent pour se concentrer sur certains concepts stratégiques du tableau de bord. Mais de toute façon, les entreprises performantes utilisent les tableaux de bord prospectifs de façon coordonnée dans toute l'organisation pour s'assurer que le tout sera plus important que la somme des parties.

Troisième principe : Faire que la stratégie soit l'affaire quotidienne de tous

Le dirigeant et l'équipe de direction des entreprises que nous avons étudiées ne pouvaient pas à eux seuls appliquer la nouvelle stratégie. Ils avaient besoin de la participation active de tout un chacun dans l'organisation. Nous avons baptisé ce mouvement stratégique du 10 (l'équipe dirigeante) au 10 000 (tous les salariés de l'entreprise). Comment faites-vous passer la stratégie de la salle du conseil à la cantine et ainsi sur le terrain des opérations quotidiennes et au service du client ?

Pour que l'organisation soit orientée stratégie, il faut que tous les salariés comprennent la stratégie et mènent leurs activités quotidiennes de manière à contribuer au succès de cette stratégie. Il ne s'agit pas d'un **management** vertical venant d'en haut. Mais d'une **communication** verticale venant d'en haut. Ce sont les individus loin des sièges nationaux et régionaux, à la raffinerie du Texas, à la station service du New Hampshire et au bureau des réclamations de Des Moines, qui trouveront des solutions pour mieux faire le travail, ce qui contribuera à réaliser les objectifs stratégiques de l'organisation.

Certains responsables ont utilisé le tableau de bord prospectif pour tenter de **communiquer** et **former** l'organisation à la nouvelle stratégie. Certains observateurs sont sceptiques sur l'utilité de communiquer la stratégie à l'ensemble de l'organisation, ils craignent qu'une information importante ne fasse l'objet de fuites au profit de la concurrence. À cette critique, Brian Baker de chez Mobil rétorque : « Le fait qu'ils connaissent notre stratégie ne leur apportera rien, à moins qu'ils ne soient en mesure de l'exécuter. Par contre, nous n'avons aucune chance de réaliser notre stratégie si nos salariés ne la connaissent pas. C'est un risque que nous devons prendre. »

Les entreprises peuvent initier leurs salariés à des concepts professionnels incroyablement complexes. Pour comprendre le tableau de bord prospectif, les salariés ont dû se familiariser avec la segmentation des clients, les coûts variables et le marketing de bases de données. Au lieu de partir du principe que le personnel serait incapable de comprendre ces notions, les entreprises ont fait des efforts concertés à tous les niveaux pour former tous les salariés à ces concepts stratégiques majeurs.

Les entreprises ont alors fait redescendre en cascade les tableaux de bord concernant l'entreprise et les centres de profit, du plus haut niveau aux niveaux les plus bas de l'organisation. Dans de nombreux cas, des tableaux de bord personnels ont été utilisés pour fixer des **objectifs personnels**. Une communication **globale** sur la stratégie et le tableau de bord a été menée. Au lieu de faire descendre les objectifs par la chaîne de commandement, comme on le fait d'habitude, la stratégie a été expliquée dans la totalité à tous les niveaux. Ce sont ensuite les salariés dans les départements qui ont défini leurs propres objectifs à la lumière des priorités plus vastes. Il résulta de cette façon de faire de nombreuses surprises agréables, car des salariés identifièrent des domaines où ils pouvaient intervenir en dehors de leur responsabilité fonctionnelle habituelle.

Finalement ces entreprises performantes ont lié les **récompenses** au tableau de bord prospectif. La plupart des responsables ont opté pour des systèmes par équipe plutôt qu'individuels. Les incitations étaient fondées sur les tableaux de bord des centres de profit ou des divisions, ce qui soulignait l'importance du travail d'équipe dans l'exécution de la stratégie. Les récompenses pouvaient porter sur 25 indicateurs stratégiques. Au lieu de créer la confusion, comme certains le craignaient, le système de récompenses basé sur le tableau de bord a accru l'intérêt des salariés pour tous les éléments de la stratégie et encouragé leur demande de connaissance et d'information sur les indicateurs du tableau de bord. La stratégie est devenue réellement l'affaire de tous parce que tous la comprenaient et étaient motivés pour l'appliquer.

Quatrième principe : Transformer la stratégie en un processus continu

Dans la plupart des organisations, le processus de gestion est construit autour du budget et du plan. Les réunions mensuelles de gestion sont consacrées à une étude comparative entre la performance et le plan, à une analyse des variations de la performance passée et à un plan d'action pour faire face à ces variations. Il n'y a rien de mal en soi à cette démarche. La gestion tactique est nécessaire. Mais pour la plupart des entreprises c'est tout ce qui existe. Il n'y a pas de réunions au cours desquelles les responsables parlent de stratégie. Notre étude révèle que 85 % des équipes de direction passent moins d'une heure par mois à parler de stratégie. Dès lors, est-ce surprenant que les stratégies ne soient pas appliquées puisque les discussions sur la stratégie ne figurent même pas à l'ordre du jour et sur le calendrier de la direction ? Les organisations orientées stratégie utilisent une autre approche.

Les entreprises qui ont réussi à appliquer le tableau de bord prospectif ont adopté un processus pour gérer la stratégie. Nous l'appelons le « processus à double boucle », l'une qui intègre la gestion de la tactique (les budgets et les analyses financières mensuelles) et l'autre la gestion de la stratégie dans un processus fluide en continu. Dans la mesure où il n'existait pas auparavant de processus pour gérer la stratégie, chaque organisation a dû développer sa propre démarche. Trois éléments importants apparurent lors des applications.

Premièrement, les organisations se mirent à **relier la stratégie au processus budgétaire**. Le tableau de bord prospectif constituait l'étalon permettant d'évaluer les investissements et les initiatives potentielles. La première raison pour laquelle Chemical Bank utilisait le tableau de bord prospectif était de lui fournir un outil stratégique pour analyser les investissements. Plus de soixante-dix demandes de financement lui avaient été soumises. La banque s'aperçut que plus de 50 % de ces demandes n'avaient pas d'impact sur le tableau de bord. Elles ont été écartées au motif qu'elles étaient « non stratégiques ». La banque s'est également aperçu qu'environ 20 % des indicateurs du TBP n'étaient associés à aucun projet. Aussi développa-t-elle un processus pour gérer des projets stratégiques. Comme ce processus se déroulait à l'intérieur du processus de budget annuel, les initiatives stratégiques étaient traitées différemment. Les entreprises prirent conscience qu'elles avaient besoin de deux types de budgets : un **budget stratégique** et un **budget opérationnel**. Cette distinction est essentielle. Tout comme le tableau de bord prospectif tente de protéger les projets à long terme de la sous-optimisation à court terme, de même le processus budgétaire doit également protéger les projets à long terme des pressions qui s'exercent pour présenter des performances financières à court terme.

La deuxième mesure la plus importante a été de prévoir une **simple réunion de direction** pour analyser la stratégie. Aussi naturelles que de telles réunions puissent paraître, elles n'existaient pas auparavant. À présent, ces réunions de direction sont prévues une fois par mois ou par trimestre pour parler du tableau de bord prospectif, de sorte que de nombreux responsables peuvent s'exprimer sur la stratégie. Un nouveau type d'énergie émerge. Le terme de **passionnant** est employé pour décrire les événements. Des systèmes de retour d'informations durent être mis en place pour alimenter le processus. Au début, ces systèmes étaient prévus pour répondre aux besoins de l'équipe de direction. Mais de nombreuses organisations allèrent même plus loin. Elles créèrent des **reportings ouverts** rendant les résultats des performances accessibles à tout un chacun dans l'organisation. En se fondant sur le principe que « la stratégie est l'affaire de chacun » elles responsabilisèrent « chacun » en fournissant à chaque salarié la connaissance nécessaire pour accomplir son travail.

Chez CIGNA, un simple agent d'assurance pouvait apprendre le résultat des performances avant son supérieur hiérarchique s'il surveillait les systèmes de retour d'information. Ce qui ne manqua pas de créer un certain nombre de problèmes culturels qui ont révolutionné l'attitude traditionnelle envers le pouvoir et la performance.

Enfin, un processus d'apprentissage et d'adaptation de la stratégie se mit en place. Au départ, les tableaux de bord prospectifs représentaient des hypothèses sur la stratégie ; elles étaient, au moment de leur formulation, les plus fidèles estimations des actions qui pouvaient engendrer le succès financier à long terme. Le processus d'élaboration du tableau de bord contribuait à clarifier les liaisons de cause à effet des hypothèses stratégiques. Lorsque le tableau de bord fonctionnait et que les systèmes de retour d'information commençaient à enregistrer les évolutions, les organisations pouvaient se mettre à tester les hypothèses des stratégies.

Certains, tels que Brown & Root, effectuèrent des tests formels, en utilisant des corrélations statistiques entre les indicateurs du tableau de bord pour voir si par exemple les programmes de responsabilisation des salariés accroissaient la satisfaction des clients et amélioraient les processus. D'autres, tels que Chemical Retail Bank, testèrent les hypothèses de façon plus qualitative lors de réunions au cours desquelles les responsables validaient et affinaient les programmes qui étaient utilisés pour piloter la qualité du service et la fidélisation des clients. D'autres encore, profitaient de ces réunions pour voir si de nouvelles opportunités stratégiques, qui n'étaient pas encore sur leur tableau de bord, n'avaient pas émergé. Dans tous les cas, des idées et des connaissances fusaient constamment de l'organisation elle-même. Au lieu d'attendre le prochain cycle budgétaire de l'année suivante, les priorités et les tableaux de bord pouvaient être actualisés immédiatement. Tout comme un capitaine au long cours adaptant la trajectoire de son vaisseau en sentant les vents changeants et les courants contraires, les responsables des entreprises performantes étaient à l'écoute des idées et des connaissances générées par leur organisation pour constamment affiner leurs stratégies. Au lieu d'être un événement annuel, la stratégie était devenue un processus continu.

Cinquième principe : Mobiliser le changement grâce au leadership des dirigeants

Les quatre premiers principes tournent autour de l'outil, du cadre et des processus d'accompagnement du tableau de bord prospectif. Mais il est important de souligner qu'il vous faut plus que des outils et des processus pour créer une organisation orientée stratégie. L'expérience a constamment montré que la plus importante des conditions du succès est l'appropriation et l'engagement actif de l'équipe dirigeante. La stratégie requiert le changement dans pratiquement toutes les sphères de l'organisation. La stratégie implique un travail d'équipe pour coordonner ces changements. Et la mise en œuvre de la stratégie exige une attention et une concentration continues sur les projets et les performances de changements par rapport aux résultats visés. Si ceux qui sont en haut n'impulsent pas énergiquement le processus, le changement n'aura pas lieu, la stratégie ne sera pas appliquée et l'occasion de réaliser des performances exceptionnelles sera ratée.

Pour réussir un programme de tableau de bord prospectif, il faut commencer par reconnaître qu'il ne s'agit pas d'un projet de « mesures » ; c'est un projet de changement. Au départ, l'accent doit être mis sur la **mobilisation** pour créer une dynamique et lancer le processus. Une fois que l'organisation est mobilisée, l'accent se déplace sur le **suivi** en s'attachant à des démarches souples, fondées sur l'équipe pour tenir compte du caractère instable de cette phase avant la mise en œuvre d'un nouveau modèle de performance. Finalement et graduellement, avec le temps, un nouveau mode de management émerge : un **système de management stratégique** qui institutionnalise les nouvelles valeurs culturelles et les nouvelles structures en un nouveau système de gestion. Ces différentes phases peuvent se dérouler sur deux ou trois ans.

La première phase, la **mobilisation** doit bien expliquer à l'organisation pourquoi le changement est nécessaire ; l'organisation doit être débloquée. Voici comment John Kotter décrit le changement qui s'enclenche d'en haut, grâce à trois actions discrètes de la direction :

1. en donnant un sens de l'urgence,

2. en créant le consensus qui va guider le mouvement,

3. en développant une vision et une stratégie[12].

Les leaders des tableaux de bord prospectifs qui ont réussi ont très nettement suivi ce schéma. Plusieurs des entreprises qui avaient adopté la méthode connaissaient des moments difficiles. La menace évidente de l'échec et la crainte de perdre son emploi sont des facteurs qui créent une réceptivité au changement. Mais le rôle du TBP dans la conduite du changement et la réalisation de performances exceptionnelles ne doit pas être limité aux entreprises désespérées ou en situation d'échec. Souvent, les responsables d'entreprises qui ont déjà de bons résultats se fixent des objectifs ambitieux pour être sûrs que l'entreprise ne s'endormira pas sur ses lauriers. Ils utilisent le tableau de bord pour communiquer une vision des performances futures qui sont nettement au-dessus des performances actuelles. La première mission de la direction dans une organisation orientée stratégie est de faire en sorte que la nécessité de changement soit évidente pour tous.

Dès que le processus de changement est lancé, les dirigeants enclenchent un **processus de surveillance** pour guider la transition. Ce processus définit, illustre et renforce les nouvelles valeurs culturelles de l'organisation. Il est primordial de rompre avec les structures traditionnelles fondées sur le pouvoir. Cette période de surveillance transitoire est caractérisée par l'organisation d'équipes stratégiques, de grandes réunions et de communications ouvertes.

Au fil du processus, les responsables modifient les modes de management existants pour consolider le progrès et renforcer le changement. Les schémas sont variables en fonction des organisations que nous avons étudiées.

Par exemple CIGNA a lié les appointements de ses responsables au tableau de bord dès la première année, alors que Mobil a attendu la deuxième année. CIGNA et Mobil ont fait descendre le tableau de bord en

---

12. John Kotter, *Leading Change* (Boston : Harvard Business School Press, 1996).

cascade jusqu'au tout dernier niveau de l'entreprise alors que Chemical Retail Bank s'est arrêté à mi-chemin.

Toutes les organisations ont relié le TBP à leur processus budgétaire formel dès le premier cycle possible. En dépit de l'ordre différent dans lequel elles l'ont fait, elles ont toutes graduellement fini par créer de nouveaux systèmes de management qui se ressemblent beaucoup entre eux. En reliant des processus traditionnels tels que les émoluments et les allocations de ressources à un tableau de bord qui décrivait la stratégie, elles ont créé un système de management stratégique. Le tableau de bord décrivait la stratégie alors que le système de management verrouillait chaque partie de l'organisation au tableau de bord stratégique.

Pour les bons responsables, bien sûr, il n'y a pas « d'état stationnaire ». Or en scellant la nouvelle stratégie et la nouvelle culture dans le système de management, les entreprises peuvent toutefois créer une barrière au progrès à venir. Le paysage concurrentiel est en constant changement aussi les stratégies doivent-elles évoluer également pour refléter les évolutions dans les opportunités et les menaces. La stratégie doit être un processus continu. L'art du leadership est de subtilement équilibrer la tension entre la stabilité et le changement.

LES AUTRES EXEMPLES

Bien que nous ayons acquis l'essentiel de notre expérience de ces quatre sociétés que nous avons décrites au début de ce chapitre, l'application de la méthode et les performances exceptionnelles ne se limitent certes pas à ces exemples, à ces secteurs, ni même aux entreprises dans lesquelles nous avons travaillé comme consultants. De nombreuses entreprises dans les secteurs les plus divers de par le monde ont réussi en utilisant le tableau de bord prospectif pour créer une organisation orientée stratégie. Vous trouverez quelques exemples rapides à la suite ainsi que d'autres détails dans les autres chapitres de ce livre.

AT&T Canada, Inc.

En 1995, AT&T Canada, Inc. (connu alors sous le nom de Unitel Communications, Inc.) enregistrait plus de 300 millions de dollars canadiens de pertes d'exploitation et était sur le point de ne plus pouvoir faire face à ses engagements. Dans une enquête de satisfaction de 1995, réalisée auprès des salariés de 500 compagnies nord-américaines, AT&T Canada se plaçait bien en dessous de la moyenne. En décembre 1995, AT&T et les banques firent appel à Bill Catucci comme dirigeant pour sauver la compagnie. Catucci a redressé la compagnie en se concentrant sur les améliorations de processus et sur une nouvelle stratégie à l'aide d'un système de management stratégique de TBP.

Vers la fin de 1998, AT&T Canada avait pratiquement épongé ses pertes et générait un cash flow positif. Ce qui est réellement un exploit au moment où le prix des appels téléphoniques longue distance de Toronto à Vancouver avait été divisé par 10. Le nombre de clients était passé de 350 000 à plus de 700 000 alors que la croissance sur le marché des télé-communications n'était que de 4 %. Le chiffre d'affaires par salarié est passé de 273 000 $ en 1995 à 370 000 $ en 1998. Les 250 millions de dollars de nouveau capital investis trois ans plus tôt avaient alors une valeur marché de 1,2 à 1,5 milliards. Un revirement complet par rapport à la mort annoncée de la société trois ans plus tôt. L'enquête de satisfaction de 1998 auprès des salariés des 500 compagnies nord-américaines donnait à AT&T un score de 50 % supérieur à la moyenne des dix premières sociétés de l'échantillon. L'amélioration des performances a permis la fusion en 1999 avec MetroNet Communication Corporation, le plus gros concurrent sur les échanges locaux, pour un montant d'environ 7 milliards de dollars.

Zeneca Ag Products Amérique du Nord

Zeneca Ag Products Amérique du Nord, une entreprise d'un milliard de dollars employant 1 800 personnes, mettait au point, fabriquait et commercialisait des produits pour le secteur agricole. Zeneca était l'un des trois plus gros fournisseurs de produits de protection des cultures et également à l'avant garde de l'application de la biotechnologie pour l'amélioration de la qualité des aliments.

Ce sont les mauvaises performances financières de 1992, les pires qu'ait connues la compagnie de toute son histoire, qui ont agi comme catalyseur pour mettre au point un tableau de bord prospectif. Il n'y avait que peu de nouveaux produits dans les cartons, les stocks n'étaient pas maîtrisés et les clients considéraient que l'entreprise innovait peu. La gamme de produits était trop étendue pour être gérée efficacement et comprenait de nombreux produits non rentables. Il y avait un besoin urgent de recentrer l'entreprise. Le président et l'équipe de direction de Zeneca, aidés de consultants, parvinrent au consensus qui devait guider le changement.

Ils eurent recours au tableau de bord prospectif pour faire de la nouvelle mission et de la nouvelle stratégie une réalité et lier les primes aux performances stratégiques. Zeneca appliqua le tableau de bord à l'ensemble de l'organisation au début de 1995. Depuis lors, les ventes ont représenté le double de la moyenne du secteur et la marge bénéficiaire a, chaque année, dépassé la moyenne de la concurrence. Les enquêtes auprès des clients étaient satisfaisantes et tous les principaux facteurs de succès ne cessaient de s'améliorer. Le tableau de bord prospectif a été également un excellent moyen d'obtenir le soutien de la maison mère sur les objectifs à atteindre au début de chaque année.

Southern Gardens Citrus

Même de petites entreprises ont utilisé avec profit le tableau de bord prospectif pour mettre en œuvre leur stratégie. Southern Gardens Citrus, un transformateur de citrons de Floride, filiale de U.S. Sugar Corp., employant 175 personnes, élabora son tableau de bord prospectif en 1995. L'entreprise voulait créer un environnement de collaboration et de haute performance. Le vice-président /directeur général, Tristan Chapman eut recours à un de ses fournisseurs de matériel, FMC Corporation, utilisateur du tableau de bord prospectif, pour l'aider à mettre en place la nouvelle stratégie d'excellence opérationnelle.

Domaine de performance	94/95	97/98	Amélioration en %
Expéditions hors spécifications	30,0	1,2	96
Livraison à la date prévue	89,0	98,0	82
Utilisation de l'extracteur*	100,0	134,0	34
Rendement*	100,0	106,4	6
Reprise du travail déjà effectué	6,2	1,9	69
Absentéisme des salariés	10,0	1,0	90
Rotation du personnel*	100,0	31,0	69
Coût par livre	28,8	19,7	32
* Base 100 en 94/95			

L'équipe de Chapman lança le premier tableau de bord prospectif au cours de l'été 1995, en adoptant des mesures accompagnées d'un système de rémunérations liées à la performance dans l'ensemble de l'usine. Les résultats du programme furent spectaculaires. À une époque où de nombreux petits transformateurs agro-alimentaires connaissaient des difficultés et quittaient le secteur, Southern Gardens survécut et enregistra une amélioration considérable de ses performances

Southern Gardens a été le transformateur de citrons le plus efficace du monde pendant les campagnes de 1996 à 1999. Il reçut le prix Kroger du fournisseur de l'année en 1996, 1998 et 1999.

L'université de Californie, San Diego

Comme nous l'évoquerons dans les chapitres 5 et 7, le TBP a également été appliqué avec succès dans des administrations, des associations à but non lucratif et des établissements éducatifs. Et l'un des exemples majeurs est l'université de San Diego qui cherchait à améliorer la productivité et la satisfaction des usagers de ses services administratifs tels que la librairie, le service du logement, la police et l'agence de voyage. Le vice-chancelier Steven Relyea présenta la démarche du tableau de bord prospectif aux 27 services en 1994[13]. Les résultats ont été spectaculaires. Le service de paie a réduit les erreurs de 80 %. Le service financier a diminué le temps de traitement des remboursements de frais, le faisant passer de six semaines à seulement trois jours. Ce programme novateur a été largement reconnu, en remportant même la coupe de la qualité pour l'enseignement du Rochester Institute of Technology/ USA Today[14].

L'Hôpital pour enfants de Duke

L'Hôpital de Duke, un hôpital universitaire pour enfant dans le cadre du système de santé de l'université Duke, à Durham en Caroline du Nord enregistrait des hausses de coût de 35 % par cas entre 1994 et 1995. La durée moyenne de séjour de huit jours était de 15 % au-dessus des objectifs. L'hôpital perdait de l'argent, le personnel était insatisfait et les récents

---

13. Vous pouvez consulter le TBP de UCSD sur Internet : http://www-vcba.ucsd.edu/performance/.
14. *USA Today*, 7 mai 1999, 7B.

projets d'amélioration des processus avaient échoué. Et pourtant ils demandaient au centre médical un budget de 40 millions de dollars supplémentaires pour s'agrandir. Le docteur Jon Meliones lança un programme de tableau de bord prospectif qui finalement toucha toutes les installations pédiatriques de l'hôpital, ainsi que deux autres établissements de la région dont l'hôpital fit l'acquisition en cours de programme. Le docteur Meliones utilisa la méthode du tableau de bord prospectif comme un cri de ralliement pour commencer à « faire une meilleure médecine ».

Les résultats issus de l'application du tableau de bord, des projets et des améliorations des processus ont été spectaculaires. (voir Figure 1-4). Ces efforts débouchèrent sur une réduction des coûts de presque 30 millions de dollars et une augmentation de 50 millions de la marge nette. Ces résultats ont été obtenus tout en améliorant les résultats cliniques et la satisfaction du personnel. Grâce à l'utilisation du TBP pour recentrer et mettre en convergence les personnels clinique, universitaire et administratif sur la nouvelle stratégie, l'hôpital a amélioré la satisfaction et la fidélité des patients et du corps médical tout en réalisant une baisse spectaculaire de 25 % des coûts par cas traité et par durée de séjour. En outre, les résultats sont apparus très vite, au bout de deux ou trois ans.

	Indicateur	Avant	Après	% amélioration
Axe financier	■ Marge d'exploitation ■ Coût par cas	– 50m $ 14 889 $	+ 10 m $ 11 146 $	 – 25 %
Axe client	■ Satisfaction des familles ■ Recommandation ■ Ponctualité de sortie ■ Connaissance du plan médical	4,3 4,3 50 % 47 %	4,7 4,7 60 % 94 %	+ 11 % + 11 % + 20 % + 100 %
Axe interne	■ Durée du séjour ■ Taux de réadmission – Soins intensifs – Soins intermédiaires	8 jours 11 % 11 %	6 jours 4 % 7 %	– 25 % – 63 % – 36 %

Figure 1-4. Le Tableau de bord prospectif de L'Hôpital pour enfants de Duke

United Parcel Service : UPS

Et qu'en était-il des entreprises qui ne connaissaient pas de difficultés financières ? Le TBP est-il à l'usage exclusif de celles qui vivent une baisse de leurs performances ? Voyons le cas de UPS. En 1994, l'entreprise enregistrait des bénéfices record. Mais son dirigeant Oz Nelson comprenait que le marché était en train de se transformer et que l'entreprise serait en péril dans les cinq années à venir si elle ne changeait pas de façon spectaculaire. De nombreuses opportunités venaient du commerce électronique et de la mondialisation et UPS devait être davantage orienté vers ses clients afin de mieux les comprendre et de leur offrir ce qu'ils souhaitaient.

Depuis longtemps, UPS travaillait sur l'excellence du fonctionnement. Quatre-vingt-dix pour cent de ses indicateurs étaient financiers et étaient connus au bout de quarante-cinq jours ou plus. Les salariés déclaraient qu'ils ne comprenaient pas tellement comment leur travail quotidien affectait les performances de l'entreprise. Nelson souhaitait que l'entreprise et son personnel se recentrent sur des indicateurs qualitatifs des processus clés. Aussi l'entreprise définit-elle quatre indicateurs clés : la satisfaction client, les relations entre les salariés, la position concurrentielle et le temps d'acheminement. Elle créa un tableau de bord sur ces quatre axes avec des indicateurs et des objectifs en adéquation avec ces mesures[15]. Le tableau de bord devint l'instrument de mesure pour assurer la cohésion entre les onze régions UPS, les soixante secteurs et plus de 300 000 salariés dans le monde. L'objectif était qu'il y ait une vision claire de ce qui reliait le travail quotidien de chaque employé aux objectifs globaux de l'entreprise.

En 1999, cinq ans après le lancement du projet, les dirigeants d'UPS avaient l'impression qu'ils avaient réussi à transformer l'entreprise en une structure plus souple, plus orientée clients et solutions et qui, à la pointe de la technologie, était bien placée pour profiter des opportunités du commerce électronique. Les recettes d'UPS augmentaient de près de 10 % par an sur un secteur qui connaissait une croissance de 3 à 4 %. La rentabilité s'était accrue de 30 à 40 % en 1998 et 1999. En 1999, UPS fut nommé « entreprise de l'année » par Forbes et Business Week qualifia les livreurs d'UPS « d'infanterie de la révolution de la nouvelle économie ».

Accompagnant les projets sur le plan de la technologie et du marketing, le tableau de bord prospectif a contribué à piloter cette performance. Comme l'a dit l'un des dirigeants d'UPS : « Le TBP nous a fourni une carte

---

15. Il s'agissait d'objectifs à long terme pour signaler quand UPS était parvenu à la performance visée.

routière (la vision partagée de nos objectifs futurs), accompagnée d'une liste de choses à faire qui permettait à chacun de contribuer à notre succès. »

Nous parlerons plus en détail du processus du TBP de UPS au chapitre 9. Nous ne le mentionnons ici que pour indiquer qu'il est plus facile pour une entreprise ou une division de devenir une organisation orientée stratégie avant qu'elle ne rencontre de difficultés financières comme cela a été le cas pour Mobil, CIGNA, AT&T Canada et Zeneca Ag. L'idéal c'est d'utiliser le tableau de bord prospectif au moment de se lancer dans une stratégie de croissance agressive, à la fois pour accompagner le cheminement, développer un système de management pour une croissance rapide et mettre en adéquation le personnel et les futurs salariés avec la stratégie pour acquérir, fidéliser et approfondir les relations avec les clients visés.

UNE NOUVELLE APPROCHE DE GESTION

Le tableau de bord prospectif a évolué depuis que nous l'avons mis au point et fait connaître le concept en tant que nouveau cadre pour mesurer les performances des organisations. Nous l'avions initialement proposé pour pallier les carences d'une gestion qui se limitait à l'utilisation d'indicateurs financiers. Les mesures financières rendaient compte des résultats, c'était des indicateurs de suivi mais elles ne disaient rien sur les inducteurs de performances à venir, ce n'était pas des indicateurs sur la façon de créer de nouvelles valeurs grâce aux investissements sur les clients, les fournisseurs, le personnel, la technologie et l'innovation. Le tableau de bord prospectif fournissait un cadre pour observer la stratégie utilisée pour la création de valeur sur quatre axes différents :

1. Financier. La stratégie de croissance, de rentabilité et de risque du point de vue de l'actionnaire.

2. Client. La stratégie pour la création de valeur et la différenciation du point de vue du client.

3. Processus internes. Les priorités stratégiques pour les différents processus de fonctionnement qui apportent de la satisfaction au client et à l'actionnaire.

4. Apprentissage et développement. Les priorités pour créer un climat favorable au changement, à l'innovation et au développement.

Grâce au tableau de bord prospectif, les responsables des entreprises pouvaient alors mesurer comment leurs centres de profit créaient de la valeur pour leurs clients actuels et à venir. Tout en conservant un intérêt pour les performances financières, le TBP révélait clairement quels étaient les inducteurs de la performance supérieure, dotée de valeur à long terme et concurrentielle.

Nous avons rapidement compris que les **mesures** avaient des conséquences qui allaient bien au-delà du compte rendu du passé. Les mesures créent une indication pour l'avenir parce que les indicateurs choisis par les dirigeants communiquent à l'organisation ce qui est important. Pour pouvoir tirer pleinement profit de cette capacité, les mesures devraient être intégrées dans le **système de management**. Nous avons alors affiné le concept du tableau de bord prospectif pour montrer comment il pouvait aller au-delà d'un système de mesure de la performance pour devenir le cadre organisateur d'un système de management stratégique. (voir Figure 1-5)[16]. Un tableau de bord stratégique a alors remplacé le budget au centre du processus de gestion. En fait, le tableau de bord prospectif est devenu le système de fonctionnement du nouveau processus de management stratégique.

Lorsque les entreprises se sont mises à utiliser le tableau de bord prospectif, elles ont fait d'autres découvertes. La rapidité et l'ampleur des résultats obtenus par les premiers adeptes ont révélé la puissance du système de management du tableau de bord prospectif pour faire converger toute l'organisation vers la stratégie. Pour parvenir à une convergence stratégique aussi mobilisatrice, les organisations avaient apporté des changements radicaux et globaux. Elles ont redéfini leurs relations avec leurs clients, restructuré leurs principaux processus de fonctionnement, enseigné à leur personnel de nouvelles compétences et mis en place une nouvelle infrastructure technologique. En outre, une nouvelle culture a vu le jour, non plus centrée sur les cloisonnements fonctionnels traditionnels mais sur le travail d'équipe nécessaire pour promouvoir la stratégie. Le système de gestion fournissait le mécanisme pour mobiliser et guider le processus de changement.

---

16. Robert S. Kaplan et David P. Norton, *Le tableau de bord prospectif* (Paris : Éditions d'organisation, 1998).

D'un système de contrôle de gestion

Conçu autour d'un cadre financier à court terme orienté vers le contrôle

```
                    ┌──────────────┐
                    │  Stratégie   │
                    │  et vision   │
                    └──────────────┘
┌──────────────┐    ┌──────────────┐    ┌──────────────┐
│ Récompenses  │    │   Budget     │    │   Analyse    │
│ personnelles │    │              │    │et réorientation│
└──────────────┘    └──────────────┘    └──────────────┘
                    ┌──────────────┐
                    │ Planning et  │
                    │ allocation   │
                    │des ressources│
                    └──────────────┘
```

Vers un système de gestion stratégique

Conçu autour d'une vision stratégique à plus long terme

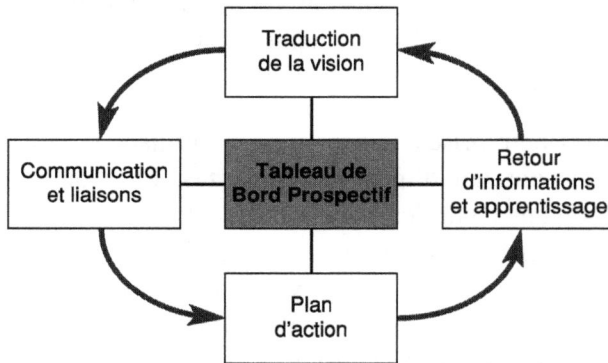

```
              ┌──────────────┐
              │ Traduction   │
              │ de la vision │
              └──────────────┘
┌──────────────┐  ┌──────────────┐  ┌──────────────┐
│Communication │  │  Tableau de  │  │   Retour     │
│ et liaisons  │  │Bord Prospectif│ │d'informations│
└──────────────┘  └──────────────┘  │et apprentissage│
                                      └──────────────┘
              ┌──────────────┐
              │    Plan      │
              │  d'action    │
              └──────────────┘
```

Figure 1-5. Partir d'un nouveau postulat

Mais cette nouvelle culture impliquait même plus qu'un système de gestion. Les entreprises ont créé un nouveau type d'organisation fondé sur les exigences de leurs stratégies, de là le terme organisation **orientée stratégie**. Pour les entreprises que nous avons étudiées, la création d'une organisation orientée stratégie n'a pas été une démarche standard comme par exemple pour être certifié ISO 9000 ou poser sa candidature pour le prix Malcolm Baldrige, processus pour lesquels on doit remplir un certain nombre de conditions. Les stratégies étaient différentes les unes des autres de sorte que les changements ont été différents d'une entreprise à l'autre. Il y avait toutefois une caractéristique commune c'est que toutes les organisations orientées stratégie ont placé la stratégie au centre de leurs processus de changement et de gestion. Parce qu'elles ont défini clairement la stratégie, qu'elles l'ont communiquée de façon cohérente en faisant la liaison avec les moteurs du changement, une culture fondée sur la performance est née qui reliait chaque salarié et chaque unité aux éléments exclusifs de la stratégie.

Les entreprises prennent leur distance avec les systèmes de gestion de la performance exclusivement liés aux cadres financiers. Dans la première moitié du XXe siècle, DuPont et General Motors avaient pris un indicateur de retour sur investissement comme critère d'intégration pour les entreprises ayant plusieurs divisions[17]. Vers la moitié du vingtième siècle, les entreprises ayant plusieurs divisions utilisaient le budget comme pièce maîtresse de leurs systèmes de gestion. Dans les années 90, les entreprises avaient étendu leur cadre financier pour y inclure des indicateurs qui cadraient mieux avec la valeur pour l'actionnaire, ce qui avait donné les systèmes de Valeur Ajoutée Économique (ou EVA) et de gestion de la valeur (VBM). Mais même les meilleurs cadres financiers d'aujourd'hui ne sont pas en mesure de capter toute la dynamique de la performance dans la compétition actuelle fondée sur le savoir.

De nombreuses entreprises reconnaissant les limites de la gestion exclusive par les chiffres, ont adopté la qualité comme cri de ralliement et cadre de leur organisation dans les années 80 et 90. Certaines entreprises ont fait de gros efforts pour remporter des prix de la qualité (le prix Malcolm Baldrige aux États-Unis, le prix Deming au Japon et le prix EFQM en Europe) et pour imiter Motorola ou General Electric en adoptant le programme des « six sigmas ». Mais la qualité à elle seule n'était pas suffisante, tout comme les seules mesures financières que les programmes de qualité espéraient remplacer. Plusieurs des entreprises qui avaient remporté des prix de la qualité se sont même trouvées par la suite dans des difficultés financières.

Au-delà des critères financiers et de qualité, certaines entreprises ont mis l'accent sur le client, appliquant des programmes pour créer des entreprises orientées marché et mettre au point des systèmes de gestion fondés

---

17. H. Thomas Johnson et Robert S. Kaplan, *Relevance Lost : The Rise and Fall of Management Accounting* (Boston : Harvard Business School Press, 1986), 61-124.

sur la relation avec le client. D'autres ont opté pour leur cœur de métier ou la restructuration de leurs principaux processus de fonctionnement. D'autres encore ont mis l'accent sur la gestion stratégique des ressources humaines, montrant comment un personnel compétent et motivé pouvait créer de la valeur économique ou ont développé les technologies de l'information comme avantage concurrentiel. Chacun de ces axes : financier, qualité, client, compétences, processus, personnel et systèmes, est important et peut jouer un rôle pour créer de la valeur. Mais chacun ne représente qu'un élément dans l'ensemble des activités et des processus de gestion nécessaires pour parvenir à une performance supérieure durable. En se concentrant sur un seul d'entre eux et en n'en gérant qu'un seul on favorise la sous optimisation au détriment d'objectifs de plus grande envergure. Les entreprises doivent remplacer toute concentration étroite ou spécifique par une vision large dans laquelle la stratégie est au cœur des systèmes de gestion.

Les organisations orientées stratégie utilisent le tableau de bord prospectif pour placer la stratégie au cœur de leurs processus de gestion. Le TBP a un rôle irremplaçable pour décrire la stratégie de façon cohérente et claire. Avant la mise au point de tableaux de bord stratégiques, les responsables ne disposaient pas de cadre reconnu pour décrire la stratégie : ils ne pouvaient pas appliquer un système qu'ils n'arrivaient pas à bien décrire. Aussi le simple fait de décrire la stratégie au moyen des cartes stratégiques et des tableaux de bord est-il un énorme progrès.

Mais pour parvenir à contourner les difficultés à appliquer une stratégie gagnante, un tableau de bord est nécessaire mais non suffisant. En collaborant avec les responsables de tout premier ordre grâce auxquels nous avons pu rédiger ce livre, nous avons appris qu'ils avaient réussi en utilisant le tableau de bord prospectif comme cadre central d'un nouveau processus de gestion de la performance. Ce processus a donné rapidement, de façon fiable et durable, de considérables améliorations de la performance. La démarche tout en se fondant sur une base historique solide a été faite sur mesure pour répondre aux besoins de la nouvelle économie. Ce livre est une carte pour orienter ceux qui souhaitent créer leur propre organisation orientée stratégie.

Comment Mobil est devenu une organisation orientée stratégie

LA DIVISION MARKETING ET RAFFINAGE DE MOBIL AMÉRIQUE DU NORD (NAM&R) est peut être notre meilleur exemple de la mise en pratique des cinq principes de l'organisation orientée stratégie. Bob McCool est devenu le directeur de NAM&R en 1992. Son adjoint, Brian Baker lui succéda en 1996. Ensemble, ils ont transformé une entreprise qui avait de piètres résultats, introvertie, bureaucratique et inefficace pour en faire le champion du secteur ; un revirement qui a accru le cash flow d'exploitation de plus d'un milliard de dollars par an. NAM&R de Mobil a réussi à appliquer avec succès une stratégie qui nécessitait à la fois un repositionnement important sur le marché en même temps que des réductions draconiennes de coût et des améliorations de fonctionnement. Mais ce qui est encore plus impressionnant c'est que Mobil ait réussi à créer une organisation capable de maintenir un avantage concurrentiel sur un secteur arrivé à maturité et agressivement concurrentiel. En plaçant le tableau de bord prospectif au centre de ses processus de gestion, Mobil s'est assuré le leadership absolu du secteur en matière de profit de 1995 jusqu'à la fusion de ce qui allait devenir ExxonMobil fin 99. Son expérience illustre bien le pouvoir des cinq principes de l'organisation orientée stratégie.

TRADUIRE LA STRATÉGIE EN TERMES OPÉRATIONNELS

Le processus débute avec la création d'un tableau de bord prospectif qui décrit et communique la stratégie. Car il faut que la direction ait une idée claire de sa stratégie.

Depuis toujours, Mobil avait tenté de différencier son produit de base (l'essence) grâce à une stratégie de leader qui mettait en avant l'image de marque et les caractéristiques spécifiques du produit. Toutefois, ses principaux concurrents poursuivaient la même stratégie et parvenaient largement à neutraliser les efforts de Mobil pour différencier son produit. La concurrence portait encore sur le prix et la localisation. En raison de la nature du secteur (forte consommatrice de capitaux, coût de matière première élevé et produit de base) Mobil et ses concurrents concentrèrent leurs efforts sur la réduction des coûts et la productivité.

Lorsque McCool et Baker ont envisagé une nouvelle stratégie, ils voulaient aller au-delà de la réduction des coûts et de l'amélioration de l'efficacité tout au long de la chaîne de valeur. Certains des concurrents de Mobil avaient accès à du brut à bas prix, de sorte qu'une stratégie de leader fondée exclusivement sur le coût aurait été difficile à soutenir à long terme. Mobil souhaitait une stratégie de croissance et de différenciation. L'entreprise voulait trouver un moyen d'attirer des consommateurs qui achetaient plus de carburant que la moyenne, davantage de produits de première catégorie que d'essence ordinaire, qui étaient disposés à payer plus cher pour une meilleure expérience d'achat et qui achèteraient d'autres produits que l'essence à la station service. La stratégie de Mobil était donc double :

4. réduire les coûts et accroître la productivité tout au long de la chaîne de valeur,

5. générer plus de volume sur les produits et les services haut de gamme. En cas de succès, les marges de Mobil augmenteraient sur les deux plans.

L'axe financier

Mobil a lancé son tableau de bord en définissant un haut niveau d'objectif financier. Il s'agissait de faire passer son retour sur capital investi (RCI) de son niveau courant de 7 % (en dessous du coût du capital) à 12 % en trois ans[1]. Les responsables pensaient qu'une progression de cette ampleur — sur un secteur parvenu à maturité et à croissance lente, avec au moins six principaux concurrents et de nombreux petits intervenants — était réellement un objectif ambitieux.

Mobil prévoyait d'améliorer son indicateur de RCI en ayant recours à deux facteurs financiers : la **productivité** et la **croissance**. La dimension productivité comprenait deux composantes : la réduction des coûts et la productivité des actifs. La réduction des coûts serait mesurée par les frais d'exploitation par rapport au secteur (en utilisant le critère de cents par gallon pour comparer les volumes), avec pour objectif de devenir le leader du secteur[2]. La productivité des actifs permettrait à Mobil de traiter de plus gros volumes venant de sa stratégie de croissance sans avoir à étendre la base de ses actifs. Pour mesurer cet objectif, Mobil choisit un indicateur de cash flow, net d'investissement en capitaux de façon à enregistrer les bénéfices qui venaient d'un surplus de trésorerie (à savoir de la capacité de traitement) des actifs existants en plus de tout profit émanant de la réduction de stock.

L'aspect croissance financière comprenait également deux volets : le premier objectif, la croissance en volume, était que les ventes de ses produits d'essence de base (ainsi que du carburant de chauffage et du kérosène pour avion) augmentaient plus vite que celles du secteur. Outre, la croissance en volume pure, Mobil souhaitait qu'une plus grande proportion de ses ventes se fasse dans les produits haut de gamme. Aussi fixa-t-il deux indicateurs pour la partie croissance : le taux de croissance en volume par rapport au taux de croissance du secteur et le pourcentage en volume des produits haut de gamme.

Le second volet de cet objectif de croissance permettait de vendre d'autres produits que l'essence aux clients au détail. Une part importante de l'idée de croissance de Mobil était une stratégie orientée client fondée sur la vente des produits de la boutique. De nouvelles recettes pouvaient égale-

---

1. De nombreuses entreprises utilisent aujourd'hui des indicateurs financiers fondés sur la valeur tels que la valeur ajoutée économique plutôt que le RCI. Mobil a choisi le RCI mais son histoire n'aurait pas été différente si une autre valeur pour l'actionnaire avait été choisie.
2. Il faut noter que les frais d'exploitation ne comprennent pas le coût des matières premières achetées telles que le pétrole brut. Ainsi Mobil peut être le leader du secteur pour ses frais d'exploitation alors qu'un concurrent qui aurait accès à du brut moins cher pourrait avoir un coût moindre au gallon produit.

ment venir de la vente d'autres produits et services pour la voiture tels que du lavage de voitures, des lubrifiants, des vidanges, de petites réparations et du remplacement de pièces standard. Mobil se fixa un objectif de croissance concernant le développement de nouvelles sources de revenus et mesura cet objectif par les recettes et les marges hors essence. Ainsi l'axe financier comprenait-il des objectifs et des indicateurs concernant à la fois la stratégie de productivité et de croissance.

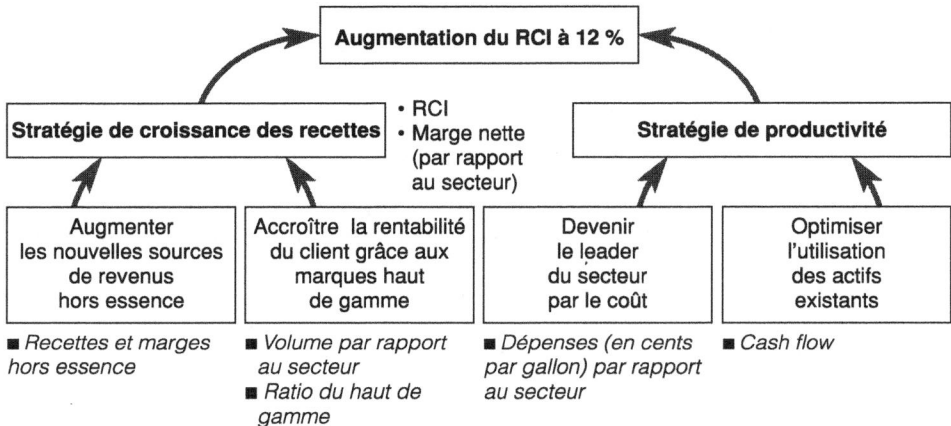

Figure 2-1. La carte stratégique de Mobil NAM&R : L'axe financier

La juxtaposition de deux stratégies contradictoires (la productivité par rapport à la croissance) est une cause fréquente d'échec stratégique. Les contradictions apparentes créent la confusion dans les organisations qui retombent dans un comportement unidimensionnel. C'était bien évidemment un risque et un défi pour Mobil. Son tableau de bord prospectif lui permit de définir et de clarifier ces contradictions pour que l'organisation prenne conscience des arbitrages et puisse les gérer de façon claire et efficace, au sein de sa chaîne de valeur interne. Le tableau de bord fournit le support de communication pour cette nouvelle stratégie financière plus complexe.

L'axe client

Au début, Mobil a eu du mal à comprendre comment il pouvait générer la croissance souhaitée des volumes, des marges et des produits hors essence. Comme d'autres compagnies, Mobil avait de longue date tenté de commercialiser une gamme complète de produits et de services à tous les clients. Il s'alignait toutefois sur les prix des stations discount qui se trouvaient à proximité d'une station Mobil de façon à ne pas perdre de part de marché. Or, ce souhait d'offrir à la fois une gamme complète tout en baissant ses prix pour éviter de perdre des clients au profit des stations à bas prix était en grande partie la cause des piètres performances du début des années 90.

Lorsque les responsables se réunirent pour parler des moyens permettant de mettre au point une nouvelle stratégie de croissance rentable, ils ont exprimé des points de vue très différents sur les raisons qu'auraient les clients de vouloir payer de 0,06 à 0,10 $ le gallon de super à la place de l'essence ordinaire. Finalement, ils se tournèrent vers le département marketing essence qui venait de terminer une étude qui révélait cinq segments différents de consommateurs parmi les acheteurs d'essence. (voir Figure 2-2).

Les combattants de la route **16 %**	Des hommes d'âge mûr aux revenus élevés parcourant de 40 000 à 80 000 kilomètres par an … achetant du super, qu'ils règlent avec une carte de crédit…, des sandwiches et des boissons à la boutique et faisant parfois laver leur voiture sur place.
Les fidèles invétérés **16 %**	Généralement des hommes et des femmes ayant des revenus moyens à élevés qui sont fidèles à une marque et parfois à une même station service… qui achètent souvent du super et paient en espèces.
La génération battante **27 %**	C'est une catégorie intéressée par le carburant, les courses, et la rapidité. C'est la génération montante composée d'hommes et de femmes, dont la moitié a moins de 25 ans, qui sont toujours en partance, conduisent beaucoup et achètent souvent de la nourriture à la boutique.
Les attachés à la maison **21 %**	Généralement des ménagères qui déposent leurs enfants à droite et à gauche dans la journée et qui utilisent n'importe quel carburant qu'elles trouvent en ville ou sur leur chemin.
Les chasseurs de prix **20 %**	Ne sont généralement fidèles ni à une marque ni à une station service et achètent rarement dans la gamme des supers… et ont souvent des budgets serrés.

Figure 2-2. La stratégie de croissance de Mobil : comprendre le client

Les responsables se rendirent alors compte que les clients qui étaient sensibles au prix ne représentaient que 20 % de tous les acheteurs d'essence. Qu'un autre segment « les attachés à la maison » n'avaient que peu de fidélité pour les marques ou les stations quelles qu'elles soient. Mais que trois segments souhaitaient un peu plus que le produit de base.

Mobil devait alors faire face à un choix stratégique. Il pouvait se battre pour les clients sensibles au prix, en réduisant ses coûts tout au long de la chaîne de valeur, y compris à la station service de sorte que l'essence soit rentable même aux bas prix facturés aux clients. Ou alors, Mobil pouvait tenter d'attirer trois segments — Les combattants de la route, Les fidèles invétérés et La génération battante — en offrant une expérience d'achat supérieure. Mais il ne pouvait pas faire les deux. La stratégie implique des choix. Pour que Mobil puisse offrir une expérience d'achat supérieure, il devait construire des stations plus grandes, mettre plus de pompes à chaque station, moderniser les pompes, investir dans les boutiques, les services annexes tels que le lavage, dans de petits ateliers pour de menues réparations et des travaux d'entretien et dans la formation du personnel en station. Une telle politique augmenterait le coût à la pompe de sorte qu'il lui serait impossible d'être rentable si les prix devaient rester les plus bas du marché.

Idéalement avec cinq segments différents, une entreprise pouvait envisager d'avoir cinq systèmes de distribution différents pour satisfaire chacun des segments.

Une telle politique, toutefois, est souvent onéreuse et complexe à appliquer et difficile à expliquer aux clients[3]. Mobil ne pouvait pas avoir différents types de stations service — Mobil pour les combattants de la route, Mobil pour la génération battante et Mobil pour les chasseurs de prix. Il fallait qu'il choisisse. Le choix stratégique de Mobil a été de cibler les consommateurs dans les trois premiers segments (*Les combattants de la route, Les fidèles invétérés* et *La génération battante*) et d'offrir une expérience d'achat supérieure qui justifierait les prix haut de gamme même pour ses produits de base.

Sur l'axe du client, Mobil décida donc que l'indicateur de résultats serait la part de marché des trois segments ciblés. S'il avait choisi de mesurer la part de marché globale cela aurait correspondu à une stratégie indifféren-

---

3. Voir M. Porter « What is Strategy ? » *Harvard Business Review* (novembre-décembre 1996) : 61-78, pour un exemple de la stratégie ratée de Continental Airlines qui avait essayé d'offrir deux niveaux de service différents aux hommes d'affaires et aux touristes sensibles aux prix.

ciée voire à pas de stratégie du tout, en essayant d'être tout à la fois pour tous. La stratégie de différenciation exigeait un indicateur qui soit cohérent avec le ciblage de certains groupes de clients spécifiques. Mobil voulait être le premier choix pour *Les combattants de la route, Les fidèles invétérés* et *La génération battante*. Sur l'axe du client, les parts de segments de ces trois groupes étaient donc l'indicateur logique.

Mais les entreprises ne peuvent pas s'en tenir qu'à des indicateurs de résultats. Mobil devait définir une proposition de valeur qu'il devrait communiquer pour attirer, fidéliser et approfondir ses relations avec ses clients dans les trois segments visés. Là encore, l'étude marketing devait se révéler précieuse. Elle avait révélé que les éléments qui contribuaient à une expérience d'achat exceptionnelle étaient les suivants :

- Un accès immédiat à une pompe (pour éviter d'avoir à attendre avant d'être servi)
- Des systèmes de paiement automatique à la pompe (pour éviter d'attendre avant de payer)
- La zone où se trouvent les pompes doit être couverte (pour protéger les clients de la pluie et de la neige)
- Une disponibilité complète des produits, notamment haut de gamme, (pour éviter des ruptures de stocks).
- Des toilettes propres
- Une apparence extérieure satisfaisante de la station
- Une station sûre, bien éclairée
- Une boutique regorgeant de marchandise fraîche et de qualité supérieure
- Un service rapide
- De nombreuses places de stationnement à côté de la boutique
- Des employés sympathiques
- L'accès à de menus services

Mobil a résumé ces caractéristiques en offrant au client « un service rapide et chaleureux ». Mais comment pouvait-on mesurer ce service rapide et chaleureux ? Mobil a décidé alors que l'expérience du client était tellement vitale pour sa stratégie qu'il investit dans un nouveau système de mesure : « le client mystère ». Mobil s'adressa à un tiers pour envoyer un représentant (le client mystère) dans chacune des stations service une fois par mois pour acheter de l'essence et de quoi manger et évaluer l'expérience en se basant sur 23 critères précis. Le résumé des notes constituerait le résultat du client mystère pour cette station pour le mois. Mobil avait appris à quel point il était difficile de **donner une marque à son produit**, à présent il tentait de donner une marque **à l'expérience d'achat dans ses stations.**

La note du client mystère correspondait à la proposition de valeur que Mobil devait offrir à ces clients ciblés. Si la théorie qu'avait Mobil de son activité était exacte, les augmentations des résultats du client mystère devaient se traduire en des accroissements de parts de marché dans les trois segments ciblés. Il faut bien noter que Mobil ne s'attendait pas à ce que ses parts de marché dans les segments non visés (*Les attachés à la maison* et *Les chasseurs de prix*) augmentent car les clients dans ces segments n'apprécieraient pas forcément suffisamment l'amélioration de l'expérience d'achat pour générer chez eux une fidélité et leur faire accepter d'acquitter les prix plus élevés que Mobil ferait payer à la pompe.

À ce stade, Mobil avait, sur l'axe du client, un ensemble relativement simple d'objectifs et de mesures : trois mesures de résultats (la part des trois segments visés) et un indicateur résumant la proposition de valeur (le résultat du client mystère) qui était censé entraîner les résultats.

L'axe du client n'était toutefois pas complet. Mobil ne vendait pas directement au consommateur final. Comme beaucoup d'entreprises sur de nombreux secteurs, le client immédiat de Mobil était le propriétaire indépendant de la station service. Ces détaillants franchisés achetaient du carburant et des produits lubrifiants à Mobil pour les vendre à des clients dans des stations services aux couleurs de Mobil. Si le consommateur final devait faire une expérience d'achat exceptionnelle, ce devait être aux distributeurs indépendants de la lui assurer. Les distributeurs étaient sans conteste une partie vitale de la nouvelle stratégie de Mobil.

Par le passé, Mobil n'avait pas considéré les détaillants et les distributeurs comme une composante de sa stratégie. Les relations pouvaient même être conflictuelles. Pour chaque cent que Mobil enlevait du prix de l'essence au distributeur, pour réduire le coût du distributeur pour les produits vendus, c'était un cent qui était enlevé de la première ligne des résultats de Mobil, celle des recettes. Cette ancienne vision stratégique plaçait Mobil et ses distributeurs dans un jeu à somme nulle. Mobil se rendit compte alors que sa stratégie n'avait aucune chance de réussir s'il ne cessait de traiter les distributeurs en rivaux. Il fallait faire entrer les distributeurs dans la stratégie et la mettre en œuvre chaque jour, dans chaque transaction menée avec les clients.

Dans un revirement très net par rapport au passé, Mobil se fixa pour objectif d'augmenter la rentabilité des distributeurs. Mobil adopta un objectif ambitieux pour que ses distributeurs deviennent les franchisés les plus rentables du pays de façon à attirer et retenir les meilleurs talents. La nouvelle stratégie mettait l'accent sur la création d'un jeu à somme positive, augmentant le profit qui pourrait être partagé entre Mobil et ses distributeurs de façon à ce que la relation soit du gagnant/gagnant.

Le profit accru viendrait de plusieurs sources. Tout d'abord, les prix plus élevés, que Mobil comptait maintenir dans ses stations, généreraient davantage de recettes. Deuxièmement, en accroissant la part de marché dans les trois segments ciblés, il serait possible de vendre un plus gros volume d'essence et un plus grand pourcentage de ces achats pourrait être du haut de gamme (acheté notamment par *Les fidèles invétérés* et *Les combattants de la route*). Troisièmement, le distributeur obtiendrait également un revenu provenant de la vente de produits et services hors essence (de la boutique et des services annexes offerts pour la voiture), dont une partie repartirait également chez Mobil.

Mobil fixa donc un objectif pour créer cette relation gagnant/gagnant avec les distributeurs et mesura cet objectif par les profits bruts qui pourraient être partagés entre les distributeurs et Mobil. La stratégie du client pouvait dès lors être représentée par des mesures liées à l'axe du client. (Voir Figure 2-3).

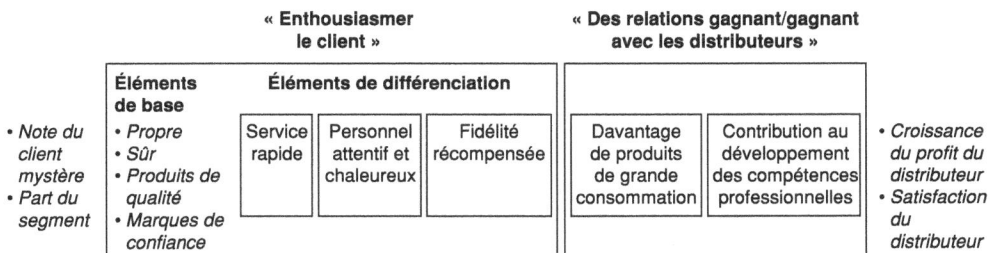

Figure 2-3. La carte stratégique de Mobil NAM&R : l'axe client

La stratégie client de Mobil impliquait un cercle vertueux. Des distributeurs indépendants motivés assureraient une expérience d'achat exceptionnelle qui attirerait une part croissante des segments visés. Ces clients achèteraient des produits et services haut de gamme à des prix élevés, créant ainsi du profit à la fois pour Mobil et ses distributeurs, qui resteraient motivés pour assurer une expérience d'achat exceptionnelle. La stratégie générerait la croissance en qualité de recettes pour la stratégie financière. Les objectifs et les mesures sur l'axe client n'étaient pas génériques, des mesures indifférenciées telles que la satisfaction ou la fidèlité du client. Elles étaient spécifiques, des mesures ciblées, découlant de la nouvelle stratégie et l'exprimant clairement.

L'axe processus internes

Muni d'une idée claire des résultats souhaités sur les axes financier et client, Mobil se pencha alors sur les objectifs et les mesures sur l'axe des processus internes. Pour être en liaison étroite avec les objectifs client, Mobil choisit deux processus internes majeurs :

1. Le développement de nouveaux produits et services

2. La création de bénéfices pour le distributeur sur les recettes hors essence

Le premier objectif traduisait le souhait d'améliorer l'expérience d'achat des clients en développant de nouvelles offres dans la station. Le second objectif confortait à la fois les nouvelles relations gagnant/gagnant avec les distributeurs et les objectifs financiers de Mobil. Si les distributeurs pouvaient générer des recettes et des profits accrus à partir des produits autres que l'essence, les distributeurs alors dépendraient moins des bénéfices sur les ventes d'essence pour atteindre leurs objectifs de profits. Ce qui laisserait une plus grande part de profit à Mobil tout en permettant à ses distributeurs d'être les plus rentables du secteur. Mobil reconnaissait aussi que la formation des distributeurs à devenir de meilleurs gérants de station service, des ateliers et de la boutique, était un processus interne important qui contribuerait ainsi également à la rentabilité du distributeur.

À côté des processus visant à améliorer les objectifs envers les clients, Mobil prévoyait plusieurs objectifs et mesures sur l'axe des processus internes dans les opérations élémentaires de raffinage et de distribution. Les mesures pour ces opérations concernaient le coût réduit, la constance de la qualité, les réductions de temps d'arrêt des installations et l'élimination des incidents pouvant porter atteinte à l'environnement, à la sécurité et à la santé. La plupart de ces mesures étaient reliées aux concepts de réduction de coût de productivité sur l'axe financier.

On pourrait se demander pourquoi une entreprise ayant adopté une stratégie de différenciation avait recours à tant d'indicateurs concernant la réduction du coût et la productivité. La réponse est très simple. Dans la mesure où Mobil produisait essentiellement des produits de base (essence, fuel de chauffage ou kérosène), il ne pouvait pas avoir recours à des prix plus élevés pour récupérer les coûts plus élevés ou les inefficacités de ses opérations de production et de distribution de base. La différenciation de la nouvelle stratégie de Mobil avait lieu à la station service et non pas dans ses raffineries, ses oléoducs, ses terminaux de distribution ou ses opérations de convoyage par camion. Seule une faible partie de ce qui se passe avant l'arrivée au point de vente peut créer un produit différencié du point de vue du client. Aussi, si les opérations de raffinage et de distribution de base ne créent pas de différenciation sur le plan du produit et du service, alors tout coût supérieur supporté pendant ces processus ne pourrait être récupéré dans le prix de vente final. Mobil devait donc adopter une stratégie d'excellence de ses opérations dans ses processus de fonctionnement de base. Cette stratégie est signalée par les multiples mesures de l'axe des processus internes concernant la réduction de coût, la productivité des installations et les améliorations de rendement.

Les mesures de qualité (la ponctualité et la conformité) et la disponibilité du produit au détail étayaient une partie de la proposition de valeur au client. Mais la plupart de l'avantage produit venait de la stratégie d'excellence des opérations dans les phases de production et de distribution. L'objectif majeur concernant les facteurs d'environnement, de santé et de sécurité avait notamment pour indicateurs les incidents de sécurité, l'absentéisme et les incidents écologiques. Là encore, une partie des avantages provenant d'une performance améliorée en matière d'environnement, de santé et de sécurité contribuait à réduire les coûts et à améliorer la productivité. Le responsable de la division avait le sentiment que les incidents concernant la sécurité était un indicateur important de ce qu'il pourrait advenir car il pensait que si la négligence des salariés conduisait à des accidents personnels, cela voulait probablement dire qu'ils ne faisaient pas attention non plus aux installations de l'entreprise. Les mesures concernant l'environnement, la santé et la sécurité conduisaient également Mobil à se comporter en entreprise citoyenne envers la communauté tout en contribuant au bien-être de son personnel. Les responsables de Mobil y attachaient de l'importance et souhaitèrent qu'elles figurent dans le tableau de bord.

Ainsi les objectifs et mesures des processus internes de Mobil renforçaient à la fois sa stratégie de différenciation envers le client et les distributeurs et ses objectifs financiers pour réduire les coûts et accroître la productivité. La Figure 2-4 illustre une représentation simplifiée de cet axe.

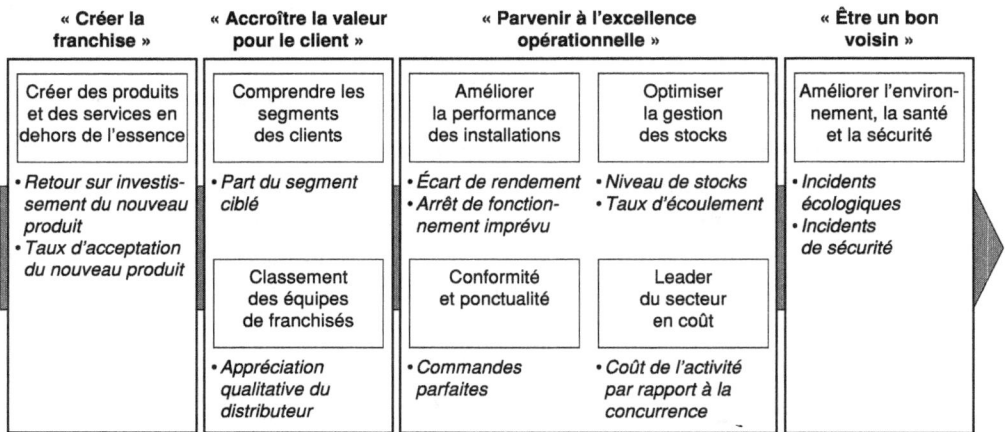

« Créer la franchise »	« Accroître la valeur pour le client »	« Parvenir à l'excellence opérationnelle »		« Être un bon voisin »
Créer des produits et des services en dehors de l'essence	Comprendre les segments des clients	Améliorer la performance des installations	Optimiser la gestion des stocks	Améliorer l'environnement, la santé et la sécurité
• Retour sur investissement du nouveau produit • Taux d'acceptation du nouveau produit	• Part du segment ciblé	• Écart de rendement • Arrêt de fonctionnement imprévu	• Niveau de stocks • Taux d'écoulement	• Incidents écologiques • Incidents de sécurité
	Classement des équipes de franchisés	Conformité et ponctualité	Leader du secteur en coût	
	• Appréciation qualitative du distributeur	• Commandes parfaites	• Coût de l'activité par rapport à la concurrence	

Figure 2-4. La carte stratégique de Mobil NAM&R : L'axe processus internes

L'axe apprentissage et développement

Les derniers objectifs à la base de la stratégie de Mobil concernent les compétences et la motivation de son personnel et le rôle de la technologie de l'information. L'équipe chargée du projet identifia trois objectifs stratégiques pour l'axe de l'apprentissage et du développement :

1. Cœur de compétences et capacités

   ■ Encourager et aider le personnel à mieux comprendre l'activité de marketing et de raffinage de bout en bout

   ■ Créer le niveau d'aptitudes et de compétences nécessaires pour exécuter la vision

   ■ Développer les capacités de leadership requises pour mettre en œuvre la vision, promouvoir la compréhension globale de l'activité et faire progresser le personnel

2. Accès à l'information stratégique

   ■ Créer l'information stratégique nécessaire à l'exécution des stratégies

	Thèmes stratégiques	Objectifs stratégiques	Indicateurs stratégiques
Financier	Croissance financière	F1 Retour sur capital investi F2 Utilisation des actifs existants F3 Rentabilité F4 Leader du secteur en coût F5 Croissance rentable	■ RCI ■ Cash flow ■ Classement en marge net (par rapport à la concurrence) ■ Coût global du gallon servi (par rapport à la concurrence) ■ Taux de croissance en volume (par rapport au secteur) ■ Ratio du haut de gamme ■ Recettes et marge hors essence
Client	Enthousiasmer le client	C1 Enthousiasmer constamment le client ciblé	■ Part de segment sur les marchés clés sélectionnés ■ Note du client mystère
	Des relations gagnant/gagnant avec le distributeur	C2 Créer des relations gagnant/gagnant avec le distributeur	■ Croissance du profit brut du distributeur ■ Enquête auprès du distributeur
Interne	Créer la franchise	11 Produits et services innovants 12 Classement des équipes de franchisés	■ RSI du nouveau produit ■ Taux d'acceptation ■ Résultat qualité du distributeur
	Sûr et fiable	13 Performance de raffinage	■ Écart de rendement ■ Arrêts imprévus
	Fournisseur compétitif	14 Gestion de stock	■ Niveau de stock ■ Taux d'écoulement
		15 Leader du secteur en coût	■ Coût de l'activité par rapport à la concurrence
	Qualité	16 Conformité, ponctualité	■ Commandes parfaites
	Bon voisin	17 Améliorer ESS	■ Nombre d'incidents écologiques ■ Taux d'absentéisme
Apprentissage et développement	Personnel motivé et préparé	A1 Environnement favorable à l'action A2 Cœur de compétences et capacités A3 Accès à l'information stratégique	■ Enquête auprès du personnel ■ Tableau de bord personnel (%) ■ Compétence stratégique disponible ■ Information stratégique disponible

Figure 2-5. Le tableau de bord prospectif de NAM&R Mobil

3. Engagement de l'organisation

   ■ Permettre la réalisation de la vision en favorisant la compréhension de la stratégie de l'organisation et en créant un environnement dans lequel le personnel est motivé et responsabilisé pour avancer vers cette vision.

Les mesures liées à ces trois objectifs ont été toutefois les plus difficiles à définir. Idéalement Mobil souhaitait définir les capacités et l'information dont chacun aurait besoin pour optimiser la performance des processus internes et assurer la proposition de valeur aux clients. Ces mesures pourraient comprendre, par exemple, l'existence de capacités ou de systèmes stratégiques exprimés en pourcentage. L'entreprise a eu toutefois à différer une véritable mesure en attendant de mettre au point les outils d'évaluation. Pour suivre le troisième objectif, Mobil a mené une enquête auprès du personnel visant à mesurer la connaissance qu'avaient les salariés de la nouvelle stratégie et leur motivation à aider l'entreprise à atteindre ses objectifs.

Après avoir ainsi défini l'axe de l'apprentissage et du développement, Mobil disposait à présent d'une représentation complète de sa nouvelle stratégie. Il avait accompli le premier processus de création d'une organisation orientée stratégie en traduisant la vision et la stratégie en une série d'objectifs et de mesures pour les quatre axes (voir Figure 2-5). Ceux-ci peuvent être représentés dans une carte stratégique (voir Figure 2-6) qui illustre graphiquement les relations de cause à effet entre objectifs et mesures sur les quatre axes. Les objectifs et les indicateurs et leur représentation sur une carte, pouvaient à présent être reliés et communiqués clairement au reste de l'entreprise.

L'élaboration d'un tableau de bord prospectif ne devrait être ni la quête des meilleurs indicateurs ni la recherche des meilleures pratiques pour savoir ce que les autres entreprises mesurent dans leur tableau de bord. Le processus de création d'un tableau de bord devrait plutôt suivre les étapes de NAM&R de Mobil :

■ Évaluer l'environnement concurrentiel

■ Apprendre à connaître les préférences et les segments des clients

■ Mettre au point une stratégie pour générer des performances exceptionnelles

■ Assurer l'équilibre entre croissance et productivité

■ Choisir les segments de clients à cibler

Axe financier

Augmentation du RCI à 12 %

- RCI
- Marge nette (par rapport au secteur)

Stratégie de croissance des recettes	Stratégie de productivité

Trouver de nouvelles sources de revenus hors essence	Accroître la rentabilité du client par des marques haut de gamme	Devenir le leader du secteur en coût	Optimiser l'utilisation des actifs existants

- Recettes et marges hors essence
- Volume par rapport au secteur
- Ratio haut de gamme
- Dépenses (cents par gallon) par rapport au secteur
- Cash flow

Axe client

« Enthousiasmer le client »   « Relation gagnant/gagnant avec les distributeurs »

- Note du client mystère
- Part de segment

Éléments de base
- Propre
- Sûr
- Produits de qualité
- Marques de confiance

Éléments de différenciation

Service rapide	Personnel chaleureux et attentif	Fidélité reconnue	Plus de produits de grande consommation	Collaboration pour développer des compétences professionnelles

- Croissance du bénéfice du distributeur
- Satisfaction du distributeur

Axe interne

« Créer la franchise »   « Accroître la valeur pour le client »   « Parvenir à l'excellence opérationnelle »   « Être un bon voisin »

Créer des produits et services hors essence	Comprendre les segments des clients	Améliorer la performance des installations	Améliorer la gestion des stocks	Améliorer l'écologie, la santé et la sécurité

- Retour sur investissement du nouveau produit
- Taux d'acceptation du nouveau produit

- Part du segment ciblé

Classement des équipes de franchisés

- Évaluation de la qualité du distributeur

- Écart de rendement
- Arrêts imprévus

Conformité Ponctualité

- Commandes parfaites

- Niveau de stocks
- Taux d'écoulement

Leader du secteur en coût

- Coût de l'activité par rapport à la concurrence

- Incidents écologiques
- Incidents de sécurité

Axe apprentissage et développement

Un personnel motivé et préparé

Environnement favorable à l'action	Compétences	Technologie
- En adéquation - Développement personnel	- Excellence fonctionnelle - Capacités de leader - Vision globale	- Amélioration des processus - Actualisation des systèmes
- Tableau de bord individuel - Retour d'information du personnel	- Ratio de couverture de capacité stratégique	- Jalons pour les systèmes

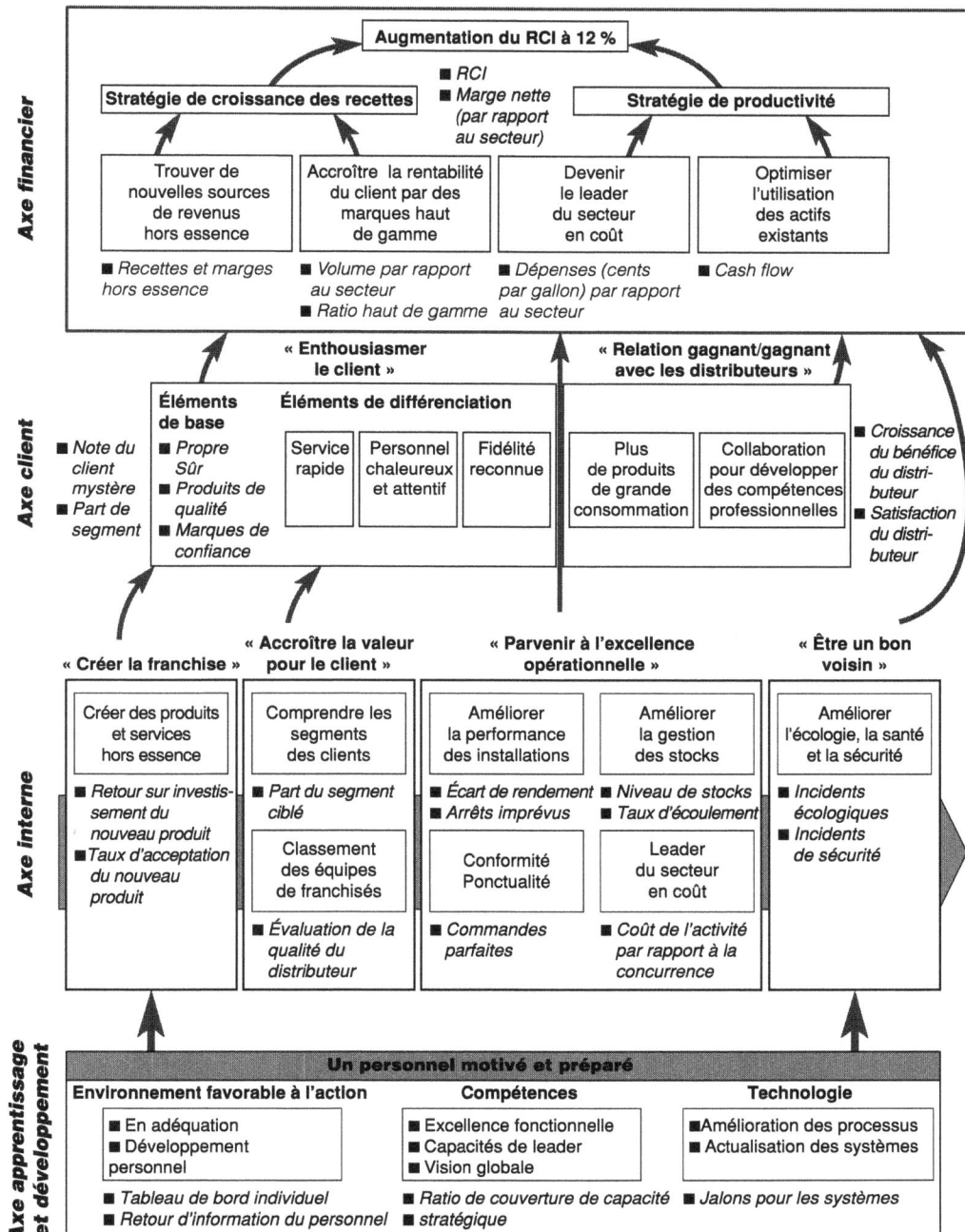

Figure 2-6. La carte stratégique de NAM&R Mobil

- Définir la proposition de valeur pour les clients ciblés
- Trouver les processus internes majeurs permettant d'assurer la proposition de valeur aux clients et d'atteindre les objectifs de coût financier et de productivité
- Disposer des capacités, des compétences, de la motivation, des bases de données et de la technologie nécessaires pour exceller dans les processus internes et dans la proposition de valeur aux clients

À l'issue de ce processus, l'organisation disposera d'un tableau de bord d'objectifs et d'indicateurs qui reflétera véritablement la stratégie. Un observateur extérieur devrait être en mesure de déduire la stratégie d'une organisation à partir de ses indicateurs figurant sur le tableau de bord et des liaisons entre eux. Une fois cette étape franchie, l'organisation est prête à développer les quatre prochains processus du tableau de bord pour créer une organisation orientée stratégie.

METTRE L'ORGANISATION EN ADÉQUATION AVEC LA STRATÉGIE

La plupart des organisations comprennent de nombreuses divisions, de nombreux centres de profit et un certain nombre de services en commun. Ces organisations doivent relier leur tableau de bord global, mis au point au niveau de l'entreprise ou de la division, à leurs unités décentralisées. Ce qui crée dans toute l'organisation la convergence et la synergie qui constituent le deuxième principe de l'organisation orientée stratégie.

Dans le cadre de sa nouvelle stratégie orientée client, Mobil a dissout son organisation centralisée par fonction et créé dix-huit centres de profit géographiques qui peuvent tous réagir de différentes façons aux conditions du marché local. En outre, les fonctions administratives autrefois centralisées ont été transformées en quatorze services communs (notamment les services informatiques, financiers, de planning et d'analyse, de ressources humaines et d'environnement et de sécurité). Elles devaient dès lors vendre leurs services aux centres de profit délocalisés et obtenir d'eux leur accord sur les prix et les niveaux de service. La nouvelle organisation posa deux défis à l'encadrement supérieur. Le premier était d'imaginer un moyen de garder ces trente deux unités concentrées sur la même stratégie ambitieuse. Le deuxième était de perfectionner les capacités des responsables de centres de profit et de services communs récemment nommés. Les responsables de centres de profit étaient tous habitués à une organisation structurée, hiérarchique et fonctionnelle. Seuls les deux responsables les plus gradés avaient déjà eu la responsabilité d'un budget. Tous les autres géraient soit des coûts (en tant que responsable d'une raffinerie, d'un oléoduc ou d'une installation de distribution) ou des recettes (en tant que directeur d'un secteur de ventes). Bob McCool décela un problème dans le passage à la nouvelle organisation :

> *Nous avions en face de nous des individus qui avaient passé toute leur vie professionnelle comme responsables d'une grosse organisation fonctionnelle et nous leur demandions de devenir les leaders de centres de profit animés de l'esprit d'entreprise, certains avec un milliard de dollars d'actifs. Comment allions-nous faire pour les faire sortir de leur logique d'expertise fonctionnelle qu'ils avaient toujours eue pour les amener à penser de manière stratégique, en tant que directeurs généraux d'activités orientées vers le profit ?[4]*

C'est le tableau de bord prospectif qui devint le mécanisme capable de créer à la fois une sensibilisation et des capacités stratégiques chez les nouveaux responsables d'unités et de mettre en adéquation les stratégies des unités décentralisées entre elles **et** entre elles et l'ensemble. Le tableau de bord mis au point par l'équipe de leadership de M&RAN devint le modèle pour la création de stratégies dans toute l'organisation. Le tableau de bord créé par la division fixait des objectifs majeurs qui étaient communs à l'ensemble de l'organisation :

- Atteindre des retours financiers (mesurés par le RCI).
- Enthousiasmer le client en créant une expérience exceptionnelle d'achat de nourriture et de carburants.
- Créer des relations gagnant/gagnant avec les distributeurs et les détaillants.
- Améliorer les processus internes majeurs – faible coût, zéro défaut, ponctualité des livraisons.
- Réduire les incidents portant atteinte à l'environnement, à la sécurité et à la santé.
- Améliorer le moral des salariés.

---

4. R.S. Kaplan, « Mobil USM&R (A) Linking the Balanced Scorecard » 9-197-025 (*Boston : Harvard Business School*, 1996),3.

Ces objectifs ambitieux ont alors été transmis dans toute l'organisation en les incorporant dans des tableaux de bord mis au point par les différents centres de profit. Chaque unité formula une stratégie appropriée à son marché cible mais qui devait à la fois être en cohérence avec les concepts et les priorités du modèle M&RAN. Chacun des dix-huit centres de profit géographique traduisit sa stratégie en un tableau de bord prospectif. Les dix-huit tableaux de bord étaient personnalisés pour s'adapter aux conditions locales (concurrents, opportunités de marché et processus majeurs) mais ils étaient tous fondés sur le tableau de bord global de la division. Comme l'exprima McCool :

> *Mobil dans le Middle West n'est pas comme Mobil en Nouvelle Angleterre ou sur la côte Ouest. Sur chaque marché, le client nous voit différemment, notre concurrence dans chacune des régions est différente et le modèle économique de l'activité est différent pour chaque marché. Je ne souhaite pas envoyer de diktat du siège de Fairfax. Nous avons une stratégie de base et un ensemble de programmes de soutien que nous pouvons décliner dans chaque centre de profit. Nous avons certes un certain nombre de contraintes : nous voulons que nos distributeurs fonctionnent sous l'enseigne « Mobil », nous avons une conception de base pour la station et pour la boutique que nous souhaitons commune à toutes les régions et nous pensons que nous avons une stratégie de segmentation gagnante avec un service rapide et chaleureux. Mais si un centre de profit pense qu'il a une meilleure recette de succès, je suis prêt à l'écouter. Je veux que le responsable du centre de profit me dise, voilà mon activité, voilà ma vision et ma stratégie et voilà comment je vais passer d'ici à là[5].*

Muni de ces directives, chaque centre de profit a créé son propre tableau de bord en tenant compte de sa situation locale[6]. Les indicateurs au niveau des centres de profit n'avaient pas besoin de s'agréger pour donner un indicateur au niveau de la division. Les responsables de centre de profit choisissaient des indicateurs qui **influençaient** les indicateurs du tableau de bord de la division, mais ils n'étaient pas une simple décomposition du

---

5. *Idem.*, 6.
6. Les détails de ce processus pour deux centres de profit locaux (Secteur de vente de la Nouvelle Angleterre et Lubrifiants) sont décrits par R.S. Kaplan dans « Mobil USM&R (B) : New England Sales and Distribution » 9-197-026 (*Boston : Harvard Business School*, 1996) et « Mobil USM&R (C) : Lubricants Division », 9-197-027 (*Boston : Harvard Business School*, 1996).

tableau de bord global. De nombreux indicateurs de la vente et de la distribution en Nouvelle Angleterre ressemblaient à ceux du tableau de bord global. Mais de nombreux indicateurs n'y apparaissaient pas, car la Nouvelle Angleterre n'avait pas de raffinerie dans son secteur. Et la Nouvelle Angleterre créa plusieurs nouveaux indicateurs. L'un d'entre eux baptisé « engagement des distributeurs » visait à mettre en cohérence le comportement des distributeurs locaux avec le souhait de procurer à l'expérience d'achat un « service rapide et chaleureux ». Le tableau de bord de la Nouvelle Angleterre mentionnait le pourcentage de distributeurs qui avaient adhéré au projet d'engagement du distributeur. C'était la façon qu'avait le secteur de mesurer la relation gagnant/gagnant avec ses distributeurs. D'autres régions, toutefois, pouvaient adopter des démarches totalement différentes. De sorte que les indicateurs pour cet objectif étaient différents dans les dix-huit régions et ne pouvaient donc pas être agrégés au niveau de la division. Mais chaque région avait créé des projets et des indicateurs qui reflétaient les circonstances et la culture locale sur la façon d'établir une alliance stratégique avec ses distributeurs. Ce faisant, les stratégies de toutes les unités de l'organisation s'homogénéisèrent de sorte que l'impact cumulatif de chaque unité qui marchait bien était renforcé par les actions de toutes les autres unités.

Le deuxième niveau de liaison se produisit lorsque Mobil mit sur pied des tableaux de bord prospectifs pour tous ses services communs. Ces unités avaient alors à vendre leurs services aux centres de profit et obtenir leur accord sur les prix et les niveaux de service à procurer.

Pour que les fonctions (ou les services communs) soient sensibles aux besoins des centres de profit, Mobil forma des comités d'acheteurs. Chaque comité comprenait de trois à cinq représentants des centres de profit qui se mettaient d'accord avec un service commun sur un engagement annuel. Des négociations rigoureuses avaient lieu annuellement entre le comité d'acheteurs et l'équipe de responsables des services communs sur la liste des prestations que l'unité se proposait de fournir et le coût de chacune de ces prestations. Marty Di Mezza, responsable du service commun en charge du marketing de l'essence, se souvient du changement de culture qu'impliquait la nouvelle organisation :

> *Nous avons dû opérer un changement mental considérable : passer d'une structure qui donnait des orientations à celle d'un fournisseur de service. Notre personnel devait apprendre comment collaborer avec les centres de profit pour les aider à réaliser leurs stratégies…*

Pour la première fois dans l'histoire de Mobil, nous devions présenter un bouquet de services que quelqu'un devait accepter d'acheter. Nous n'avions jamais auparavant demandé aux autres ce qu'ils souhaitaient acheter[7].

Les discussions se terminaient finalement par un accord de service décrivant l'ensemble des prestations que les centres de profit souhaitaient que l'unité de service leur procure et un budget approuvé pour la fourniture de ces prestations. Souvent les prestations que l'unité de service souhaitait proposer n'étaient pas considérées par le centre de profit comme étant intéressantes et il était mis fin aux prestations. Dans d'autres cas, le comité d'achat souhaitait la prestation mais pas au prix proposé. Le service commun se mettait alors à réduire certaines des fonctionnalités, ou certains gadgets comme on dit, pour fournir un service de base à moindre coût. L'inverse se produisait également. Parfois, le comité d'achat définissait des prestations de première importance pour le centre de profit que le service commun n'avait pas proposées. Di Mezza décrivait ainsi le processus de négociation : « C'était un processus itératif, nous révisions notre liste de prestations et nous ré-allouions nos effectifs et nos ressources financières en fonction des objectifs que le terrain voulait atteindre. Mais c'était un processus d'apprentissage qui nous engageait car nous devions étudier en détail chacune des versions du tableau de bord et de l'accord de service »[8].

Une fois les accords de service bouclés, les quatorze unités de services communs élaboraient leur tableau de bord prospectif. Chaque service commun créait sa propre stratégie pour atteindre l'excellence fonctionnelle mais les stratégies devaient viser à aider les centres de profit et la division à réaliser leurs stratégies. L'axe client des tableaux de bord prospectifs des services communs reflétait la satisfaction des centres de profit concernant les services fournis. Les indicateurs de succès des unités de services communs étaient ainsi liés aux indicateurs figurant sur les tableaux de bord des centres de profit et de ceux de la division.

À l'issue du processus, chacune des trente deux unités décentralisées avait développé sa propre stratégie. Mais chaque stratégie était liée aux autres et

---

7. R.S. Kaplan, « Mobil USM&R (D) : Gasoline Marketing » 9-197-028 (*Boston : Harvard Business School*, 1996), 1.
8. *Idem.*, 2.

en dernier ressort aux concepts et aux objectifs communs de l'organisation. (voir Figure 2-7)

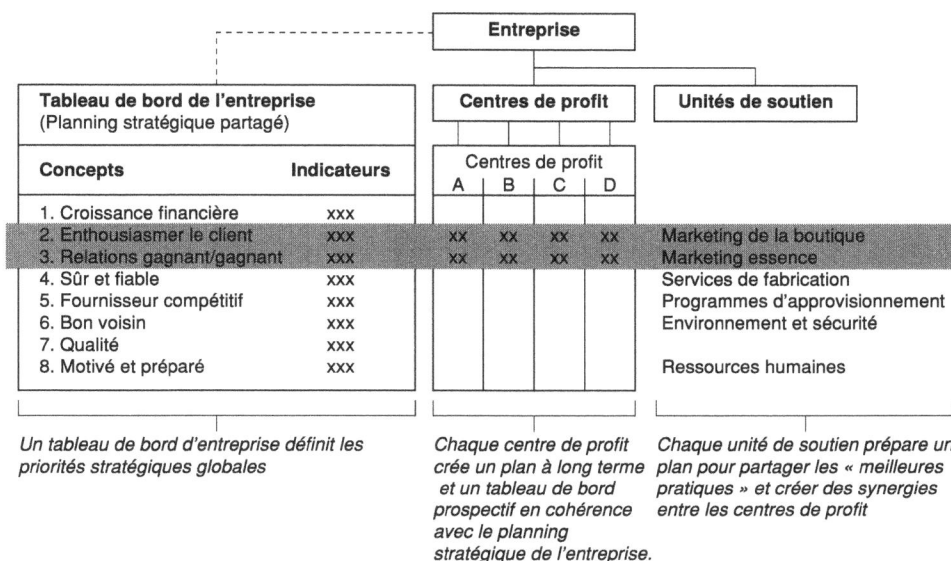

Figure 2-7 Relier les tableaux de bord des services communs aux stratégies des centres de profit et à la stratégie de l'entreprise

Les organisations traditionnelles utilisent le commandement hiérarchique pour faire descendre les objectifs de façon à ce qu'ils deviennent des sous objectifs pour chaque centre d'activité. Lorsque, comme cela arrive fréquemment, ces objectifs sont exprimés exclusivement en termes financiers, tels que les objectifs de RCI ou de contribution à la valeur ajoutée économique (EVA), il y a très peu de possibilités pour qu'une intégration et une synergie se créent entre les centres de profit et les unités de services communs. Mais lorsque les centres de profit et les unités de services communs élaborent des tableaux de bord prospectifs, reliés au tableau de bord au niveau de la division ou de la société, toutes les unités de l'organisation sont en adéquation avec les concepts stratégiques communs qui se renforcent ainsi. L'intégration est réalisée grâce à ces concepts stratégiques communs.

FAIRE DE LA STRATÉGIE LE TRAVAIL QUOTIDIEN DE CHACUN

Le troisième principe de l'organisation orientée stratégie est de relier chaque salarié à la stratégie du centre de profit et à celle de l'ensemble. Chacun doit comprendre la stratégie de l'organisation et être motivé pour l'aider à atteindre ses objectifs stratégiques. Le tableau de bord prospectif sert à **communiquer** les objectifs stratégiques aux salariés, non pas à leur **ordonner** ce qu'ils doivent faire. Les organisations orientées stratégie veulent que leurs salariés mettent leurs activités quotidiennes en adéquation pour atteindre les objectifs stratégiques et trouvent de nouvelles opportunités innovantes, et si possible transversales, de contribuer aux objectifs de l'organisation.

La direction de Mobil a dû relever le difficile défi de transformer une organisation qui était de tout temps tournée sur elle-même en une organisation orientée à l'extérieur vers le client. Le repositionnement ne pouvait pas se faire simplement dans les sphères supérieures. Il devait avoir lieu à la base. Pour que sa stratégie réussisse Mobil devait sensibiliser chacun à sa stratégie et le rendre responsable de son succès. Le tableau de bord servait de passerelle pour traduire la stratégie d'en haut vers les actions opérationnelles à la base, sur le terrain et dans les bureaux, là où la stratégie doit être effectivement appliquée. Brian Baker de Mobil exprime ainsi l'importance de la sensibilisation du personnel et de son engagement à la stratégie :

> *Je suis responsable d'une grande entreprise disséminée sur un territoire étendu. Au bout du compte, le succès vient des individus sur le terrain. Vous avez un opérateur d'une raffinerie, assis devant son écran d'ordinateur qui surveille une machine à trois heures du matin le dimanche. Franchement la direction n'est pas dans le coin. Mon destin, au sens premier du terme, dépend de l'attitude de cet individu, selon qu'il est attentif ou non. Trente secondes d'inattention au mauvais moment peuvent conduire à la fermeture de cette raffinerie, à en arrêter la production. Si vous voulez piloter l'activité, vous devez la piloter jusqu'à cet individu qui est sur le terrain et qui prend les décisions.*

Mobil a mis au point un processus de communication complet et continu, fondé sur le tableau de bord, pour s'assurer que tous avaient compris la stratégie. Le lancement du tableau de bord prospectif de Mobil a commencé par la visite de tous les sites d'Amérique du Nord par un membre de la direction. Lors de la réunion sur place, les salariés recevaient un document d'une page (voir Figure 2-8) qui résumait le nouveau projet.

Vous remarquerez que les mots tableau de bord prospectif n'apparaissent pas une seule fois sur ce document. Le document résumait le tableau de bord en huit nouveaux thèmes stratégiques tirés des quatre axes suivants du tableau de bord :

1. Financier (retour sur le capital investi)

2. Client (enthousiasmer le client, relation gagnant /gagnant avec les distributeurs)

3. Processus de fonctionnement interne (faible coût, sûr et fiable, ponctuel et conforme, bon voisin)

4. Apprentissage et développement (motivé et préparé)

Le document renforçait le message en montrant comment Mobil avait l'intention de mesurer ses progrès par rapport à ces huit thèmes stratégiques. Il communiquait sur la nouvelle stratégie de Mobil de façon simple et crédible. Mobil voulait éviter le scepticisme et le cynisme habituels chez des salariés blasés devant le lancement une fois encore d'un nouveau projet d'entreprise (à savoir le tableau de bord prospectif).

Les directeurs qui se rendaient sur les sites expliquaient les nouvelles orientations stratégiques et répondaient aux questions des salariés soit sur les thèmes stratégiques ou sur leurs indicateurs. Ainsi les chauffeurs de camion étaient au départ sceptiques sur les moyens qu'ils auraient d'influencer n'importe lequel des thèmes stratégiques ; ils connaissaient leur travail, il s'agissait de livrer le produit aux clients. En quoi cette nouvelle orientation devait-elle les toucher ?

Le directeur pouvait expliquer relativement facilement comment les chauffeurs pouvaient influencer les indicateurs du processus interne. En conduisant prudemment et en évitant les accidents, les chauffeurs amélioreraient la performance sur les quatre indicateurs internes : en contribuant au bas coût, en se montrant fiables, en étant ponctuels et en se conduisant en bon voisin. En empruntant les itinéraires conseillés et en ne se perdant pas, ils pouvaient maintenir des coûts peu élevés et les heures de livraison prévues. Les chauffeurs pouvaient comprendre facilement leur rôle en ce domaine mais se mirent à s'interroger sur les deux indicateurs client. Le directeur expliqua la relation gagnant/gagnant avec les distributeurs, et demanda aux chauffeurs de traiter les distributeurs en client de choix lors de la livraison. Les directeurs expliquèrent aussi la nouvelle stratégie de segmentation du marché et le programme du client mystère qui évaluerait l'expérience d'achat dans toutes les stations Mobil d'Amérique du Nord.

Les thèmes stratégiques
Ils nous guideront vers notre vision et sont décrits au-dessus de chaque graphique

Les indicateurs stratégiques
Ils nous maintiendront concentrés sur la réalisation des thèmes stratégiques ; ils sont expliqués dans les graphiques et dans les textes qui les commentent.

Financièrement fort
Récompenser nos actionnaires en leur offrant un retour à long terme qui soit supérieur à celui de nos concurrents

RCI
Revenu divisé par le capital investi y compris toutes les allocations

1993 — 7 % | 1994 — 8 % | Objectif — 12 %

Enthousiasmer le client
Comprendre les besoins de nos clients mieux que quiconque et leur offrir des produits et des services qui dépassent leurs attentes.

Le client mystère
Le programme du client mystère note la façon dont nos stations procurent « la meilleure expérience d'achat ».

1993 | 1994 | Objectif

La relation gagnant/gagnant
Améliorer la rentabilité du distributeur/grossiste grâce à des produits et des services attendus par le client tout en perfectionnant ses compétences professionnelles.

Bénéfices bruts du distributeur et de Mobil
Bénéfices globaux réalisés dans les points de vente Mobil et partagés entre les distributeurs/grossistes et Mobil

1993 | 1994 | Objectif

Sûr et fiable
Maintenir une position de leader de la sécurité tout en utilisant pleinement nos raffineries.

Absentéisme
1993 | 1994 | Objectif

Fiabilité de la production
1993 | 1994 | Objectif

Fournisseur compétitif
Procurer les produits à un coût égal ou meilleur que le concurrent sur le marché.

Coût de l'activité par rapport à la concurrence
Notre coût de fourniture du produit par rapport au coût du fournisseur le moins cher

1993 | 1994 | Objectif

Bon voisin
Protéger la santé et assurer la sécurité des personnes et des collectivités dans lesquelles nous travaillons, et l'environnement que nous partageons tous.

Composé :
• des analyses de rejets dans les air et dans l'eau
• des compte rendus d'accidents concernant la pollution
• des incidents enregistrés dans la collectivité

Indice écologique
1993 | 1994 | Objectif

Conformité et ponctualité
Fournir des produits de qualité grâce à des processus de fonctionnement de qualité qui permettent de livrer à temps et ce qu'il faut dès la première fois.

Composé de :
• produits non conformes
• commandes livrées en retard
• erreurs de processus de fonctionnement
• réclamations des clients
• coût pour refaire le travail

Indice de qualité
1993 | 1994 | Objectif

Motivé et préparé
Promouvoir et valoriser le travail d'équipe et la capacité à penser globalement Mobil tout en agissant localement.

Enquête auprès des salariés pour mesurer comment ils ressentent l'ambiance de travail chez Mobil.

Enquête sur l'ambiance de travail
1993 | 1994 | Objectif

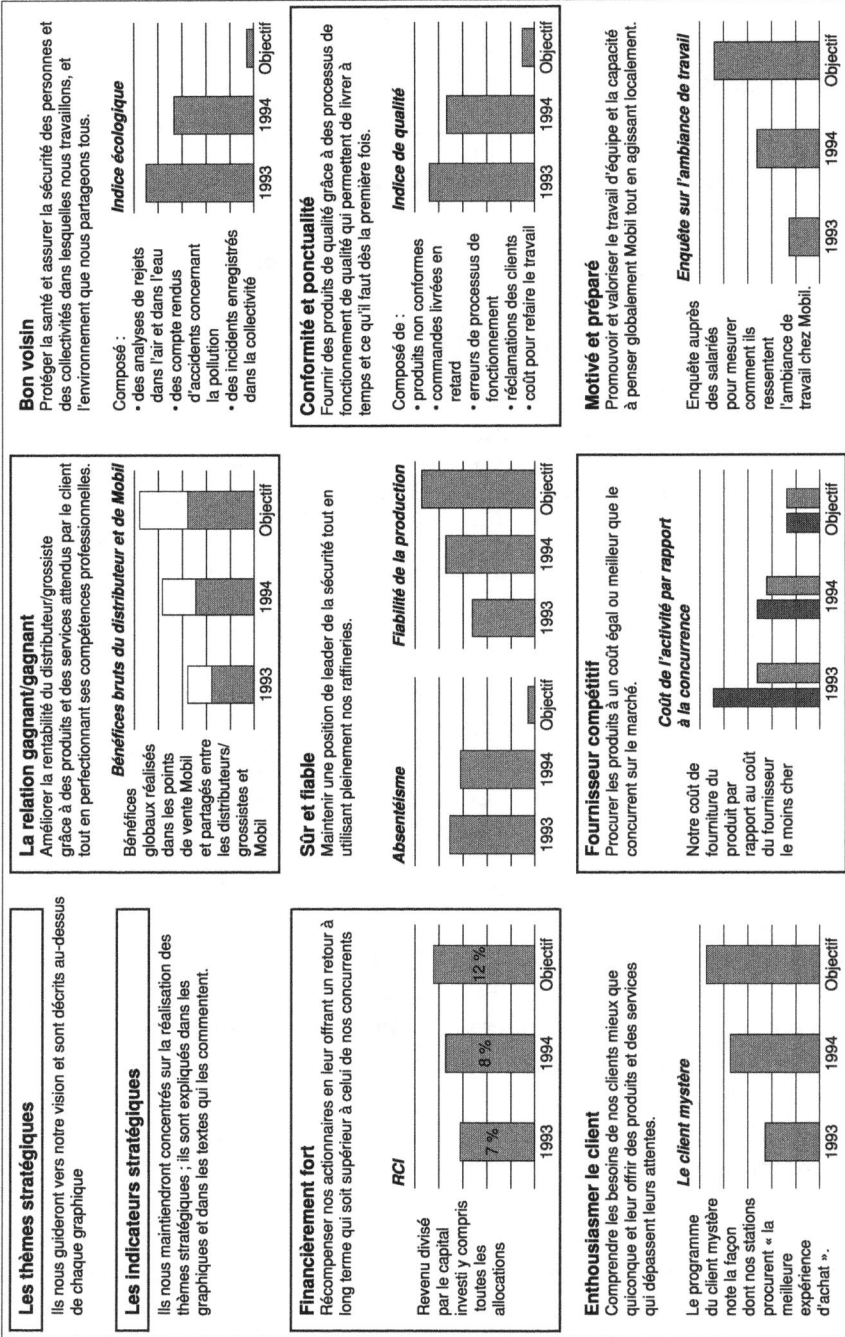

Figure 2-8. Le document informatif de NAM&R de Mobil

Ils soulignèrent un moyen qu'avaient les chauffeurs de contribuer à la « parfaite expérience d'achat » en arrivant à l'heure avec les bons types d'essence et de produits lubrifiants de sorte qu'aucun distributeur ne soit en rupture de stock. En même temps, les chauffeurs en apprenaient aussi sur les autres caractéristiques de la « parfaite expérience d'achat » même s'ils ne pouvaient pas toutes les maîtriser.

Très vite, toutefois, certains chauffeurs se mirent à appeler du terrain après avoir livré de l'essence à une station :

> *Vous feriez bien d'envoyer quelqu'un de la région à cette station rapidement. Si un client mystère se pointait ici, la station se ferait recaler et notre critère « d'enthousiasmer le client » serait bien mal en point. L'enseigne Mobil est cassée, la moitié des ampoules sont grillées, les toilettes sont sales, la boutique vend des beignets périmés et connaît des ruptures de stock et le personnel crie sur les clients. Nous sommes loin de la nouvelle stratégie du « service rapide et chaleureux ».*

De leur propre initiative, sans aucune orientation du siège, les chauffeurs avaient pris un rôle critique dans l'organisation de l'étude de marché sur le terrain. Et bien qu'ils n'étaient pas en mesure de maîtriser l'expérience d'achat, ils pouvaient l'influencer, dès l'instant où ils en connaissaient l'existence et la comprenaient ; et ils l'ont fait d'une façon que la direction n'aurait pu imaginer. Et même si elle y avait pensé, la direction n'aurait pu ordonner aux chauffeurs d'effectuer un travail de surveillance locale de ce type. Mais en communiquant la haute stratégie au personnel de terrain, et en la lui expliquant de façon à ce qu'il comprenne parfaitement le message, ceux qui étaient les plus proches de l'expérience d'achat des clients se sont mis à innover et à contribuer de façon inattendue à l'application de la stratégie.

L'un des premiers succès du programme de communication s'est produit lorsque le service de technologie marketing de Mobil a mis au point et rapidement lancé le Speedpass, un petit dispositif sur un porte clé. Lorsque celui-ci était passé devant une cellule photoélectrique de la pompe, il identifiait le client et la carte de crédit sur laquelle l'achat devait être débité. Le Speedpass rendit le passage à la pompe plus rapide et plus sympathique. Les clients n'avaient plus à fouiller dans leur sac ou dans leur porte document pour trouver leur carte de crédit ; le mécanisme de paiement était déjà sur le même porte clé que les clés de la voiture. Le Speedpass joua très vite son rôle d'élément de réelle différenciation en faveur de Mobil et sa popularité se répandit rapidement. À partir de 1997 et les années suivantes, les responsables modifièrent leurs tableaux de bord pour y inclure de nouveaux objectifs concernant le taux de pénétration du Speedpass aussi bien auprès des clients que des distributeurs.

Ce qu'il y a d'instructif et de remarquable dans cette histoire c'est la façon dont le Speedpass a été inventé. Joe Giordano qui travaillait comme responsable du planning dans le service de technologie marketing prit connaissance de l'importance de la rapidité dans la transaction d'achat par le tableau de bord prospectif. Il essaya d'imaginer comment un dispositif pourrait permettre à un client de traiter toute la transaction sans avoir à utiliser de carte de crédit ou à taper des chiffres sur un clavier. Giordano travailla avec un fabricant de pompe à essence et une entreprise de semi-conducteurs pour mettre au point le Speedpass. Il ne s'agit pas d'une technologie très sophistiquée mais elle a permis à des millions de clients de Mobil d'améliorer leur expérience d'achat. La direction connaissait la stratégie mais ne maîtrisait pas suffisamment la technologie pour proposer des solutions innovantes pour la stratégie. L'idée géniale, tout comme pour les informations remontées par les chauffeurs, est venue de quelqu'un du fin fonds de l'entreprise qui a imaginé comment il pourrait contribuer réellement à l'application de la stratégie de sa société.

Mobil renforça sa stratégie de communication en aménageant son système de ressources humaines pour créer des liaisons individuelles : les objectifs annuels des salariés étaient liés au tableau de bord. Le service du personnel a mis au point des formations intégrées et complètes ainsi que des stages de développement personnel pour donner à tous les salariés les outils dont ils avaient besoin pour réaliser leurs objectifs collectifs et personnels.

Après avoir réalisé le programme de communication et avoir établi des liaisons avec les objectifs personnels, Mobil renforça encore la stratégie en liant les primes au tableau de bord prospectif. En 1996, NAM&R de Mobil lança un nouveau programme à trois volets pour tous ses salariés. Les primes faisaient partie d'un nouveau programme de rémunération variable. Le gel des salaires qu'avait connu Mobil au début des années 90 en raison d'une période difficile faisait que les salaires de base de ses salariés étaient alors en moyenne à 90% des salaires des concurrents sur le marché. Au lieu de récupérer le niveau de salaire par une augmentation une fois pour toutes, la direction mit au point un programme qui allait jusqu'à prévoir des primes de 30 %.

Le programme de rémunération variable portait sur trois niveaux de performance :

1. Une composante au niveau de l'entreprise (10 %) fondée sur deux classements de performance financière par rapport à la concurrence

2. Une composante au niveau de la division (6 %) fondée sur les résultats du tableau de bord de NAM&R

3. Une composante au niveau de l'unité (14 %) fondée sur les principaux indicateurs de performance dans les tableaux de bord des centres de profit ou des services communs.

La composante au niveau de l'entreprise était fondée sur la performance de Mobil par rapport à ses sept principaux concurrents sur deux indicateurs financiers : le RCI et la croissance des bénéfices par action. Cette composante donnait un bonus s'échelonnant entre zéro et 10 % en fonction du classement relatif de Mobil par rapport à ses concurrents du secteur pour le RCI et la croissance des bénéfices par action. La deuxième composante (entre zéro et 6 %) était octroyée en fonction de la performance de la division NAM&R par rapport à son tableau de bord. Et la troisième composante (entre zéro et 14 %) était fonction des performances sur le tableau de bord prospectif de l'unité.

Les objectifs pour les indicateurs ont été calculés de sorte que la prime complète de 30 % ne serait reçue que si Mobil se retrouvait le premier du secteur pour tous les critères[9]. Si Mobil se retrouvait le dernier du secteur, aucune prime ne serait accordée. Et si Mobil se retrouvait au centre du classement, alors seule une prime de 10 % serait accordée (voir Figure 2-9). En fonction de ce plan, de piètres résultats entraînaient de piètres émoluments (jusqu'à 10 % de rémunérations en dessous des normes du secteur) ; des résultats moyens donnaient des appointements moyens, et des résultats exceptionnels donnaient des rémunérations supérieures.

Mobil n'avait pas de prime explicitement liée à la performance individuelle. Les récompenses étaient fondées sur les performances de l'unité, de la division et de l'entreprise. Le plan prévoyait pourtant des récompenses individuelles qui devaient être gérées avec une marge de manœuvre étroite pour compenser les performances qui n'auraient pas été prises en compte dans les mesures. Les responsables d'unités recevaient une

---

9. Nous décrivons au chapitre 10 l'intéressant processus utilisé par Mobil pour fixer les objectifs.

« enveloppe » fixe qu'ils devaient utiliser pour ces récompenses personnelles et cette somme ne pouvait être dépassée.

	Piètres résultats	Résultats moyens	Meilleurs résultats du secteur
Salaire de base	90 %	90 %	90 %
Composante entreprise RCI, croissance des bénéfices	0-1	3-6	10
NAM&R/unité M&R(30 %) Unité (70 %)	0	5-8	20
Rémunérations totales (% du marché)	91 %	98-104 %	120 %

Figure 2-9. Le programme de primes de NAM&R de Mobil

Voici ce que McCool dit de la réceptivité des responsables et des employés au nouveau plan de rémunération variable fondé sur la performance par rapport au tableau de bord prospectif.

> *Lorsque Mobil nous demanda de mettre en place un plan de rémunération en fonction des performances, nous avons également eu la chance de disposer de nos indicateurs de tableau de bord. Les plans de rémunérations variables ne marchent que si on dispose d'un bon ensemble de mesures. Les responsables ont accepté le plan de primes fondé sur le tableau de bord parce qu'ils pensaient que les indicateurs correspondaient bien à ce qu'ils essayaient de faire[10].*

Baker pensait que le système qui prévoyait de fonder la rémunération variable sur un ensemble équilibré d'indicateurs était supérieur à celui qui se fierait exclusivement à des indicateurs financiers. À court terme, les indicateurs financiers pouvaient être influencés par des facteurs ponctuels qui échappaient au contrôle du responsable, notamment les effets de la conjoncture économique et du secteur, les taux d'intérêts, le climat, les prix des produits de base et les taux de change. De bons responsables pouvaient être pénalisés parce que le marché était faible et de piètres responsables récompensés parce que le marché était fort. Le tableau de

---

10. Kaplan, « USM&R (A) », 9.

bord donnait une meilleure visibilité sur des variables qui à la fois étaient davantage sous le contrôle direct des responsables et plus créatrices de valeur économique durable pour l'avenir.

En mars 1997, après une année (1996) avec le nouveau plan de rémunérations variables, Brian Baker anima la première réunion de ce qui devait devenir une réunion annuelle d'analyse des performances de l'année précédente. En se dirigeant vers la grande cafétéria où la réunion avait lieu, tous les salariés pouvaient voir en passant l'agrandissement d'un chèque affiché sur le mur principal. Le chèque était libellé au nom des salariés de NAM&R de Mobil pour 60 millions de dollars.

Baker annonça aux salariés qu'il avait une bonne et une mauvaise nouvelles. Laquelle voulaient-ils entendre en premier ? Plusieurs salariés répondirent qu'ils voulaient entendre la mauvaise nouvelle d'abord et ainsi s'en débarrasser. Baker se dirigea alors vers le grand chèque affiché, le décrocha et le déchira devant tout le monde : « Voilà ce que vous auriez gagné si vous aviez atteint les objectifs ambitieux que nous nous étions fixés pour tous nos indicateurs. Mais nous n'avons pas atteint ces objectifs, aussi n'avez-vous pas gagné les 60 millions de dollars. »

Une tristesse palpable assombrit l'assemblée, jusqu'à ce qu'un courageux finalement lance : « Quelle est la bonne nouvelle ? » Baker y réagit en sortant de dessous du podium un autre chèque qu'il déroula et afficha avec l'aide de certains sur le mur principal. C'était un chèque de 35 millions. « En fait, nous avons fait une très bonne année à laquelle vous avez tous beaucoup contribué. Votre part de cette récompense de 35 millions de dollars sera sur votre prochain chèque de salaire. Chacun recevra 17 % de sa rémunération annuelle en plus. Merci beaucoup pour tous vos efforts. Faisons en sorte que cela se reproduise l'an prochain. »

Le processus suivi par Mobil (la nouvelle organisation, le nouveau système de mesures, la communication, et les objectifs personnels et les rémunérations liés aux objectifs stratégiques) avait permis de mettre les individus en adéquation avec la nouvelle stratégie. Mobil avait été en mesure de développer une vision partagée de sa stratégie. Lorsque les salariés ont vraiment compris les objectifs stratégiques et la proposition de valeur pour les clients et les distributeurs, un flot de suggestions et d'idées innovantes a commencé à remonter du terrain (les chauffeurs) et du service technologie pour aider l'entreprise à réussir. L'entreprise avait réussi les liaisons stratégiques entre la direction et ses centres de profit, ses services communs et ses salariés.

Ce troisième principe pour devenir une organisation orientée stratégie implique de la communication, l'établissement d'objectifs individuels et les liaisons avec les primes. Lorsqu'on y parvient, chaque salarié fait de la stratégie sa tâche quotidienne. Baker en tira la conclusion suivante : « Tant que vous n'avez pas lié la rémunération au tableau de bord, vous manquez de crédibilité. Lorsque vous reliez tableau de bord et rémunération, ils savent que vous parlez sérieusement. »

TRANSFORMER LA STRATÉGIE EN UN PROCESSUS CONTINU

Une fois le tableau de la division lancée, l'équipe de direction l'analysa chaque année et l'actualisa pour qu'il reflète les nouvelles opportunités et les nouvelles conditions concurrentielles. Munies des informations stratégiques actualisées au niveau de la division, les unités formulaient leurs plans et leurs objectifs pour l'année à venir, y compris les décisions sur les projets et les investissements. Ces plans servaient de base pour la performance visée l'année suivante. En fait, les unités et la division disposaient à présent d'un « budget » pour la performance à la fois pour les indicateurs stratégiques financiers et non financiers sur le tableau de bord. En incluant les objectifs de performance dans le système de rémunération, on boucle la boucle qui va de la stratégie au fonctionnement.

Les réunions de direction, tournant autour du tableau de bord, étaient très nettement différentes de celles du passé qui ne s'intéressaient exclusivement qu'aux indicateurs financiers. Bob McCool disait en parlant de la différence : « Auparavant, nous étions une bande de contrôleurs assis en rond à commenter les écarts. À présent, nous parlons de ce qui a marché, et de ce qui n'a pas marché ; de ce que nous devrions continuer à faire et de ce que nous devrions arrêter ; des ressources dont nous aurions besoin pour nous remettre sur les rails. Et nous ne sommes pas en train d'expliquer un écart négatif par un panachage différent des ventes. »[11]

Brian Baker décrit ainsi comment il utilisait les rendez-vous en tête à tête pour analyser les stratégies de ses centres de profit et de ses services communs :

---

11. *Idem.*

> *Je me suis lancé dans ces réunions en pensant qu'elles seraient longues et difficiles. J'ai été agréablement surpris de voir à quel point elles étaient simples. Les responsables y sont arrivés préparés. Ils étaient attentifs à leur tableau de bord et les utilisaient de façon très efficace, pour mener leur équipe fermement et atteindre les objectifs. ...*
>
> *En fait, je n'ai absolument pas les moyens de comprendre et de contrôler toutes les activités qui dépendent de moi. J'ai besoin d'un dispositif comme le tableau de bord grâce auquel les responsables d'unités mesurent leur propre performance. Ma mission est de constamment ajuster la lumière que je jette sur leur stratégie et son application, de surveiller et de guider leur parcours et de voir s'il y a une tempête à l'horizon à laquelle nous devrions nous préparer[12].*

McCool fait écho à ces propos sur le rôle de ces réunions en confirmant qu'elles doivent servir à accompagner les responsables et à en apprendre sur la stratégie et non à faire des reproches. « Le processus me permet de voir comment le responsable de centre de profit pense, prévoit et exécute (la stratégie). Je peux voir les hiatus et en comprenant la mentalité et la culture du responsable, je peux imaginer des programmes personnalisés pour faire de lui ou d'elle un meilleur responsable[13]. »

Le nouveau processus de management mettait l'accent sur l'apprentissage, la résolution des problèmes en équipe et l'accompagnement. Les réunions d'analyse étaient tournées vers l'avenir, à rechercher comment appliquer la stratégie de manière plus efficace et à voir quels changements devraient être apportés à la stratégie en se basant sur ce qui a été appris du passé. Ce qui faisait de la stratégie non pas un processus épisodique mais continu.

Les équipes de responsables ont besoin d'avoir des discussions stimulantes et constructives pour savoir si l'organisation reste sur sa trajectoire de performance exceptionnelle à long terme ou si ont émergé de nouvelles idées, de nouvelles connaissances et de nouvelles menaces ou opportunités qui nécessitent un changement de ligne stratégique. Le tableau de bord prospectif fournit le cadre à de telles réunions de management prévues pour des échanges d'idées et l'apprentissage. Dans les organisa-

---

12. *Idem.*, 9-10.
13. *Idem.*, 9.

tions orientées stratégie, la stratégie est un processus continu et non un événement annuel.

MOBILISER LE CHANGEMENT GRÂCE AU LEADERSHIP DES DIRIGEANTS

L'aspect sans doute le plus difficile et le plus problématique de la création d'une organisation orientée stratégie est de maintenir l'effort. Des responsables dans de nombreuses entreprises ont lu des articles et des livres, ont assisté à des conférences et à des séminaires et sont revenus dans leur entreprise pour mener des projets motivants, pour développer des tableaux de bord stratégiques merveilleux. Mais tous n'ont pas été en mesure de maintenir l'effort jusqu'à parvenir aux résultats que nous avons décrits dans le chapitre 1. Qu'est-ce qui permet de distinguer les organisations qui sont allées jusqu'au bout du projet jusqu'à atteindre des résultats exceptionnels de celles qui s'y sont essayées mais n'y sont jamais parvenues ?

Lorsque Bob McCool prit la tête de la division NAM&R de Mobil, il indiqua clairement que les performances du passé n'étaient pas acceptables, que les choses devaient changer. En travaillant avec son équipe de direction, il mit au point une vision et une stratégie grâce auxquelles ces changements devaient se produire. Le tableau de bord prospectif joua un rôle décisif dans le processus. Si les éléments de la stratégie existaient, ils étaient séparés ; certains observateurs en parlaient comme de la stratégie « du jour ». Le tableau de bord prospectif a permis d'en faire une seule et même stratégie. Les responsables des services communs (marketing, ressources humaines et technologie de l'information entre autres) ont été intégrés dans l'équipe qui dirigeait le projet de façon à s'assurer que les informations sur les clients, le personnel et la technologie, seraient inclus dans la pensée et le planning stratégiques. Nombre de ces éléments clés avaient fait défaut dans les discussions passées. Les responsabilités des différents éléments de la stratégie étaient dès lors clairement établies dans l'équipe.

McCool et Brian Baker ont joué un rôle capital en communiquant la nouvelle stratégie et le tableau de bord prospectif dans toute l'entreprise, en imaginant de nouveaux systèmes de rémunération liés au tableau de bord et en modifiant les processus budgétaires et de plan pour qu'ils soutiennent la stratégie. De plus, ils ont renforcé la stratégie et le tableau de bord à chaque occasion, notamment lors de leurs rendez-vous avec les employés et les responsables.

Premier trimestre 1995

Un incident critique, qui se produisit au début de 1995, révéla l'attachement que l'équipe de direction avait à la fois envers la nouvelle stratégie et le tableau de bord prospectif. Lors de l'hiver 1995, le premier trimestre, a été exceptionnellement doux en Amérique du Nord. Les ventes de fuel domestique et de gaz naturel étaient en dessous de la normale et le chiffre d'affaires se retrouva bien en deçà des objectifs budgétaires. En avril 1995, McCool anima une réunion au siège pour analyser les résultats du premier trimestre. Les participants entrèrent dans la pièce en tremblant, car ils savaient que les résultats financiers étaient en dessous des attentes et que dans le passé de piètres résultats financiers avaient entraîné des licenciements. McCool commença son exposé en confirmant les craintes des participants en ce sens que les résultats du premier trimestre étaient bien en dessous du plan. Mais il poursuivit de façon inattendue :

> *D'après ce que je peux voir, nous avons eu un bon trimestre malgré des résultats financiers décevants. Les piètres résultats ont été dus à un hiver exceptionnellement doux qui a pesé sur les ventes de gaz naturel et de fuel domestique. Comme vous le savez, c'est aussi le premier trimestre où nous avons mis en place le tableau de bord prospectif, de sorte que je peux juger de la performance au travers d'un ensemble plus large d'indicateurs. Nos parts de marché sur nos segments clés ont été en hausse. Les dépenses de fonctionnement des raffineries ont baissé. Et les résultats de notre enquête de satisfaction auprès du personnel sont bons. Dans tous les domaines que nous maîtrisions nous avons fait progresser les indicateurs dans le bon sens. Nous avons en fait connu un assez bon trimestre. Continuez dans cette bonne voie.*

L'auditoire était sidéré. Jamais auparavant un cadre supérieur de la société ne les avait félicités et encouragés après une performance financière décevante. Mais qu'avait vu McCool ? Que les piètres résultats financiers étaient dus à des circonstances extérieures qui étaient indépendantes de la volonté du personnel. Et que les indicateurs non financiers du tableau de bord, que le personnel pouvait influencer et maîtriser, évoluaient tous dans le bon sens. McCool confirma sa foi en la stratégie lorsqu'en toute confiance il demanda au personnel de maintenir le cap et de continuer à améliorer les inducteurs de performance sur le tableau de bord. Et sa confiance fut vite récompensée : à la fin de l'année, Mobil était devenue l'entreprise la plus rentable du secteur.

Nous décrivons souvent les indicateurs non financiers du tableau de bord comme étant des indicateurs prospectifs. Mais ces indicateurs peuvent non seulement être **prospectifs** mais être également **durables**. Sur le court terme, les résultats financiers peuvent être affectés par des facteurs passagers : le climat, les taux d'intérêt, les fluctuations des taux de change, les prix de l'énergie et la conjoncture économique. Mais ce qui est déterminant pour l'entreprise sur le long terme c'est comment elle se positionne par rapport à ses concurrents. Si même pendant les régressions économiques, les entreprises peuvent continuer à investir dans les relations clients, l'amélioration des processus, le développement de nouveaux produits et les capacités du personnel, elles peuvent améliorer leur position par rapport à celle de leurs concurrents, de sorte que lorsque la conjoncture extérieure s'améliore, elles connaissent des bénéfices bien supérieurs à la moyenne du secteur. La réaction de l'équipe de direction au cours de difficultés à court terme en dit long sur l'engagement de l'entreprise à créer de la valeur durable à long terme.

Soutenir le tableau de bord

Dès que le tableau de bord a été lancé chez Mobil, il a fait l'objet d'une réunion annuelle en janvier, rassemblant les 125 responsables pour discuter des buts, des indicateurs et des objectifs de la nouvelle année et pour partager les meilleures pratiques entre centres de profit et services communs. La réunion fut baptisée « Conférence du tableau de bord prospectif » mais la réunion était bien sûr consacrée à la stratégie de la division et à son exécution. Lorsque la principale réunion de l'équipe de direction et des cadres supérieurs est appelée « Conférence du tableau de bord prospectif » les responsables dans toute l'entreprise n'ont pas de mal à interpréter l'engagement qu'a la direction à utiliser le tableau de bord pour créer une organisation orientée stratégie.

La réactivité du système à l'évolution de la stratégie peut être considérable. Brian Baker la décrit ainsi : « Je crois sincèrement que si je change un indicateur sur mon tableau de bord, cela va entraîner des changements. » Baker veut dire par là qu'en changeant un indicateur du tableau de bord, 7 000 personnes en seront avisés, que leurs rémunérations en seront affectées et que des projets de millions de dollars en seront modifiés. Lorsque les changements sont intégrés de cette façon dans le système de gestion, c'est que la transformation a été institutionnalisée.

Le rôle de l'équipe de direction a évolué dans le temps. Bob McCool se retira en 1996. Brian Baker le remplaça à la tête de la division et accentua le rôle du tableau de bord, assurant ainsi une continuité dans la direction. Il maintint l'utilisation du tableau de bord dans les discussions avec les responsables d'unités, pour les rémunérations, le plan, le budget ainsi que pour les analyses mensuelles renforçant ainsi le rôle central du tableau de bord dans le système de gestion de Mobil.

LES RÉSULTATS

Mobil lança son projet de tableau de bord prospectif en 1994. L'année suivante, 1995, fut la première au cours de laquelle Mobil fonctionna avec un tableau de bord.

Pour aller plus loin dans les résultats annoncés dans le chapitre 1, nous avons recueilli des données de l'entreprise pour les cinq ans allant de 1994 à 1998 (à la fin de 1999 Mobil fusionna avec Exxon pour devenir Exxon-Mobil). La Figure 2-10 illustre le retournement spectaculaire de Mobil qui a permis à l'entreprise de devenir la plus rentable du secteur.

La stratégie de productivité entraîna une réduction de 20 % dans les frais de raffinage, de marketing et de livraison d'un gallon d'essence. Mobil produisait l'équivalent de 12 milliards de gallons par an (soit environ 45 milliards de litres), de sorte que le moindre changement dans les frais d'exploitation par gallon avait d'énormes répercussions sur les bénéfices. L'optimisation des actifs existants entraîna une amélioration supplémentaire du cash flow. La stratégie de productivité a été réalisée grâce à plusieurs inducteurs majeurs :

- La qualité du produit s'améliora chaque année pendant quatre années consécutives

- Les pertes de rendement annuelles ont été réduites de 70 %

- Les incidents de sécurité qui entraînaient des pertes d'activité ont été réduits de 80 %

- Les incidents écologiques ont été réduits de 63 %

Stratégie de croissance	Stratégie de productivité
Améliorer la qualité du chiffre d'affaires en comprenant les besoins du client et en se diversifiant en conséquence	*Optimiser l'utilisation des actifs existants et intégrer l'activité pour réduire le coût total de livraison*

Axe financier

Retour sur capital
est passé de 6 à 16 %

Position concurrentielle (rentabilité)
de dernier (1993) à premier (95,96,97,98)

Croissance en volume
a dépassé le secteur
de 2 à 2,5 % par an

Réduire les frais d'exploitation
ont été réduits de 20 %

Améliorer le cash flow
de – 500 m$ par an
à + 700 m$ par an

Axe client

Satisfaction du client
amélioration continue trois ans de suite

Axe interne

Innovation produit   *Gestion du client*

Pénétration du Speedpass
progressant au rythme
d'un million par an

Qualité du distributeur
amélioration continue
quatre ans de suite

Commandes parfaites
amélioration continue
quatre ans de suite

Excellence opérationnelle   *Bon voisin*

Qualité	**Utilisation des installations**	**Sécurité**	**Environnement**
amélioration continue quatre ans de suite	valeur annuelle de rendement perdu réduite de 70 %	incidents entraînant du temps de travail perdu de 150 à 30 par an	nombre d'incidents réduit de 63 %

Axe apprentissage et développement

Personnel motivé et préparé

Sensibilisation à la stratégie
l'enquête annuelle auprès du personnel
révèle que la connaissance de la
stratégie est passée de 20 à 80 %.

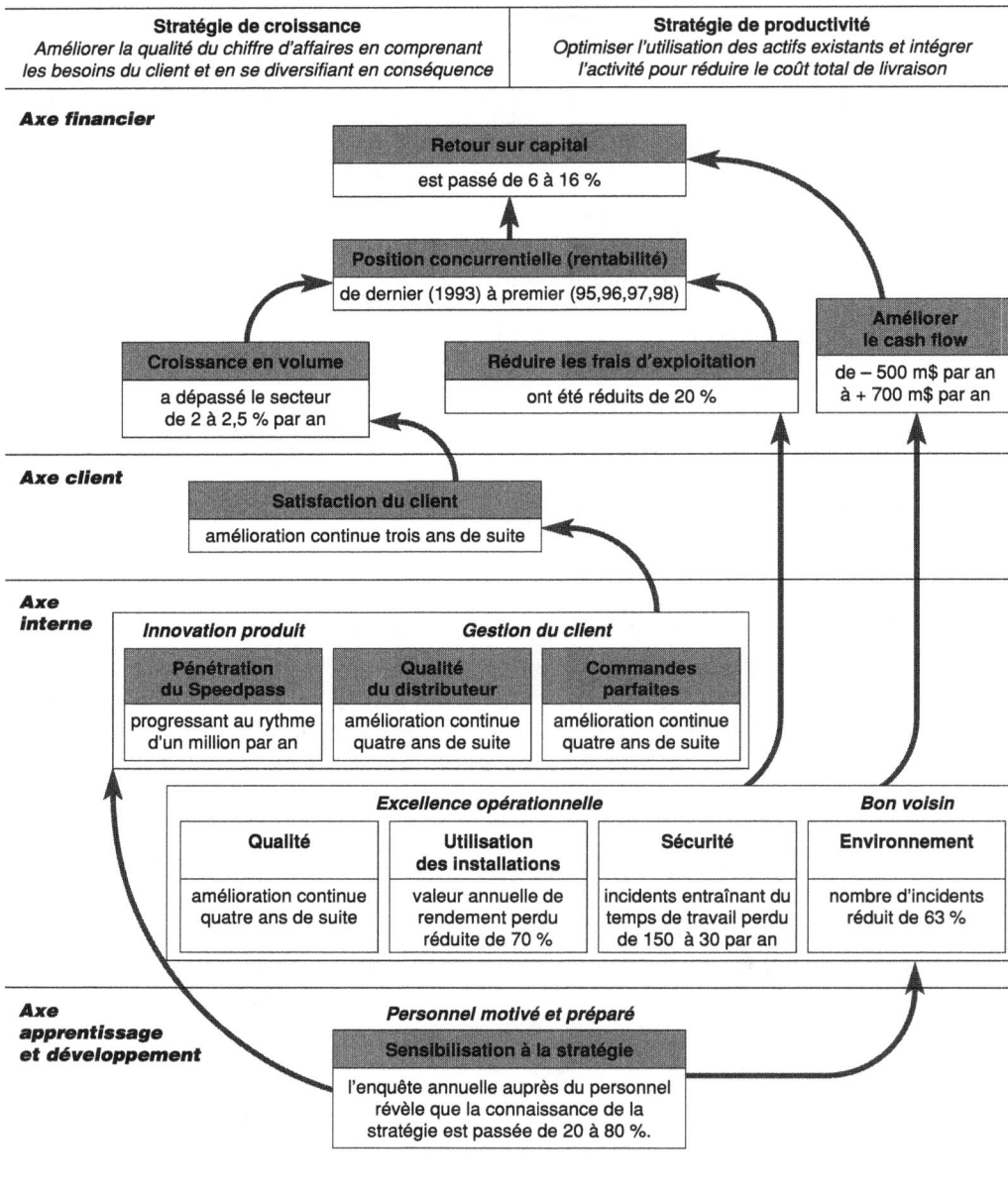

Figure 2-10. L'histoire de Mobil (NAM&R)

La stratégie de croissance, avec sa nouvelle proposition de valeur pour des segments de clients ciblés, entraîna une satisfaction accrue du client, qui à son tour déboucha sur un chiffre d'affaires en hausse des produits hors essence et une croissance du volume d'essence qui dépassa les moyennes du secteur de plus de 2 % par an. L'innovation du Speedpass a été l'un des moteurs du service rapide. L'amélioration de la formation et de la qualité des distributeurs assura un service professionnel et chaleureux. Le programme de la commande parfaite dont la qualité s'améliora quatre années de suite renforça les relations avec les clients commerciaux et industriels.

Aucune de ces performances n'aurait pu avoir lieu s'il n'y avait pas eu un changement culturel complet à la base de l'organisation. Les enquêtes annuelles des ressources humaines ont révélé que seuls 20 % du personnel comprenaient la stratégie en 1994. En 1998, plus de 80 % des effectifs avaient été sensibilisés à la stratégie et l'avaient comprise.

RÉSUMÉ

NAR&M de Mobil a appliqué les cinq principes de l'organisation orientée stratégie pour atteindre des performances exceptionnelles :

1. Traduire la stratégie en termes opérationnels
2. Mettre l'organisation en adéquation avec la stratégie
3. Faire de la stratégie la tâche quotidienne de chacun
4. Transformer la stratégie en un processus continu
5. Mobiliser le changement grâce au leadership des dirigeants

En appliquant ces principes, Mobil a intégré et mis en adéquation toute l'entreprise avec la stratégie. Grâce à une telle concentration et une telle convergence, il était réconfortant mais pas surprenant que Mobil réussisse à appliquer sa nouvelle stratégie rapidement et efficacement.

Première partie

Traduire la stratégie en termes opérationnels

Vous avez besoin d'un plan financier ? Appelez les grands cabinets comptables et demandez-leur de vous aider. Ce que les uns ou les autres vous donneront se ressemblera étonnamment. Chaque plan comportera un compte de résultat, un bilan, un cash-flow prévisionnel et un plan d'investissement. Le contenu lui-même des plans pourra être différent, en fonction de la connaissance et de l'expérience du comptable, mais la structure sera la même.

Imaginez combien la situation est différente lorsque vous avez besoin d'un plan stratégique. Vous pouvez faire le tour des grands cabinets de consultants pour vous faire aider mais ce qu'ils vous proposeront ne se ressemblera absolument pas. Un cabinet étudiera votre portefeuille d'activités. Un autre s'attachera aux processus. Un troisième pourra analyser les segments des clients et les propositions de valeur. D'autres encore mettront l'accent sur la valeur pour l'actionnaire, le cœur de compétence, le commerce électronique ou la gestion du changement. Contrairement à ce qui se passe sur le plan financier, la stratégie n'a pas de définition ou de cadre généralement acceptés. Il y a autant de définitions de la stratégie qu'il y a de gourous.

Pourquoi est-ce un problème ? Parce que dans cette ère de travailleurs du savoir, la stratégie doit être exécutée à tous les niveaux de l'organisation. Le personnel doit changer de comportement et adopter de nouvelles valeurs. La solution c'est de placer la stratégie au cœur du système de gestion. Toutefois, la stratégie ne peut être exécutée si elle ne peut être comprise et elle ne peut pas être comprise si elle ne peut être décrite. Si nous voulons mettre au point un processus de gestion pour appliquer la stratégie, nous devons tout d'abord élaborer un cadre fiable et cohérent pour décrire la stratégie. Il n'y a toutefois pas de cadre généralement reconnu pour décrire les stratégies de l'ère de l'information. Le cadre financier marchait bien lorsque les stratégies concurrentielles étaient fondées sur l'acquisition et la gestion d'actifs matériels. Dans l'économie du savoir d'aujourd'hui, la valeur durable se crée par le développement d'actifs immatériels, tels que les compétences et la connaissance du personnel, la technologie de l'information qui vient en appui du personnel et relie l'entreprise à ses clients et fournisseurs, et l'ambiance de l'entreprise qui favorise l'innovation, la résolution de problèmes et l'amélioration. Chacun de ces actifs immatériels peut contribuer à la création de valeur. Mais de multiples facteurs empêchent les indicateurs financiers, tels qu'ils sont utilisés dans les systèmes de contrôle de gestion traditionnels de l'ère industrielle, de mesurer ces actifs et de les relier à la création de valeur.

1. **La valeur est indirecte.** Les actifs immatériels tels que la connaissance et la technologie ont rarement un impact direct sur les résultats financiers. Les améliorations apportées aux actifs immatériels influencent les résultats financiers grâce à une chaîne de relations de cause à effet qui comporte deux ou trois stades intermédiaires. Ainsi :

Les investissements consacrés à la formation des salariés entraînent une amélioration de la qualité du service

- Un service de meilleure qualité entraîne une plus grande satisfaction du client
- Une satisfaction accrue du client entraîne une plus grande fidélisation
- Une fidélisation accrue du client entraîne des revenus et une marge plus élevés.

Les résultats sont dissociés de l'amélioration des actifs immatériels dans les causes et dans le temps. En raison de ces relations complexes, il est difficile voire impossible de donner une valeur financière à un actif tel que « les capacités du personnel ».

2. **La valeur dépend du contexte.** Les valeurs des actifs immatériels dépendent du contexte et de la stratégie de l'organisation. Elles ne peuvent être estimées indépendamment des processus organisationnels qui les transforment en résultats pour le client ou en résultats financiers. Par exemple, un banquier conseil chevronné dans une firme comme Goldman Sachs a des capacités de très grande valeur pour créer et gérer les relations client. Cette même personne, avec les mêmes compétences et la même expérience, n'aurait que peu de valeur pour une entreprise telle que E*TRADE.com qui privilégie l'efficacité opérationnelle, le faible coût et le commerce électronique. La valeur de la plupart des actifs immatériels dépend considérablement du contexte, de l'organisation, de la stratégie, des actifs complémentaires, dans lesquels les actifs immatériels sont employés.

3. **La valeur est potentielle.** Les actifs matériels tels que les matières premières, les terrains et l'équipement peuvent être estimés séparément en se basant sur leur coût historique (la méthode financière et comptable traditionnelle) ou sur une variété de définitions de la valeur du

marché telles que le coût de remplacement ou la valeur réalisable. Les entreprises de l'ère industrielle ont réussi en combinant et en transformant leurs actifs matériels en produits dont la valeur excédait le coût d'acquisition. Les marges bénéficiaires mesuraient quelle avait été la valeur ajoutée au-delà du coût nécessaire pour acquérir et transformer les actifs matériels en produits et services finis.

Les entreprises aujourd'hui peuvent mesurer le coût du développement de leurs actifs immatériels tels que la formation des salariés, les dépenses de bases de données, la publicité pour créer la notoriété de la marque. Mais ces coûts ne sont que de piètres approximations de la valeur réalisable créée en investissant dans ces actifs immatériels. Les actifs immatériels ont une valeur potentielle mais n'ont pas de valeur de marché. Les processus de l'organisation, tels que la conception, la livraison et le service, sont nécessaires pour transformer la valeur potentielle des actifs immatériels en produits et services ayant une valeur matérielle.

4. **Les actifs sont liés.** Les actifs immatériels n'ont que rarement de la valeur par eux-mêmes (les marques qui peuvent être vendues constituent une exception). Mais généralement, les actifs immatériels doivent être liés à d'autres actifs, immatériels et matériels, pour créer de la valeur. Une nouvelle stratégie de vente orientée vers la croissance, par exemple, pourrait nécessiter de nouvelles connaissances sur les clients, une nouvelle formation pour les commerciaux, de nouvelles bases de données, un nouveau service informatique, une nouvelle structure et un nouveau programme de primes. L'investissement dans un seul de ces moyens ou dans tous sauf un, pourrait entraîner l'échec de la nouvelle stratégie de vente. La valeur ne se trouve pas dans un actif immatériel en particulier. Elle vient de la création de tout un ensemble d'actifs accompagnés d'une stratégie qui les relie ensemble.

Le tableau de bord prospectif fournit un nouveau cadre pour décrire une stratégie en reliant des actifs immatériels et matériels dans des activités créatrices de valeur. Le tableau de bord n'essaie pas « d'estimer » les actifs immatériels de l'organisation. Il mesure ces actifs mais autrement qu'en devises (que ce soit des dollars, des yens ou des euros). Ainsi, le tableau de bord prospectif peut-il utiliser des cartes stratégiques de liens de cause à effet pour décrire comment les actifs immatériels peuvent être mobilisés et combinés avec d'autres actifs, aussi bien immatériels que matériels, pour produire des propositions de valeur qui soient créatrices de valeur pour le client.

Nous développons dans le chapitre 3 le concept de la carte stratégique, une structure logique qui définit la stratégie en précisant les relations entre les actionnaires, les clients, les processus de fonctionnement et les compétences. Les cartes stratégiques fournissent la base qui permet d'élaborer des tableaux de bord prospectifs reliés à la stratégie d'une organisation. Le chapitre 4 présente des cartes stratégiques et des tableaux de bord pour plusieurs entreprises du secteur privé. Ces exemples illustrent comment un certain nombre de stratégies peuvent être représentées dans des cartes stratégiques. Le chapitre 5 présente des tableaux de bord stratégiques analogues pour les organisations à but non lucratif, le secteur public et les établissements de soins.

Chapitre 3

Élaborer des cartes stratégiques

LORSQUE NOUS AVONS MIS AU POINT LE TABLEAU DE BORD PROSPECTIF au début des années 90, nous créions les tableaux de bord stratégiques sur des feuilles vierges. Nous laissions le récit de la stratégie émerger selon les quatre axes lors d'entretiens avec l'encadrement et au cours d'ateliers interactifs. À présent, nous avons analysé les centaines de tableaux de bord que nous avons créés depuis et nous en avons relevé des schémas pour servir de cadres et nous les avons baptisés cartes stratégiques. La carte stratégique d'un tableau de bord explicite les hypothèses de la stratégie. Chaque indicateur du tableau de bord est intégré dans une chaîne de relations de cause à effet qui relie les résultats souhaités de la stratégie aux éléments qui induisent les résultats stratégiques. La carte stratégique décrit le processus par lequel les actifs immatériels sont transformés en résultats matériels sur l'axe financier ou sur celui du client. Elle procure aux responsables un cadre pour décrire et gérer la stratégie dans une économie du savoir.

Une carte stratégique pour tableau de bord prospectif est une structure générique pour décrire une stratégie. À titre d'exemple, le schéma gauche de la Figure 3-1 illustre la structure d'une carte stratégique pour un entreprise spécialisée dans la fabrication et la vente au détail de vêtements féminins. Les relations de cause à effet de ce schéma représentent les **hypothèses de la stratégie**. L'axe **financier** met en évidence deux thèmes pour améliorer la valeur pour l'actionnaire : la croissance et la productivité.

La stratégie de croissance du chiffre d'affaires	La stratégie de productivité
« Parvenir à une croissance offensive et rentable en augmentant notre part de la garde robe de la cliente »	« Améliorer l'efficacité du fonctionnement grâce à la productivité des installations et à l'optimisation de la gestion des stocks ».

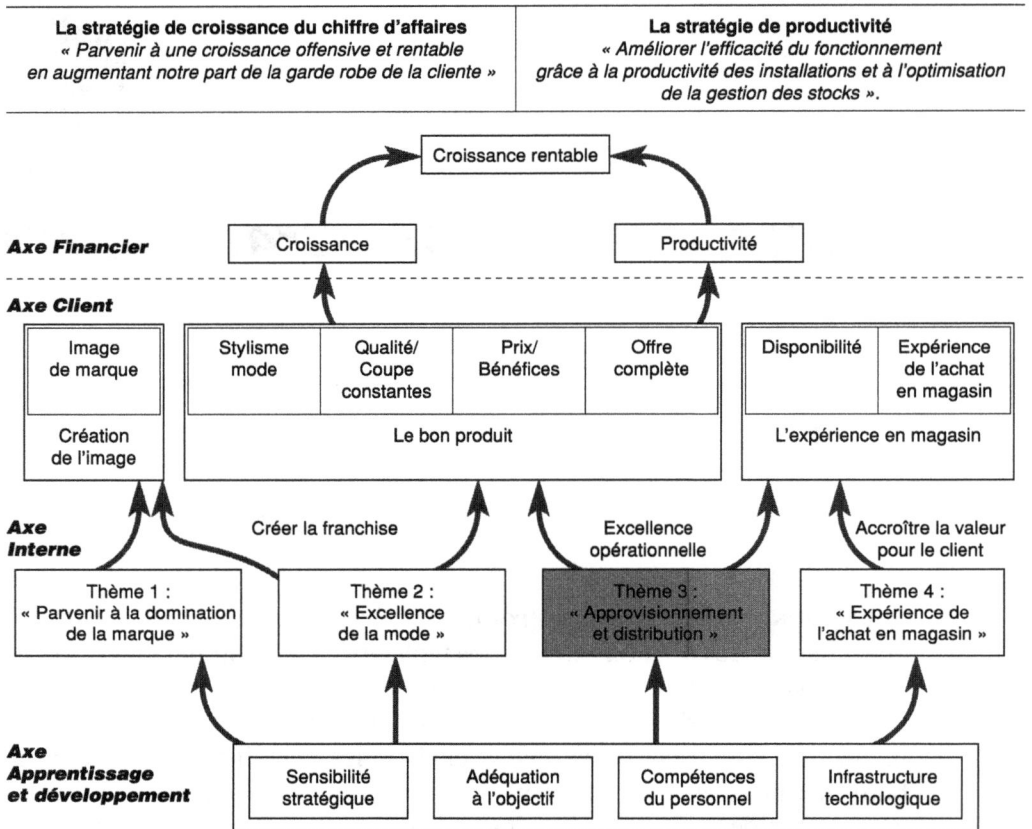

Figure 3-1. La carte stratégique d'un détaillant de vêtements de mode

La proposition de valeur de l'axe client met clairement l'accent sur l'importance de la mode, de la coupe et d'une gamme de produits complémentaires pour la stratégie de croissance. Sur l'axe interne quatre thèmes stratégiques ont été identifiés : la domination de la marque, l'excellence en matière de mode, l'approvisionnement et la distribution, et l'expérience de l'achat en magasin. Ces quatre thèmes stratégiques permettent de créer de la valeur pour les clients et entraînent le thème « productivité » de l'axe finance. Le schéma suivant illustre la carte stratégique et les tableaux de bord détaillés pour l'un des quatre thèmes stratégiques : l'approvisionnement et la distribution. Le schéma indique comment ce thème affecte, parmi les objectifs clients, la qualité du produit et la disponibilité des produits qui à leur tour entraînent la fidélisation du client et la croissance

Thème d'approvisionnement et de distribution	Indicateur	Objectif	Projet
Axe Financier			
Rentabilité	■ Revenu d'exploitation	■ Hausse de 20 %	
Croissance du chiffre d'affaires	■ Croissance dans le même magasin	■ Hausse de 12 %	Programme « Likes »
Axe Client	■ Taux de retour – Qualité – Autre	■ En baisse de 50 % chaque année	■ Gestion de la qualité
Qualité du produit / Expérience d'achat en magasin	■ Fidélité client – Toujours actif – Nombre d'unités	■ 60 % ■ 2,4 unités	■ Fidélité client
Axe interne	■ % de marchandises d'usines de 1ère catégorie	■ 70 % au bout de trois ans	■ Programme de développement des usines de l'entreprise
Usines de 1ère catégorie / Gestion du planning de la gamme	■ Articles en stock	■ 85 %	
Axe de l'apprentissage	■ % de compétences stratégiques disponibles	■ 1ère année : (50 %) ■ 3e année : (75 %) ■ 5e année : (90 %)	■ Plan de compétences stratégiques
Compétences des relations usine / Systèmes de planning et d'achat des marchandises	■ Systèmes stratégiques par rapport au plan		■ Ordinateurs en magasin

des recettes. Deux processus internes : le programme de gestion de l'usine et le processus de planning de gamme contribuent également à ces objectifs. Le premier détermine le type d'usines auxquels on a recours pour fabriquer le produit et le deuxième détermine les quantités, la composition et la localisation. Les nouvelles compétences et les systèmes informatiques viennent en appui de ces processus. La carte stratégique et le tableau de bord pour le thème « approvisionnement et distribution » définissent la logique de la démarche pour améliorer le produit, la qualité et la disponibilité. Les relations de cause à effet de la carte stratégique, les indicateurs, les objectifs et les projets du tableau de bord, incluent la stratégie pour ce thème.

Les cartes stratégiques aident les organisations à voir leur stratégie de façon cohérente, intégrée et systémique. De nombreux responsables décrivent les résultats obtenus à partir de ce cadre comme « la meilleure compréhension qu'ils aient jamais eue de la stratégie ». Et au-delà de la simple compréhension, les cartes stratégiques procurent une base au système de gestion pour appliquer la stratégie efficacement et rapidement.

Le tableau de bord prospectif permet de s'affranchir des limites des systèmes de mesure exclusivement financiers en illustrant clairement le processus de création de valeur et les rôles critiques des actifs immatériels. Le tableau de bord décrit les multiples liaisons **indirectes** nécessaires pour connecter les améliorations apportées aux actifs immatériels d'une organisation, les ultimes inducteurs de stratégies fondées sur le savoir, au client bien réel et aux résultats financiers de la stratégie. La proposition de valeur pour le client décrit le **contexte** qui explique que les actifs immatériels créent de la valeur. Par exemple si « la mode et le stylisme » font partie de la proposition de valeur, alors un actif immatériel tel que des compétences en merchandising, est nécessaire pour que la stratégie réussisse. Les thèmes stratégiques donnent la « recette » pour combiner les ingrédients immatériels de compétences, de technologies et d'ambiance de travail aux processus internes tels que l'approvisionnement et la distribution, pour créer des résultats concrets, tels que la fidélité du client, la croissance du chiffre d'affaires et la rentabilité. C'est en ce sens que le tableau de bord prospectif procure les indicateurs et le cadre de gestion nécessaire pour appliquer les stratégies fondées sur le savoir.

LA STRATÉGIE EST UNE ÉTAPE DANS UN CONTINUUM

La stratégie n'est pas (ne devrait pas être) un processus de gestion isolé. Il existe un continuum qui débute, au sens large du terme, avec la mission de l'organisation. La mission doit être traduite de sorte que les actes des individus soient en adéquation avec la mission et la soutiennent. Un système de gestion devrait s'assurer que cette traduction a bien été effectuée. La stratégie est une étape dans un continuum logique : l'organisation passe de l'état de déclaration de mission de haute volée à un travail réalisé par les salariés de terrain et les employés de bureau.

Si nous voulons une structure logique pour décrire la stratégie, nous devons adopter une façon logique de la positionner par rapport aux autres processus de gestion. Nous avons trouvé une vision de la stratégie très pratique, c'est celle qui est illustrée dans la Figure 3-2. La **mission** dominante de l'entreprise en fournit le point de départ. Elle explique pourquoi l'organisation existe ou comment un centre de profit s'intègre à une structure plus vaste.

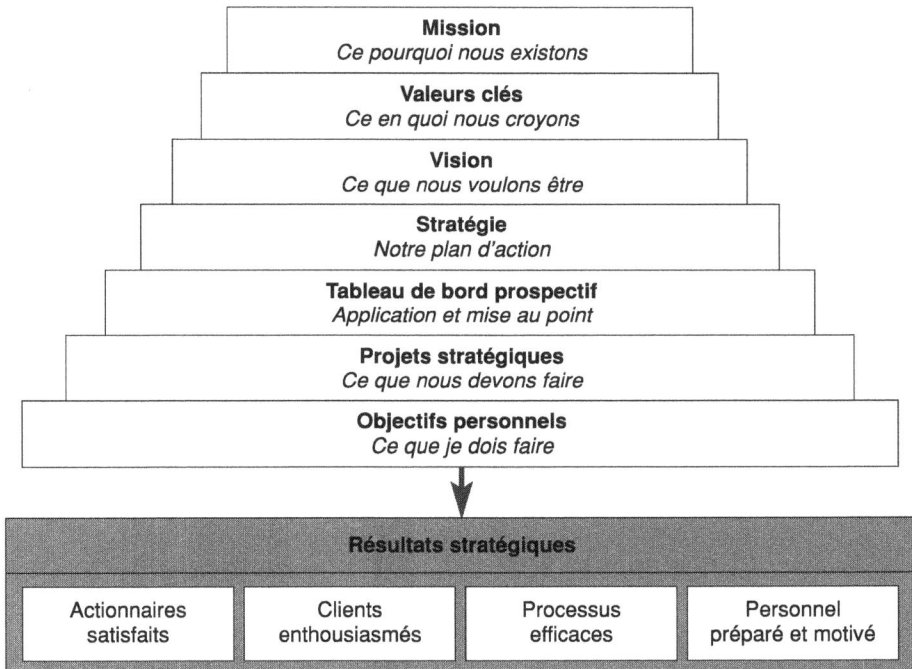

Figure 3-2. Traduire une mission en résultats souhaités

La mission et les **valeurs clés** qui l'accompagnent restent relativement stables dans le temps. La **vision** de l'organisation donne une image de l'avenir qui éclaire l'orientation de l'organisation et aide les individus à comprendre pourquoi et comment ils doivent soutenir l'organisation. De plus, elle entame le mouvement qui va de la stabilité de la mission et des valeurs clés au dynamisme de la stratégie, la prochaine étape dans le continuum. La stratégie est mise au point et évolue dans le temps pour faire face aux conditions changeantes de la situation réelle.

LA CRÉATION D'UNE VISION ET SA MISE EN LIAISON AVEC LA STRATÉGIE DANS LA DIVISION ASSURANCE DOMMAGES DE CIGNA

Gerry Isom prit la tête de cette division en 1993 et hérita d'une société au bord de la faillite. Les pertes n'avaient cessé de s'accumuler. En 1998, grâce à sa rentabilité retrouvée, la société figurait en bonne place dans le secteur, avec nombre de ses activités situées dans le premier quartile. Isom, à son arrivée, devait créer une image claire de ce que la société pourrait devenir en cinq ans. Il utilisa le mot de **spécialiste** pour décrire le changement de stratégie qui conduirait au succès. Le terme de « premier quartile » qui définissait le niveau de succès tout en étant difficile à comprendre lorsque l'entreprise était au bord de la faillite impliquait que l'entreprise devait atteindre un niveau qui ferait que son personnel serait fier d'y travailler. L'objectif des « cinq ans » donnait un cadre à la déclaration.

La vision donne une image de la destination. La **stratégie** décrit la logique des moyens pour y parvenir. Chez CIGNA, la vision était séduisante mais manquait de crédibilité tant que la stratégie n'avait pas été mise au point pour montrer comment cette vision serait réalisée. Isom eut recours à une technique très simple mais astucieuse pour le faire ; il « quantifia » sa vision. Le secteur de l'assurance utilisait un indicateur connu sous le nom de **ratio combiné** à la place de la rentabilité. Le ratio divisait les dépenses (le règlement des sinistres plus les frais d'exploitation) par les recettes venant des primes. Dans un monde idéal, ce ratio devait être inférieur à un (les recettes d'exploitation étant supérieures aux dépenses). Mais dans la mesure où les primes reçues sont investies jusqu'à ce qu'elles soient nécessaires pour régler les sinistres, les sociétés se situant dans le premier quartile peuvent avoir des ratios combinés de 103, l'investissement procurant une source supplémentaire de revenu qui accroît la rentabilité.

En 1993, le ratio combiné de CIGNA était de près de 140. La stratégie ambitieuse qui a été utilisée pour parvenir au ratio combiné du premier quartile est illustrée dans la Figure 3-3. Elle comprenait quatre thèmes :

A. Gérer les producteurs (agents)

B. Se concentrer géographiquement

C. Améliorer le processus de souscription

D. Mettre l'organisation en cohérence

Année	1993	1994	1995	1996	1997	1998
Ratio combiné	140		117	108-109		103-105

A (11 pts)
B (~6 pts)
C (~6 pts)
D (~6 pts) (~9 pts) (~5 pts)

A Gérer les producteurs	B Se concentrer géographiquement	C Améliorer le processus de souscription	D Mettre en adéquation la souscription, les sinistres, le contrôle des pertes et les audits de primes
• Éliminer les mauvais • Former de bons	• Unité A : 20-25 états • Unité B : 10 états	• Mettre l'accent sur la sélection au bon prix • Former le personnel	• Intégrer l'apprentissage

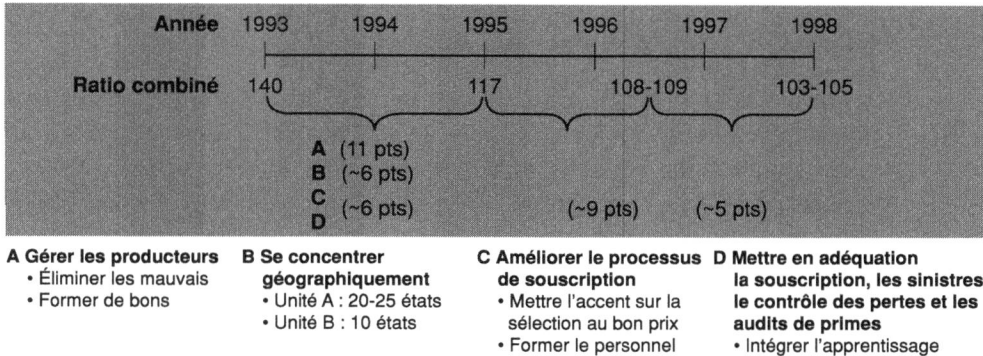

Figure 3-3 La stratégie de la division assurance dommages de CIGNA pour se hisser dans le premier quartile

Un calendrier a été fixé et des objectifs pour la réduction du ratio combiné ont été déterminés grosso modo pour chaque composante de la stratégie. De sorte que le but d'une réduction de 35 points, qui paraissait inaccessible, a été fractionné et échelonné dans le temps. Au lieu d'être un saut énorme et impossible vers le premier quartile, la vision a été décomposée en une stratégie qui comprenait une série de plus petites étapes. L'organisation pouvait à présent voir comment la vision d'Isom pouvait en fait être réalisée. Comme l'a dit Isom « La structure du tableau de bord nous a aidés à clarifier notre stratégie et a maintenu l'organisation concentrée sur la réalisation de sa vision. »

La stratégie donne des orientations et des priorités générales. La traduction de la stratégie en actions est la prochaine étape du continuum. Pour qu'elle se produise et que la stratégie entraîne les actions de milliers de personnes et l'investissement de millions de dollars, les termes de la stratégie doivent être précisés. Les cartes stratégiques et le tableau de bord procurent les outils nécessaires pour traduire les déclarations stratégiques générales en hypothèses, en objectifs, en indicateurs et en buts spécifiques.

LA STRATÉGIE EST UNE HYPOTHÈSE

Michael Porter décrit les fondements de la stratégie comme étant les activités dans lesquelles l'organisation choisit d'exceller : « Finalement, toutes les différences de coût ou de prix entre les sociétés découlent des centaines d'activités nécessaires pour créer, produire, vendre et livrer leurs produits et services... La différenciation vient à la fois du choix des activités et de la façon dont elles sont effectuées[1]. »

L'essence de la stratégie vient de ce que l'on choisit d'effectuer les activités différemment des concurrents, de façon à offrir une proposition de valeur unique. Une position stratégique **durable**, selon Porter, vient d'un **système** d'activités dans lequel celles-ci se renforcent les unes les autres.

Le tableau de bord prospectif — un cadre contenant une définition et non des ordres — développe une vision de la stratégie qui, tout en ayant été mise au point indépendamment du cadre de Porter, parvient à des résultats remarquablement similaires. Le processus de conception du tableau de bord part du postulat que **la stratégie est un ensemble d'hypothèses**. La stratégie implique le mouvement d'une organisation de sa position actuelle à une position future souhaitable mais incertaine. Dans la mesure où l'organisation n'a jamais occupé cette future position, le parcours qu'elle compte emprunter pour s'y rendre comprend une série d'hypothèses liées entre elles. Le tableau de bord permet de décrire ces hypothèses comme un ensemble de relations de cause à effet qui sont explicites et vérifiables. De plus, les hypothèses stratégiques impliquent d'identifier les activités qui induisent (les indicateurs prospectifs) les résultats souhaités (les indicateurs de suivi). La recette pour pouvoir appliquer la stratégie c'est que chacun dans l'organisation comprenne clairement les hypothèses sous-jacentes, mettent ses ressources en adéquation avec ces hypothèses, vérifie sans cesse ces hypothèses et les adapte selon les besoins en temps réel.

La Figure 3-4 illustre la structure d'un tableau de bord prospectif. Le tableau de bord définit l'ensemble des objectifs et des activités à court terme, les inducteurs, qui feront la différence entre l'entreprise et ses concurrents et créeront la valeur à long terme pour le client et l'actionnaire à long terme, les résultats. Le processus se déroule de haut en bas, il débute par la définition du point de vue de l'actionnaire et du client. Il pose la question : « Quels sont les objectifs **financiers** pour la croissance et la productivité ? Quelles sont les principales sources de croissance ? Une fois que les objectifs financiers ont été fixés, le processus se poursuit en s'interrogeant : « Quels sont les **clients** cible qui génèreront une croissance du chiffre d'affaires et une composition plus rentable des produits et

---

1. M. Porter, « What is Strategy ? » *Harvard Business Review* (novembre -décembre 1996) : 62.

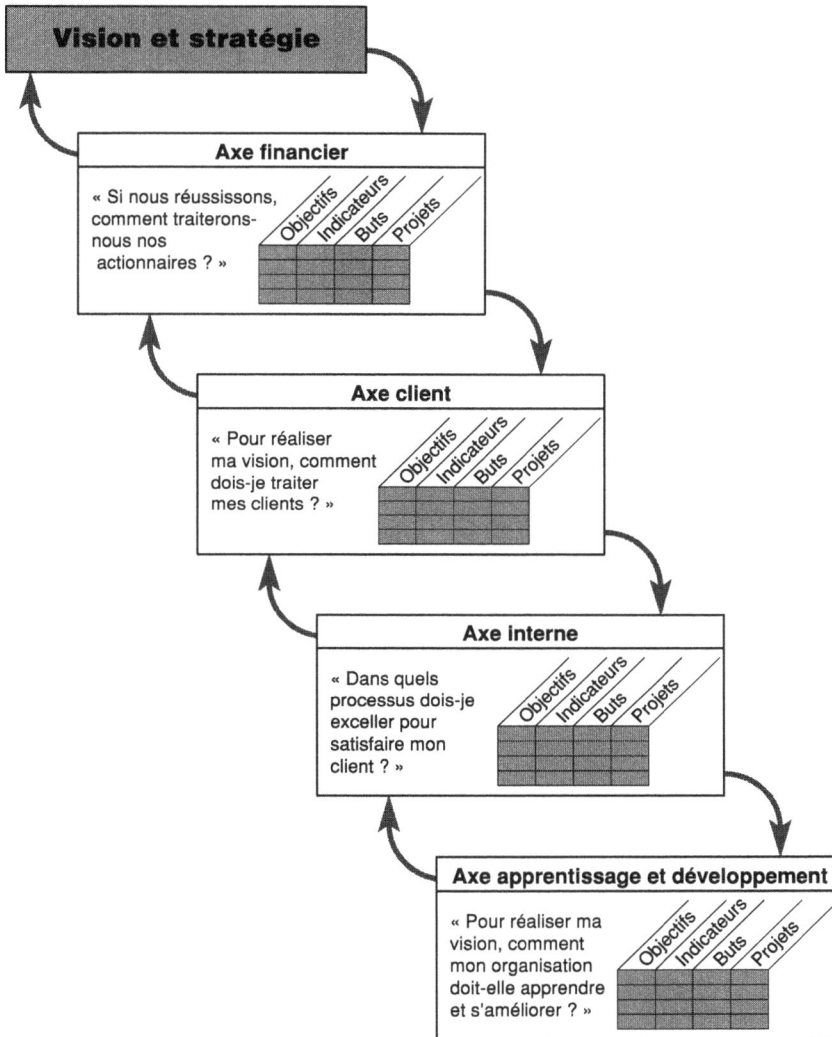

Vision et stratégie

Axe financier

« Si nous réussissons, comment traiterons-nous nos actionnaires ? »

Objectifs | Indicateurs | Buts | Projets

Axe client

« Pour réaliser ma vision, comment dois-je traiter mes clients ? »

Objectifs | Indicateurs | Buts | Projets

Axe interne

« Dans quels processus dois-je exceller pour satisfaire mon client ? »

Objectifs | Indicateurs | Buts | Projets

Axe apprentissage et développement

« Pour réaliser ma vision, comment mon organisation doit-elle apprendre et s'améliorer ? »

Objectifs | Indicateurs | Buts | Projets

Figure 3-4 Définir les relations de cause à effet de la stratégie

services vendus ? Quels sont leurs objectifs et comment mesure-t-on leur satisfaction ? ». L'axe client devrait également inclure la proposition de valeur qui décrit comment l'entreprise se différencie pour attirer les clients visés, les fidéliser et approfondir les relations avec eux. Les objectifs financiers et ceux des clients sont des résultats souhaités, mais ils ne disent pas comment y parvenir. Ce sont les processus **internes** tels que la conception de produit, le développement de marques et de marchés, les ventes, le service, l'exploitation et la logistique, qui définissent les activités qui sont nécessaires pour créer la proposition de valeur et la différenciation souhaitées pour le client ainsi que le résultat financier attendu.

Le quatrième axe reconnaît que la capacité d'exécuter des processus internes de façons nouvelles et différenciées dépend de l'infrastructure de l'entreprise : les compétences, les capacités et les connaissances du personnel ; la technologie qu'il utilise ; et l'ambiance dans laquelle il travaille. C'est ce que nous avons appelé les facteurs **d'apprentissage et de développement**.

Ainsi donc la structure du tableau de bord prospectif a une logique verticale allant de haut en bas, en débutant avec les résultats souhaités sur le plan financier et celui du client, puis en passant à la proposition de valeur, aux processus internes et à l'infrastructure qui sont les moteurs du changement. Les relations entre les inducteurs et les résultats souhaités sont les hypothèses qui définissent la stratégie.

LA STRATÉGIE INTÈGRE DES THÈMES STRATÉGIQUES COMPLÉMENTAIRES

D'après notre expérience, les responsables séparent toujours leurs stratégies en plusieurs thèmes précis. C'est ainsi qu'**une compagnie d'assurance** a élaboré sa stratégie autour de trois thèmes stratégiques :

1. Améliorer l'efficacité de son fonctionnement
2. Rechercher les primes rentables dans les segments clés
3. Créer une nouvelle activité aux prestations payantes

Une société agro-alimentaire a défini quatre thèmes:

1. Améliorer la marge d'exploitation en restructurant les processus de la chaîne de l'offre
2. Réduire le coût du capital investi
3. Augmenter les ventes grâce à de meilleures alliances dans le circuit de détail
4. Améliorer les ventes en aidant les agriculteurs à adopter de nouvelles pratiques agronomiques

Ces thèmes précis ont permis aux entreprises de faire face aux priorités contradictoires entre le long terme et le court terme ou entre la croissance et la rentabilité.

En général, les thèmes stratégiques reflètent ce que la direction pense que l'on devrait faire pour réussir. Ils ne recouvrent pas des résultats financiers, tels qu'une « valeur accrue pour l'actionnaire » ou des résultats client, tels qu'une « plus grande fidélité client » ou une « plus grosse part de marché ». Les thèmes stratégiques correspondent à la vision de la direction sur ce qui doit être fait en interne pour atteindre les résultats stratégiques. Pour cette raison, les thèmes correspondent généralement à un processus interne.

Les thèmes stratégiques procurent le moyen de segmenter la stratégie en plusieurs grandes catégories.

1. **Créer la franchise :** la longue chaîne de création de valeur ; le développement de nouveaux produits et services et la pénétration de nouveaux marchés et de nouveaux segments de clientèle.

2. **Accroître la valeur pour le client :** développer, approfondir ou redéfinir les relations avec la clientèle acquise (notamment en faisant des ventes croisées, en devenant conseiller ou consultant reconnu, en transformant des clients non rentables) grâce à des cycles de vente multiples.

3. **Parvenir à l'excellence opérationnelle :** le circuit court de création de valeur, grâce à la gestion de la productivité interne et de la chaîne de l'offre, qui permet aux organisations d'assurer au client une production et une livraison des produits et des services existants : efficaces, conformes et ponctuelles. Ainsi que la gestion de l'utilisation des actifs et des ressources.

4. **Se conduire en entreprise citoyenne :** gérer les relations avec les parties prenantes extérieures et légitimes notamment dans des secteurs soumis à réglementation (à savoir les services publics, la santé, la radio, les télécommunications) ou à risques pour la sécurité et l'environnement (la pétrochimie).

Chacun des quatre thèmes stratégiques sert de « pilier » à la stratégie (voir Figure 3-5) et contient sa propre hypothèse stratégique, son propre jeu de relations de cause à effet, et parfois même, son propre tableau de bord. La structure fondée sur les thèmes stratégiques est tellement claire que parfois, comme nous l'évoquons plus loin, les responsables s'en servent pour confier les responsabilités dans l'exécution de la stratégie.

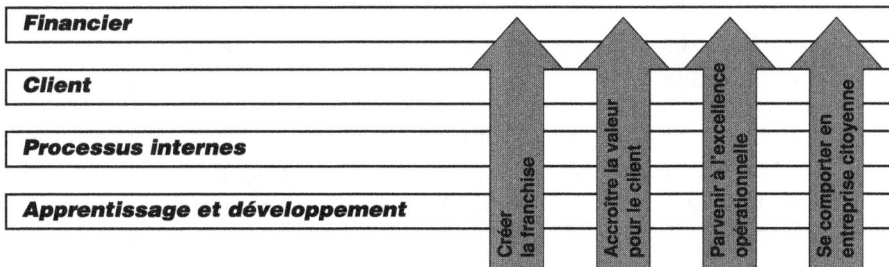

Figure 3-5. La structure d'une carte stratégique

Autre exemple, prenons le cas d'**une entreprise chimique** qui tentait de repositionner sa relation avec le client en offrant un service complet. Elle n'avait fixé qu'un seul objectif pour chacun de ses thèmes stratégiques (voir Figure 3-6). **Une compagnie de service public** avait prévu quatre concepts stratégiques pour se préparer à la déréglementation, en consolidant son cœur d'activité tout en investissant dans des activités plus tournées vers le client. (voir Figure 3.7.).

Créer la franchise	Accroître la valeur pour le client	Parvenir à l'excellence opérationnelle	Se comporter en entreprise citoyenne
■ Trouver et capter de nouvelles opportunités	■ S'intégrer sans rupture dans la chaîne de valeur du client pour offrir des solutions	■ Maximiser l'efficacité du fonctionnement lors de la livraison des produits	■ Se comporter en bon citoyen et voisin

Figure 3-6. Les thèmes stratégiques d'une entreprise chimique

Créer la franchise	Accroître la valeur pour le client	Parvenir à l'excellence opérationnelle	Se comporter en entreprise citoyenne
« Développer l'activité » ■ Marges sur les marchés émergents ■ Croissance rentable sur de nouveaux marchés	*« Concentration accrue sur le client »* ■ Excellence du service ■ Solutions à valeur ajoutée	*« Consolider la base »* ■ Gérer les actifs et les investissements pour améliorer le cash-flow ■ Surveillance efficace	*« Confiance publique »* ■ Maintenir le soutien public

Figure 3-7. Les thèmes stratégiques d'une compagnie de service public

Les thèmes stratégiques définissent les propositions de valeur à long terme (« créer la franchise »), à moyen terme (« accroître la valeur pour le client ») et à court terme (« l'excellence opérationnelle ») pour des clients ciblés. La carte stratégique du tableau de bord prospectif illustre les relations de cause à effet montrant comment les thèmes stratégiques entraînent une amélioration des résultats sur le plan financier et celui du client.

UNE ÉTUDE DE CAS : STORE 24

Nous pouvons illustrer l'élaboration de cartes stratégiques en prenant l'exemple de Store 24, une chaîne de magasins de proximité basée en Nouvelle Angleterre. Store 24 détient environ une centaine de magasins situés dans un cadre urbain, un environnement de marché « arrivé à maturité ». Store 24 souhaite accroître son taux de croissance en augmentant la part d'activité réalisée avec les jeunes adultes dont la population augmente plus que la moyenne.

Généralement, les magasins de proximité se battent avec des stratégies « d'excellence opérationnelle » en offrant un service rapide et chaleureux, un environnement propre, des produits de qualité et un assortiment adapté à la clientèle visée. Store 24 essaie de se démarquer en créant une expérience d'achat en magasin qui soit à la fois intéressante et agréable, notamment en proposant des promotions innovantes sur le lieu de vente. En fait, Store 24 tente de passer d'une proposition de valeur fondée sur l'excellence opérationnelle à une valeur axée sur l'intimité client.

L'axe financier de la carte stratégique (voir Figure 3-8) illustre comment les objectifs ambitieux (de retour sur investissement et de recettes) sont fondés sur une gestion simultanée de la croissance et de la productivité. La croissance provient de promotions réussies qui augmentent à la fois la fidélité du client et les ventes dans les catégories clés. La productivité, quant à elle, sera atteinte en ayant recours aux démarches classiques du secteur pour améliorer la productivité de la main d'œuvre et augmenter la rotation des stocks.

Store 24 prévoit de se démarquer aux yeux de ses **clients** en procurant « du divertissement et une distraction inattendue » au cours de l'expérience d'achat en magasin. La devise de la chaîne, affichée dans tous les points de vente, est « Store 24 fait échec à l'ennui ». Une promotion typique se fait en magasin à l'époque d'Halloween. Des araignées jouets

CROISSANCE	PRODUCTIVITÉ
Croissance des ventes*	Bénéfices bruts en $ / Coût de la main d'œuvre en $

Axe Financier

ROSI *RCI**

EBITDA [1] *EBITA** [2]

Bénéfice brut

*Croissance du bénéfice brut**

Nouveaux concepts	Nouveaux clients	Contribution	Utilisation des actifs
Bénéfice net /brut de concepts ayant moins de deux ans*	Croissance dans les catégories clés* Nombre de clients*	Contribution en $ et variation en %*	Rotation des stocks Taux d'obstacles aux projets

Proposition de valeur pour le client

Éléments de base   *Éléments de différenciation*

Qualité, valeur, propreté, cordialité	Assortiment	Expérience agréable	Promotions intéressantes

Axe interne

Créer la franchise	Accroître la valeur pour le client	Excellence opérationnelle
Créer constamment et déployer avec succès de nouveaux programmes innovants	Améliorer l'expérience d'achat du client grâce au programme « Store 24 fait échec à l'ennui » et à une exécution sans faille	Se concentrer sur la productivité en magasin et en stock et ce qui y est associé
Déploiement des programmes (« Store 24 fait échec à l'ennui »)*	Tournées fierté* Clients mystère*	Moyenne en stock* Bénéfice brut en $ / Main d'œuvre en $* Bénéfice brut en $ /heure de main d'œuvre*

Axe de l'apprentissage et du développement

Compétences	Technologie	Ambiance favorable à l'action
Les compétences nécessaires sont fondées sur les notations d'ancienneté et de capacités	L'accent est mis sur l'utilisation des systèmes d'information	La capacité d'exécution repose fondamentalement sur la satisfaction des salariés
Ancienneté* Évaluation de capacités*	Fiche d'évaluation de la technologie*	Sondage*

* Mesures
(1) revenus avant intérêt, taxes, dépréciation et amortissement
(2) revenus avant intérêt, taxes et amortissement

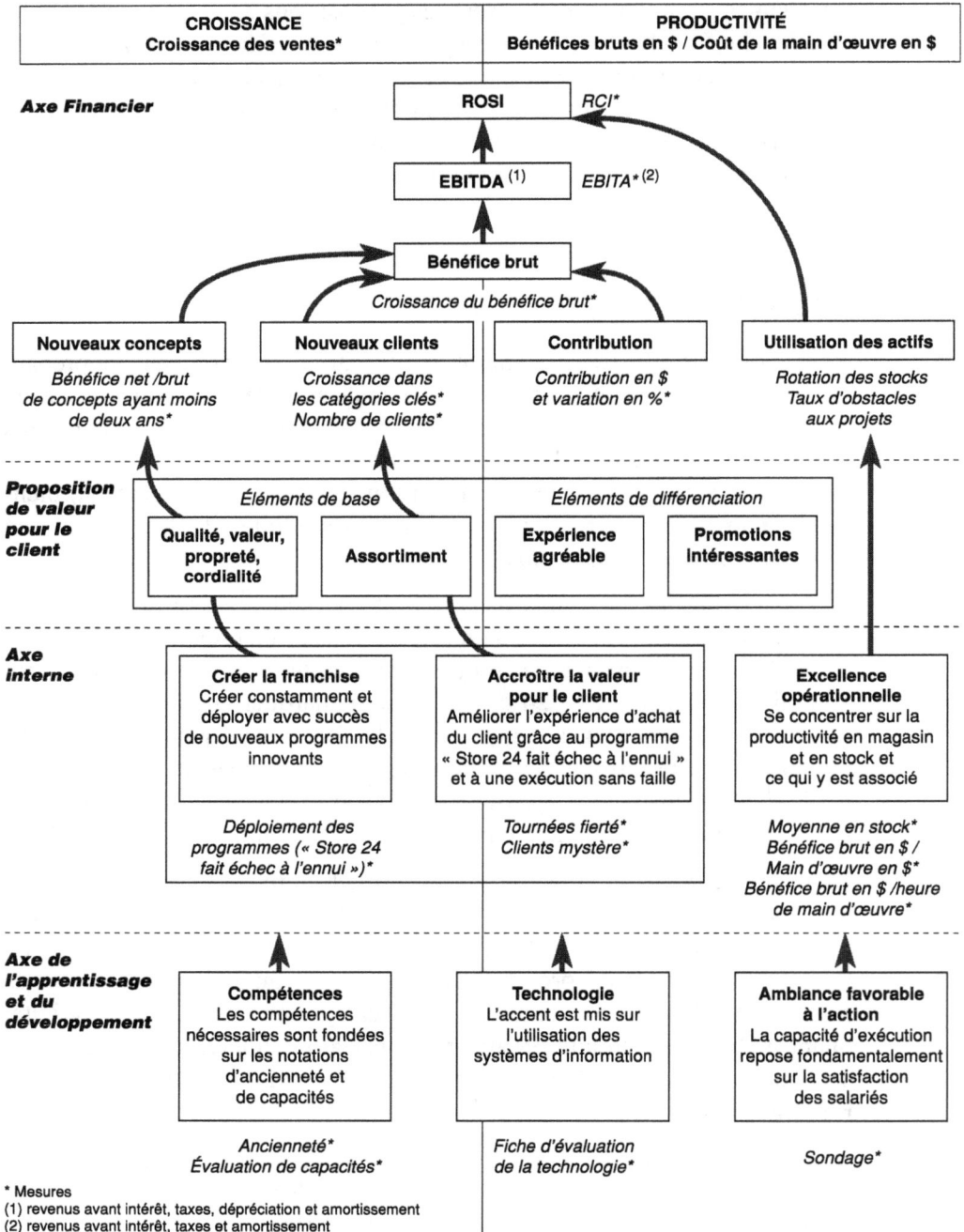

Figure 3-8. La carte stratégique de Store 24

se balancent au plafond sur un fond de musique évoquant les revenants et les vendeurs sont costumés.

Les thèmes stratégiques de Store 24 sont reliés aux principaux processus internes. Pour promouvoir sa stratégie d'intimité client, Store 24 doit faire très attention à ce qui se passe lors de l'expérience d'achat en magasin. La chaîne a en conséquence considérablement investi dans les programmes de formation du personnel pour s'assurer que cette stratégie est appliquée dès le point de contact avec le client (le processus de gestion client). Le processus d'innovation s'attache au développement de nouvelles promotions et de nouveaux étalages qui tiendront la promesse de faire échec à l'ennui. Quant au processus de fonctionnement, il met l'accent sur le coût et la gestion de stocks nécessaires pour atteindre les objectifs de productivité.

L'axe de **l'apprentissage et du développement** est en adéquation avec les exigences des processus internes et de la différenciation client. Dans la mesure où la stratégie de Store 24 dépend totalement du comportement du personnel sur le point de vente, la stratégie de l'apprentissage et du développement exige la fidélisation d'un personnel expérimenté qui puisse maintenir la relation avec le client. Elle implique également une formation importante complétée par des programmes d'évaluation en continu. La satisfaction des salariés est mesurée sur le tableau de bord. Il montre ainsi que Store 24 reconnaît que le salarié est un véritable partenaire dans sa stratégie globale.

La stratégie de Store 24 telle que nous l'avons décrite est unique dans le secteur. Nous y reviendrons ainsi que sur le tableau de bord de Store 24 plus loin dans ce chapitre. Nous décrirons au chapitre 12 comment la stratégie a évolué et comment le tableau de bord s'est transformé avec le temps.

LA STRATÉGIE ÉQUILIBRE DES FORCES CONTRADICTOIRES : L'AXE FINANCIER

L'élaboration de la carte stratégique se fait de haut en bas (comme l'illustre la Figure 3-4). Elle débute avec la **stratégie financière** à haut niveau pour créer la croissance, la rentabilité et la valeur pour l'actionnaire[2]. La création de valeur pour l'actionnaire est un résultat que toute

---

2. La primauté de l'axe financier s'applique aux organisations à but lucratif. Les organisations à but non lucratif et le secteur public nécessitent généralement un léger réaménagement de la présentation du tableau de bord prospectif, un sujet que nous abordons au chapitre 5.

stratégie cherche à accomplir. Une entreprise choisira généralement un seul objectif supérieur ou « primordial » pour mesurer son succès à long terme. Dans les premiers temps, c'est une version du retour sur investissement de DuPont ou le retour sur le capital investi qui a été utilisé comme objectif primordial. Plus récemment, les entreprises ont adopté de nombreuses mesures pour l'actionnaire fondées sur la valeur comme la valeur ajoutée économique (EVA)[3], le ROI, le cash-flow et des variantes du cash flow actualisé.

L'apport de la méthode EVA en tant qu'indicateur financier est d'aller au-delà de la comptabilisation du revenu net en reconnaissant explicitement un intérêt sur le capital investi pour l'activité. L'intérêt sur le capital investi se calcule en appliquant un coût du capital spécifique à l'activité (et parfois spécifique à l'actif) sur les actifs d'une organisation. Ainsi la valeur ajoutée économique ou EVA est égale au revenu net (comptabilisé) moins les intérêts sur le capital investi[4]. On dit ainsi des entreprises qui gagnent plus que le coût du capital, modulé par la prise en compte des risques, qu'elles créent de la valeur pour l'actionnaire, tandis que celles qui en gagnent moins en détruisent. L'EVA résout le problème du calcul du retour sur investissement qui dissuade les entreprises d'investir dans des projets dont le retour est supérieur au coût du capital mais inférieur à la moyenne (apparente) du coût du capital obtenue en divisant le revenu net par les actifs utilisés. L'EVA répond également au problème que l'on rencontre dans le calcul du revenu purement comptable qui ignore le coût des actifs employés pour générer des bénéfices comptables.

Que les entreprises utilisent le ROI ou RSI, le RCI, l'EVA ou quelque autre indicateur basé sur la valeur comme objectif financier dominant, elles ont deux stratégies de base pour parvenir à la performance financière : la croissance et la productivité (voir Figure 3-9). La stratégie de croissance du chiffre d'affaires repose sur le développement de nouvelles sources de revenus et de rentabilité.

---

3. Voir R. Myers, « Metric Wars, » *CFO Magazine* (octobre 1996) ; « Measure for Measure, » *CFO Magazine* (novembre 1997) ; et « Valuing Companies : A Star to Sail By ? » *The Economist*, 2 août 1997, 53-55, pour une description et une comparaison des différents indicateurs de valeur préconisés.

4. En fait, le calcul de la valeur ajoutée économique se révèle bien plus complexe que cela, impliquant des aspects de capitalisation et d'amortissement des dépenses de recherche et développement, d'acquisition, de formation et de marketing. Voir G.B. Stewart III, *The Quest for Value : The Eva ® Management Guide* (New York : Harper Business, 1991).

```
                    ┌──────────────────────────────────────────┐
          ┌────────►│   Améliorer la valeur pour l'actionnaire   │◄────────┐
          │         └──────────────────────────────────────────┘          │
┌─────────────────────────────────────────┐   ┌─────────────────────────────────────────┐
│ Stratégie de croissance du chiffre d'affaires │   │      Stratégie de productivité        │
└─────────────────────────────────────────┘   └─────────────────────────────────────────┘
     ▲                    ▲                          ▲                     ▲
┌──────────────┐  ┌──────────────────┐     ┌──────────────────┐  ┌──────────────────┐
│ Créer la     │  │ Accroître la valeur│     │ Améliorer la structure│  │ Améliorer l'utilisation│
│ franchise    │  │ pour le client    │     │ de coût          │  │ des actifs        │
└──────────────┘  └──────────────────┘     └──────────────────┘  └──────────────────┘
```

• Nouvelles sources
  de revenus

• Amélioration de la
  rentabilité des clients
  acquis

• Baisse du coût par unité

• Actifs existants
• Investissements de
  capacité

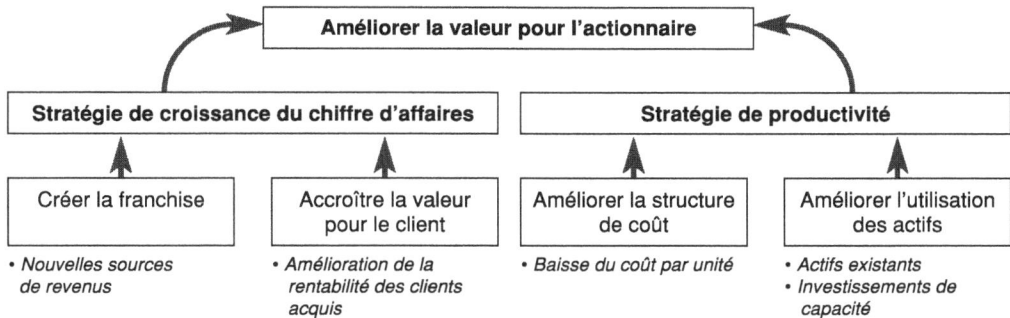

Figure 3-9 L'élaboration de la carte stratégique : L'axe financier

La stratégie de croissance comporte généralement deux volets :

1. Créer la franchise. Créer de nouvelles sources de revenus provenant de nouveaux marchés, de nouveaux produits ou de nouveaux clients. C'est cet aspect de la stratégie qui requiert le plus de changements et qui prend le plus de temps à exécuter.

2. Accroître la valeur pour le client. Travailler avec les clients acquis pour resserrer leurs relations avec l'entreprise. Cet aspect se situe généralement à moyen terme et se concentre sur des processus tels que les ventes croisées et le développement de solutions pour approfondir ses relations avec le client.

Ainsi, Store 24 s'est-il concentré pour sa stratégie de croissance sur les revenus générés par des promotions innovantes et l'augmentation du chiffre d'affaires sur des segments ciblés.

La stratégie de productivité recouvre l'exécution efficace des activités opérationnelles en faveur des clients acquis. Les stratégies de productivité se concentrent sur la réduction de coût et l'efficacité. Tout comme la stratégie de croissance, la stratégie de productivité a, elle aussi, deux volets :

1. Améliorer la structure de coût. Abaisser les coûts directs des produits et services, réduire les coûts indirects et partager les ressources communes avec d'autres unités.

2. Améliorer l'utilisation des actifs. Réduire le capital fixe et le fonds de roulement nécessaires pour entretenir un certain niveau d'activité grâce à une plus grande utilisation, une meilleure acquisition ou la cession des capitaux circulants et des immobilisations.

Store 24 a choisi la rotation des stocks et la productivité de la main d'œuvre comme principaux indicateurs financiers de sa stratégie de productivité.

La stratégie de productivité donne généralement des résultats plus rapidement que la stratégie de croissance. Mais l'un des principaux apports du tableau de bord prospectif est de mettre en valeur les opportunités d'améliorer la performance financière grâce à la croissance du chiffre d'affaires, et pas seulement par la réduction de coût et l'utilisation optimale des actifs. Le tableau de bord permet également de s'assurer que les réductions de coût et d'actifs ne compromettent pas les opportunités de croissance de l'entreprise. En fait, les entreprises dont la stratégie ne porte que sur le volet productivité retireront probablement moins de bénéfices du tableau de bord prospectif. Les indicateurs financiers, tels que les coûts des processus (que l'on obtient par un bon système ABC) et les ratios de productivité, offrent les moyens et le cadre adéquats pour une stratégie fondée exclusivement sur la productivité.

Le lien avec la stratégie est réalisé sur l'axe financier quand les entreprises réussissent à équilibrer les leviers contradictoires de croissance et de productivité. Les entreprises qui sont dans les premiers stades de la start-up ou qui entrevoient des opportunités de croissance rapide mettront l'accent sur les objectifs et les indicateurs de la stratégie de croissance du chiffre d'affaires. Le coût et la productivité ne viendront qu'après parce que ce type de sociétés investit lourdement pour mettre au point et lancer de nouveaux produits et services et pour aborder de nouveaux marchés ou de nouvelles activités. Les entreprises qui se trouvent au bout de leur cycle de vie, ayant atteint la maturité, privilégieront les aspects réduction de coûts et utilisation des actifs, car il leur reste à ce stade peu de chances de trouver de nouveaux clients ou de se lancer sur de nouveaux marchés. La plupart des entreprises se trouvent au milieu de leur cycle de vie et adoptent donc une stratégie de « croissance rentable » qui implique un équilibre entre les contributions venant de la croissance du chiffre d'affaires et celles venant de la réduction de coûts et de l'amélioration de la productivité. Ces entreprises auront un équilibre entre les indicateurs des deux stratégies financières types.

Vous remarquerez également que les thèmes stratégiques, décrits en début de chapitre, sont liés aux deux stratégies financières. Généralement, les thèmes « créer la franchise » et « accroître la valeur pour le client » conduisent la stratégie de croissance financière et le thème « parvenir à l'excellence opérationnelle » entraînera la stratégie de productivité. Mais la relation n'est pas exclusive. En accroissant la clientèle il est possible d'abaisser le coût unitaire et l'excellence opérationnelle peut contribuer à améliorer l'expérience d'achat du client en magasin.

Nous en arrivons ainsi à l'axe client qui entraîne l'objectif (financier) de la croissance du chiffre d'affaires. Nous verrons également comment relier les résultats pour le client aux propositions de valeur et aux concepts stratégiques de l'entreprise.

LA STRATÉGIE DÉCRIT UNE PROPOSITION DE VALEUR DIFFÉRENCIÉE

Au cœur de toute stratégie d'entreprise — où il s'agit de lier les processus internes avec de meilleurs résultats pour le client — se trouve la « proposition de valeur » faite au client. La proposition de valeur décrit la combinaison unique de produit, de prix, de service, de relations et d'image que le fournisseur assure à ses clients. La proposition de valeur définit les segments de marché que vise la stratégie et la façon dont l'entreprise se différenciera de la concurrence dans les segments visés. Une proposition de valeur clairement formulée exprime l'objectif ultime sur lequel les concepts stratégiques des principaux processus internes et de l'infrastructure se concentrent. Nous nous sommes aperçus que 75 % des équipes dirigeantes n'avaient pas un consensus clair sur ce qu'était la proposition de valeur pour le client. Le développement de cette partie de la carte stratégique contraint l'équipe à clarifier sa connaissance du client et constitue l'une des plus intéressantes du processus d'élaboration du tableau de bord prospectif.

En revoyant les propositions de valeur de ceux qui ont réussi dans le maniement du tableau de bord prospectif, nous nous sommes aperçus qu'elles correspondaient aux trois stratégies qu'utilisent les entreprises pour se différencier sur le marché décrites par Treacy et Wiersema[5].

1. La supériorité produit. « Une entreprise qui adopte la stratégie de la supériorité produit pousse ses produits dans le domaine de l'inconnu,

---

5. M. Treacy et F. Wiersema, *L'exigence du choix* (Paris, Village Mondial, 1995).

de l'inexpérimenté ou du hautement désirable[6]. » Sony et Intel sont des exemples caractéristiques de cette stratégie.

2. L'intimité client. « Une entreprise qui choisit l'intimité client crée des liens avec ses clients ; elle connaît la personne à qui elle vend et les produits et services dont elle a besoin[7]. » Home Depot et Mobil ont appliqué cette stratégie avec succès.

3. L'excellence opérationnelle. « Les entreprises qui ont choisi l'excellence opérationnelle offrent une combinaison de qualité, de prix et de facilité d'achat que nul ne peut égaler[8]. » Les entreprises telles que Costco, McDonald's et Dell sont des modèles de cette stratégie.

La théorie (étayée par des éléments probants) est que les entreprises qui réussissent, excellent dans l'un de ces trois aspects tout en ayant un « niveau standard » dans les deux autres. Home Depot, par exemple, se différencie grâce à son personnel de vente mieux informé et plus attentif, une stratégie d'intimité client. L'entreprise doit malgré tout avoir une excellente gamme de produits, une gestion des stocks de qualité et des prix raisonnables, mais ce ne sont pas les raisons pour lesquelles ses clients ciblés y font leurs achats. Par contre, Cotsco offre le meilleur prix au client en vendant les articles en vrac, à bas prix, dans un cadre qui ressemble à un entrepôt ; ce qui correspond à la stratégie d'excellence opérationnelle. Les vendeurs doivent être bien formés et les produits offerts doivent être considérés comme étant de bonne qualité, mais les clients y viennent par commodité et pour les bas prix et non pour le caractère exclusif du produit ni les conseils de son personnel. Intel, Sony et de nombreux laboratoires pharmaceutiques réussissent en offrant le meilleur produit pour les besoins de leurs clients. Les prix des entreprises qui choisissent la supériorité produit sont généralement élevés et le service est correct mais pas forcément exceptionnel. Les clients achètent des produits à ces entreprises parce que ceux-ci ont des caractéristiques et des fonctionnalités uniques.

La Figure 3.10 montre le modèle qui traduit ces trois thèmes stratégiques en cartes stratégiques utilisées pour la création du tableau de bord prospectif.

---

6. *Idem.*
7. *Idem.*
8. *Idem.*

Stratégie d'excellence opérationnelle

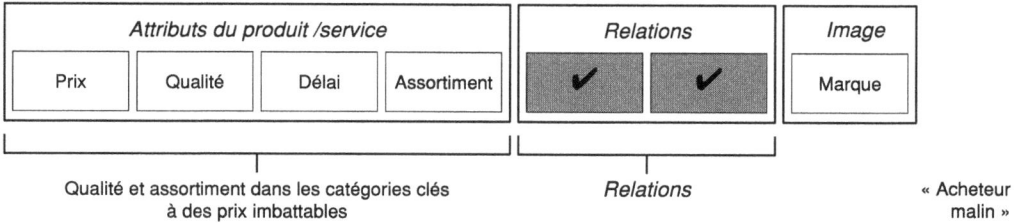

Attributs du produit /service				Relations		Image
Prix	Qualité	Délai	Assortiment	✔	✔	Marque

Qualité et assortiment dans les catégories clés à des prix imbattables | Relations | « Acheteur malin »

Stratégie d'intimité client

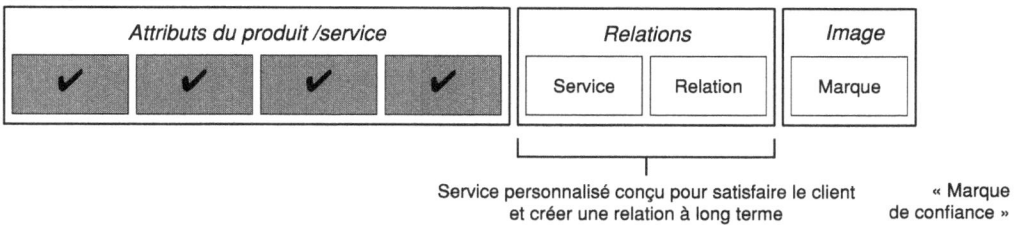

Attributs du produit /service				Relations		Image
✔	✔	✔	✔	Service	Relation	Marque

Service personnalisé conçu pour satisfaire le client et créer une relation à long terme | « Marque de confiance »

Stratégie de supériorité produit

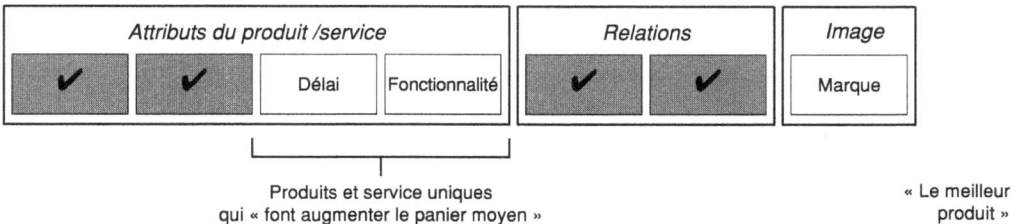

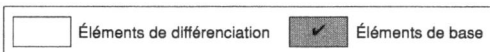

Attributs du produit /service				Relations		Image
✔	✔	Délai	Fonctionnalité	✔	✔	Marque

Produits et service uniques qui « font augmenter le panier moyen » | « Le meilleur produit »

☐ Éléments de différenciation	✔ Éléments de base

Figure 3-10 L'élaboration de la carte stratégique : la proposition de valeur pour le client

Vous remarquerez que les différents aspects de la proposition de valeur prennent plus ou moins d'importance en fonction de la stratégie. Les entreprises qui ont adopté une stratégie d'excellence opérationnelle doivent avoir d'excellents indicateurs sur le prix compétitif, la qualité perçue par le client, les délais et la ponctualité de la livraison. Les entreprises qui ont choisi la supériorité produit doivent exceller dans la fonctionnalité, les caractéristiques et les performances du produit ou du service. Et les entreprises ayant une stratégie d'intimité client mettront l'accent sur la qualité de leur relation avec les clients et le caractère complet de l'offre qui leur est faite. Ainsi, la stratégie d'**intimité client** de Store 24 (vous reporter à la Figure 3-8) avait recours à une proposition de valeur fondée sur trois éléments de différenciation : une expérience d'achat intéressante, un personnel chaleureux et des promotions motivantes. La qualité du produit, le prix et l'assortiment étaient des conditions de base mais n'étaient pas des éléments de différenciation.

La Figure 3-10 permet également de vérifier si les indicateurs du tableau de bord prospectif de l'organisation correspondent à sa stratégie. Nous avons souvent vu des entreprises dont la stratégie « épousée » est celle de l'innovation produit ou des « relations client à valeur ajoutée » alors que leurs indicateurs suivent la satisfaction du client sur des aspects opérationnels tels que les défauts, les délais et le prix. Aucun objectif, ni indicateur ne correspondent alors à la stratégie « épousée » de supériorité produit ou d'intimité client. À l'aide du modèle de la Figure 3-10, les entreprises peuvent se rendre compte si leurs indicateurs ne sont pas en adéquation avec leur stratégie[9].

Les clients ciblés et les indicateurs du résultat pour le client

La proposition de valeur permet aux entreprises de définir les clients à cibler. La plupart des marchés sont composés de clients hétérogènes. Certains clients accordent le plus de prix à l'innovation, d'autres privilégient la relation étroite de partenariat avec le fournisseur et d'autres encore préfèrent les prix bas, la qualité constante et la facilité d'achat. Faire de la stratégie c'est choisir. L'entreprise, en choisissant la proposition de valeur dans laquelle elle va exceller, choisit également le segment ou les segments de clients pour lesquels la proposition de valeur sera un élément de différenciation qui les conduira à acheter chez elle. Les clients ciblés sont ceux qui, dans leur décision d'achat, accordent le plus d'importance aux éléments de la proposition de valeur faite par l'entreprise.

Il est important de clairement identifier les clients ciblés. C'est sur eux que doivent se concentrer les indicateurs de résultats pour le client dans le tableau de bord prospectif de l'entreprise. Les indicateurs habituels pour

---

9. Une autre explication pour le hiatus entre les indicateurs et la stratégie vient de ce que l'entreprise a une stratégie « épousée » qui est totalement différente de celle qu'elle applique.

mesurer le résultat pour le client tels que la satisfaction, l'acquisition, la fidélisation, la part de compte, la part de marché et la rentabilité doivent être mesurés pour les clients ciblés. Les entreprises qui choisissent la supériorité produit ou la relation client vont décevoir les clients sensibles aux prix. À l'inverse, les entreprises qui proposent des produits et des services standards au prix les plus bas vont décevoir les clients qui accordent du prix à l'innovation et au service personnalisé. Pour que le tableau de bord traduise fidèlement la stratégie, les résultats pour les clients doivent être mesurés pour les clients ciblés, qui selon l'hypothèse stratégique, apprécient le mieux la proposition de valeur choisie par l'entreprise.

L'idée de décider que certains clients sont plus importants que d'autres peut paraître étrange et gênante à de nombreuses entreprises. Mais décider c'est choisir. Michael Porter a remarquablement expliqué cela : « La stratégie rend les choix sur ce qui ne doit pas être fait aussi importants que les choix sur ce qui doit être fait. Placer des limites fait partie des fonctions de direction. Décider des différents groupes de clients et de besoins que l'entreprise doit satisfaire est fondamental dans le développement d'une stratégie. Mais ce faisant, l'entreprise décide du même coup qu'**elle ne satisfera pas** les autres clients et qu'**elle n'offrira pas** certaines caractéristiques ou certains services[10]. »

La stratégie se reflète sur l'axe client du tableau de bord prospectif par l'accent mis sur une proposition de valeur spécifique et la mesure des résultats pour les clients ciblés.

La proposition de valeur est reliée dans la partie supérieure de la carte stratégique aux indicateurs de résultats pour le client puis aux objectifs financiers. Elle est également reliée dans la partie inférieure aux principaux processus internes qui permettent à l'entreprise d'assurer sa proposition de valeur auprès des clients ciblés.

---

10. Porter, « What is Strategy ? » 77.

LA STRATÉGIE MET LES ACTIVITÉS INTERNES
EN ADÉQUATION AVEC LA PROPOSITION DE VALEUR

La proposition de valeur pour le client et sa traduction en croissance et en rentabilité pour l'actionnaire sont à la base de la stratégie. Or la proposition de valeur pour le client et les résultats financiers sont des résultats que l'entreprise souhaite atteindre. Mais la stratégie ne doit pas se contenter de définir les résultats souhaités, elle doit également décrire les moyens pour y parvenir. Pour citer de nouveau Porter :

> « *L'essence de la stratégie se trouve dans les activités, c'est à dire qu'il s'agit de choisir de réaliser les activités différemment ou de réaliser des activités différentes de celles des concurrents[11].* » Selon Porter, « *les activités sont les unités de base de l'avantage concurrentiel* ». *Pour mettre au point une stratégie réussie et durable, il faut mettre en adéquation les activités internes de l'organisation avec sa proposition de valeur pour le client.*

Les activités de l'organisation sont inscrites dans les processus internes qui composent sa chaîne de valeur. Nous avons trouvé utile de séparer la chaîne de valeur en quatre ensembles de processus, correspondant aux quatre thèmes stratégiques présentés en début de chapitre (voir Figure 3 -11).

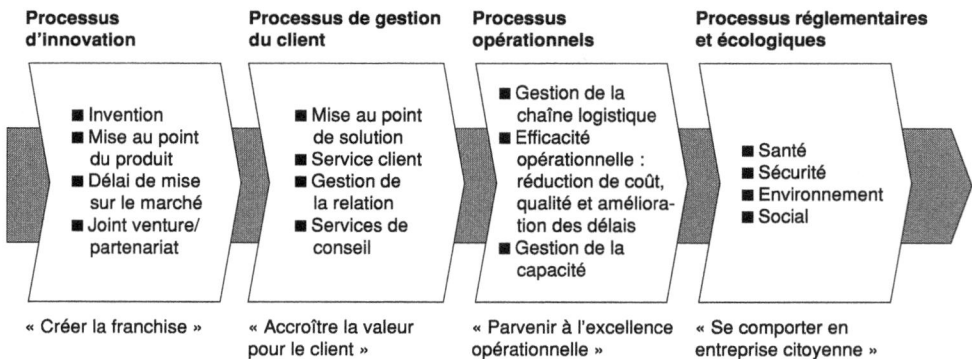

Processus d'innovation	Processus de gestion du client	Processus opérationnels	Processus réglementaires et écologiques
■ Invention ■ Mise au point du produit ■ Délai de mise sur le marché ■ Joint venture/ partenariat	■ Mise au point de solution ■ Service client ■ Gestion de la relation ■ Services de conseil	■ Gestion de la chaîne logistique ■ Efficacité opérationnelle : réduction de coût, qualité et amélioration des délais ■ Gestion de la capacité	■ Santé ■ Sécurité ■ Environnement ■ Social
« Créer la franchise »	« Accroître la valeur pour le client »	« Parvenir à l'excellence opérationnelle »	« Se comporter en entreprise citoyenne »

Figure 3-11. Une chaîne de valeur type

---

11. *Idem*, 64.

Tous ces processus sont importants et doivent être bien effectués par toutes les organisations. Mais les entreprises doivent exceller dans le processus qui a le maximum d'impact sur la proposition de valeur pour le client. Les deux ou trois autres processus sont accessoires, non primordiaux. (voir Figure 3-12).

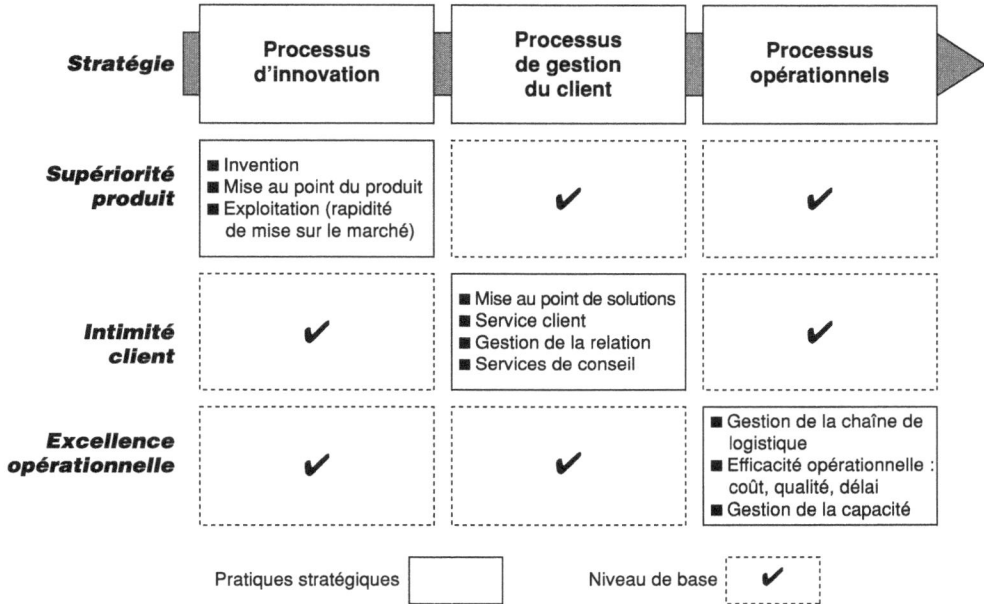

Stratégie	Processus d'innovation	Processus de gestion du client	Processus opérationnels
Supériorité produit	■ Invention ■ Mise au point du produit ■ Exploitation (rapidité de mise sur le marché)	✔	✔
Intimité client	✔	■ Mise au point de solutions ■ Service client ■ Gestion de la relation ■ Services de conseil	✔
Excellence opérationnelle	✔	✔	■ Gestion de la chaîne de logistique ■ Efficacité opérationnelle : coût, qualité, délai ■ Gestion de la capacité

Pratiques stratégiques [ ] Niveau de base ✔

Figure 3-12. Identifier les processus d'activité stratégiques internes

La **supériorité produit** nécessitera un processus d'innovation d'avant-garde qui crée de nouveaux produits avec des fonctionnalités de premier ordre et les lance rapidement sur le marché. Les processus de gestion du client peuvent viser l'acquisition rapide de nouveaux clients pour conforter l'avantage de précurseur que donne la position de leader.

Une stratégie d'**intimité client**, par contre, implique d'excellents processus de gestion du client tels que la gestion de la relation et la mise au point de solutions. Le processus d'innovation sera motivé par les besoins des clients ciblés, en se concentrant sur les développements de nouveaux produits et la mise en valeur de services qui contribuent à de meilleures solutions pour le client.

Une stratégie d'**excellence opérationnelle** met en avant les indicateurs de coût, de qualité et de délai des processus opérationnels, de bonnes relations avec le fournisseur et de rapidité et d'efficacité des processus de livraison et de distribution.

De nombreuses sociétés malheureusement ont une stratégie « épousée » d'innovation et de développement de relation à valeur ajoutée avec le client mais choisissent des indicateurs de processus internes qui portent exclusivement sur le coût et la qualité des processus de fabrication. Il y a alors un hiatus complet entre les indicateurs et les stratégies de ces entreprises. Il n'est dès lors guère étonnant qu'il y ait tant d'entreprises qui aient du mal à appliquer de nouvelles stratégies de croissance lorsque leurs principaux indicateurs portent sur la réduction des coûts, la standardisation et l'efficacité. La Figure 3-12, tout comme la Figure 3-10, permettent aux entreprises de vérifier que les objectifs et indicateurs qu'elles se choisissent sur l'axe des processus internes correspondent bien aux priorités de leur stratégie.

Les entreprises peuvent également distinguer sur l'axe des processus internes deux éléments qui peuvent être importants pour leur stratégie : les fournisseurs et le public. Le succès de nombreuses entreprises dépend de leurs excellents fournisseurs et des formidables relations qu'elles entretiennent avec eux. C'est le cas de Sears Roebuck, de The Limited et de Wal Mart parmi les détaillants ; de Hewlett-Packard et de Sun Microsystems, chez les fabricants électroniques, et des compagnies automobiles. Lorsque des relations exceptionnelles avec le fournisseur sont cruciales pour la stratégie, cet objectif devrait être inclus dans les processus opérationnels sur l'axe interne.

Des activités telles que les télécommunications et les services publics, dont les prix et le fonctionnement sont réglementés dans une certaine mesure par le gouvernement, doivent avoir d'excellentes relations avec leurs autorités de tutelle et le parlement. Les entreprises qui comportent des risques sur le plan de la santé, de la sécurité et de l'environnement doivent respecter les règlements des collectivités où elles opèrent. Au-delà du respect des obligations, elles peuvent souhaiter se créer une réputation dans ce domaine pour améliorer leur capacité à recruter et à garder des salariés de valeur et maintenir et développer leur présence auprès des collectivités. Lorsque de telles considérations d'ordre réglementaire ou de santé, de sécurité et d'environnement sont vitales pour le succès de la stratégie, les entreprises devraient prévoir plusieurs indicateurs dans le thème stratégique de « se comporter en entreprise citoyenne » sur l'axe du processus interne.

Revenons-en à l'exemple de Store 24 (Figure 3 -8) dont le processus interne crucial était de procurer une expérience d'achat agréable en magasin pour promouvoir sa stratégie d'intimité client. L'entreprise a investi lourdement dans des programmes de formation du personnel pour s'assurer que sa stratégie serait appliquée lors du contact avec le client (le processus de gestion du client). Le processus d'innovation quant à lui s'est concentré sur la mise au point de nouvelles promotions et de nouveaux étalages qui permettaient à Store 24 de tenir sa promesse de faire échec à l'ennui.

LA STRATÉGIE TRANSFORME LES ACTIFS IMMATÉRIELS

Nous avons expliqué et illustré comment la carte stratégique organisait les objectifs financier, client et de processus internes grâce aux thèmes stratégiques, aux stratégies financières, aux propositions de valeur et aux principaux processus internes. Nous abordons à présent le fondement même de toute théorie : l'axe d'apprentissage et de développement.

La stratégie de l'apprentissage et du développement décrit les actifs immatériels nécessaires pour que l'organisation puisse effectuer ses activités et établir ses relations avec les clients à des niveaux chaque fois plus élevés. On trouve dans cet axe trois catégories principales (voir Figure 3.13) :

1. Les compétences stratégiques : les capacités et la connaissance stratégique nécessaires pour que le personnel soutienne la stratégie.

2. Les technologies stratégiques : les systèmes d'information, les bases de données, les outils et le réseau nécessaires pour promouvoir la stratégie.

3. L'ambiance favorable à l'action : les modifications culturelles nécessaires pour motiver, responsabiliser et faire en sorte que le personnel soit en phase avec la stratégie.

Les stratégies d'apprentissage et de développement sont les véritables points de départ de tout changement durable à long terme. Les équipes dirigeantes reconnaissent volontiers l'importance de cet axe, mais généralement elles ne savent pas comment faire et ont du mal à trouver un consensus sur la façon de définir et d'atteindre les objectifs en ce domaine.

L'élaboration réfléchie de stratégies d'apprentissage et de développement offre une excellente occasion d'améliorer les chances de mettre au point une stratégie réussie.

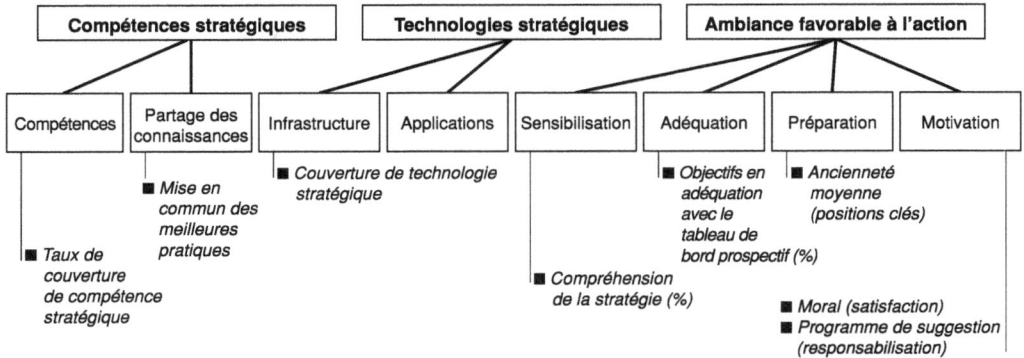

Figure 3-13. L'axe d'apprentissage et de développement

En traitant la stratégie d'apprentissage et de développement après que les trois autres axes aient été définis, les dirigeants peuvent mettre en adéquation leurs objectifs en matière de ressources humaines, de technologies de l'information et d'ambiance de travail avec les besoins de leurs processus stratégiques et de leur stratégie de différenciation aux yeux du client. Ainsi, la stratégie de Store 24 était-elle totalement dépendante du comportement du personnel sur le point de vente. Sa stratégie d'apprentissage et de développement exigeait la fidélisation d'un personnel expérimenté en magasin de façon à maintenir la relation avec le client et procurer l'expérience d'achat plaisir.

La stratégie de ressources humaines impliquait également une formation importante pour le personnel, complétée par des programmes d'évaluation en continu. La présence d'un indicateur de satisfaction du personnel dans le tableau de bord reconnaissait de fait que le salarié devait être un véritable partenaire de la stratégie.

Le travail effectué par Carla O'Dell et C.J. Grayson sur la gestion du savoir ou *knowledge management* procure un cadre complémentaire pour réfléchir aux stratégies d'apprentissage et de développement. Ils décrivent l'objectif de la gestion du savoir comme étant « une démarche systématique pour recueillir, comprendre, partager et utiliser le savoir pour créer de la valeur[12]. » L'on obtient les meilleurs résultats en reliant la gestion du savoir à la stratégie et à la proposition de valeur de l'organisation. Comme l'indique la Figure 3-14, à propositions de valeur différentes, stratégies de gestion du savoir différentes. L'**intimité client** implique que le personnel comprenne les clients de façon à créer avec eux une relation à long terme. Lexus, par exemple exige de ses salariés qu'ils fassent une enquête téléphonique auprès de 10 clients chaque mois. Les **innovateurs de produit** doivent raccourcir les délais de mise au point et de commercialisation des nouveaux produits. Des entreprises comme Eli Lilly et Dow Chemical ont recours à la démarche de gestion du savoir pour gérer les brevets, les cycles de développement et les besoins des clients. Les entreprises qui ont choisi l'**excellence opérationnelle**, dans leurs quêtes pour abaisser le coût et améliorer la qualité, utilisent le partage des meilleures pratiques pour faire passer les démarches gagnantes « des meilleurs aux autres ». Des entreprises comme Chevron ou BP Amoco ont utilisé les méthodes de gestion du savoir pour améliorer la sécurité, réduire les coûts de l'énergie et raccourcir les cycles de fabrication.

Intimité client	La supériorité produit	L'excellence opérationnelle
Acquérir une connaissance des clients ■ Comprendre les besoins des clients ■ Responsabiliser les salariés sur le terrain en leur fournissant l'information dont ils ont besoin ■ S'assurer que tous les salariés connaissent le client ■ Rendre la connaissance qu'a l'entreprise accessible aux clients	■ Réduire le temps d'accès au marché ■ Commercialiser plus rapidement les nouveaux produits ■ S'assurer que les idées circulent (entre le service clients et la recherche) ■ Réutiliser ce que d'autres secteurs de l'entreprise ont déjà appris	■ Réduire le coût ■ Améliorer la qualité ■ Transférer le savoir-faire des unités ayant les meilleures performances aux autres
Source : Inspiré du texte de Carla O'Dell et de C. Jackson Grayson, « Knowledge Transfer : Discover Your Value Proposition », *Strategy and Leadership* (mars - avril, 1999).		

Figure 3-14. Les stratégies de gestion du savoir

---

12. Carla O'Dell et C. Jackson Grayson, « Knowledge Transfer : Discover Your Value Proposition, » *Strategy and Leadership* (mars - avril 1999) : 10-15.

Dans les organisations apprenantes, la capacité à améliorer les processus, en cohérence avec la proposition de valeur pour le client, dépend de la possibilité et de la volonté des individus de changer de comportement et de concentrer leur savoir sur la stratégie. Certains nous ont reproché d'avoir placé l'axe d'apprentissage et de développement tout en bas des schémas de tableau de bord prospectif. Ils pensent qu'ainsi nous minimisons l'importance de cet axe. Bien au contraire, nous avons placé cet axe en dernier parce que c'est le fondement de tout ce qui est au-dessus. Ou pour utiliser une autre métaphore, les objectifs d'apprentissage et de développement sont comme les racines d'un arbre. C'est la source qui soutient, alimente et fait croître le magnifique feuillage et les floraisons (les prouesses financières) qui apparaissent plus haut sur le tableau de bord. Les projets d'apprentissage et de développement sont les ultimes inducteurs des résultats stratégiques.

UN MODÈLE DE CARTE STRATÉGIQUE

La Figure 3-15 illustre ce que nous venons de voir dans un modèle type permettant de créer une carte stratégique. Le thème de croissance sur l'axe financier est réalisé grâce à la croissance venant essentiellement de nouvelles sources (« créer la franchise ») et de la croissance venant de l'approfondissement des relations avec les clients acquis (« accroître la valeur pour le client »). Le thème de productivité se concrétise grâce à la gestion des dépenses et des actifs.

L'axe **client**, qui est au cœur de la stratégie, définit les moyens par lesquels la croissance sera obtenue. La proposition de valeur définit la stratégie précise à adopter pour lutter contre la concurrence et acquérir de nouveaux clients ou fidéliser une part plus grande des clients existants. L'étape la plus importante dans l'élaboration d'une carte stratégique est de parvenir à une définition claire de cette proposition de valeur. L'axe **interne** décrit les processus et les activités précises que l'organisation doit maîtriser pour soutenir cette proposition de valeur. L'axe d'**apprentissage et de développement** définit les compétences, le savoir-faire, la technologie et l'ambiance de travail nécessaires pour promouvoir ces processus et ces activités prioritaires. Lorsque la carte stratégique est bien faite, elle donne une description complète et logique de la façon dont la stratégie sera réalisée.

Axe financier

Améliorer la valeur pour l'actionnaire

Stratégie de croissance du chiffre d'affaires	Valeur pour l'actionnaire RCI	Stratégie de productivité

Créer la franchise	Accroître la valeur pour le client	Améliorer la structure de coût	Optimiser l'utilisation des actifs

Nouvelles sources de revenus — *Rentabilité client* — *Coût par unité* — *Utilisation des actifs*

Axe client

Acquisition de nouveaux clients — *Fidélisation des clients acquis*

Supériorité produit

Intimité client

Excellence opérationnelle

Proposition de valeur pour le client

Attributs du produit /service				Relations		Image
Prix	Qualité	Délai	Fonctionnalité	Service	Relation	Marque

Satisfaction client

Axe interne

« Créer la franchise » (Processus d'innovation)	« Accroître la valeur pour le client » (Processus de gestion client)	« Parvenir à l'excellence opérationnelle » (Processus opérationnels)	« Se comporter en entreprise citoyenne » (Processus réglementaire et écologique)

Axe d'apprentissage et de développement

Un personnel motivé et préparé

Compétences stratégiques	Technologies stratégiques	Ambiance favorable à l'action

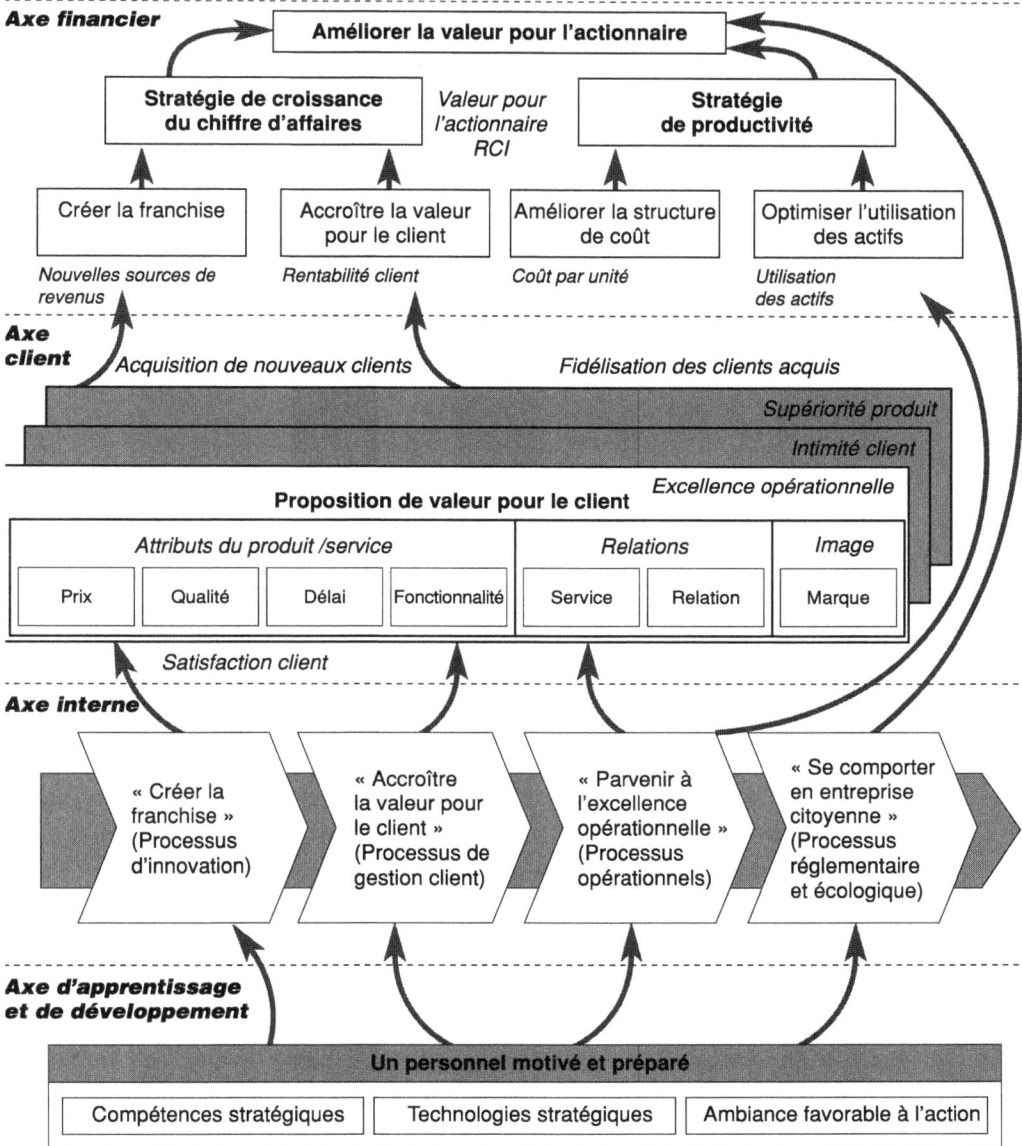

Figure 3-15. Décrire la stratégie : la carte stratégique du tableau de bord prospectif

Lors de nos missions de consultants, nous avons mis au point des cartes stratégiques types pour différents secteurs et différents types de stratégies. Nous avons, entre autres, une carte pour une compagnie dans le secteur chimique qui a adopté une stratégie de supériorité produit. Le modèle sert de point de départ pour l'élaboration du processus qui est ensuite adapté aux besoins d'une organisation en particulier. Lorsque nous ne disposons pas d'un tel modèle pour le secteur concerné, nous partons du modèle type général (voir Figure 3-15). Les modèles aident les dirigeants à décrire leur stratégie et améliore considérablement la qualité de leur perception. Ils permettent de définir plus facilement et avec une plus grande précision la proposition de valeur pour le client et de mieux comprendre que les processus internes, les compétences et les technologies doivent être reliés à cette proposition de valeur. Les modèles développent également la logique de cause à effet qui favorise des démarches plus innovantes dans l'application de la stratégie.

Les modèles sont également utiles pour analyser un tableau de bord existant ou pour le décomposer. Un tableau de bord prospectif bien conçu devrait révéler la stratégie. Ainsi si vous commencez par le tableau de bord, vous devriez être en mesure d'en déduire la stratégie. C'est la démarche qu'a utilisé Mobil pour évaluer la qualité des tableaux de bord utilisés par ses unités stratégiques.

La partie gauche de la Figure 3-16 montre une vue partielle de la carte stratégique pour le concept de croissance du chiffre d'affaires de la division. Elle illustre, comme décrit au chapitre 2, comment la satisfaction du client et du distributeur devait venir des produits hors essence, de meilleures relations avec le distributeur et de la qualité. La direction a alors comparé les tableaux de bord utilisés par les unités stratégiques à ce modèle. Le tableau de bord d'une des unités, figurant dans la partie supérieure droite, ne mentionnait même pas le distributeur. Quel était donc le message si ce tableau de bord, en fait, reflétait la stratégie ? Les distributeurs n'étaient-ils donc pas stratégiques ? L'unité avait-elle trouvé un moyen de court-circuiter le distributeur ? L'unité figurant dans la partie inférieure droite de la Figure 3-16 ne mentionnait absolument pas la qualité. Là encore, quel était le message ? La qualité n'était-elle pas stratégique pour l'activité ? En appliquant le modèle aux tableaux de bord des unités, l'équipe dirigeante de Mobil a pu déceler les écarts dans les stratégies qui étaient appliquées aux niveaux inférieurs de l'organisation et s'assurer que les stratégies décidées au plus haut niveau étaient bien prises en compte dans les tableaux de bord localement.

Le modèle
(partie de la carte stratégique)

Unité A
« Avons-nous éliminé le distributeur ? »

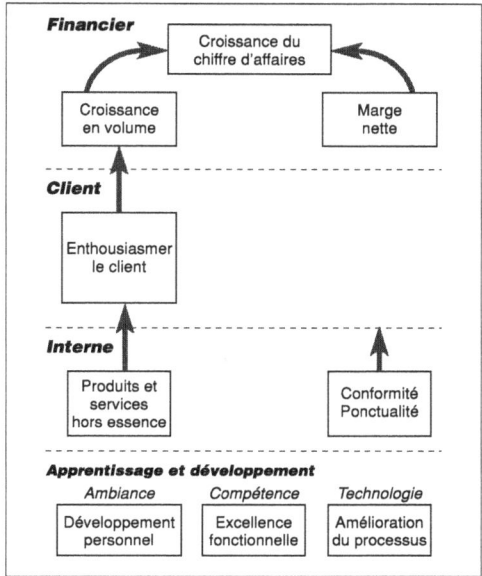

Stratégie de croissance du chiffre d'affaires
*Améliorer la qualité de notre chiffre d'affaires
en comprenant les besoins du client et
en nous démarquant en conséquence*

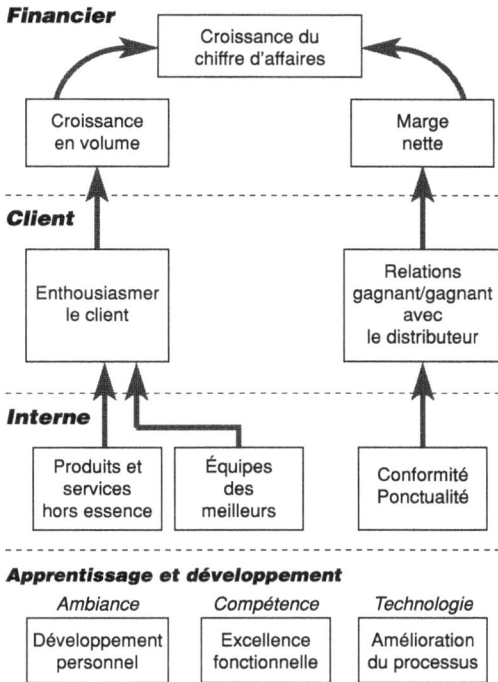

Unité B
« Sommes-nous parvenus à la perfection ? »

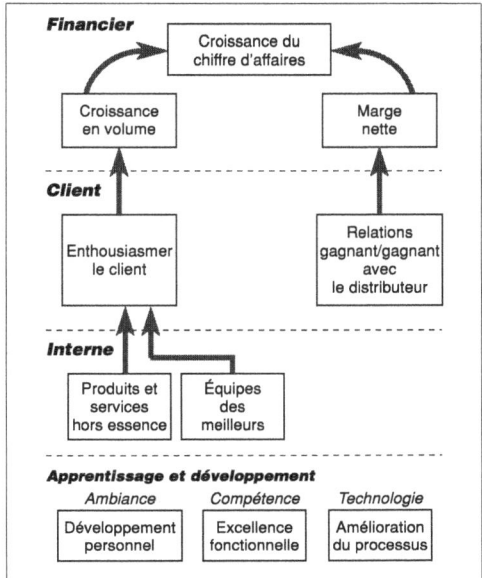

Figure 3-16. Partir du tableau de bord pour retrouver la stratégie : l'expérience Mobil

LES IMPLICATIONS POUR LE SYSTÈME DE MESURE

Les systèmes de mesure de la performance sont généralement des assemblages d'indicateurs isolés, tels que le retour sur capital, la satisfaction client et les taux de défauts. Chacun de ces indicateurs peut faire l'objet de textes qui font autorité ou d'expériences pratiques ; il y a même des cabinets de consultants qui mettent l'accent sur les caractéristiques et les mesures du phénomène sous-jacent à savoir la performance financière, la satisfaction des attentes du client et le processus de qualité. Des conférences sont organisées sur les mesures pour en décrire les subtilités et les applications. Mais des indicateurs isolés sont finalement limités dans leur capacité à décrire et à gérer les processus de création de valeur d'une organisation. Prenons le cas d'un indicateur de ressources humaines tel que la rotation du personnel. Cet indicateur peut être affiné pour mesurer la rotation dans les différentes catégories de personnel et le degré d'importance pour l'organisation. Un signe qui indiquerait que la rotation d'une catégorie critique de personnel était de 10 % pour la dernière période serait sans doute une information précieuse pour l'organisation. On pourrait même pousser plus loin l'analyse « *benchmarking* » en comparant ce taux de rotation avec celui d'autres entreprises dans le même secteur ou dans la même région. Si les 10 % en question se révélaient être inférieurs à ceux qu'ont enregistré 90 % des entreprises analogues, alors cette performance pourrait être considérée comme relativement bonne. Mais cette analyse comparative de la fidélisation des salariés clés ne révèle encore rien sur la **valeur** que représente la baisse de leur rotation. La valeur viendrait de ce qu'on aurait noté une corrélation entre la fidélisation du personnel et la satisfaction du client et une autre corrélation entre la fidélisation du client et l'accroissement du chiffre d'affaires. La valeur pour l'organisation vient non pas de la hausse d'indicateurs isolés d'un actif immatériel ou d'un processus interne mais du lien entre les évolutions de ces indicateurs et les résultats pour les finances et pour le client.

Les liens de cause à effet dans les cartes stratégiques du tableau de bord prospectif décrivent le parcours qu'empruntent les améliorations des capacités des actifs immatériels pour être traduites en résultats tangibles sur le plan financier ou celui du client. Prenons l'exemple de l'entreprise de travaux sous-marins Rockwater, une division de Root Energy Services. Rockwater s'est lancé dans une stratégie visant à améliorer sa performance financière de retour sur capital par le biais de deux thèmes stratégiques : l'excellence opérationnelle (réduction des coûts et amélioration de la qualité) et la gestion du client (création de partenariat à long terme avec les clients ciblés de première catégorie). Les deux thèmes impliquaient de nouvelles capacités et de nouveaux comportements de la part du personnel (voir Figure 3-17).

En ce qui concerne le thème d'excellence opérationnelle, l'amélioration du comportement et du moral du personnel entraîna de plus nombreuses suggestions (lien A1 dans la Figure 3-17). Les suggestions à leur tour donnèrent lieu à de nombreuses améliorations dans les pratiques professionnelles qui ont réduit considérablement l'incidence de reprises en fabrication coûteuses (lien A2). Cette moindre incidence de reprise en fabrication se traduisit immédiatement dans des coûts de projets plus bas (A3), une meilleure rentabilité et un retour sur capital plus élevé. Les équipes de projets pouvaient également s'appuyer sur leur expérience de coûts moins élevés pour faire des devis moins chers pour le travail à réaliser à l'avenir pour les clients sensibles aux prix (2e catégorie).

En ce qui concerne le thème de gestion du client, l'entreprise pouvait observer que ses clients très satisfaits qui recherchaient la valeur (1re catégorie) étaient servis par les salariés qui avaient obtenu les meilleurs scores sur les critères de comportement et d'adéquation avec la stratégie de Rockwater (liens B1 et B2). Ces clients satisfaits réglaient d'énormes factures dans les plus brefs délais (lien B3), de trente à quatre vingt dix jours plus tôt que les clients insatisfaits. Les délais de recouvrement plus courts entraînèrent des niveaux inférieurs de fonds de roulement et des niveaux supérieurs de cash-flow. Ce qui déboucha directement sur un retour sur capital plus élevé.

Pour mesurer les performances de l'organisation, il est indispensable de suivre ces chaînes de causalité de création de valeur. Des indicateurs isolés ne peuvent capter les moyens par lesquels les améliorations des actifs immatériels et des processus internes peuvent déboucher sur de meilleurs résultats dans la performance. Les liens des cartes stratégiques mettent en évidence ces transformations et les fondements de la création de valeur. Les trois thèmes stratégiques décrits au début du chapitre représentent les liens de la création de valeur à un horizon de trois à cinq ans :

- à court terme : parvenir à l'excellence opérationnelle ;
- à moyen terme, accroître la valeur pour le client,
- à long terme, créer la franchise. Ensemble, ils permettent aux équipes dirigeantes de gérer et d'équilibrer les inducteurs de la performance à court et à long terme.

Axe financier

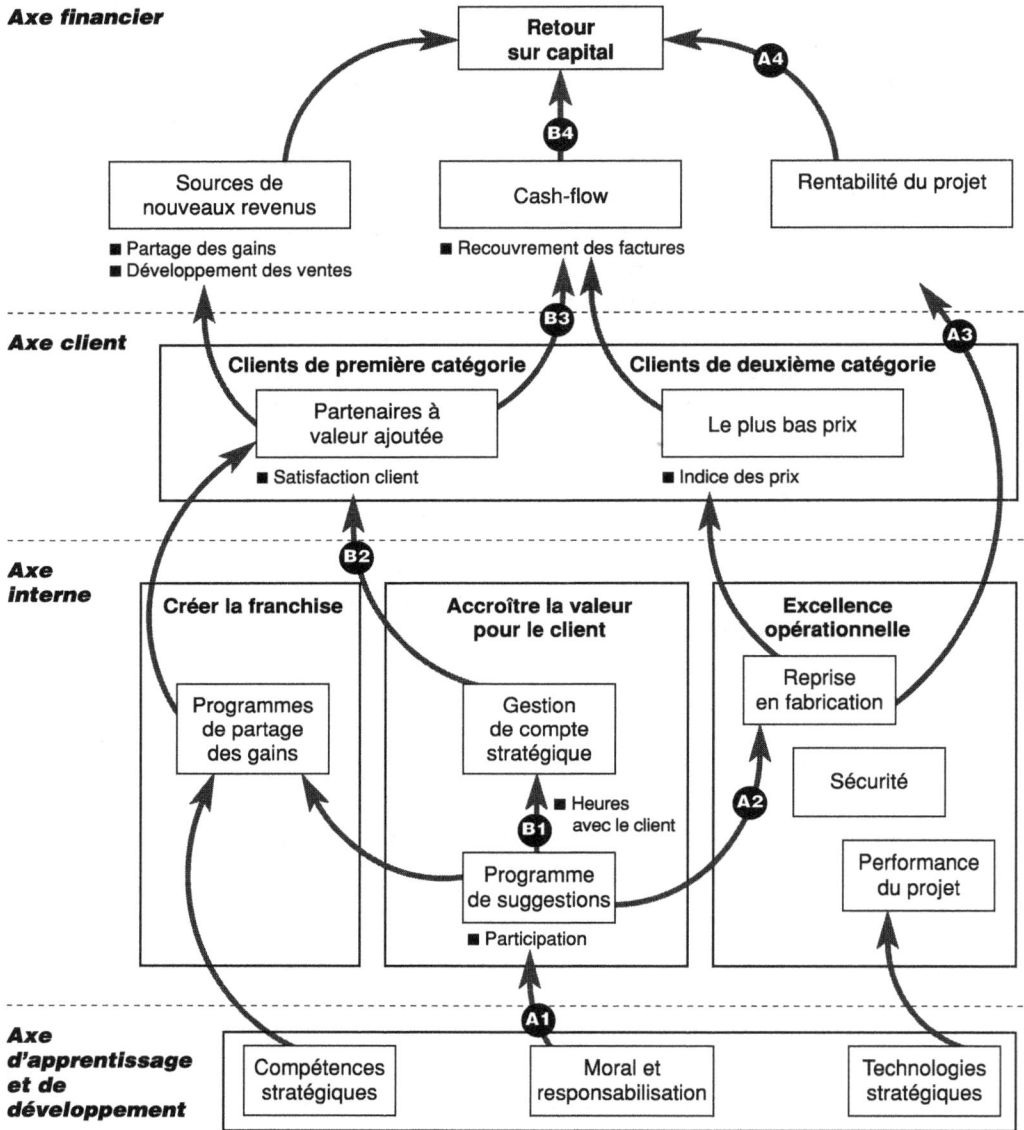

Figure 3-17. La carte stratégique de Rockwater

LES TABLEAUX DE BORD DES PARTIES PRENANTES ET DE L'INDICATEUR DE PERFORMANCE CLÉ

De nombreuses organisations disent qu'elles ont un tableau de bord prospectif parce qu'elles utilisent un mélange d'indicateurs financiers et non financiers. Ces systèmes de mesure sont certainement plus prospectifs et plus équilibrés que ne le sont ceux qui utilisent exclusivement des indicateurs financiers. Toutefois, les hypothèses et les philosophies sous-jacentes sont très différentes de celles que nous avons décrites dans ce chapitre. Nous avons rencontré deux types de tableaux de bord qui sont fréquemment utilisés : le tableau de bord des parties prenantes ou des « acteurs » et le tableau de bord de l'indicateur de performance clé.

Les tableaux de bord des parties prenantes (des « acteurs »)

Le tableau de bord des parties prenantes identifie les principaux acteurs de l'organisation — actionnaires, clients et personnel — auxquels on en ajoute souvent d'autres tels que les fournisseurs et la collectivité. Le tableau de bord définit les buts de ces différentes parties prenantes et prévoit un certain nombre de mesures et d'objectifs pour eux[13]. Par exemple, Sears a créé son premier tableau de bord autour de trois thèmes :

1. Un lieu où il faut absolument faire ses courses

2. Un lieu où il faut absolument travailler

3. Un lieu où il faut absolument investir

Citicorp a utilisé une structure analogue pour son premier tableau de bord « un bon endroit où travailler, y avoir sa banque et investir ». AT&T a mis au point un système compliqué de mesures internes fondé sur la valeur ajoutée financière, la valeur ajoutée pour le client, et la valeur ajoutée pour le personnel.

Toutes ces entreprises ont construit leurs indicateurs autour de trois principales parties prenantes : les clients, les actionnaires et les salariés, afin de s'assurer que chacune d'entre elles sera bien traitée par l'entreprise. En ce sens, ils étaient relativement **équilibrés**. Mais il y manquait toute indica-

---

13. Voir A. A. Atkinson et J.H. Waterhouse, « A Stakeholder Approach to Strategic Performance Measurement, » *Sloan Management Review* (printemps, 1997) pour un excellent exposé sur les tableaux de bord des parties prenantes.

tion sur les **moyens** par lesquels ces objectifs seraient atteints. Une vision décrit un résultat souhaité, mais une stratégie doit décrire **comment** ces résultats seront obtenus et comment les salariés, les clients et les actionnaires seront satisfaits. C'est pourquoi un tableau de bord des parties prenantes ne convient pas pour décrire la stratégie d'une organisation et ne constitue pas le fondement adéquat sur lequel bâtir un système de gestion.

Ce qui manque fondamentalement au tableau de bord des parties prenantes c'est l'identification des inducteurs qui vont permettre d'atteindre les objectifs : une proposition de valeur explicite, l'innovation qui va générer de nouveaux produits et services, les processus de gestion du client, et les capacités et les compétences nécessaires aux salariés pour appliquer la stratégie. Dans un tableau stratégique bien conçu, la proposition de valeur sur l'axe client, tous les processus sur l'axe interne et les composantes de l'axe d'apprentissage et de développement décrivent le **comment** qui est aussi fondamental pour la stratégie que les résultats à atteindre.

Les tableaux de bord des parties prenantes ont été utilisés avec succès dans la pratique. Ils constituent souvent une première étape vers le tableau de bord stratégique. Lorsque les organisations se mettent à travailler avec des tableaux de bord des parties prenantes, elles sont inévitablement confrontées à la question du **comment**. Ce qui les conduit au prochain niveau de pensée stratégique et de conception de tableau de bord. Aussi bien Sears que Citicorp sont très vite allés au-delà de leurs tableaux de bord initiaux pour leurs parties prenantes et ont mis au point un ensemble bien pensé d'objectifs de processus internes pour compléter la description de la stratégie avant de finalement créer un tableau de bord prospectif de leur stratégie. Le tableau de bord des parties prenantes peut également être utile en tant que tableau de bord institutionnel dans les entreprises où les synergies internes entre unités sont limitées. Dans la mesure où chaque activité a un ensemble différent d'inducteurs internes, le tableau de bord peut se contenter de se concentrer sur les résultats souhaités pour les parties prenantes de l'entreprise (y compris la collectivité et les fournisseurs). Chaque unité définit alors comment elle doit parvenir à ces objectifs et les articule avec les tableaux de bord stratégiques de l'unité.

Les tableaux de bord de l'indicateur de performance clé

On trouve le plus souvent, mais pas exclusivement, les tableaux de bord de l'indicateur de performance clé dans l'industrie et le secteur de santé, notamment chez ceux qui sont passés par la qualité totale. La démarche de qualité totale et ses variantes telles que les critères du prix Malcolm Baldrige donnent lieu à de nombreux indicateurs pour surveiller les processus et les progrès. Lorsque ces entreprises passent au « tableau de bord prospectif », elles le construisent sur la base déjà établie, en classant les nombreux indicateurs existants dans les quatre axes du tableau de bord prospectif. On trouve surtout le tableau de bord de l'indicateur de performance clé lorsque la conception du tableau de bord est lancée par l'informatique qui aime à mettre la base de données de l'entreprise au cœur du programme. Les tableaux de bord de l'indicateur de performance clé sont également proposés par les cabinets de consultants qui aiment vendre et installer de gros systèmes, notamment ce que l'on appelle les systèmes d'information de l'équipe dirigeante.

Ce type de tableau de bord sera d'autant plus utile aux départements et aux équipes qu'il existe déjà un programme stratégique au plus haut niveau. De sorte que les différents indicateurs permettent aux individus et aux équipes de définir ce qu'ils doivent bien faire pour contribuer à atteindre les objectifs au plus haut niveau. Toutefois, à moins que le lien avec la stratégie ait été bien pensé, le tableau de bord de l'indicateur de performance clé peut rester une dangereuse illusion.

Seul un tableau de bord stratégique, élaboré selon les principes décrits dans ce chapitre et intégré à la carte stratégique, peut créer une organisation orientée stratégie.

RÉSUMÉ

Les tableaux de bord ne doivent pas être simplement un ensemble d'indicateurs financiers et non financiers classés sur trois à cinq axes. Les meilleurs tableaux de bord prospectifs reflètent la stratégie de l'organisation. Un bon test consiste à voir si vous pouvez comprendre la stratégie rien qu'en regardant le tableau de bord. De nombreuses organisations, notamment celles qui utilisaient un tableau de bord pour les parties prenantes ou celui de l'indicateur de performance clé échouaient à ce test.

Les tableaux de bord stratégiques, et leurs représentations graphiques sur les cartes stratégiques, procurent un moyen logique et complet de décrire la stratégie. Ils expriment clairement les résultats souhaités par l'organisation et les hypothèses sur la façon dont ils peuvent être atteints. Ils permettent à toutes les unités et à tous les salariés de comprendre la stratégie et de trouver comment ils peuvent apporter leur contribution en étant en adéquation avec la stratégie.

Nous ne prétendons pas avoir fait de la stratégie une science. La **formulation** de la stratégie est un art et il en sera toujours ainsi. La **description** de la stratégie, par contre, ne devrait pas être un art. Si nous parvenons à décrire la stratégie de façon plus disciplinée, nous augmentons nos chances d'en réussir l'application. Avec un tableau de bord prospectif qui révèle la stratégie, nous détenons à présent une base fiable pour concevoir un système de gestion qui permette de créer une organisation orientée stratégie.

4

Élaborer des cartes stratégiques dans les entreprises du secteur privé

NOUS AVONS DANS LE CHAPITRE 3, illustré la structure des cartes stratégiques du tableau de bord prospectif à l'aide de l'exemple de Store 24, qui avait adopté une stratégie d'intimité client. Dans ce chapitre-ci, nous présentons les cartes stratégiques mises au point par une société ayant choisi la supériorité produit, les services financiers en ligne de National Bank et deux autres entreprises, Fannie Mae et Nova Scotia Power, qui ont adopté des stratégies d'excellence opérationnelle. Nous commentons également les cartes stratégiques d'une société chimique agricole dont les thèmes stratégiques retracent l'évolution de la stratégie dans la durée. Ensemble, ces exemples montrent comment les entreprises personnalisent leurs tableaux de bord en fonction de stratégies spécifiques.

LES SERVICES FINANCIERS EN LIGNE DE NATIONAL BANK : LA SUPÉRIORITÉ PRODUIT

Les services financiers en ligne (SFL) de National Bank, une division de National Bank, ont été parmi les premières grandes banques américaines, à offrir un accès Internet aux services bancaires en ligne[1]. En 1994, lorsque SFL a été créé, seuls 20 000 clients avaient recours aux services bancaires en ligne et ces clients n'utilisaient qu'un nombre limité de services. Au début de 1998, SFL s'était développé et comptait 35 000 clients. Douglas Newell, le directeur général de SFL fixa un objectif d'un million de clients en ligne avant la fin de la décennie. Toutefois, pour parvenir à cette croissance il fallait prévoir des investissements continus en informatique (aussi bien en matériels qu'en logiciels). Newell savait que de tels investissements seraient difficiles à la National Bank qui était très orientée coût, notamment pour une division qui était considérée comme un centre de coût[2]. Newell sentit qu'il aurait besoin d'un mécanisme pour communiquer sa stratégie aussi bien à la direction qu'à ses salariés. Jane Darcy, le directeur financier, se souvient :

> *Nous opérons dans un environnement où les nouveaux projets et les opportunités se renouvellent sans cesse et notre environnement et nos concurrents changent tout le temps. Des alliances se font et se défont constamment. Chaque jour, la presse fait état d'une nouvelle technologie, d'une nouvelle offre de service ou d'une nouvelle façon de faire des affaires qui nous touche. Nous avions besoin d'un outil pour nous aider à synchroniser notre stratégie avec ce que nous faisions tous les jours et la traduire en résultats mesurables. Un tel outil nous permettrait de communiquer avec la direction, avec les autres départements de la banque et avec nos salariés de SFL.*

Newell précisa ce besoin :

> *Alors que nous étions très bons pour mettre au point la vision en ligne…, nous avions souvent des difficultés à traduire cette vision dans les faits. Nous avions besoin d'un mécanisme qui nous permettrait de nous assurer que nos plans soutenaient de près notre vision, et puis nous avions besoin d'un ensemble bien pensé d'indicateurs objectifs de performance. Dans l'univers Internet tout est nouveau. Et nous avions*

---

1. Le nom de l'entreprise a été changé. Les citations du personnel de National Bank ne peuvent être reproduites sans l'autorisation de Harvard Business School Press.
2. Les frais et les intérêts provenant des clients de SFL ont été attribués aux divisions produits (comptes chèques, compte d'épargne, carte de crédit etc.) SFL couvrait ses frais en facturant des sommes modiques aux groupes de produits en fonction des transactions effectuées en ligne par les clients.

> *besoin d'un meilleur moyen de déceler ce qui marchait et ce qui ne marchait pas dans la poursuite de nos objectifs.*

La direction de SFL a eu recours au tableau de bord prospectif comme mécanisme pour résoudre les problèmes notés par Darcy et Newell. SFL dans son processus budgétaire avait déjà choisi trois thèmes stratégiques :

1. Accroître le nombre de clients de grande valeur ou potentiellement de grande valeur et les fidéliser. Développer la clientèle en différenciant l'offre de celle de la concurrence. Se concentrer, notamment, sur le leadership continu en matière de développement de produits et de meilleur service au client. L'équipe s'est fixé comme objectif d'accroître la clientèle de 847 000 nouveaux clients : 450 000 transferts (venant de National Bank) et 397 000 nouveaux clients.

2. Accroître les recettes par client. Développer les revenus par client en poursuivant les programmes d'alliance avec les tiers et en organisant des ventes croisées avec des produits avec ou sans marque. L'objectif était de faire passer le compte du client de 200 à 310 $.

3. Réduire les coûts par client. Réduire le coût par client en accroissant la base de clientèle sur laquelle répartir les frais fixes et mettre au point des processus automatisés d'avant garde ainsi que des systèmes de soutien et d'aide au client. L'objectif était de faire passer les coûts annuels par client de 114 à 76 $.

Du fait de l'existence de ces trois thèmes stratégiques, l'équipe de projet transversale, créée pour élaborer le premier tableau de bord, avait un point de départ tout trouvé pour sa mission. L'équipe travailla dur pour définir des objectifs et des mesures pour chacun des trois thèmes stratégiques, jusqu'à finalement présenter la carte stratégique de la Figure 4-1. Le processus d'établissement des schémas de liaison pour les trois thèmes stratégiques donna lieu à un débat nourri. Mais, le processus de définition et de schématisation des trois thèmes stratégiques pour le tableau de bord a permis aux salariés dans l'ensemble de la division de parvenir à un consensus sur la stratégie et sur les moyens de l'appliquer. Comme l'a décrit l'un des participants : « Nous avons passé des semaines à ajuster la carte des liaisons. Nous avons discuté pour savoir où devait se situer chacun des objectifs sur la carte. Parfois les discussions étaient animées. Toutefois, c'est bien que nous ayons eu une discussion transversale sur chacun des objectifs parce que cela nous a aidé à comprendre à quel point tous les objectifs étaient imbriqués. »

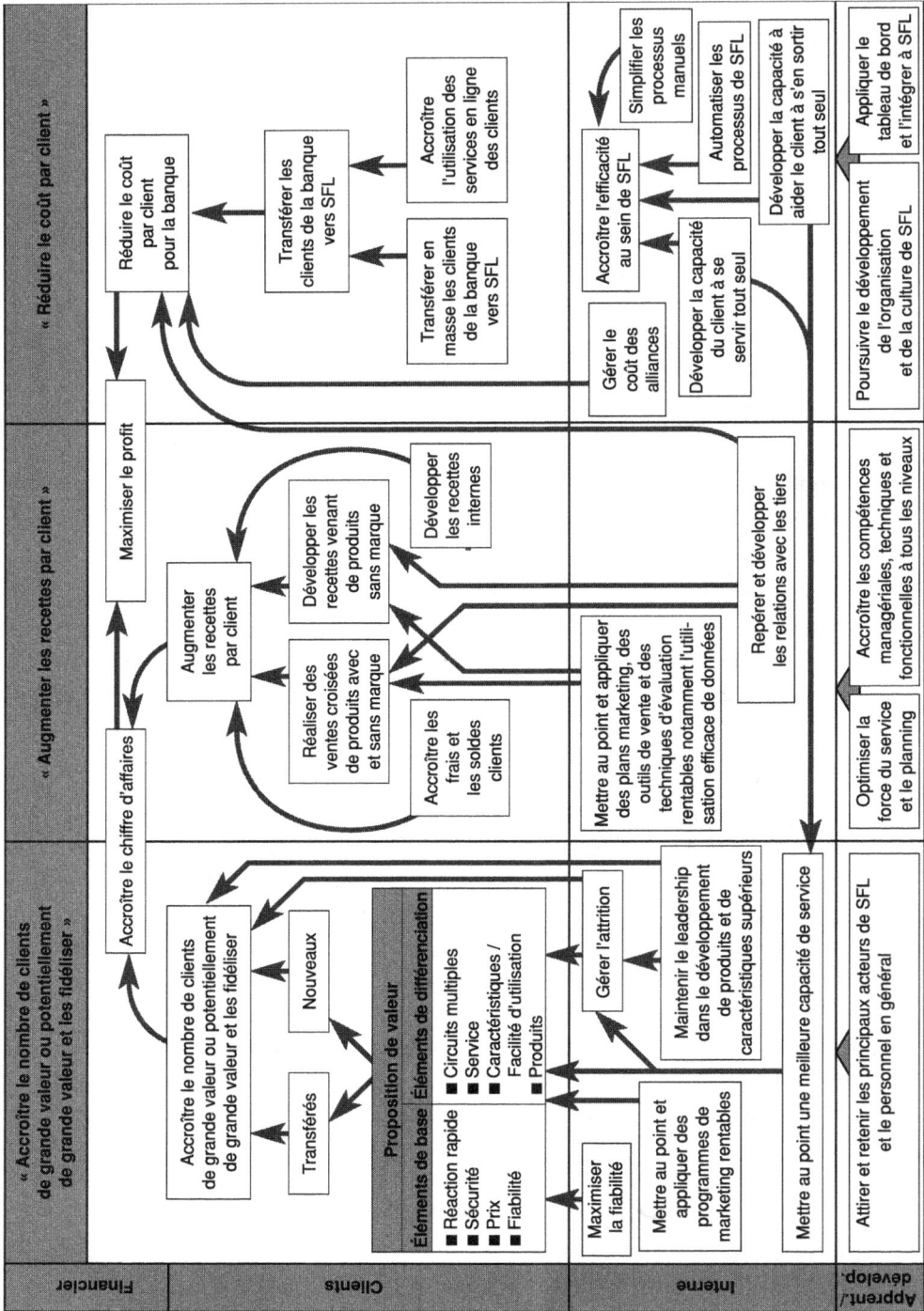

Figure 4-1. La carte stratégique des services financiers en ligne de National Bank

Nous pouvons analyser le tableau de bord de SFL à l'aide du cadre établi au chapitre 3. En partant de l'axe financier, SFL de National Bank nota un hiatus qui existait entre ses ambitieux objectifs de profits et les profits qu'il générerait avec la base de clientèle acquise et les coûts impliqués. La société fit appel à ses trois thèmes stratégiques pour évaluer les sommes spécifiques nécessaires pour combler l'écart :

1. Accroître le nombre de clients

2. Accroître les recettes par client

3. Réduire les coûts par client

SFL se fixa des objectifs ambitieux pour chacune de ces composantes, qui ensemble donnaient l'amélioration de profits nécessaire. Ce qui fournit le cadre pour passer à l'axe client.

SFL de National Bank était un **leader en matière de produit**, le premier de son marché a prendre appui sur la technologie naissante d'Internet pour attirer massivement les clients des banques. La stratégie impliquait que SFL devait lancer rapidement une large gamme de services qui pouvaient être assurés par une relation bancaire électronique. La proposition de valeur de SFL (Figure 4-1) mettait l'accent sur les types de produits qui accéléreraient le développement de sa clientèle confortant ainsi son avantage de précurseur. Les éléments de différenciation comprenaient de multiples circuits électroniques pour assurer l'offre, un service de meilleure qualité, une utilisation facile pour accroître le nombre de clients capables d'utiliser un ordinateur et une large gamme de produits de service financier. Les éléments de base couvraient la rapidité de réaction, la sécurité, un prix raisonnable et la fiabilité.

L'équipe de projet du tableau de bord prospectif identifia les résultats et les inducteurs pour le client pour chacun des trois thèmes stratégiques. Les indicateurs de performance pour le premier thème stratégique « accroître le nombre de clients de grande valeur et potentiellement de grande valeur et les fidéliser » étaient le nombre total de clients en ligne et son augmentation ainsi que le bénéfice total de la banque par client en ligne. La fidélisation des clients était mesurée par les indicateurs de satisfaction client et les taux d'attrition. Les mesures pour la proposition de valeur ont donné lieu à controverse, notamment lorsque l'équipe fixait les résultats pour les objectifs de processus interne pour « maximiser la fiabilité » et offrir « une capacité de service supérieur ». Newell voulait que les objectifs retenus soient comparables à la disponibilité et à la fiabilité auxquelles les clients étaient habitués avec leur service téléphonique. Ces objectifs étaient nettement au-dessus de ce que proposaient à cette époque les services via Internet. Mais Newell réussit finalement à faire comprendre à l'ensemble du groupe que ce n'était qu'en offrant des améliorations aussi spectaculaires en matière de fiabilité et de commodité d'accès qu'un grand nombre de clients passeraient au circuit Internet. Aussi la discussion qui eut lieu sur les objectifs des principaux indicateurs du tableau de bord de l'axe interne créa-t-elle un consensus dans la division sur les objectifs ambitieux à retenir pour la disponibilité et la fiabilité.

Les objectifs des clients pour le deuxième thème stratégique « augmenter les recettes par client » mettaient l'accent sur l'importance d'un approfondissement des relations avec les clients existants. Ce qui pouvait provenir de deux sources : réaliser des ventes croisées de services financiers existants de National Bank aux clients en ligne, et des ventes de services et de produits totalement nouveaux par ce circuit. Lorsque les résultats pour le client ont été traduits en processus internes, l'équipe identifia deux processus clés :

1. Améliorer le partenariat avec les autres unités de National Bank. Le personnel de SFL devait se familiariser avec les produits de National Bank et accroître sa capacité à les commercialiser auprès des clients des services en ligne.

2. Établir des alliances avec des tiers pour mettre au point et offrir de nouveaux services.

Parmi les exemples précis d'alliances avec des tiers, on peut citer la possibilité offerte aux clients de SFL d'envoyer des fleurs à leur mère le jour de la fête des mères ou des cadeaux à leur père le jour de la fête des pères, en cliquant simplement sur leur souris. Ces nouveaux services représentaient des opportunités de recettes intéressantes car SFL prélevait des frais sur ces transactions avec les tiers.

Le troisième thème stratégique (« réduire les coûts par client ») était crucial pour le succès du projet. Les prix des services financiers étaient en chute libre. Ainsi, la concurrence des firmes de courtage spécialisées dans le discount avait fait passer les commissions en ligne de 90 à 270 $ à environ 10 à 25 $. SFL devait donc être en mesure d'offrir le service à des prix compétitifs tout en étant rentable. Les deux autres thèmes stratégiques avaient également mis en avant les clients haut de gamme, soit peut-être 20 % des clients des banques, pour lesquels SFL devait devenir le banquier personnel pour une gamme de produits de banque, d'assurance et d'investissement. Mais qu'en était-il des 80 % restants qui n'utilisaient qu'une gamme réduite de produits ? SFL pourrait générer des profits pour National Bank si ces clients acceptaient de transférer leurs comptes des transactions en agence, qui coûtaient environ 1,25 $ la transaction, vers les services en ligne dans lesquels les transactions effectuées efficacement pouvaient revenir à 0,01 $ par transaction. Le thème de « réduction des coûts par client » traduisait l'objectif de transformer des clients moyennement rentables dans une agence réelle en clients rentables dans un circuit électronique plus efficace. La solution consistait à abaisser continuellement le coût du service au client. Cela impliquait non seulement de traiter leurs transactions mais aussi de minimiser le besoin de personnel en ligne pour résoudre les problèmes et dépanner les clients lorsqu'ils rencontraient des difficultés. Le thème de réduction des coûts déboucha sur la mise au point de plusieurs objectifs stratégiques importants :

- Accroître le nombre global de clients, car la plupart des coûts de fonctionnement étaient « fixes », et ne dépendaient pas du nombre de personnes utilisant le service en ligne[3]

- Augmenter le pourcentage des transactions des clients effectuées en ligne

- Réduire le coût de traitement des contacts clients grâce à des processus simplifiés

- Réduire le besoin d'appels client, grâce à des processus automatisés et de grandes capacités à aider le client à s'en sortir tout seul

Ce dernier aspect, la capacité à aider le client à s'en sortir tout seul, permettait aux clients de gérer et de surveiller leurs transactions bancaires un peu à la façon dont les expéditeurs peuvent suivre la livraison de leurs colis sur le service de suivi en ligne de Federal Express. Les clients appellent moins souvent pour avoir de l'information ou de l'aide lorsqu ils peuvent avoir accès aux transactions en ligne. En donnant aux clients la capacité de suivre leurs comptes et leurs transactions en ligne, SFL réduirait le coût de ses services. Mais le suivi des transactions en ligne répondait également à un autre thème stratégique (améliorer le service pour les clients de grande valeur). Grâce au suivi en ligne et aux possibilités de s'en sortir tout seul, les clients avaient l'impression de mieux maîtriser leur compte et leurs transactions, de sorte qu'ils préféraient en fait suivre leurs transactions en ligne plutôt que par téléphone. Ce qui fait que le

---

3. Voir la discussion sur l'économie d'Internet dans *Internet Rules : A Strategic Guide to the Internet Economy* de Carl Shapiro et Hal R. Varian (Boston : Harvard School Press, 1998).

système de suivi en ligne permit de répondre à deux thèmes stratégiques : la réduction de coûts et l'amélioration du service client. L'équipe de projet réalisa cette liaison (voir Figure 4-1) en connectant deux objectifs du thème stratégique de réduction de coût (« permettre au client de se servir tout seul » et « permettre au client de s'en sortir tout seul ») à celui de « mettre au point une meilleure capacité de service » du thème stratégique « d'accroître le nombre de clients de grande valeur et les fidéliser ».

Une fois les objectifs fixés pour les trois thèmes stratégiques sur l'axe client, l'équipe de projet de SFL pouvait alors définir les objectifs pour les trois processus internes généraux qui permettraient de tenir les promesses de la proposition de valeur et des thèmes stratégiques. Le processus d'**innovation** était essentiel pour maintenir la stratégie de supériorité produit. SFL devait sans arrêt être le premier à mettre au point des produits et des caractéristiques supérieurs. Les relations avec des tiers procuraient une autre source de nouveaux produits. La **gestion du client** tentait d'exploiter les avantages venant des nouveaux produits en attirant les clients traditionnels de l'agence vers les nouveaux produits accessibles sur le circuit électronique. Au sein de ce nouveau groupe de clients en ligne, l'équipe essaya de se concentrer sur un ensemble de clients « de grande valeur » qui utiliserait une gamme plus large de services, ce qui permettrait de développer les recettes par client. Le **processus opérationnel**, bien sûr, s'attachait à apporter des améliorations continuelles en matières de coût et de fiabilité du service.

La stratégie de SFL de National Bank pour l'apprentissage et le développement (voir Figure 4-1) visait à soutenir une croissance rapide. Seul un nombre relativement faible de personnes était responsable du développement des nouveaux produits innovants qu'exigeait la stratégie. Cependant, pour tirer profit de ces nouveaux produits, SFL dût accroître son personnel tout en maintenant un haut niveau de qualité et de cohérence avec la stratégie de l'entreprise. Les objectifs de l'apprentissage et du développement ont été définis comme suit :

- Attirer et retenir les principaux acteurs de SFL et le personnel

- Améliorer la force et le planning de la division

- Accroître la compétence managériale technique et fonctionnelle à tous les niveaux

- Poursuivre le développement de l'organisation et de la culture de SFL

- Appliquer le tableau de bord et l'intégrer à SFL

L'équipe de projet s'est posé le problème de savoir comment mettre en adéquation ces cinq objectifs avec les thèmes stratégiques, car ces objectifs semblaient nécessaires pour réaliser chacun des trois thèmes stratégiques. L'équipe décida finalement de traiter les objectifs d'apprentissage et de développement comme inducteurs des trois thèmes au lieu de mettre en adéquation une partie d'entre eux derrière un seul des thèmes. Elle prévit également de mesurer les résultats des objectifs d'apprentissage et de développement une fois par an.

La stratégie de SFL de National Bank a-t-elle réussi ? En 1998, plus de 450 000 clients de National Bank y payaient leurs factures, y vérifiaient leurs soldes de comptes, y faisaient des transactions d'actions et d'obligations et y ouvraient des comptes. En août 1999, la banque fêta son millionième client. National Bank a également été sacrée plusieurs fois « meilleure banque en ligne ». En ce qui concerne les mesures internes, les arrêts de service du site de SFL ont baissé de 71 % entre 1997 et 1998 ; cette disponibilité accrue entraîna une baisse considérable des appels de clients pour obtenir le service. Le taux de réclamation sur les paiements litigieux tomba également de 50 % en une année.

SFL se mit assez rapidement à utiliser le tableau de bord prospectif pour transmettre les objectifs et les mesures stratégiques de la division au bureau du Président de National Bank. Les mesures financières à elles seules ne pouvaient suffire à révéler si la stratégie de SFL était appliquée avec succès soit pour la division elle-même ou plus important encore pour l'ensemble de la banque. Le directeur financier de SFL rappelle l'importance du tableau de bord pour maintenir l'entreprise concentrée sur les problèmes opérationnels essentiels, même lorsqu'elle exploitait la technologie et gérait les relations clients.

> *Il nous a aidés à rester focalisés sur les questions de processus, en nous assurant que nous étions toujours proactifs et que nous évitions les problèmes qui pouvaient entraîner de mauvaises expériences pour le client. Du fait de notre concentration sur les processus, nous avons perçu très tôt les risques et nous avons évité certains des problèmes opérationnels que E-Trade, e-Bay et d'autres services sur Internet ont rencontrés récemment.*

Au-delà de ces applications, nous montrerons dans le chapitre 11 comment SFL a utilisé le tableau de bord pour fixer les priorités et choisir les projets au service de sa stratégie.

Stratégie Internet à long terme : une absurdité ?

Le tableau de bord prospectif a été utilisé avec succès dans pratiquement tous les secteurs, qu'il s'agisse d'entreprises à cycle long comme les laboratoires pharmaceutiques, ou à cycle court comme la mode[4]. Mais on dit souvent que les entreprises dont l'activité est fondée sur la technologie, telles que SFL de National Bank, évoluent à la vitesse d'Internet, soit sept à dix fois plus vite que le rythme normal des affaires. Le tableau de bord prospectif est-il adapté à de tels contextes ? Certains aspects des entreprises de commerce électronique semblent différents. Tout d'abord, dans la mesure où elles utilisent la technologie comme infrastructure à la place des biens immobiliers, elles peuvent changer leur portefeuille de produits et leurs circuits de distribution apparemment du jour au lendemain. Deuxièmement, le secteur est dans un état de transformation rapide et d'instabilité, de sorte que les stratégies sont constamment en train d'évoluer et de changer. En ce moment, les entreprises de commerce électronique sont en train de gagner du terrain en essayant de se battre à la fois sur le prix, sur le service, sur l'intimité client et sur l'innovation.

Et pourtant les entreprises de commerce électronique, qui sont constamment en train de faire évoluer leur stratégie, ont plus que les entreprises traditionnelles besoin d'un système qui leur permette d'appliquer rapidement une stratégie. Ces entreprises ont des stratégies également basées sur une proposition de valeur différenciée avec des hypothèses stratégiques sous-jacentes. Elles doivent communiquer leurs stratégies et leurs propositions de valeur à leur personnel, tester et apprendre de leurs stratégies en temps réel et rapidement les adapter. Une application rapide et efficace de la stratégie, c'est justement ce pour quoi le système de gestion du tableau de bord prospectif a été conçu. Les responsables peuvent utiliser le tableau de bord pour communiquer les indicateurs stables de la performance à long terme aussi bien que les nouvelles tactiques (de la proposition de valeur et des processus internes) qui repositionnent l'entreprise dans son univers concurrentiel. Si, comme nous le croyons, le succès vient de la mise en adéquation avec la stratégie de tous les salariés, de toutes les unités et de tous les projets, les entreprises à évolution rapide devraient

---

4. Consulter Jeffrey R. Williams, *Renewable Advantage : Crafting Strategy through Economic Time* (New York : The Free Press, 1998) pour voir comment la stratégie évolue à des rythmes différents dans les différents secteurs.

trouver dans le tableau de bord stratégique un outil de gestion idéal pour rapidement se réajuster à une nouvelle stratégie.

Prenons, par exemple, les trois thèmes stratégiques adoptés par SFL de National Bank pour son tableau de bord stratégique :

1. Accroître le nombre de clients de grande valeur et potentiellement de grande valeur et les fidéliser
2. Augmenter les recettes par client
3. Réduire les coûts par client

Ces trois thèmes sont applicables à un grand nombre de sociétés à évolution rapide sur Internet. Loin d'être obsolète dans deux mois, ces thèmes seront en fait d'actualité et applicables pendant de nombreuses années. Les détails tactiques pour leur application peuvent changer, mais les thèmes stratégiques et la plupart des objectifs stratégiques, notamment sur les axes financier et clients resteront les mêmes, non seulement d'un trimestre à l'autre mais d'une année à l'autre. Aussi, nous pensons que le tableau de bord prospectif peut être d'une grande aide non seulement aux entreprises à croissance lente, telles que Mobil et CIGNA, mais également aux entreprises qui opèrent sur des marchés concurrentiels en perpétuelle évolution, telles que celles qui vendent des produits et services en ligne.

Le tableau de bord aidera les entreprises de commerce électronique à communiquer des thèmes stratégiques durables et de haut niveau à tous les salariés. La direction peut utiliser les thèmes et les objectifs stratégiques pour analyser de nouveaux projets, comme nous l'évoquons au chapitre 11. Les salariés remettront constamment en cause leurs propres priorités, leurs propres opportunités et leurs actes quotidiens pour savoir s'ils contribuent ou non aux objectifs stratégiques de l'organisation. Lorsque les salariés entendent parler de nouvelles menaces ou de nouvelles opportunités, de nouvelles capacités ou de nouvelles technologies, ils peuvent juger des comportements qui doivent être modifiés et des nouveaux projets qu'ils peuvent proposer par rapport au nouvel environnement. Au plus haut niveau, l'équipe de direction analysera et évaluera sans cesse les propositions de valeur que fait l'entreprise pour réaliser ses objectifs stratégiques de haut niveau. Ces analyses peuvent conduire à des changements dans les principaux objectifs et indicateurs des processus internes, en incitant à lancer de nouveaux projets ou à annuler des projets en cours. Le tableau de bord continue ainsi de donner à l'entreprise une carte pour l'avenir, tout en lui facilitant les adaptations et les changements continuels nécessaires pour faire face aux nouvelles opportunités et aux nouvelles menaces.

LA DIVISION OPÉRATIONNELLE DE FANNIE MAE : L'EXCELLENCE OPÉRATIONNELLE

La division opérationnelle de Fannie Mae fournit un exemple de stratégie d'excellence opérationnelle. Fannie Mae qui était autrefois une administration est devenue depuis 1998 une entreprise privée cotée à la bourse de New York. Elle propose des produits et services financiers qui facilitent l'accès au logement des Américains ayant des revenus faibles, modérés et moyens. La mission officielle de Fannie Mae est de lever les obstacles à l'accession à la propriété, de favoriser la location à des prix raisonnables, d'en abaisser les coûts et d'en améliorer les conditions pour tous les Américains. Fannie Mae apporte des liquidités au marché des prêts à l'habitat grâce à deux activités principales. Tout d'abord, elle fournit une assurance en garantissant les paiements du principal et des intérêts de certains prêts immobiliers. Deuxièmement, Fannie Mae achète des hypothèques créées par des bailleurs locaux et les détient pour investissement. À fin 99, les garanties de Fannie Mae couvraient 23 % de la dette hypothécaire en cours, soit une valeur comptable d'un trillion de dollars. Fannie Mae détenait en portefeuille 11,7 millions de prêts pour une valeur comptable de 523 millions de dollars.

La division des services opérationnel et institutionnel (SOI) gère ce que l'on appelait autrefois le « back office » pour les activités d'assurance, d'achat et d'investissement. C'est le bras opérationnel de l'entreprise traitant des masses de paiements en capital et en intérêt qui s'y déversent tous les mois. De tout temps, SOI avait un mandat simple : **traiter des affaires saines et sûres**. La division devait assurer l'intégrité des opérations de traitement et la sécurité des énormes sommes qui transitaient continuellement par l'entreprise. L'objectif annexe de SOI était de réaliser des opérations rentables. La compagnie avait toujours été très rentable. Contrairement à ce qui se passait chez Mobil, CIGNA ou AT&T, comme nous l'avons vu au chapitre un, il n'y avait pas d'urgence à changer. C'était une entreprise bien gérée et qui se portait bien. Mais Fannie Mae s'est aperçu qu'il y aurait un avantage concurrentiel à tirer en s'appuyant sur la capacité opérationnelle de l'entreprise et le responsable des services opérationnels souhaitait se développer en offrant des capacités de traitement encore plus attractifs, efficaces et réactifs, incluant notamment la possibilité d'offrir de nouveaux types d'instruments financiers. La stratégie actualisée de SOI était la suivante :

1. Se différencier en offrant le traitement le plus efficace et le plus réactif du secteur

2. Soutenir la stratégie d'amélioration des recettes en développant une capacité à traiter des produits et des services plus complexes

Le tableau de bord pouvait jouer deux rôles dans cette stratégie. Tout d'abord, il fournirait le mécanisme nécessaire pour que l'équipe de direction se mette autour d'une même table pour parler de la stratégie de la division plutôt que de se contenter de se demander si les départements et les fonctions marchaient bien. Deuxièmement, il repositionnerait le rôle de SOI au sein de Fannie Mae. La grosse division de soutien faisant du travail de « back office » contribuerait à la stratégie de croissance des recettes en apportant une valeur ajoutée.

Sur l'axe financier du tableau de bord de SOI, on trouve l'importance mise de tout temps sur le traitement à faible coût. Le thème « d'affaires saines et sûres » serait renforcé par le maintien de l'accent sur la productivité et le traitement à faible coût permettant de « traiter de façon fiable et efficace les affaires en cours ». En outre, SOI avait à présent un thème de croissance financière, celui de devenir plus souple et plus tourné vers le client, ce qui permettrait de développer les recettes. Ce thème devait se concrétiser en prenant appui sur les relations avec les clients acquis pour identifier de nouveaux services et de nouvelles sources de revenus.

La mise au point de l'axe clients donna lieu à de longues et intéressantes discussions notamment pour définir qui était le client pour les services opérationnels. Il avait été reconnu au départ que la majorité des contacts avec le client extérieur se produisait pendant le traitement dans le cours normal des activités et la division voulait mettre à profit ces contacts pour apporter de la valeur ajoutée au circuit opérationnel. Jusqu'alors SOI pensait plus en termes d'excellence fonctionnelle, (faible coût, traitement efficace d'un produit de base) qu'en termes de client. En tant que structure de soutien interne, SOI avait bien sûr des clients internes rebaptisés « partenaires internes ». SOI devait leur fournir des informations sur les clients extérieurs, se montrer réactif et collaborer aux nouvelles opportunités et s'allier aux groupes marketing/vente pour apporter de la valeur au client final. De plus, SOI décida de reconnaître explicitement comment il apportait de la valeur aux clients extérieurs. La division souhaitait travailler avec les prêteurs pour mettre au point un processus plus intégré allant de la souscription et de la création du prêt au service du prêt de façon continue. Autrefois, l'équipe dirigeante pensait qu'en proposant au

Axe financier

Maximiser la rentabilité
au sein de la franchise

Exploiter de nouveaux domaines
pour accroître les recettes

Gérer de façon efficace
les affaires en cours

Axe clients

Partenaires internes		Clients extérieurs	
Source d'information intégrée	Solutions du circuit pour tous les produits • Innovation • Partenariat	Éliminer les chevauchements opérationnels • Traitement précis et ponctuel • Coûts plus faibles	Partenariat fondé sur la valeur

Axe interne

Innovation	Gestion du client	Excellence opérationnelle
Passer du pilotage à la production Piloter de nouveaux produits	S'allier pour améliorer le processus de gestion du client Recueillir l'information client / Suivre le cash-flow « Clients » / « Investisseurs »	Soutenir les produits existants et les nouveaux produits Créer une infrastructure souple / Assurer l'amélioration continue du processus

Axe d'apprentissage et de développement

Tirer profit des besoins en compétence stratégique	Appliquer des technologies de partage des connaissances	Développer une culture de responsabilité et de jugement

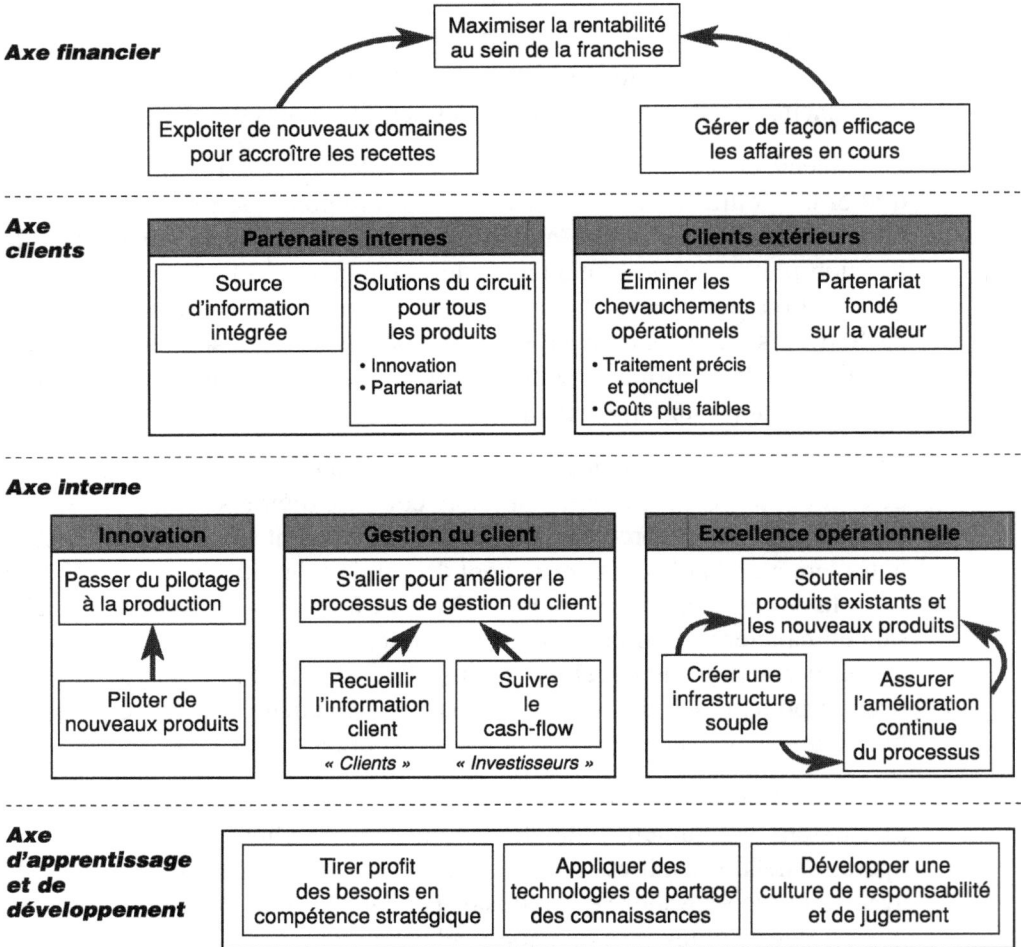

Figure 4-2. La carte stratégique de l'excellence opérationnelle de Fannie Mae

secteur simplement ses produits et ses services de base au plus faible coût l'entreprise offrait aux clients extérieurs la valeur souhaitée. La proposition de valeur devait alors mettre l'accent sur un « traitement précis et ponctuel » et un « coût de traitement plus faible » pour le client. SOI voulait toutefois aller au-delà d'une simple stratégie de bas prix vers des relations client avec plus de valeur ajoutée, qui s'appuieraient sur la valeur des services informatiques qu'il fournissait. Cette stratégie qui consistait à développer la croissance des recettes grâce à de nouveaux produits et services, impliquait que la direction de SOI reconnaisse son rôle en tant que soutien des produits autres que les produits de base. Cette nouvelle stratégie basée sur la supériorité produit comprenait de « nouveaux produits innovants » et « l'information » sur les marchés. L'ensemble de l'axe clients est illustré en Figure 4-2.

En ce qui concerne l'axe de processus interne, SOI se devait de commencer avec sa base traditionnelle d'affaires saines et sûres pour l'excellence opérationnelle. Le point crucial pour la stratégie d'amélioration du ***processus opérationnel*** était de créer une infrastructure plus souple qui puisse soutenir la croissance venant à la fois des nouveaux produits et de l'acquisition. Un programme d'amélioration continue du processus se révélerait vital pour le thème d'excellence opérationnelle. Pour répondre à l'intention de SOI d'aller au-delà de l'excellence opérationnelle, le processus de **gestion du client** a été mis en avant. La connaissance acquise par SOI sur les volumes de transaction et les profils complexes lui permit de mettre au point des services plus rentables pour ses clients. De même, l'information pour les investisseurs sur le timing des cash-flow et leur relation avec différents supports d'investissement était un atout supplémentaire pour étendre les relations clients. Le personnel de SOI et les responsables de la comptabilité de Fannie Mae se sont alliés pour utiliser cette information intéressante afin d'améliorer le processus de gestion du client. L'équipe de direction a défini deux thèmes stratégiques pour ce processus : « offrir des opportunités à l'investisseur » et « tirer profit de la connaissance du client ». Le processus d'**innovation** se concentra sur le pilotage et le transfert des nouvelles opportunités. La carte stratégique des thèmes stratégiques des processus internes est illustrée en Figure 4-2.

La stratégie d'apprentissage et de développement de SOI définit un ensemble de compétences stratégiques nécessaires pour soutenir chacun des thèmes stratégiques. L'axe salariés était indispensable pour assurer la transition entre l'époque où Fannie Mae était une administration de type bureaucratique et celle où elle est devenue une entreprise souple tournée vers le client. La nouvelle stratégie impliquait que le personnel change de comportement et de responsabilités. Ainsi le thème « d'améliorer la capacité de traitement » nécessitait des compétences accrues dans les relations avec le client, dans le travail d'équipe et en communication. Ces tâches devaient être clairement annoncées, reconnues et récompensées. Le plan informatique se concentrait sur le recueil et le partage de l'information sur les clients, y compris la gestion de la connaissance de la base de données clients et l'intégration dans le système de traitement de la transaction. La culture ambiante était basée sur la responsabilité et l'accomplissement.

Une fois que le tableau de bord a été prêt, Larry Barnett, vice-président chargé de la sécurité des opérations se souvient : « le profond *lifting* pouvait réellement commencer ». Il devait être intégré dans la culture et le système de gestion de SOI. SOI choisit des « champions » pour défendre chaque thème stratégique interne. Les « champions » organisaient des réunions de discussion auxquelles participaient des salariés issus de différents départements et de différentes fonctions qui venaient dire en quoi ils pouvaient aider à promouvoir le thème et pas seulement rendre compte de leur fonction et de leur département. Les discussions sur les nouveaux investissements, les projets, les embauches et le développement des compétences du personnel étaient liées au fait de savoir si de telles actions contribuaient à réaliser les thèmes stratégiques. Le tableau de bord prospectif était à l'ordre du jour de toutes les réunions mensuelles et de toutes les discussions. Les responsables aidaient le personnel sur le terrain à définir des indicateurs au niveau du département qui dans certains cas étaient suivis quotidiennement pour promouvoir les objectifs et les mesures au niveau de la division.

NOVA SCOTIA POWER INC. : L'EXCELLENCE OPÉRATIONNELLE

Nova Scotia Power Inc (NSPI), compagnie réglementée de distribution privée qui fournit de l'électricité à la province canadienne de la Nouvelle Écosse, offre un autre exemple d'excellence opérationnelle. En 1998, NSPI employait 1650 salariés, enregistrait un chiffre d'affaires de 750 millions de dollars canadiens et une marge nette de 12,4 %. David Mann, ancien consultant institutionnel chez NSPI en devint le directeur général en 1996. Il dut relever le défi du repositionnement de l'entreprise dans le nouvel univers de la déréglementation du secteur de la distribution électrique. Fin 98, NSPI fut séparé des autres activités énergétiques non réglementées et placé dans une holding nouvellement créée, NS Power Holding Inc. NSPI ne pouvait augmenter les prix de l'électricité en dépit des pressions externes et internes sur les coûts.

L'équipe de direction de Mann, en collaboration avec un cabinet de consultants en stratégie, avait mis au point un nouveau plan stratégique.

Mais Mann souhaitait disposer d'un système de mesures pour guider le plan et juger de son succès. De plus, NSPI venait d'être réorganisé en centres de profit et Mann ressentait le besoin d'avoir un outil pour fédérer leurs plans afin qu'ils travaillent tous pour les mêmes objectifs généraux. Le directeur financier Jay Forbes proposa d'utiliser le tableau de bord à cet effet. Forbes joua le rôle de parrain au niveau de la direction pour la mise au point et l'application du tableau de bord chez NSPI.

Le tableau de bord était basé sur les quatre stratégies du plan de NSPI :

1. Réduire les coûts (modifié en « gérer les coûts » en 1999)

2. Promouvoir la fidélité des clients

3. Développer l'activité

4. Favoriser l'engagement des salariés

Le tableau de bord au niveau de l'entreprise était simple (voir Figure 4-3). Chacun des quatre objectifs stratégiques pouvait être mis en adéquation avec un axe du tableau de bord prospectif. L'entreprise avait mis l'accent sur la satisfaction et la fidélité du client et l'amélioration de l'engagement du personnel tout en se lançant dans un vigoureux programme de réduction de coûts qui lui permettrait de maintenir sa rentabilité sans accroître les tarifs.

Les résultats ont été impressionnants. Entre 1996 et 1999, NSPI généra une augmentation des volumes de ventes de plus de 13 % et a été en mesure d'accroître le chiffres d'affaires avec 20 % de salariés en moins. Ce qui contribua à un accroissement de la productivité de près de 36 %, tel qu'il ressort du ratio ventes en kilowatt/heure par employé. Les réductions de coûts ne se sont pas faites au détriment du client, de la collectivité ou des salariés. La satisfaction client augmentait régulièrement ; les pannes de courant et le nombre d'heures où les clients ont été privés d'électricité ont été ramenés à des niveaux record ; les incidents écologiques ont diminué et les accidents ont chuté de 25 % pour atteindre là aussi des niveaux records. Les enquêtes annuelles auprès du personnel révélaient de fortes progressions de l'engagement d'année en année. Forbes commenta ainsi cette performance d'une compagnie réglementée qui avait dû absorber de considérables augmentations des prix extérieurs en particulier du fuel et des charges de retraite décidées par le gouvernement.

Gérer les coûts		Promouvoir la fidélité des clients	
Objectif	**Indicateur**	**Objectif**	**Indicateur**
Performance écologique	■ Indice de performance écologique	Accroître la fidélité des clients	■ Taux de fidélité des clients
Efficacité opérationnelle	■ Total des coûts gérables/ kWh vendu ■ Coût du fuel/kWh produit	Croissance et fidélisation de la clientèle	■ Volume de ventes (kWh vendu)
		Fiabilité	■ Indice de performance des interruptions
Optimisation de l'utilisation du capital	■ Pourcentage des dépenses en capital justifié économiquement ■ Pourcentage du plan 2000 ACE approuvé sur la base de justification économique		
Préparation de l'année 2000	■ Pourcentage de tous les systèmes informatiques actualisés au 30/6/99 ■ Pourcentage des travaux réalisés sur le planning complémentaire au 30/9/99		

Développer l'activité		Favoriser l'engagement des salariés	
Objectif	**Indicateur**	**Objectif**	**Indicateur**
Maintenir la confiance	■ Bénéfices nets des investisseurs	Sécurité	■ Taux de fréquence de tout dommage ■ Ratio d'incidents potentiels ■ Réduction des incidents liés à l'électricité dans le public
		Développement des compétences	■ Pourcentage de salariés ayant des plans de développement ■ Pourcentage des salariés ayant des plans de développement et réalisant un ou plusieurs objectifs de développement
		Engagement des salariés	■ Résultats de l'enquête sur l'engagement du personnel

Figure 4-3. Nova Scotia Power Inc.

> *Nous avons maintenu la stabilité des prix depuis 1996 malgré l'augmentation des coûts dans certains domaines. Nous avons été en mesure d'absorber ces augmentations et de dégager le taux de retour prévu parce que nous avons réussi à gérer nos coûts de manière plus efficace grâce au tableau de bord prospectif. Dans le même temps, nous avons pu accroître notre sécurité et notre fiabilité et améliorer le service client et l'engagement du personnel.*

AGRICHEM : LA GESTION DES THÈMES STRATÉGIQUES SUR LA DURÉE

Les cartes stratégiques que nous avons analysées jusqu'ici donnent une photo de la stratégie de l'organisation. Elles représentent les différents fils que l'entreprise tire pour atteindre ses objectifs stratégiques. Les entreprises qui lancent de nouvelles technologies et des produits et services radicalement nouveaux doivent également gérer les thèmes stratégiques sur la durée. Au départ, l'entreprise peut se concentrer sur la productivité et l'amélioration des processus pour obtenir des économies de coûts à court terme. Avec le temps, l'accent se déplace vers la croissance du chiffre d'affaires avec le lancement de nouveaux produits et l'établissement de nouvelles relations avec le client. La stratégie atteint son apogée lorsque l'entreprise occupe une nouvelle niche stratégique, procurant de nouveaux produits et services à forte valeur ajoutée à ses clients.

AgriChem, un fabricant de produits chimiques pour l'agriculture fournit une bonne illustration de la puissance qu'il y a à gérer un ensemble de thèmes stratégiques échelonnés dans le temps[5]. AgriChem avait pour activité l'assemblage de produits actifs pour en faire des produits conditionnés. Il vendait les produits sous emballage aux distributeurs, qui les vendaient et les fournissaient aux agriculteurs à travers le pays. En 1993, AgriChem mit au point une nouvelle stratégie agressive sur trois ans pour transformer sa chaîne de valeur pour son client final, l'agriculteur. La stratégie comportait cinq thèmes stratégiques qui se chevauchaient :

1. Restructurer la production

---

5. Nous remercions Francis Gouillart, le président de Emergence Consulting pour cet exemple. Monsieur Gouillart a été l'un des tout premiers à utiliser la démarche de thèmes liés au temps du tableau de bord prospectif pour décrire la stratégie.

2. Réaménager l'interface avec le distributeur

3. Améliorer le fonctionnement du distributeur

4. Imaginer une nouvelle interface distributeur/agriculteur

5. Lancer une agriculture de précision

AgriChem mit au point cinq cartes stratégiques différentes de façon à se concentrer sur chacune d'elles au bon moment au cours des trois ans. L'objectif était de doubler l'indicateur financier global de l'entreprise, le retour sur actif net (RAN).

Le premier thème (restructurer la production, voir Figure 4-4) visait à obtenir des bénéfices financiers substantiels provenant de la réduction des coûts et de l'amélioration de la productivité. Ce thème mettait en avant un nouveau logiciel de planning de la production (sur l'axe de l'apprentissage et du développement) qui entraînerait une efficacité accrue de la fourniture et la distribution (objectifs de processus internes). Ces améliorations permettraient à AgriChem de réduire les prix pour ses distributeurs (axe client) tout en augmentant ses marges opérationnelles (axe financier).

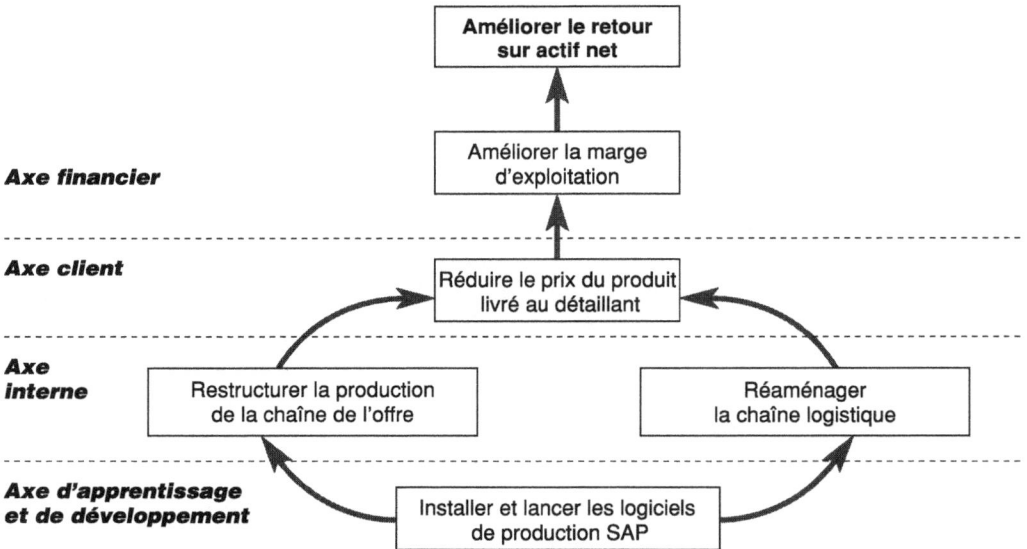

Figure 4-4. Restructurer la production

Après avoir consolidé ses gains grâce à la réduction des coûts et à l'amélioration de la productivité, AgriChem put commencer à améliorer le système de distribution à ses détaillants (voir Figure 4-5). Ce deuxième thème fut lancé par l'installation de logiciels supplémentaires axés sur les opérations de vente et de marketing. Ces logiciels faisaient remonter une meilleure information des ventes des détaillants à l'intention de la production. Ces liaisons étroites permirent de progresser considérablement dans le fonctionnement des opérations. Les commandes des agriculteurs arrivaient pendant un court laps de temps au début de la saison de culture. Auparavant, AgriChem devait prévoir les quantités et la nature des produits que les agriculteurs commanderaient chaque année et les stocker d'avance chez le détaillants. Même avec des méthodes de prévisions rodées, ce système donnait encore lieu à des excédents ou à des ruptures de stocks coûteux chaque année. Si AgriChem pouvait ajuster ses processus de production simplifiés (le premier thème stratégique) et les commandes des agriculteurs reçues par les détaillants, elle pourrait produire bien plus sur commande que sur stock.

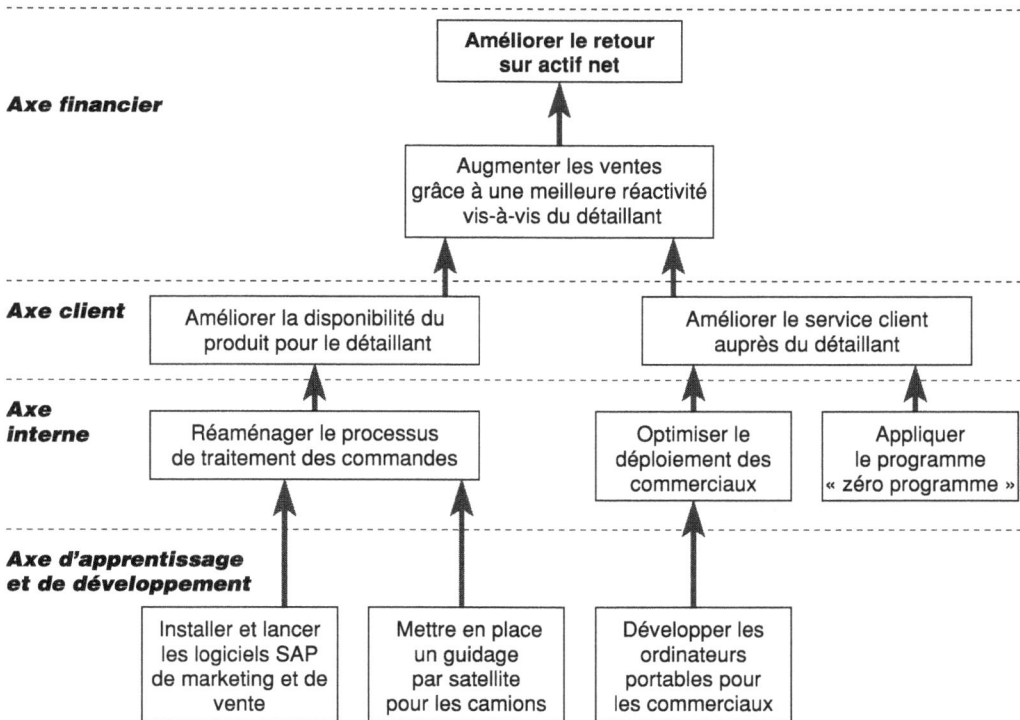

Figure 4-5. Réaménager l'interface avec le distributeur

Le troisième thème stratégique (voir Figure 4-6) met l'accent sur l'amélioration du fonctionnement des distributeurs de l'entreprise. En partageant certaines des nouvelles applications informatiques avec les détaillants, AgriChem pouvait réduire ses propres coûts et ses besoins en capitaux ainsi que ceux des revendeurs. Comme AgriChem devenait ainsi le fournisseur le plus rentable, les détaillants lui achèteraient plus de produits, ce qui entraînerait des bénéfices accrus pour les deux parties[6].

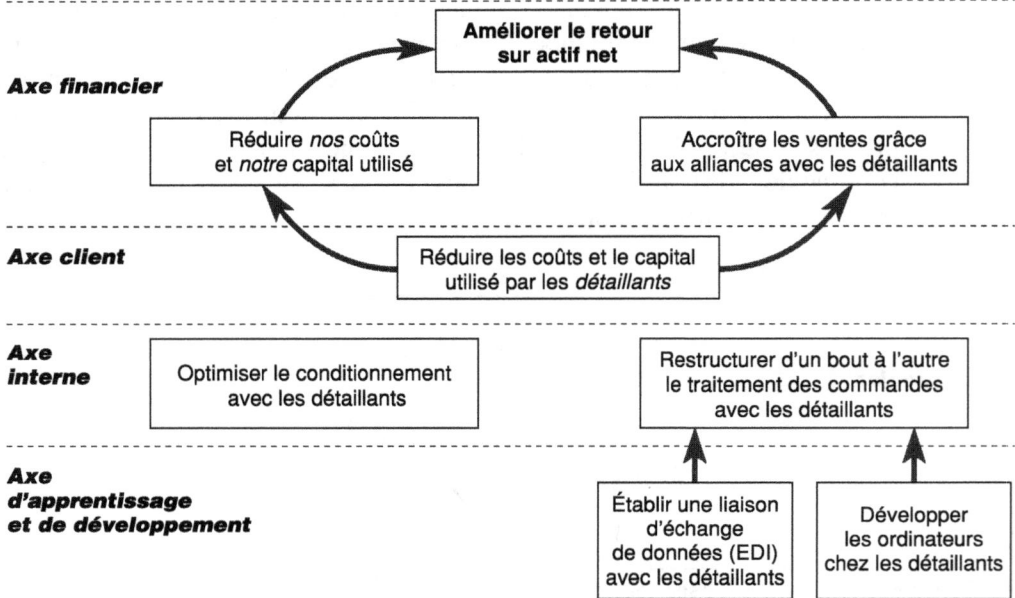

Figure 4-6. Améliorer le fonctionnement du distributeur

Les trois premiers thèmes stratégiques se sont attachés à améliorer le fonctionnement d'AgriChem, ses relations avec ses détaillants, puis le fonctionnement des détaillants. Le progrès majeur en terme de performance devait venir ensuite des améliorations apportées aux agriculteurs par l'utilisation de l'informatique (voir Figure 4-7). AgriChem voulait développer une carte appelée SmartCard qui relierait les agriculteurs à

---

6. L'on peut voir ici le rôle de la méthode ABC qui permet aux détaillants de comprendre la rentabilité relative des produits achetés à leurs différents fournisseurs ; voir R. Kaplan et Robin Cooper, *Cost & Effect : Using Integrated Cost Systems to Drive Profitability and Performance* (Boston : Harvard Business School Press, 1998), 203-10.

l'immense base de données d'AgriChem pour des opérations indivi-duelles. L'agriculteur pourrait interroger ces bases de données pour choisir les produits chimiques qu'il souhaitait pour la saison à venir. Il pourrait ensuite se rendre chez le détaillant local en se faisant reconnaître grâce à la SmartCard et les produits chimiques choisis seraient automatiquement livrés dans les containers de l'agriculteur. Ce nouveau procédé faisait gagner du temps, économisait le conditionnement et le stock pour le détaillant et était très commode pour l'agriculteur.

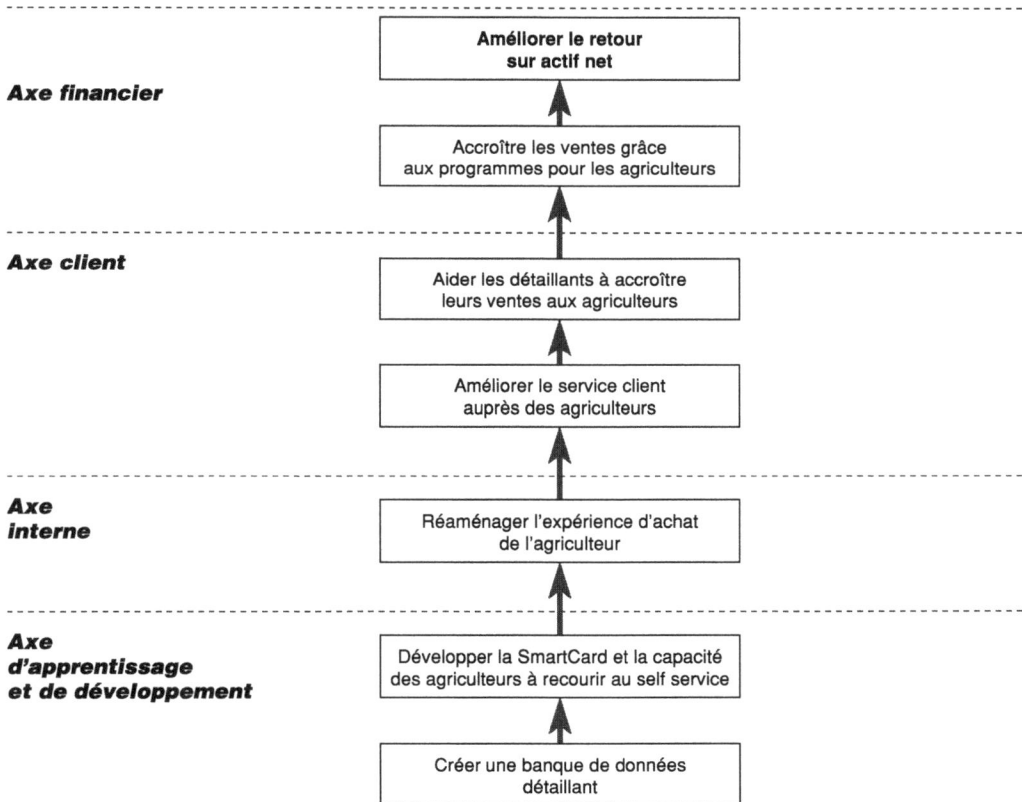

Axe financier

Améliorer le retour
sur actif net

Accroître les ventes grâce
aux programmes pour les agriculteurs

Axe client

Aider les détaillants à accroître
leurs ventes aux agriculteurs

Améliorer le service client
auprès des agriculteurs

**Axe
interne**

Réaménager l'expérience d'achat
de l'agriculteur

**Axe
d'apprentissage
et de développement**

Développer la SmartCard et la capacité
des agriculteurs à recourir au self service

Créer une banque de données
détaillant

Figure 4-7. Imaginer une nouvelle interface distributeur/agriculteur

Le cinquième et dernier thème stratégique était le plus ambitieux et le plus novateur de tous (voir Figure 4-8). Ce thème prévoyait de mettre à la disposition du consommateur final une informatique de pointe en équipant l'agriculteur d'ordinateur pour le bureau et le tracteur. AgriChem devait développer une base de données permettant à l'agriculteur de prévoir sur son ordinateur personnel les produits chimiques les plus adaptés à ses cultures, aux caractéristiques de ses terres, à ses terrains, à ses schémas de plantation et aux tendances climatiques. Le programme définitif pourrait être chargé sur le tracteur lui-même, ce qui lui permettrait de répartir automatiquement les semences, les engrais et les produits de protection en utilisant des informations de positionnement précises venant d'un système de guidage par satellite. Ce programme précis de positionnement éliminait les manques et les chevauchements lorsque l'agriculteur traversait ses champs. Le processus révolutionnaire de ce cinquième thème était celui qui avait le plus fort potentiel pour accroître la hausse des recettes d'Agri-Chem en assurant une relation à très forte valeur ajoutée avec le client final.

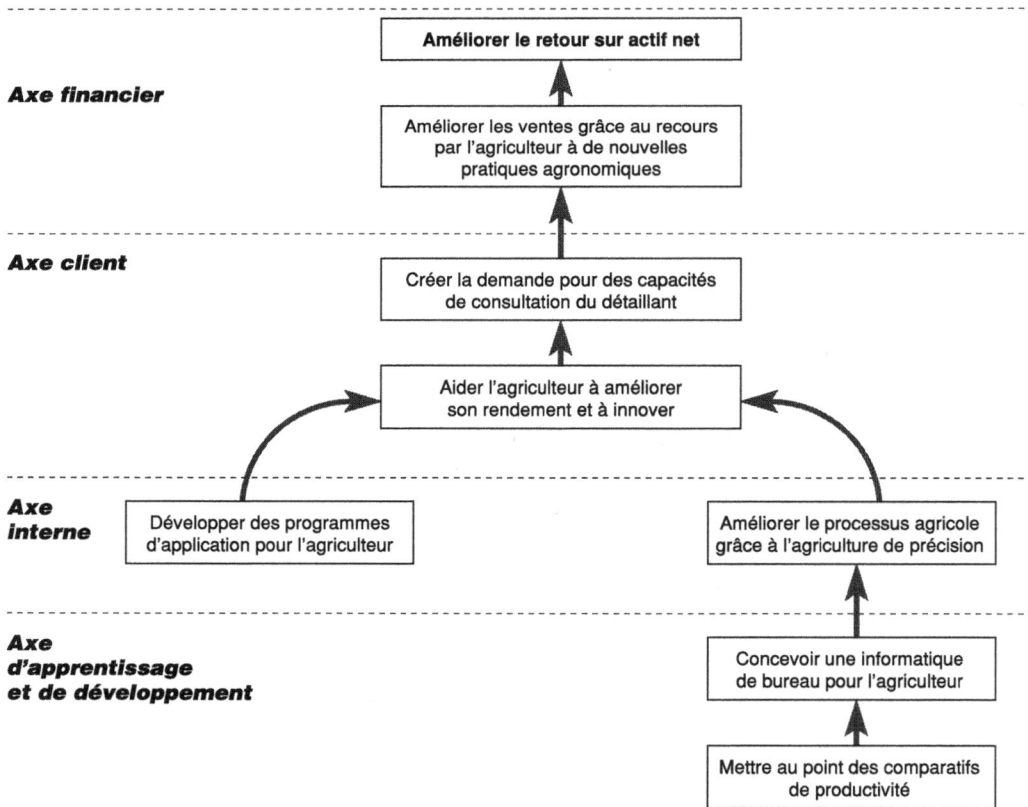

Figure 4-8. Lancer une agriculture de précision

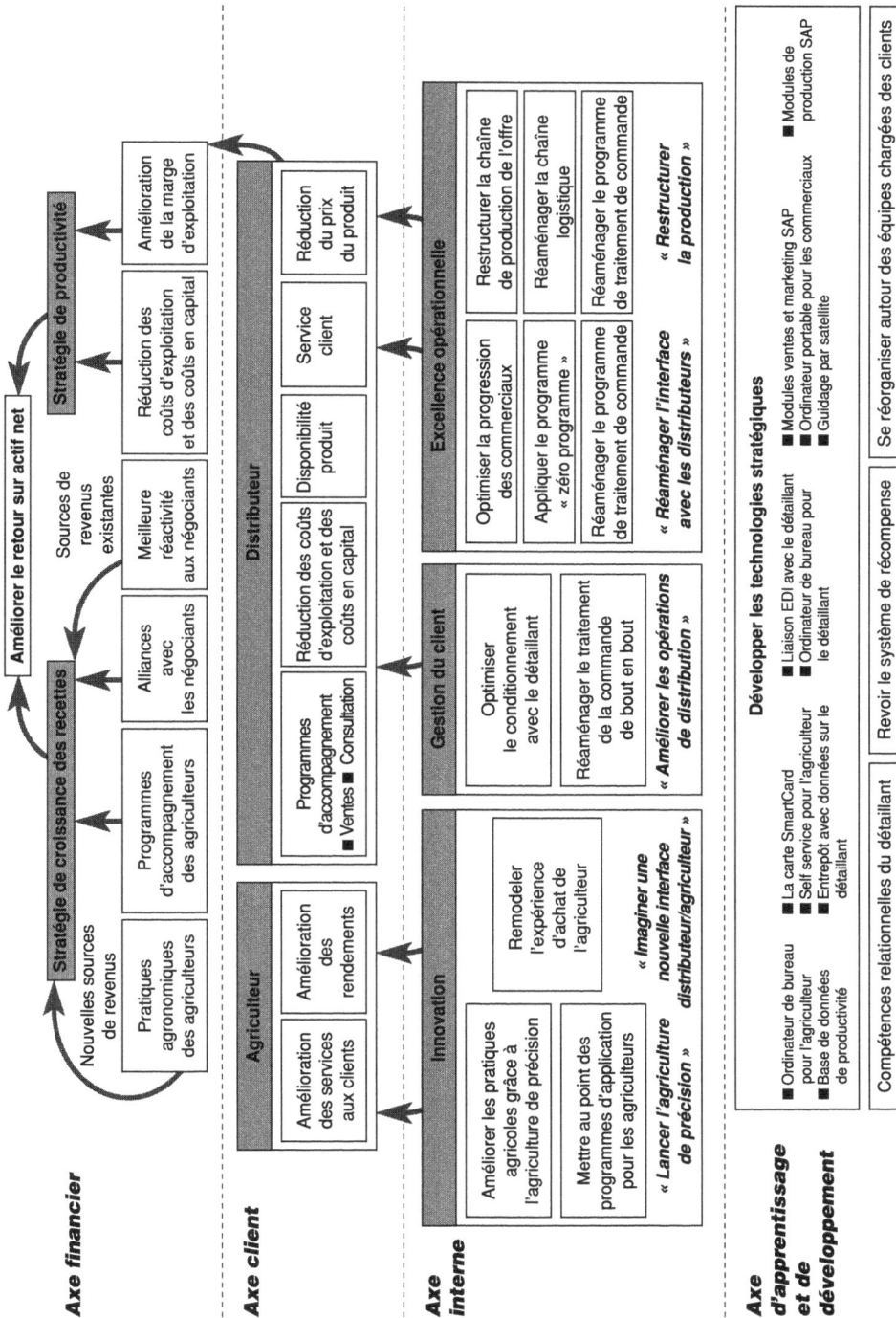

Figure 4-9. La carte stratégique d'AgriChem

La carte complète de la stratégie d'AgriChem est illustrée en Figure 4-9. À sa base se trouvaient les programmes orientés sur le personnel pour développer des compétences relationnelles, les programmes de stimulation et l'orientation client. La Figure 4-9 peut paraître assez complexe au départ, mais elle devient plus simple à comprendre et à gérer lorsqu'on la regarde comme un processus séquentiel allant de droite à gauche[7]. Les autres thèmes, qui sont davantage fondés sur les recettes et plus proches du client final prennent appui sur les avantages concurrentiels de réductions de coût et les améliorations de la distribution obtenues lors des premiers stades. Les thèmes stratégiques verticaux des Figures 4-4 à 4-8 fournissent également un puissant modèle comptable. L'entreprise a nommé un responsable pour chacun des cinq thèmes stratégiques, à charge pour lui de parvenir aux résultats prévus pour chacun d'eux.

Les responsables de la société ont signalé qu'à la suite des améliorations à court terme des deux premiers thèmes stratégiques, un cash-flow positif a été dégagé et la confiance a gagné le personnel. Cela a contribué à maintenir les efforts sur les thèmes plus novateurs de croissance des recettes, notamment les quatrième et cinquième. En cinq ans, l'entreprise a doublé son chiffre d'affaires, a fait passer son retour sur actif net de 16 à 50 % et noué des relations directes à long terme avec son client final.

RÉSUMÉ

Dans ce chapitre, nous avons montré comment les cartes stratégiques des tableaux de bord prospectifs se construisaient à partir de la stratégie sous-jacente de l'organisation. Les organisations que nous avons données en exemples ont utilisé le tableau prospectif pour traduire leur stratégie en relations de cause à effet qui pouvaient facilement être comprises par toute l'organisation et lui être communiquées. Le processus rendait la stratégie claire. On pouvait déduire la stratégie en observant les objectifs, les indicateurs et les liaisons de la carte stratégique du tableau de bord prospectif.

---

7. Les premiers thèmes ne seront, bien sûr, pas oubliés une fois que leurs objectifs auront été atteints. AgriChem continuera à améliorer ses coûts et sa productivité internes, sa distribution aux détaillants, ses processus avec les détaillants et l'expérience d'achat de ses agriculteurs.

5

Créer des tableaux de bord stratégiques pour les organisations à but non lucratif, les administrations et les organismes de soins

EN 1996, L'APPLICATION DU TABLEAU DE BORD PROSPECTIF aux secteurs à but non lucratif et aux administrations n'était qu'à ses débuts. Au cours des quatre années qui ont suivi, le thème a été largement accepté et adopté par ces organisations de par le monde. En analysant les tableaux de bord mis au point par ces organisations, nous avons mieux compris comment utiliser efficacement le tableau de bord prospectif dans les organisations à but non lucratif et dans les administrations. Nous présentons, dans ce chapitre, des exemples de la façon dont le tableau de bord prospectif a été utilisé dans le secteur public, les organisations à but non lucratif et les organismes de soins.

UN RÔLE POUR LA STRATÉGIE

D'après notre expérience, les organisations à but non lucratif et les administrations ont généralement beaucoup de mal à définir clairement leur stratégie. Nous avons vu des documents de « stratégie » qui faisaient plus de cinquante pages. Et l'essentiel du document, une fois la mission et la vision énoncées, n'était qu'une série de listes de programmes et de projets et non pas les résultats que l'organisation essayait d'atteindre. Ces organisations doivent intégrer la mise en garde de Michael Porter (citée au chapitre 3) selon laquelle la stratégie n'est pas seulement ce que l'organisation a l'intention de faire, mais également ce qu'elle décide de ne pas faire ; observation qui s'applique particulièrement aux organisations à but non lucratif et aux administrations.

La plupart des premiers tableaux de bord prospectifs des secteurs public et à but non lucratif contiennent des thèmes d'excellence opérationnelle. Ces organisations considèrent leur mission comme une donnée et essaient de faire leur travail le plus efficacement possible, en réduisant les coûts, en enregistrant moins de défauts, et en faisant le travail plus rapidement. Le projet naît souvent d'un programme de qualité récemment lancé qui met l'accent sur l'amélioration du processus local. Il est peu fréquent de trouver une organisation à but non lucratif qui adopte une stratégie qui pourrait ressembler à la supériorité produit ou à l'intimité client. De sorte que leurs tableaux de bord ont tendance à ressembler davantage aux tableaux de bord de l'indicateur clé de performance, décrits à la fin du chapitre 3, qu'aux véritables tableaux de bord stratégiques.

La ville de Charlotte, en Caroline du Nord, a toutefois choisi une stratégie fondée sur le client en adoptant un ensemble de thèmes stratégiques liés entre eux pour créer une valeur spécifique pour ses habitants. United Way, une organisation à but non lucratif au sud est de la Nouvelle Angleterre a également défini une stratégie d'intimité client (donateur). D'autres organisations à but non lucratif telles que l'Institut May et New Profit ont clairement choisi une position de supériorité produit. L'Institut May a recours à des partenariats avec les universités et les chercheurs pour fournir les meilleurs traitements du comportement et du rétablissement. New Profit utilise de nouveaux processus de sélection, de suivi et de gestion qui sont uniques parmi les organisations à but non lucratif. L'hôpital universitaire de Montefiore a recours à un mélange des stratégies de supériorité produit (dans ses centres d'excellence) et d'excellente relation client, par le biais de ses nouveaux centres de soins orientés clients, pour développer sa part du marché local. On voit ainsi que les organisations à but non lucratif et les administrations peuvent se montrer stratégiques et créer un avantage concurrentiel par d'autres moyens que l'excellence opérationnelle. Mais la vision et le leadership sont indispensables pour mettre en œuvre, au-delà de l'amélioration des processus existants, une stratégie qui souligne les processus et les activités les plus importants à appliquer.

MODIFIER LA STRUCTURE DU TABLEAU DE BORD PROSPECTIF

La plupart des organisations à but non lucratif et des administrations connaissaient des difficultés avec la structure initiale du tableau de bord prospectif, où l'axe financier était placé tout en haut. Étant donné, que le succès financier n'est pas l'objectif principal de la plupart de ces organisations, la structure peut être modifiée de façon à placer les clients ou les bénéficiaires en haut du tableau de bord.

Lors d'une transaction dans le secteur privé, le client à la fois paie pour le service et le reçoit. Ces deux rôles sont tellement complémentaires que la plupart du temps on n'y pense pas de façon séparée. Mais dans une organisation à but non lucratif, ce sont les donateurs qui fournissent l'essentiel des ressources, qui paient pour le service, et ce sont les bénéficiaires qui le reçoivent. Qui est le client ? Celui qui paie ou celui qui reçoit ? Si l'on ne veut pas se soumettre à une sorte de jugement de Salomon, on peut placer l'axe donateur et l'axe bénéficiaire en haut des tableaux de bord stratégiques. On peut dès lors définir des objectifs à la fois pour les donateurs et les bénéficiaires et puis trouver les processus internes qui fourniront les propositions de valeur nécessaires aux deux groupes de « clients. »

En fait, les organisations à but non lucratif et les administrations devraient envisager de placer tout en haut de leurs tableaux de bord un objectif dominant qui correspond à leur objectif à long terme : par exemple la réduction de la pauvreté ou de l'analphabétisme ou l'amélioration de l'environnement. Les objectifs à l'intérieur du tableau de bord pourront alors viser à améliorer l'objectif supérieur. Dans le secteur privé, les mesures financières renseignent les propriétaires que sont les actionnaires. Mais pour une organisation à but non lucratif et une administration, les mesures financières ne sont pas les indicateurs adéquats qui permettent de savoir si elles remplissent bien leur mission. La mission de l'organisme devrait être représentée et évaluée au niveau le plus élevé du tableau de bord. En plaçant un objectif supérieur sur le tableau de bord prospectif d'une organisation à but non lucratif et une administration, on fait connaître clairement la mission à long terme de l'organisation (voir Figure 5-1).

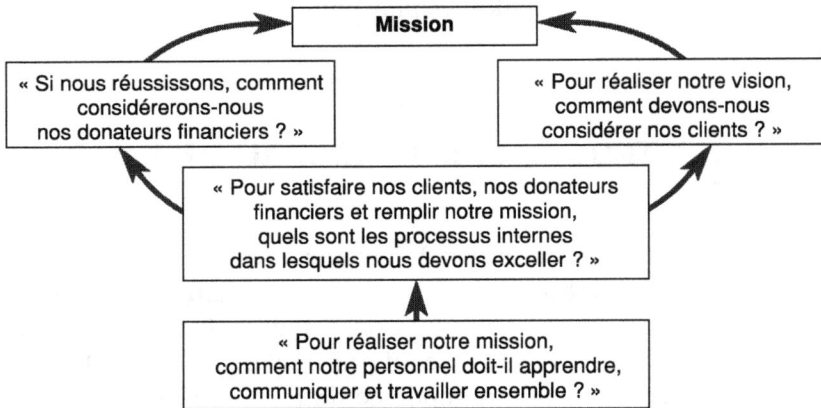

Figure 5-1. L'adaptation du cadre du tableau de bord prospectif aux organisations à but non lucratif

Toutefois, pour les administrations, même les objectifs financiers et clients doivent parfois être repensés. Prenons le cas d'un organisme de réglementation et d'application qui surveille et sanctionne les violations aux règles de l'environnement, de la sécurité et de la santé. Pendant que cet organisme fait son travail en détectant les transgressions, en mettant à l'amende ou en arrêtant ceux qui violent les lois et les règlements, peut-il s'occuper de ses « clients immédiats » pour les satisfaire et les fidéliser ? Visiblement non ; les vrais « clients » de ces organisations sont les citoyens en général, qui bénéficient d'une application efficace et non brutale ou particulière des lois et des règlements. La Figure 5-2 illustre un cadre modifié dans lequel l'administration a trois axes supérieurs[1] :

1. Le coût encouru. Cet axe souligne l'importance de l'efficacité opérationnelle. Le coût mesuré devrait inclure aussi bien les dépenses de l'organisme que le coût social qu'il impose aux citoyens et aux autres organisations par ses actions. Ainsi un organisme de défense de l'environnement peut imposer des coûts aux entreprises du secteur privé. Ces

---

1. Ce cadre a été développé en collaboration avec le professeur Dutch Leonard de Kennedy School of Government de Harvard.

coûts participent au financement des activités de l'organisme. Aussi devrait-il essayer de minimiser les coûts directs et sociaux nécessaires pour mener à bien sa mission.

2. La valeur créée. Cet axe identifie les bénéfices créés par l'organisme pour les citoyens. Cet axe sera le plus problématique et le plus difficile à mesurer. Il sera généralement ardu de quantifier financièrement les bénéfices venant d'une meilleure éducation, d'une réduction de la pollution, d'une amélioration de la santé, d'une diminution du nombre d'embouteillages et d'un environnement plus sûr. Mais le tableau de bord prospectif permet d'identifier, sinon les résultats de ces actions, du moins leurs conséquences et de les mesurer. Ainsi des palliatifs pour mesurer la valeur créée pourraient inclure le pourcentage d'étudiants acquérant des compétences et des connaissances particulières ; la densité des polluants dans l'eau, l'air ou la terre ; l'amélioration de la morbidité et de la mortalité dans certaines populations ciblées ; le taux de criminalité et la perception de la sécurité publique ; et les temps de transport. En général, les organismes du secteur public s'apercevront qu'ils utilisent plus de mesures de production que de résultats. Les citoyens et leurs représentants élus, finiront par juger les bénéfices de ces conséquences par rapport aux coûts encourus.

3. La justification du soutien. Pour n'importe quel organisme public, le « donateur » ou l'organisation, généralement l'autorité de tutelle, qui lui procure ses fonds sera un « client » important. Pour continuer à assurer le financement de ses activités, l'organisme doit s'efforcer de remplir les objectifs de sa source de financement, l'autorité de tutelle et en dernier ressort des citoyens et des contribuables.

Ainsi, un organisme public peut-il avoir trois objectifs supérieurs à atteindre pour effectuer sa mission : créer de la valeur, à un coût minimum et accroître le soutien continu et l'engagement de son autorité de financement. À partir de là, l'organisme en déduit ses objectifs de processus internes et d'apprentissage et de développement qui lui permettront de réaliser ces trois objectifs supérieurs.

Ceci étant dit, nous pouvons à présent illustrer certains de ces principes à l'aide d'exemples venant du secteur public et des organisations à but non lucratif.

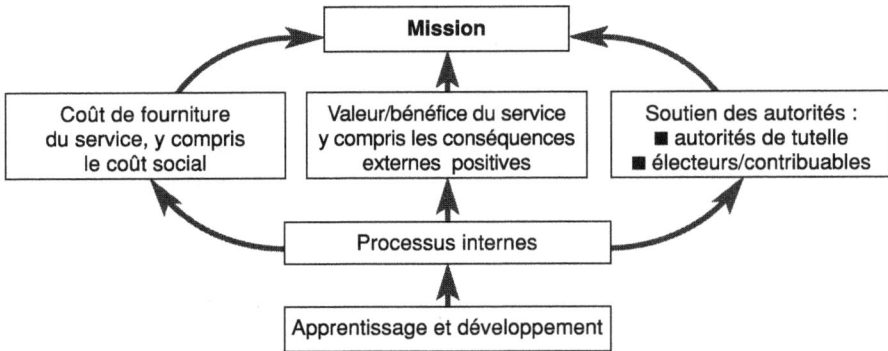

Figure 5-2. Les axes financier/client pour les organismes du secteur public

LES ADMINISTRATIONS : LA LOGIQUE STRATÉGIQUE DANS LE SECTEUR PUBLIC

La ville de Charlotte

En 1990, la ville de Charlotte avait déjà énoncé sa mission et sa vision et exprimé son souhait de fournir des services haut de gamme à ses ressortissants pour en faire « une collectivité idéale pour y vivre, y travailler et mener des activités de loisir[2] ». Mais le conseil municipal ne savait pas trop comment réaliser sa mission et sa vision. Le financement ne croissait que faiblement et était réparti entre toutes les unités opérationnelles. Pam Syfert, qui était alors directrice adjointe ressentit le besoin de définir une stratégie et de fixer des priorités pour les projets de la ville. Au lieu de continuer comme par le passé, Syfert souhaitait que la ville concentre ses ressources limitées sur les projets qui auraient le plus d'impact sur la réalisation de sa vision.

Au début des années 90, l'état-major de la municipalité, le maire et le conseil municipal consacrèrent leur séminaire annuel au choix de quelques thèmes qui devaient guider les allocations de ressources et les programmes pour les dix prochaines années. L'état-major municipal

---

2. L'histoire de la ville de Charlotte est décrite de façon plus détaillée dans *City of Charlotte (A)* de R.S. Kaplan, 9-199-036 (Boston : Harvard Business School, 1998).

proposa au maire et au conseil municipal quinze axes prioritaires possibles[3]. Le groupe en discuta et arrêta son choix sur les domaines suivants :

- La sécurité de la collectivité
- La ville dans la ville (la préservation et la rénovation des vieux quartiers urbains)
- Le transport
- La restructuration de l'administration
- Le développement économique

La sécurité de la collectivité	La ville dans la ville	Le transport	La restructuration de l'administration	Le développement économique	**Les thèmes stratégiques**

Le tableau de bord général

Axe client	Réduire la criminalité	Accroître la perception de sécurité	Renforcer les rapports entre voisins	Améliorer la prestation de service	Maintenir un prélèvement fiscal compétitif	Fournir un transport sûr et commode	Promouvoir les opportunités économiques
Axe financier			Créer des partenariats pour le financement et les services	Maximiser le bénéfice/coût	Accroître l'assiette fiscale	Maintenir la notation AAA	
Axe processus internes		Simplifier les contacts avec les clients	Favoriser la résolution de problème au niveau de la collectivité	Accroître la productivité	Augmenter les contacts positifs	Accroître la capacité de l'infrastructure	
Axe d'apprentissage et de développement			Développer la gestion de l'information	Créer un climat positif pour le personnel	Remédier aux manques de compétences		

Source : D'après *City of Charlotte* (A) de R.S. Kaplan, 9-199-036 (Boston : Harvard Business School 1998) 12. Reproduit avec l'autorisation de Harvard Business School.

Figure 5-3. La carte stratégique du conseil municipal de la ville de Charlotte

Pour mettre en œuvre efficacement ces cinq domaines, Syfert mit sur pied une équipe de projet restreinte qui avait pour mission de traduire ces cinq thèmes en objectifs stratégiques d'un tableau de bord de la ville. L'équipe décida de placer l'axe client (le ressortissant) tout en haut du tableau de bord. Elle fixa sept objectifs client (voir Figure 5-3), deux objectifs

---

3. Deux choix évidents, l'éducation et les services sociaux étaient du ressort de l'administration du comté et non de la ville. C'est pourquoi ils ne sont pas sur la liste.

chacun pour la sécurité de la collectivité et la restructuration de l'administration et un pour chacun des trois autres thèmes stratégiques.

En travaillant sur les cinq thèmes stratégiques, l'équipe se rendit compte que de nombreux objectifs financiers, internes et d'apprentissage et de développement étaient communs à plusieurs thèmes. L'équipe mit alors au point son tableau de bord initial pour les cinq thèmes (comme le montre la Figure 5-3). La première ligne, l'axe client, reprend les aspects des cinq domaines stratégiques légèrement rebaptisés. Ses objectifs correspondaient aux services clés que la ville fournissait à ses ressortissants. Ses objectifs financiers devinrent les moyens d'aider la ville à atteindre ses objectifs client. Il s'agissait d'assurer les services de la ville à un bon prix, de trouver des partenaires extérieurs pour le financement et les services et de maintenir sa solide assiette fiscale et sa notation de crédit élevée pour financer les projets prioritaires. Les objectifs internes et les objectifs d'apprentissage et de développement venaient en appui des objectifs financiers et des objectifs client. Les objectifs internes incitaient la ville à évoluer et à améliorer la façon d'assurer les services, notamment en créant des partenariats au sein des collectivités et en améliorant la productivité. Les objectifs d'apprentissage et de développement devaient s'assurer que la ville continuait à progresser en technologie, en formation et en compétences du

Mission : la mission s'attache à traiter à fond les problèmes de développement économique et de qualité de vie dans les quartiers urbains les plus anciens aussi bien pour les secteurs résidentiels que d'affaires.

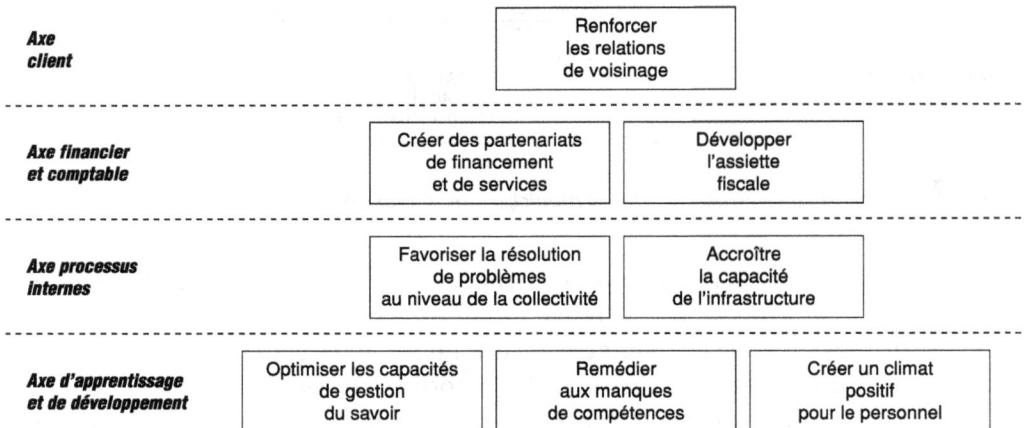

Axe client	Renforcer les relations de voisinage	
Axe financier et comptable	Créer des partenariats de financement et de services	Développer l'assiette fiscale
Axe processus internes	Favoriser la résolution de problèmes au niveau de la collectivité	Accroître la capacité de l'infrastructure
Axe d'apprentissage et de développement	Optimiser les capacités de gestion du savoir	Remédier aux manques de compétences	Créer un climat positif pour le personnel

Source : D'après *City of Charlotte (A)*, 9-199-036 (Boston : Harvard Business School, 1998), 115. Reproduit avec l'autorisation de Harvard Business School.

Figure 5-4. Le thème stratégique de la ville dans la ville

personnel, de façon à s'améliorer sans cesse. L'équipe rédigea des descriptifs pour chacun des dix neuf objectifs figurant sur le tableau de bord général[4].

L'on prit conscience du caractère stratégique du tableau de bord lorsque certains départements — tels que ceux des pompiers, du traitement des eaux usées et des déchets solides — se déclarèrent déçus car leurs activités n'apparaissaient pas sur le tableau de bord général. Syfert répondit aux salariés de ces départements que leur travail restait néanmoins vital pour la ville et que leurs performances seraient jugées par rapport aux objectifs du département. Mais elle ajouta que chacun de ces départements devait penser à un moyen de contribuer par leurs activités à un ou plusieurs objectifs supérieurs de la ville :

> *Le tableau de bord général ne représente pas et ne peut représenter toutes les prestations de services importantes. Ainsi des services de base tels que la lutte contre l'incendie, l'enlèvement des ordures ou le contrôle animal ne sont pas représentés en tant que tels sur le tableau de bord général. Les tableaux de bord au niveau des divisions ou des dépar-*

---

4. Au départ, la ville avait 21 objectifs. Avec le temps, un objectif interne a été abandonné et un autre a été regroupé sur l'axe financier.

« Le but ultime est de faire de Charlotte une ville où les ressortissants de tous les quartiers bénéficient de sécurité personnelle, d'un habitat décent et abordable, de bons emplois, d'une infrastructure adéquate, d'un accès facile aux commerces, d'installations d'éducation et de loisirs et d'une représentation au niveau de la collectivité grâce aux associations. »

- -

Le partenariat avec des sources de financement privées ou autres optimise l'utilisation des ressources de la ville.
Il est important pour la vitalité économique de la ville d'accroître son assiette fiscale en attirant de nouvelles activités et en encourageant le développement et le maintien sur place des activités existantes.

- -

En favorisant la résolution de problèmes « au niveau de la collectivité » :
• On responsabilise les ressortissants des quartiers
• On peut diminuer l'engagement de la ville pour résoudre un problème
• On réduit les chevauchements
• On optimise les prestations des services municipaux

- -

Pour réussir nous devons donner au personnel la formation et les ressources techniques nécessaires pour trouver les solutions.
En nous concentrant sur les plus vieux quartiers de la ville, nous établirons un modèle de résolution de problème qui sera utilisé en tant que meilleure pratique pour résoudre des problèmes analogues dans d'autres parties de la ville.

- -

> *tements sont plus adaptés à ces services de base. Les domaines priori-*
> *taires identifient les services que l'organisation veut améliorer ou*
> *optimiser pour faire de Charlotte un lieu idéal où vivre et travailler[5].*

Une fois le tableau de bord de la ville établi comme modèle, l'équipe fixa alors les objectifs stratégiques correspondants à chacun des cinq thèmes et créa des tableaux de bord séparés pour chacun d'entre eux (La Figure 5-4 illustre le tableau de bord pour le thème de « la ville dans la ville »). Les tableaux de bord des cinq thèmes stratégiques firent l'objet de discussions animées entre les responsables municipaux de plusieurs départements pour voir comment ces objectifs transversaux pourraient être atteints. Nous poursuivrons l'histoire de Charlotte plus loin : au chapitre 6, nous verrons comment la ville a relié le tableau de bord général aux différents départements et aux thèmes stratégiques et au chapitre 12, nous verrons comment le tableau de bord de Charlotte a été utilisé de façon interactive pour rendre compte et apprendre.

LES ADMINISTRATIONS FÉDÉRALES

De nombreuses administrations américaines, y compris au sein du minis-tère de la Défense, mettent au point des tableaux de bord. Le thème du tableau de bord prospectif a été avalisé par le *National Partnership for Reinventing Governement* :

> *Pourquoi en tant que responsable politique allez-vous essayer de mettre*
> *au point un ensemble de mesures équilibrées de la performance ?...*
> *Parce que vous devez savoir ce que souhaitent vos clients et ce dont votre*
> *personnel a besoin pour les satisfaire. Parce que vous ne pouvez pas*
> *atteindre vos objectifs déclarés sans prendre en compte ces attentes et*
> *ces besoins. Et bien plus important encore, parce que ça marche, comme*
> *on peut en juger d'après le succès de nos partenaires[6].*

Un premier succès se produisit au VBA, au ministère américain des Anciens combattants. Au départ le VBA avait nommé un comité pour s'occuper de

---

5. Kaplan, *City of Charlotte (A)*, 4.
6. *Balancing Measures : Best Practices in Performance Management* (Washington DC : National Partnership for Reinventing Government, août, 1999), 6 (publication disponible sur http://www.npr.gov/library/papers/bkgrd/balmeasure.html).

l'application de la loi sur les performances et les résultats de l'administration. Les discussions se sont rapidement orientées vers le tableau de bord prospectif et le moyen qu'il avait d'aider l'administration à la fois à appliquer la loi et à devenir plus efficace. Le VBA passa beaucoup de temps à trouver un consensus sur ses objectifs. Ce qui était un exploit car historiquement ses cinq activités se sentaient très différentes les unes des autres. Le comité apprit que son système de mesure en vigueur ignorait trois parties prenantes importantes : les anciens combattants (les bénéficiaires), le personnel et les contribuables. Le comité mit au point un tableau de bord prospectif tout simple. Et même avec seulement cinq mesures, le tableau de bord donnait une vision plus équilibrée de la mission et de la stratégie de VBA :

1. Satisfaction du client (l'ancien combattant)
2. Coût (le contribuable)
3. Rapidité
4. Précision
5. Développement du personnel

Autrefois, les bureaux de VBA étaient jugés uniquement sur la rapidité de traitement des dossiers. À présent, le tableau de bord permet une comparaison sur les cinq critères, notamment la satisfaction client, qui n'avait jamais été mesurée auparavant. Un directeur commente :

> *Le tableau de bord est la base qui nous permet de dire si nous atteignons nos objectifs stratégiques à court et long termes. Il sera ultérieurement relié à notre appréciation de la performance et à nos systèmes de récompenses et de reconnaissance. Tous nos choix de projets doivent être reliés si nous voulons avoir une vision claire des choses. Le tableau de bord est l'axe derrière tous ces choix.*

En 1996, le service approvisionnement du ministère des Transports a été l'une des premières administrations à adopter le tableau de bord prospectif[7]. Lori Byrd, le responsable de projet, raconte que, dès lors, les temps de traitement ont chuté de façon spectaculaire et les mesures de satisfaction se sont améliorées sur tous les plans :

> *Le tableau de bord prospectif a été reconnu par l'ensemble du ministère des Transports comme étant un important outil pour faciliter le changement de culture et promouvoir l'innovation au sein du ministère.*

---

7. Robert S. Kaplan et David P. Norton, *Le tableau de bord prospectif* (Paris, Éditions d'Organisation, 1998).

> *Le tableau de bord de l'approvisionnement a été très important comme programme pilote que d'autres secteurs majeurs ont adopté et adapté. Le tableau de bord de l'approvisionnement a servi de catalyseur pour tout le ministère à tous les niveaux et pour tous les programmes.*

De nombreuses autres administrations fédérales, notamment le centre logistique et le bureau de reconnaissance de l'aviation ont adopté le tableau de bord pour mettre en adéquation leur organisation avec la stratégie et devenir plus responsables de leurs performances.

Les applications internationales

La ville de Brisbane, en Australie, a suivi un processus pratiquement identique à celui de Charlotte pour mettre au point un programme de tableau de bord prospectif complet au niveau de la ville. Au début de l'année 2000, les villes australiennes de Cockburn et de Melville ont obtenu des prix pour leur tableau de bord de mesure des performances. Toujours en Australie, le gouvernement a créé en 1997 Centrelink, une nouvelle structure, une source unique de renseignements, d'assistance et de paiements (comme ceux de la sécurité sociale) qui étaient auparavant traités par de multiples ministères et organismes. Centrelink a immédiatement adopté le mécanisme du tableau de bord prospectif pour mesurer les progrès dans la réalisation de ses six objectifs au niveau supérieur :

1. Établir des partenariats avec les ministères clients pour leur fournir des résultats, offrir un bon rapport qualité/prix et aider les clients à acquérir leur totale indépendance financière.
2. Accroître l'engagement et la satisfaction du client et de la collectivité par rapport aux services et aux résultats
3. Inciter les salariés de Centrelink à être fiers de leur contribution et à penser qu'elle compte
4. Fournir un dividende d'efficacité au gouvernement australien.
5. Mettre au point des solutions innovantes et personnalisées, compatibles avec la politique gouvernementale
6. Être le premier choix et être reconnu comme la meilleure pratique dans la prestation de services

Richard Magnus, premier magistrat de Singapour, après avoir suivi un cours à Harvard lança la mise en place d'un tableau de bord prospectif dans sa juridiction. Il s'agissait d'un système comprenant 84 magistrats,

500 administratifs et 400 000 cas à traiter par an. Le tableau de bord a été piloté dans le tribunal de première instance et c'est probablement la première application au système judiciaire dans le monde[8].

Une fois que le tableau de bord eut été piloté avec succès par le Tribunal de première instance, le thème a été déployé aux juridictions inférieures (Subordinate Courts) où il devint le pilier du système de management et il sera ensuite appliqué à toutes les cours subsidiaires (Subsidiary Courts) et administratives. Les juridictions inférieures ont commencé à lier le tableau de bord aux systèmes de récompenses et de reconnaissance mais pas encore à la rémunération. C'est ainsi qu'elles offrent à ceux qui ont d'excellentes performances, des décorations et des certificats, des voyages d'étude à l'étranger et des conférences.

Ces expériences montrent que le tableau de bord peut être appliqué avec succès dans une grande variété d'administrations.

LE SECTEUR À BUT NON LUCRATIF

Tout comme les administrations, les organisations à but non lucratif ont largement adopté le tableau de bord prospectif et nous pouvons en fournir quelques exemples.

United Way dans le sud-est de la Nouvelle Angleterre

United Way dans le sud-est de la Nouvelle Angleterre a été l'une des premières organisations à but non lucratif à mettre au point un tableau de bord prospectif[9]. United Way permet aux donateurs individuels de participer à une gamme étendue de services dans leurs collectivités, grâce à un programme annuel coordonné sur leur lieu de travail.

---

8. Nous n'avons pas suffisamment de place pour parler de toutes les applications intéressantes de tableaux de bord qui se produisent dans les administrations dans le monde. La police suédoise a notamment une application.

9. United Way dans le sud-est de la Nouvelle Angleterre intervient à Rhode Island et dans les collectivités voisines du Connecticut et du Massachusetts. Son histoire est décrite de façon plus détaillée dans *United Way of Southeastern New England* de R. Kaplan et E. Kaplan, 9-197-036 (Boston : Harvard Business School, 1996).

Doug Ashby, le directeur général de United Way avait l'impression que son processus de planning n'était pas suffisamment intégré aux activités de l'organisation. Il souhaitait trouver dans le tableau de bord prospectif un moyen d'établir les liaisons qui lui manquaient. Il y eut de longues discussions pour savoir qui était le client d'United Way, ce qui provoquait la satisfaction des clients et quels étaient les processus internes qui procureraient les produits et les services auxquels les clients attachaient le plus de prix.

Plusieurs parties prenantes différentes auraient pu figurer dans l'axe client : les donateurs, les bénévoles, le personnel, les agences et les individus qui étaient les derniers destinataires ou clients des agences. Ashby exprima le choix stratégique auquel avait à faire face l'organisation :

> *Les entités de United Way ont trois choix principaux. Elles peuvent être orientées donateur, agence ou collectivité.*
> *Chacune de ces trois stratégies est bonne et peut donner de bons résultats au bout du compte. De nombreuses unités d'United Way changent leur stratégie à bon escient, par exemple pour satisfaire certains besoins spécifiques de la collectivité, mais sont ensuite surprises lorsque leurs agences ou leurs donateurs sont décontenancés. Nous sommes devenus sans conteste une organisation orientée donateur, pensant que si les donateurs sont satisfaits, alors les agences auront ce qu'elles souhaitent. C'est pourquoi nous avons choisi le donateur comme le premier client de notre tableau de bord[10].*

Le choix d'Ashby permit d'exprimer facilement les objectifs du donateur sur l'axe client. L'équipe a alors formulé les premiers objectifs de processus internes qui assureraient les objectifs : financier et pour le client. Dans la mesure où United Way fonctionnait comme un intermédiaire financier collectant les fonds d'une vaste population de donateurs et répartissant les fonds auprès d'agences au niveau des collectivités, l'équipe a laissé l'axe financier en haut du tableau de bord.

---

10. *Idem*, 4.

Axe	Résultats	Objectifs stratégiques
Financier	Croissance externe Stabilité interne Création de collectivité	■ Accroître le montant net des sommes récoltées ■ Équilibrer le revenu interne et les dépenses pour maintenir notre garantie à 100 % vis-à-vis des autres ■ Accroître le montant des sommes consacrées aux services ■ Accroître le montant des sommes allant aux produits propres
Client	Satisfaction client Croissance du marché Fidélisation du client	■ Reconnaissance ■ Facilité du don ■ Produits auxquels tiennent les clients et qui amélioreront la collectivité ■ Information sur les résultats ■ Service ponctuel et de qualité
Interne	Processus internes clés fondés sur la qualité Développer des produits innovants Maintenir une gamme de produits viables	■ Améliorer les processus internes clés dans les domaines suivants : ■ Collecte de fonds – Distribution des fonds – Création de collectivité – Traitement de l'information/Communication – Processus d'engagement – Développement de produit – Développement des bénévoles et du personnel – Service client – Communications entre services ■ Mettre au point un processus de R et D pour trouver de nouveaux produits innovants ■ Mettre au point un processus logique pour évaluer les produits et services existants
Apprentissage et développement	Productivité du personnel Satisfaction du personnel	■ Formation et développement ■ Technologie ■ Équipe ■ Communication ouverte et efficace ■ Assistance de l'agence ■ Appropriation et engagement des salariés

Source : D'après *United Way of Southeastern New England* (UWSENE), 9-197-036 (Boston : Harvard Business School, 1996), 14. Reproduit avec l'autorisation de Harvard Business School.

Figure 5-5. Le tableau de bord prospectif de United Way dans le sud-est de la Nouvelle Angleterre

L'équipe de United Way a alors discuté pour savoir si les quatre axes du tableau prospectif d'une organisation à but lucratif s'appliquaient à son tableau de bord. Certains suggérèrent alors d'ajouter de nouveaux axes, par exemple pour les bénévoles et les agences qu'ils finançaient pour procurer les services nécessaires aux collectivités. Ashby pensait, toutefois, que les quatre axes de base étaient suffisamment souples pour inclure des objectifs concernant les relations de l'organisation avec les agences et les bénévoles. Ce choix gêna certains qui pensaient que les agences étaient tellement vitales pour la mission de United Way, qu'ils auraient souhaité les voir figurer sur un axe à part.

Au bout de quelques mois, l'équipe présenta le tableau de bord illustré en Figure 5-5. Les réactions ont été favorables. Un cadre moyen l'exprima ainsi : « Vous pouvez vous situer par rapport au tableau de bord. Il vous indique où vous vous trouvez dans l'organisation. Vous pouvez y voir comment vous contribuez aux besoins des clients ou aux besoins financiers de l'organisation et aux progrès du personnel[11]. »

Un membre de l'équipe de projet nota l'enthousiasme du personnel pour le tableau de bord prospectif :

> « Auparavant, les plans stratégiques nous étaient transmis d'en haut et ne recueillaient pas l'adhésion que nous éprouvons à présent pour le tableau de bord prospectif. Cela devrait provoquer de nouveaux comportements. Autrefois, ... les services qui n'étaient pas concernés par la collecte de fonds n'étaient pas tenus pour responsables du succès de l'organisation. A présent, nous regarderons toutes les mesures du tableau de bord prospectif pour établir notre responsabilité dans l'atteinte des objectifs. »[12]

L'Institut May

L'Institut May est une organisation à but non lucratif du Massachusetts qui est l'un des plus grands centres du pays pour les programmes haut de gamme soignant les troubles du comportement et assurant éducation et rétablissement aux adultes et aux enfants. L'institut compte 2 000 salariés et prend soin annuellement de plus de 8 000 personnes ou groupes fami-

---

11. *Idem*, 8.
12. *Idem*, 7-8.

liaux grâce à son réseau à but non lucratif de 160 programmes en Nouvelle Angleterre et dans le sud-est. L'Institut May est également un centre de recherche et de formation actif, ayant des liens avec plus de quarante universités et centres médicaux aux États-Unis et dans plusieurs autres pays.

L'institut a lancé un projet de tableau de bord prospectif pour guider son expansion et gérer ses activités d'envergure croissante. La directrice générale, Kathleen Bradley Kapsalis voulait être en mesure d'évaluer les nouveaux projets et leur adéquation au réseau de services et de détecter de nouvelles opportunités. Au départ, le projet de tableau de bord a eu du mal à démarrer car il était intégré aux projets d'amélioration opérationnelle et aux projets informatiques. Les responsables de projets et les consultants en informatique voulaient adapter le tableau de bord pour le mettre au service de leurs programmes d'amélioration continue plutôt que d'en faire un moyen stratégique tourné vers l'avenir. Heureusement, le consultant externe chargé du tableau de bord prospectif a maintenu l'équipe de projet rivée sur les objectifs stratégiques supérieurs de l'organisation. Ce projet renforça la difficulté, qu'ont de nombreuses organisations à but non lucratif, à distinguer la stratégie des multiples initiatives qu'elles ont toujours en cours.

L'institut a réellement placé l'axe client tout en haut des priorités de son tableau de bord. Reflétant en cela les multiples parties prenantes de la plupart des organisations à but non lucratif, l'institut a reconnu différents types de clients sur cet axe :

- les clients (les patients) et leur famille
- les apporteurs de fonds
- le milieu universitaire
- les médias
- le législateur

Juste derrière l'axe client, l'institut a placé l'axe d'apprentissage et de développement, se rendant compte que la qualité du personnel aurait un fort impact pour lui permettre d'atteindre ses objectifs client.

L'axe interne comprenait plusieurs processus clés :

- offrir des soins efficaces, complets et rentables aux clients
- sauvegarder les droits, les responsabilités et l'éthique grâce au bureau de déontologie

- établir une réelle collaboration et un réel partenariat avec les autres organismes et les autres prestataires

Un quatrième processus concernait l'importance des systèmes d'informations pour la communication interne et externe.

L'axe financier s'attachait à la viabilité de l'organisation et favorisait les
rémunérations liées aux performances. Le tableau de bord est illustré en
Figure 5-6.

Kapsalis a souligné comment le tableau de bord prospectif avait été un
merveilleux outil d'apprentissage pour son institut. La plupart des salariés
de l'Institut May dispensaient les soins directement aux clients et avaient
des contacts avec eux. Le tableau de bord leur permit de comprendre
l'importance des aspects de gestion de l'organisation, notamment les
budgets et les activités marketing. En revanche, l'équipe de direction était
composée essentiellement d'hommes d'affaires qui comprenaient bien la
finance. Le tableau de bord leur révéla donc l'importance des contacts
humains et du développement personnel, ce qui permit des discussions
plus équilibrées lors des réunions avec la direction. Au-delà de son rôle
pour la communication, le tableau de bord prospectif a servi à souligner
l'importance des processus de ressources humaines notamment la fidélisation et le recrutement du personnel sur un marché du travail tendu.

*Notre **mission** : Fournir un excellent niveau de services, de recherche et de formation et satisfaire aux critères les plus élevés en matière de soins du comportement et de rétablissement pour nos clients qui souffrent d'autisme, de lésions cérébrales, de retard mental et de handicap du développement ainsi que d'autres maladies physiques et mentales.*
En travaillant ensemble, nous cherchons à contribuer à l'indépendance de chaque individu et à promouvoir au maximum son intégration dans la collectivité.

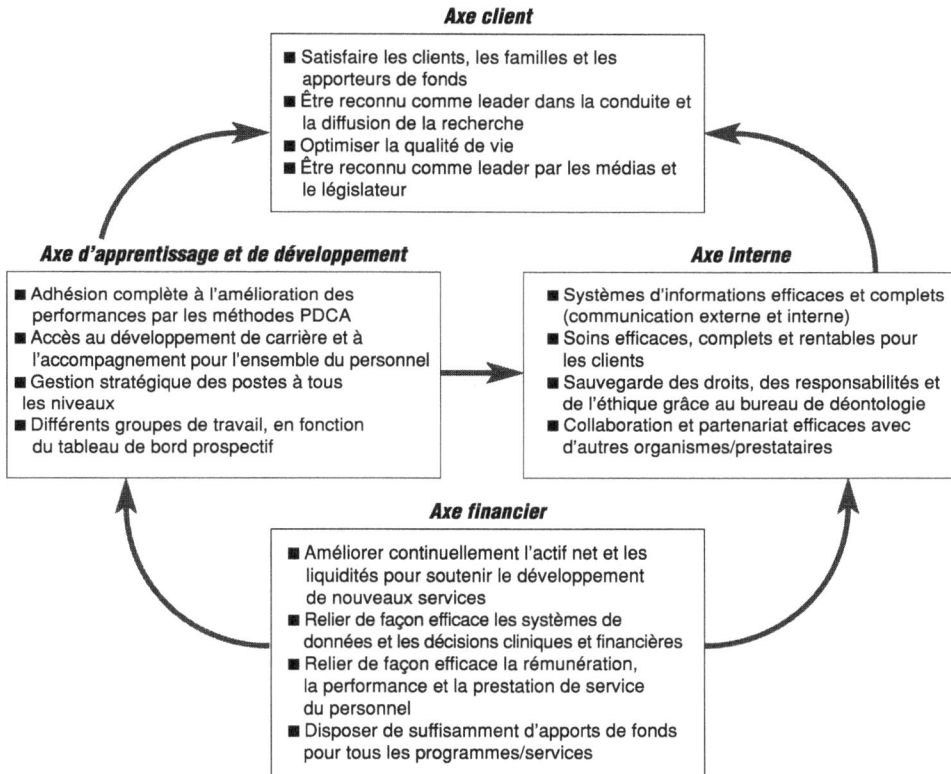

Axe client

- Satisfaire les clients, les familles et les apporteurs de fonds
- Être reconnu comme leader dans la conduite et la diffusion de la recherche
- Optimiser la qualité de vie
- Être reconnu comme leader par les médias et le législateur

Axe d'apprentissage et de développement

- Adhésion complète à l'amélioration des performances par les méthodes PDCA
- Accès au développement de carrière et à l'accompagnement pour l'ensemble du personnel
- Gestion stratégique des postes à tous les niveaux
- Différents groupes de travail, en fonction du tableau de bord prospectif

Axe interne

- Systèmes d'informations efficaces et complets (communication externe et interne)
- Soins efficaces, complets et rentables pour les clients
- Sauvegarde des droits, des responsabilités et de l'éthique grâce au bureau de déontologie
- Collaboration et partenariat efficaces avec d'autres organismes/prestataires

Axe financier

- Améliorer continuellement l'actif net et les liquidités pour soutenir le développement de nouveaux services
- Relier de façon efficace les systèmes de données et les décisions cliniques et financières
- Relier de façon efficace la rémunération, la performance et la prestation de service du personnel
- Disposer de suffisamment d'apports de fonds pour tous les programmes/services

Figure 5-6. Le tableau de bord prospectif de l'Institut May

New Profit, Inc.

Une nouvelle application du tableau de bord prospectif était au cœur d'une nouvelle organisation à but non lucratif, New Profit Inc., un fonds philanthropique de capital risque basé à Boston[13]. Vanessa Kirsch sa

---

13. *New Profit Inc.* de R. Kaplan et J. Elias, 100-052 (Boston : Harvard Business School, 1999).

fondatrice voulait créer un cadre de performance pour le secteur à but non lucratif. Le nouveau fonds philanthropique était conçu exactement comme une société de capital risque à but lucratif. Kirsch et ses partenaires, financés par un faible pourcentage du fonds, géraient activement un portefeuille d'entreprises sociales.

New Profit fixa trois principes pour guider la stratégie d'investissement du fonds :

1. Choisir des organisations capables de se développer. Le fonds recherchera des entrepreneurs sociaux qui ont fait leurs preuves et souhaitent agrandir leurs organisations. Les allocations seront attribuées aux organisations dont le modèle de base pourrait être étendu pour accroître leur impact social et les rendre autonomes.

2. Prévoir un fonctionnement basé sur la performance. Aussi bien New Profit que les organisations qu'il soutient seront responsables en fonction de repères convenus en commun et basés sur des critères de performance mesurables. New Profit s'engagera à allouer les montants de façon concurrentielle et à ne distribuer les fonds qu'aux organismes ayant atteint leurs objectifs.

3. Favoriser l'investissement et le suivi actif tout au long du cycle de vie. Le fonds s'engagera à de gros investissements dans chaque organisation de son portefeuille sur des durées de trois à cinq ans. À côté du financement, New Profit fournira également une assistance technique pour permettre à l'organisation de devenir plus efficace et de croître. New Profit avait l'intention de siéger aux conseils d'administration des organisations de son portefeuille.

Kirsch pensait que le tableau de bord prospectif serait vital pour faire fonctionner son fonds philanthropique fondé sur la performance. « Le tableau de bord prospectif constituera notre accord avec les organisations en portefeuille sur ce qui doit être mesuré pour évaluer la performance. Nous aurons un accord ferme et nous serons en mesure de dire « *si vous n'en êtes pas là c'est que vous n'êtes pas là où il faut* »[14].

Kelly Fitzsimmons, le partenaire de Kirsch, renforça encore le rôle central du tableau de bord pour New Profit : « Le tableau de bord mettra en adéquation toutes nos parties prenantes pour créer des innovations sociales et des retours sociaux. Ce qui signifie que les conseils d'adminis-

---

14. *Idem*, 8.

trations, les investisseurs, les gérants de fonds, les fondations et les entre-preneurs sociaux pourront apporter leurs ressources là où il faut pour servir les applications stratégiques[15]. »

Tout comme United Way, New Profit retint l'axe financier comme objectif supérieur, à savoir de lever le capital et les fonds d'exploitation néces-saires, de les utiliser efficacement et de façon durable. Sur l'axe client, l'équipe identifia les investisseurs du fonds comme étant les premiers clients. Ainsi, l'axe client fera figurer la satisfaction de l'investisseur comme une importante mesure du résultat.

Tout comme United Way avait discuté du rôle des agences dans son tableau de bord, l'équipe de New Profit s'interrogea pour savoir si les organisations du portefeuille étaient des clients ou si elles faisaient partie des processus internes qui devaient être gérés. Après avoir hésité, l'équipe décida finalement que les organisations du portefeuille méritaient leur axe propre tant elles étaient vitales pour le succès de New Profit. Le succès des organisations du portefeuille était fondamental pour la satisfaction des investisseurs. En partant de ce principe, l'équipe proposa que les tableaux de bord de chacune des organisations du portefeuille intègrent un axe pour rendre compte de leur contribution aux objectifs stratégiques de New Profit. Le tableau de bord qui a été approuvé au départ par New Profit est illustré en Figure 5-7.

Kirsch demanda également aux quatre premières organisations du porte-feuille de créer leur propre tableau de bord prospectif. Ces tableaux de bord devaient montrer en quoi les organisations du portefeuille contri-buaient à la mission de New Profit en faveur de la croissance, de la taille et de l'impact social[16].

Au-delà de son rôle pour gérer les activités internes et les relations avec les organisations du portefeuille, le tableau de bord prospectif a servi en tant qu'outil de communication privilégié auprès du conseil d'administra-tion et des donateurs. L'un des membres du conseil raconte :

---

15. *Idem*, 8-9.
16. On peut trouver des détails sur l'une des organisations, Jumpstart, dans *New Profit Inc.* de Kaplan et Elias.

Mission : *New Profit est une société philanthropique à but non lucratif. Notre objectif est d'apporter des changements sociaux d'envergure en appliquant les méthodes du capital risque à la philanthropie.*		
Axe	Objectifs stratégiques	Buts
Financier	**Fonds en capitaux** : obtenir 5 millions de dollars d'engagement **Frais d'exploitation** : obtenir 500 000 dollars de frais d'exploitation auprès de fondations et d'amis **Durée** : gérer le cash-flow pour maintenir un excédent d'exploitation **Efficacité** : maintenir un rapport de 1 : 4 dollars entre personnel et bénévoles	■ Lever 4, 5 millions de dollars ■ Maintenir un excédent de trois mois de cash-flow d'exploitation
Investisseur	**Création d'un groupe d'investisseurs** : les engager dans les aspects majeurs du réseau de New Profit **Satisfaction des investisseurs** : recourir aux enquêtes et aux entretiens de satisfaction **Spécificité de la stratégie vis-à-vis des investisseurs** : mettre au point la segmentation des investisseurs	■ Trouver trois investisseurs fondateurs et trois investisseurs clés ■ Parvenir à 80 % de satisfaction
Performance des organisations du portefeuille	**Croissance** : fixer des objectifs de croissance précis avec les organisations du portefeuille **Impact social** : accroître la portée de l'impact social des organisations du portefeuille **Performance du tableau de bord prospectif** : appliquer les premiers tableaux de bord à chaque organisation du portefeuille. **Satisfaction à l'égard des services de financement** : satisfaction des organisations du portefeuille concernant les ressources de New Profit et du système de suivi **Meilleures pratiques** : partager les meilleures pratiques entre les organisations du portefeuille	■ Mettre au point quatre tableaux de bord avec des objectifs précis ■ Obtenir une performance de 80 % pour les organisations du portefeuille ■ Prévoir un certain nombre d'événements d'apprentissage en commun et de collaboration
Processus internes	**Gestion du portefeuille** : appliquer le programme de gestion de la performance **Définir une position de leader** : établir des relations de collaboration avec des partenaires intellectuels, fixer les meilleures pratiques pour la performance, devenir le porte-parole sur les problèmes philanthropiques **Conseil et direction** : étendre et constituer un conseil national et constituer un conseil d'universitaires **Satisfaction à l'égard des services de financement** : satisfaction des organisations du portefeuille concernant les ressources de New Profit et du système de suivi **Projet d'un institut New Profit** : projet pour un institut	■ Mettre au point le processus avec les organisations du portefeuille ■ Atteindre les buts fixés en matière de médiatisation et de conférences ■ Établir des relations avec 100 % des partenaires intellectuels potentiels
Apprentissage et développement	**Pourvoir les postes stratégiques** : mettre au point une stratégie pour attirer et retenir les salariés talentueux **Technologie** : préciser les besoins en matière de technologie et prévoir leur obtention **Gestion du savoir** : mettre au point un système pour l'amélioration et l'apprentissage des processus clés **Mise en adéquation** : la communication circule entre les investisseurs et les organisations du portefeuille	■ Pourvoir 100 % des postes stratégiques nécessaires ■ Mettre au point les stratégies de ressources humaines pour attirer et retenir le personnel
Source : D'après *New Profit Inc. : Governing the Nonprofit Enterprise* de R.S. Kaplan, 100-052 (Boston Harvard Business School, 1999) 15.		

Figure 5-7. Le tableau de bord prospectif de New Profit

> *Le tableau de bord prospectif permet au conseil d'être tenu au courant rapidement de ce qui se passe dans l'organisation en passant en revue une grande variété de sujets allant des problèmes de bilan aux aspects plus qualitatifs concernant le personnel et ses connaissances. Ce qui nous donne, à nous administrateurs, un cadre de discussion qui évite de nous en tenir exclusivement aux montants collectés[17].*

Kirsch utilisait le tableau de bord prospectif de New Profit et ceux des organisations du portefeuille auprès des investisseurs potentiels pour illustrer une proposition de valeur de supériorité produit très séduisante. New Profit pouvait proposer un système de gestion de la performance unique (dans le secteur non lucratif) ainsi que des gérants de fonds efficaces qui recherchaient les meilleures opportunités pour investir et travaillaient avec les organisations du portefeuille pour améliorer les performances par rapport aux objectifs fixés. Un des premiers investisseurs avait adopté le thème avec enthousiasme, et après avoir pris un engagement financier important, promit d'en donner plus en fonction de la performance : « Obtenez de bons résultats et vous en aurez davantage »[18].

LE SECTEUR DE LA SANTÉ

Les complexités qu'il y a à mettre au point et à appliquer une stratégie dans les établissements de soins sont évidentes. À ce jour, deux des meilleures applications stratégiques de tableaux de bord ont eu lieu à l'hôpital pour enfants de Duke à Durham en Caroline du Nord et à l'hôpital Montefiore dans le Bronx à New York.

L'hôpital pour enfants de Duke

Nous avons rendu compte au chapitre 1 des formidables résultats du programme de l'hôpital pour enfants de Duke. Le Docteur Jon Meliones, en charge de l'unité de soins intensifs en pédiatrie, a lancé ce projet après avoir noté plusieurs sujets brûlants[19] :

---

17. *Idem*, 10-11.
18. *Idem*, 11.
19. Exemple tiré de « A Three-Year Experience Using a Balanced Scorecard to Practice Smarter » (Durham, NC : Duke Children's Hospital, 1999).

- L'hôpital n'avait pas une idée claire des services qu'il était le plus important pour lui de fournir.
- Il n'y avait aucun objectif commun entre l'administration, le personnel et les médecins.
- La communication et la coordination avec les pédiatres qui y envoyaient des malades étaient médiocres.
- La position de l'hôpital sur le marché était en butte à la concurrence.
- L'hôpital avait le plus grand mal à équilibrer soins de qualité, satisfaction du malade, satisfaction du personnel et enseignement et recherche avec les objectifs financiers.

L'équipe de responsables de l'hôpital pour enfants a tout d'abord mis au point un énoncé de mission et de vision. Ce qui impliquait une analyse des objectifs de l'institution pour s'assurer de la compatibilité avec l'ensemble du centre médical, pour faire des comparaisons avec les données nationales et définir des centres d'excellence fondés sur les points forts existants et les besoins prévus. La vision devint : de procurer aux patients, aux familles et aux médecins des premiers soins l'attention la plus compatissante et la meilleure possible et d'exceller dans la communication. » La stratégie partait de l'hypothèse qu'avec de meilleurs soins et une meilleure communication, le nombre de patients envoyés par les médecins et les recettes augmenteraient. De plus, la stratégie visait à réduire les coûts et la durée du séjour pour retrouver une viabilité financière.

Lors d'un atelier de cadres, une équipe multidisciplinaire analysa la mission, la vision et la stratégie et mit au point le tableau de bord stratégique. Après des tâtonnements, des contacts et une communication active, l'équipe parvint à un consensus sur le premier tableau de bord (voir Figure 5-8).

L'équipe rebaptisa l'axe « Apprentissage et développement » en « Recherche, éducation et enseignement » car cette mission était fondamentale dans un centre hospitalier universitaire. L'objectif de cet axe était d'impliquer le personnel dans le processus de changement et de faire progresser le domaine des soins infantiles.

C'est lorsque le tableau de bord a été communiqué et accepté que le plus difficile a commencé : comment le réaliser ? Les salariés ont émis de nombreuses idées pour améliorer la satisfaction client. Meliones imagina un tableau à deux dimensions pour filtrer les projets : les efforts impliqués (en temps et en argent) et l'impact potentiel sur la satisfaction du client.

Seuls les projets qui pouvaient avoir un fort impact ont été étudiés plus avant ; parmi ceux-ci, l'hôpital évalua d'abord ceux qui coûtaient le moins cher avant d'analyser les plus chers. Très vite les participants se mirent à proposer uniquement des projets susceptibles d'être à fort impact et généralement à faible coût.

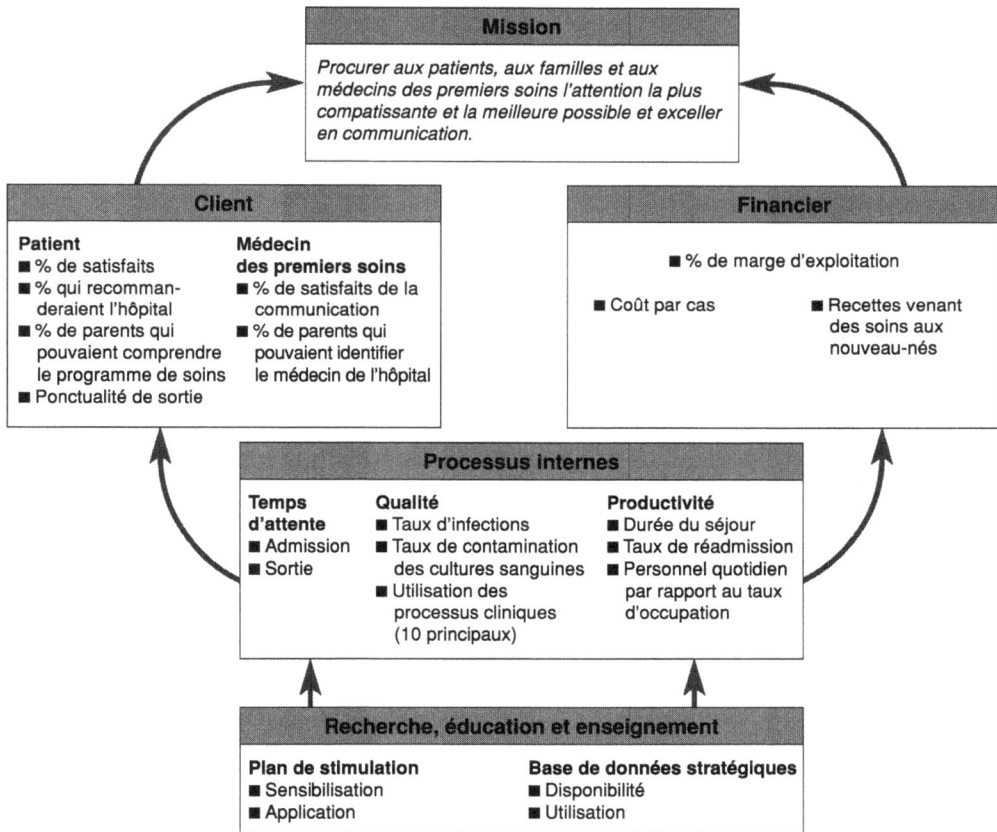

Figure 5-8. Le tableau de bord prospectif de l'hôpital pour enfants de Duke

Toute une série de nouveaux processus ont été appliqués : les soignants tenaient désormais une réunion quotidienne pour parler des patients qui devaient sortir le jour même : avant que le patient ne quitte l'hôpital les familles étaient informées sur le traitement à donner, et le médecin ayant donné les premiers soins était avisé du traitement administré en interne et de celui recommandé à la sortie. Les médecins recevaient leurs statistiques mensuelles concernant leurs coûts par cas ainsi que les notes de satisfaction des patients et du médecin traitant comparées à celles de l'ensemble des médecins. Ils pouvaient désormais se comparer à leurs collègues et pairs et rechercher des moyens de s'améliorer.

Comme nous l'avons évoqué au chapitre 1, au bout de trois ans et malgré une complexité accrue des cas, le coût par cas et la durée de séjour de l'hôpital diminua de 25 % et la satisfaction et la fidélisation s'accrurent parmi les clients de l'hôpital aussi bien parmi les patients que les médecins traitants.

L'hôpital Montefiore

L'hôpital Montefiore, avec un budget annuel de plus d'un milliard de dollars est l'hôpital universitaire de la faculté de médecine Albert Einstein. Il comprend deux grands hôpitaux situés dans le Bronx à New York, un réseau de vingt six antennes de premiers soins, un important centre universitaire tourné vers les spécialités, et 400 000 visites en institutions.

Les deux hôpitaux distants de six kilomètres ont fonctionné comme des entités séparées pendant plus de trente ans avant de fusionner en 1996. Le centre médical a dû faire face à la difficulté de donner des soins à une population du Bronx comptant une majorité d'hispaniques, de noirs et de personnes âgées, caractérisée par un fort taux de pauvreté et de maladie, tout en essayant d'être leader dans le domaine de l'éducation et de la recherche.

Nommée en 1996 vice-présidente chargée de la nouvelle division de soins intensifs, Elaine Brennan hérita d'une structure cloisonnée par fonctions (les activités hospitalières, cliniques et universitaires) et ne jouissait pas de réelle autorité. Elle participa à un processus de planification au centre médical et formula une nouvelle stratégie pour Montefiore, le CRIP :

- Croissance : en volume et en part de marché
- Rééquilibrage : entre le personnel universitaire et clinique
- Infrastructure : systèmes d'information, technologie de pointe
- Performance : fixer des objectifs et les atteindre

Le thème de croissance reflétait deux stratégies toutes simples :

1. Être « tout pour certaines personnes » : adopter une démarche fondée sur la population en proposant une gamme complète de soins à une population spécifique (enfants, femmes et personnes âgées).

2. Être « quelque chose pour tout le monde » : créer des centres spécialisés pour attirer des patients en dehors du Bronx et des services de protection maternelle et infantile pour attirer des patients de la partie du comté de Westchester qui jouxte le Bronx.

La difficulté était alors de mettre en adéquation une organisation bureaucratique et fragmentée pour que deux systèmes hospitaliers autrefois distincts et concurrentiels puissent travailler ensemble pour appliquer la stratégie.

Brennan décentralisa l'organisation. Elle créa cinq centres de soins cliniques, chacun spécialisé sur les besoins d'une certaine population de patients et trois centres de soutien. Ainsi, le centre de soins cardiaques fournit-il tous les services liés aux traitements du cœur. Chaque centre de soins est multidisciplinaire, rassemblant les infirmiers, les médecins et le personnel administratif en une seule organisation. Le centre de soins contrôle la majorité des services qui sont proposés à ses patients hospitalisés et aux patients externes et il est géré conjointement par un cadre, un médecin et une infirmière. Il est responsable des résultats sur un certain nombre de plans : chiffre d'affaires, coût, qualité, service, conditions de travail, personnel. Brennan eut alors à faire face au problème de la mesure de la performance de cette nouvelle structure organisée en centres de soin. Dans le système existant à Montefiore, 90 % des mesures étaient financières.

Brennan et son équipe de responsables travaillèrent d'octobre 98 à juin 99 pour mettre au point la structure et le contenu d'un système de gestion sous forme de tableau de bord prospectif, en ayant recours à la métaphore de la nation, des états et de la ville. Dans ce modèle, la nation serait la division de soins intensifs de Montefiore, les états seraient les huit différents centres de soins et les villes seraient les différents services (les centres de coût). Le groupe se mit d'abord à élaborer le tableau de bord pour la nation, puis se rendit dans les centres de soins pour développer les tableaux de bord pour les états et pour les villes en se fondant sur l'expérience et les thèmes stratégiques supérieurs.

La Figure 5-9 montre une version simplifiée du tableau de bord initial de Montefiore. Comme celui de l'hôpital pour enfants de Duke, il se concentre sur la satisfaction des patients et sur les processus cliniques et administratifs visant à apporter des bénéfices aux patients. La plupart des mesures semblent opérationnelles, conçues pour attirer l'attention du personnel sur l'amélioration des processus pour traiter et soigner les patients et améliorer les coûts, la qualité et la ponctualité. Les mesures stratégiques utilisées pour positionner Montefiore pour l'avenir concernent l'axe d'innovation et de croissance. Les mesures de volume et de part de marché représentent le C de la stratégie CRIP pour accroître la pénétration dans son territoire captif immédiat, le Bronx, et attirer des clients des territoires voisins du Nord de Manhattan et du sud du comté de Westchester, grâce à ses centres spécialisés et à ses centres de soins orientés patients. La mesure sur l'âge moyen des équipements est venue d'une étude de marché indiquant qu'un équipement de pointe et l'innovation entraient dans le choix du médecin qui adressait des patients à un hôpital. Le pourcentage de chiffre d'affaires venant des nouveaux programmes et le nombre de médecins adressant des patients à l'hôpital reflétaient le succès de la stratégie pour étendre la zone d'attraction, la pénétration et les gammes de services.

Si les premiers indicateurs sont favorables au moment de mettre sous presse, il est trop tôt pour en tirer des conclusions. Le programme de croissance a bien démarré dans le centre de soins cardiaques, la capacité de service et le nombre de cas se sont accrus ; de nouvelles alliances et des joint-ventures se créent pour appliquer la stratégie, et les efforts de recrutement pour les médecins et le personnel ont été couronnés de succès. Mais peut-être le signe le plus évident des premiers succès est-il venu de l'enthousiasme du personnel aussi bien médical qu'administratif pour la nouvelle organisation, la clarté des objectifs stratégiques et les nouveaux systèmes de mesure et de gestion qui favorisent la prise de décision et la responsabilité. Brennan fit remarquer à propos du changement qu'elle contribua à lancer : « Si vous montrez à un ours à danser, vous devez être prêt à continuer à danser jusqu'à ce qu'il souhaite s'arrêter. »

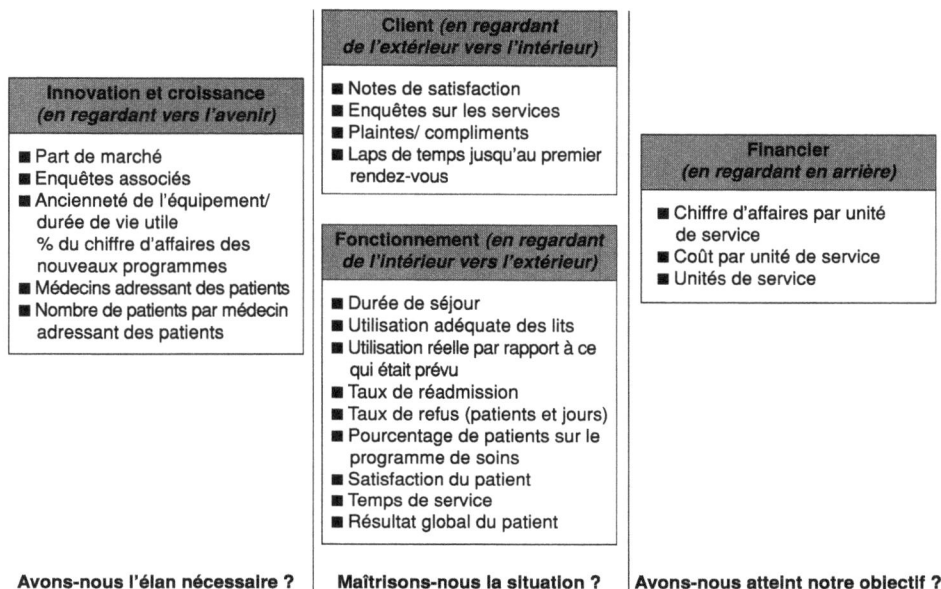

Innovation et croissance *(en regardant vers l'avenir)*

- Part de marché
- Enquêtes associés
- Ancienneté de l'équipement/ durée de vie utile
  % du chiffre d'affaires des nouveaux programmes
- Médecins adressant des patients
- Nombre de patients par médecin adressant des patients

Client *(en regardant de l'extérieur vers l'intérieur)*

- Notes de satisfaction
- Enquêtes sur les services
- Plaintes/ compliments
- Laps de temps jusqu'au premier rendez-vous

Fonctionnement *(en regardant de l'intérieur vers l'extérieur)*

- Durée de séjour
- Utilisation adéquate des lits
- Utilisation réelle par rapport à ce qui était prévu
- Taux de réadmission
- Taux de refus (patients et jours)
- Pourcentage de patients sur le programme de soins
- Satisfaction du patient
- Temps de service
- Résultat global du patient

Financier *(en regardant en arrière)*

- Chiffre d'affaires par unité de service
- Coût par unité de service
- Unités de service

Avons-nous l'élan nécessaire ? | **Maîtrisons-nous la situation ?** | **Avons-nous atteint notre objectif ?**

Figure 5-9. Le tableau de bord prospectif de l'hôpital Montefiore

Il est intéressant de comparer l'expérience de Brennan à Montefiore à celles de McCool et Baker chez Mobil. Montefiore et Mobil étaient tous deux de grandes entités, organisées en fonctions, centralisées et financièrement en difficulté qui avaient perdu contact avec leurs clients. Tous deux ont lancé de nouvelles stratégies pour devenir plus efficaces, plus tournés vers le client et pour croître en augmentant leur part de marché et en lançant de nouveaux produits et services. Les responsables ont mené une profonde réorganisation en remplaçant les unités fonctionnelles par des unités décentralisées tournées vers le client. La difficulté a été de prendre les responsables des nouvelles unités décentralisées, qui avaient passé leur carrière dans une structure fonctionnelle et étroite, pour leur donner une vision générale du management et de nouveaux outils de gestion.

Le mécanisme du tableau de bord prospectif permit aux responsables des nouvelles unités de participer aux premières discussions à haut niveau pour rendre la stratégie explicite au niveau de la division/nation et pour montrer leur engagement à la stratégie. Les deux entités ont ensuite utilisé le tableau de bord prospectif pour communiquer la stratégie et l'appliquer aux unités décentralisées. Mobil comme Montefiore ont déployé la stratégie en demandant à chacune des unités décentralisées de créer son propre tableau de bord prospectif en se fondant sur les objectifs supérieurs établis au niveau du tableau de bord de la division/nation.

RÉSUMÉ

Les principes fondamentaux pour créer une organisation orientée stratégie sont applicables dans tous les secteurs. En complément des applications au secteur privé décrits aux chapitres 3 et 4, ce chapitre a montré comment des administrations nationales et locales et un certain nombre d'organisations à but non lucratif et d'établissements de soins ont utilisé le tableau de bord et en ont tiré des avantages. La principale différence dans ces secteurs est venue d'un soin plus attentif apporté aux clients. Les clients sont placés tout en haut des cartes stratégiques des tableaux de bord prospectifs, car en dernier ressort c'est une prestation de service adéquate aux clients qui justifie l'existence de la plupart des administrations et des organisations à but non lucratif. L'axe financier peut également figurer en haut des cartes stratégiques, en même temps que l'axe client, pour montrer l'importance qu'il y a à satisfaire les donateurs et les citoyens qui assurent le financement des services que procure l'organisation. Une fois ces modifications opérées, les responsables des administrations et des organisations à but non lucratif ont utilisé le tableau de bord pour obtenir un accord sur la stratégie et mettre l'organisation en adéquation avec elle pour la réaliser efficacement. Cette façon de faire est très similaire à celle de leurs homologues du secteur privé.

Deuxième partie

Mettre l'organisation en adéquation avec la stratégie pour créer des synergies

LE TABLEAU DE BORD PROSPECTIF OFFRE un cadre puissant aux centres de profit qui veulent décrire et mettre en œuvre leur stratégie. Toutefois, pour une organisation orientée stratégie il en faut plus que des centres de profits utilisant leur propre tableau de bord pour faire de la grande stratégie. La plupart des organisations comptent de nombreux centres de profit différents ainsi que de nombreux services partagés ou unités de soutien. Pour parvenir à l'efficacité maximum, il faut que les stratégies et les tableaux de bord de toutes ces unités soient mis en adéquation et reliés les uns aux autres. Les liaisons entre les tableaux de bord établissent le principe de gestion des services communs et des centres de profit décentralisés dans une même entité. Nous appelons ces liaisons la « structure stratégique » de l'organisation. Elles décrivent comment l'organisation crée des synergies en intégrant les activités d'unités autrement séparées et indépendantes.

LA STRATÉGIE AU NIVEAU DU SIÈGE DE L'ENTREPRISE

La structure stratégique commence par une définition claire du rôle du siège. Le siège de l'entreprise (ou de la division, du secteur ou du groupe) existe pour créer des synergies entre ses centres de profit et ses unités de soutien. Si le siège n'est pas en mesure de créer des synergies entre ces différentes parties, les investisseurs pourront se demander pourquoi les centres de profits ne devraient pas être séparés pour fonctionner indépendamment sans avoir à supporter les coûts et les frais généraux d'un siège improductif.

De nombreux spécialistes ont écrit pour expliquer l'existence et la croissance d'entreprises complexes. Alfred Chandler a décrit comment les entreprises aux États-Unis, en Allemagne et au Japon ont créé des avantages concurrentiels au vingtième siècle en s'appuyant sur les synergies entre des centres de profit reliés entre eux[1]. Ces centres de profit bénéficiaient d'économies d'échelle dans la mise au point des produits, de la

---

1. A.D. Chandler, *Scale and Scope : The Dynamics of Industrial Capitalism* (Cambridge, MA : Belknap Press, 1990) ; *Strategy and Structure : Chapters in the History of the Industrial Enterprise*, (Cambridge, MA : MIT Press, 1982) ; *The Visible Hand : The Managerial Revolution in American Business* (Cambridge, MA. : Belknap Press, 1977).

production, du marketing et des relations clientèle pour prendre l'avantage sur des entreprises plus petites et plus concentrées.

Plus récemment, Goold, Alexander et Campbell ont mis au point une théorie convaincante sur la façon dont les entreprises ayant plusieurs activités peuvent bénéficier d'avantages institutionnels en influençant, ou « maternant » les activités qu'elles possèdent et contrôlent[2]. Les entreprises performantes créent plus de valeur par leur « avantage parental » que leurs concurrents qui ont le même type d'activités. L'essentiel de cet « avantage parental » vient de l'adéquation entre les capacités de l'entreprise mère et les facteurs clés de succès des différents centres de profit. L'avantage parental peut venir de plusieurs sources. Parmi celles-ci on peut citer la gestion et l'exploitation en commun, entre centres de profits, de capacités, de fonctions, de clients, de technologies, de compétences clés ou de relations extérieures (avec les administrations, les syndicats, les bailleurs de fonds ou les fournisseurs). « L'avantage parental » peut également venir de la capacité de la maison mère à appliquer des systèmes de gestion efficaces pour certains types de sociétés (des start-ups innovantes qui doivent exceller dans l'identification du marché et dans le développement de produit ou des entreprises de type traditionnel qui sont parvenues à maturité et qui doivent sans cesse être leaders dans la réduction des coûts). Une troisième source d'avantages vient aussi de la capacité de la maison mère à répartir le capital et le personnel entre les différents centres de profit.

Dans un domaine de recherche connexe, Collis et Montgomery décrivent ainsi une stratégie institutionnelle basée sur les ressources[3] :

> *Une stratégie institutionnelle réussie ne vient pas d'un assemblage hétéroclite de modules juxtaposés mais d'un système soigneusement construit à partir d'éléments interdépendants... Dans une grande stratégie institutionnelle tous les éléments (ressources, activités et organisation) sont en adéquation les uns avec les autres. Cette mise en adéquation est gérée par la qualité*

---

2. M. Goold, A. Campbell et M. Alexander, *Corporate Level Strategy : Creating Value in the Multibusiness Company* (New York : John Wiley & Sons, 1994) et A. Campbell, M Goold et M. Alexander, « Corporate Strategy : The Quest for Parenting Advantage » *Harvard Business Review* (mars-avril 1995) : 120-32.

3. D. Collis et C. Montgomery, « Competing on Resources : Strategy in the 1990's », *Harvard Business Review* (juillet-août 1995) : 118-28, et « Creating Corporate Advantage » *Harvard Business Review* (mai-juin 1998) : 70-83.

> des ressources de l'entreprise, ses atouts, ses compétences et ses capacités spécifiques[4].

Les « avantages parentaux » décrits par Goold, Alexander et Campbell et la mise en adéquation des ressources définie par Collis et Montgomery peuvent être obtenus par les liaisons du tableau de bord prospectif. Car le rôle du siège ou les ressources critiques devraient être intégrés au niveau du tableau de bord général. Le rôle du siège peut être traduit en un ensemble de priorités dans un tableau de bord transmis à l'ensemble de l'organisation. Ainsi la Figure II-1 illustre le tableau de bord général d'un détaillant de mode. L'entreprise utilisa le tableau de bord comme modèle pour définir les priorités que les centres de profit et les unités de soutien doivent partager.

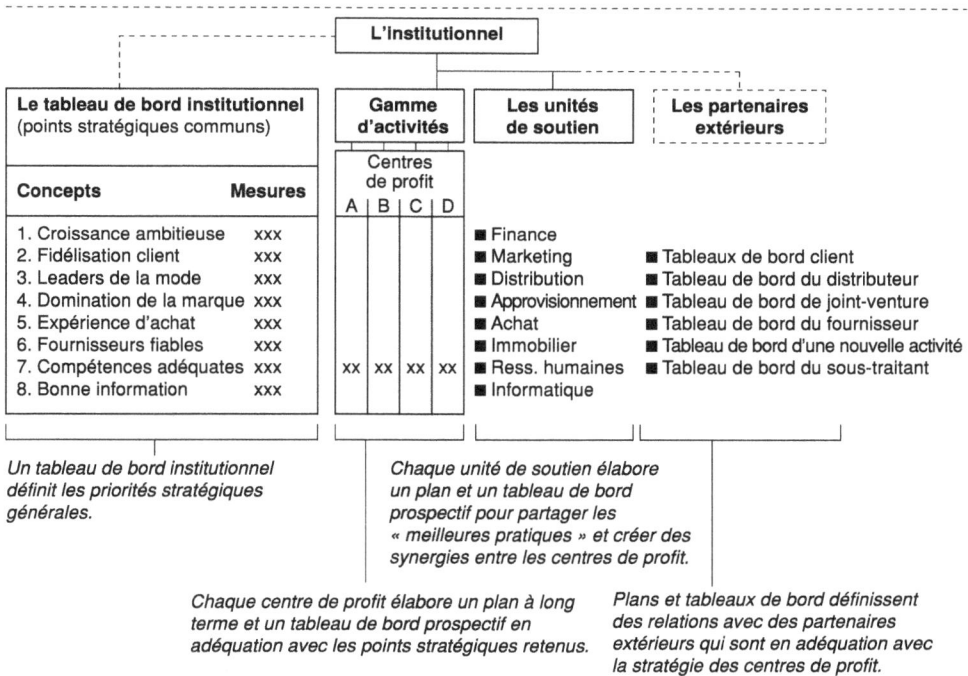

Figure II-1. Relier et mettre en adéquation l'organisation avec sa stratégie

---

4. Collis et Montgomery, *Creating Corporate Advantage*, 72.

L'aspect financier de la stratégie institutionnelle met en avant, pour chaque centre de profit, des objectifs de croissance ambitieux qui augmenteront de façon spectaculaire la valeur pour l'actionnaire. Sur l'axe client, la stratégie précise les objectifs marketing (de leader de la mode et de domination de la marque) qui vont donner une image institutionnelle cohérente à tous les centres de profit. La stratégie institutionnelle identifie des opportunités de créer, grâce aux services du groupe, tels que l'immobilier et les achats, des économies d'échelle qui bénéficieront aux stratégies et aux plans de chaque centre de profit. Finalement, la stratégie décrit l'opportunité de partager le capital intellectuel grâce aux personnes clés et aux systèmes d'information. Dans cette entreprise, chaque centre de profit a par la suite élaboré son propre tableau de bord mais en s'inspirant du modèle général. Les synergies définies dans le tableau de bord général ont créé une organisation dans laquelle le tout était plus grand que la somme des parties.

Bien que la nécessité d'un processus de contacts et de mise en adéquation puisse paraître simple et évidente, de nombreuses entreprises ne relient pas leurs centres de profit et leurs unités de soutien à la stratégie générale ou à celle de la division. C'est ainsi qu'une grande banque européenne n'a pas réussi à appliquer le tableau de bord prospectif parce qu'elle a échoué dans ce processus de liaison. Cette banque avait été parmi les premières à adopter le tableau de bord prospectif, dès 1994. Nous n'avons toutefois pas cité cet exemple dans le chapitre 1 quand nous avons parlé des réussites du tableau de bord prospectif. Et pour cause, au début de 1998, la banque enregistrait une baisse de ses profits. La nouvelle stratégie de la banque, autour de laquelle le tableau de bord prospectif avait été élaboré, était d'offrir des produits et des services financiers innovants et sophistiqués à des collectivités (les entreprises) qui pouvaient être jointes de façon continue de n'importe où dans le monde. La stratégie échoua lorsque l'informatique complexe nécessaire à son application n'a été déployée ni à temps ni de façon efficace.

Interrogé sur la performance de son service informatique, le directeur général répondit toutefois que cette unité marchait très bien d'après son tableau de bord prospectif. Il s'avéra que lorsque la directive est venue d'en haut d'appliquer un tableau de bord prospectif à chacune des unités, le service informatique de la banque se tourna vers ce qu'il pensait être les meilleures prestations informatiques, les plus admirées au monde. Il compara les performances de ces services informatiques et adopta les indicateurs utilisés par ces groupes à « haute performance ». À en croire ces indicateurs, le service informatique de la banque était à présent de « classe internationale » fonctionnant aussi bien que les toutes premières sociétés ayant les meilleures pratiques dans le domaine. Or, le service informatique, qui fonctionnait bien par rapport à des indicateurs extérieurs, avait échoué lamentablement dans la prestation d'un service vital pour l'un des centres de profit majeurs. En raison de ce manque d'adéquation, ni la stratégie de l'unité ni la stratégie de la banque ne purent être appliquées et finirent par échouer. L'expérience de cette banque est un cas d'école sur les conséquences d'une mauvaise adéquation des tableaux de bord (et des stratégies) dans l'ensemble de l'organisation.

Les synergies naissent d'excellentes interactions entre les centres de profit et de coût, et ces interactions potentielles doivent être explicitement reconnues dans les stratégies (et les tableaux de bord) des différentes unités. Nous décrirons, dans les deux prochains chapitres, comment le tableau de bord prospectif aide les organisations à relier des stratégies efficaces au niveau institutionnel aux centres de profit et aux unités de soutien.

6

Créer des synergies entre les centres de profit

LES ENTREPRISES REGROUPENT TOUTE UNE SÉRIE de divisions et de centres de profit qui peuvent se battre sur plusieurs secteurs, avoir des clients différents et adopter des stratégies différentes. Les cadres au siège doivent déterminer en quoi ils ajoutent de la valeur aux centres de profit de sorte que le tout soit plus grand que la somme des parties. Le tableau de bord prospectif fournit un cadre pour clarifier la valeur créée par le siège, car les synergies peuvent venir de n'importe lequel des quatre axes du tableau de bord. La Figure 6-1 illustre la gamme de synergies que nous avons observées en pratique.

Un conglomérat tel que FMC Corporation ne crée que peu de synergies entre ses différents centres de profit. Le rôle institutionnel est essentiellement financier, créant des synergies en faisant fonctionner un marché de capitaux efficace en interne. FMC exploite les informations privilégiées qu'il a sur les opportunités, les technologies, les processus et les compétences des centres de profit pour optimiser l'allocation des capitaux. Un tableau de bord général pour FMC mettrait en avant le cash-flow, l'efficacité du fonds de roulement, le retour sur capital (ou l'indicateur de valeur pour l'actionnaire) et la rentabilité des investissements en capitaux.

Axe financier	Axe client	Axe de processus interne	Axe d'apprentissage et de développement
Optimiser l'allocation du capital (Valeur pour l'action-naire) **Équilibrer croissance et risque** (Retour sur investisse-ment ajusté des risques)	**Promouvoir des ven-tes croisées** (Part de compte) **Se concentrer sur le client** (Satisfaction et fidélisa-tion du client)	**Optimisation de pro-cessus communs** ■ Immobilier ■ Achat ■ Part de linéaire **Économies d'échelle** ■ Distribution ■ Production **Intégration de la chaîne de valeur** (Coût par unité) (Part de marché)	**Partage des meilleures pratiques Développement des compétences clés**

Figure 6-1. La gamme des synergies institutionnelles

Les organisations telles que les groupes bancaires de Citygroup Inc. et de Chase Manhattan créent des synergies en proposant aux clients de faire sur place toutes leurs opérations d'un coup pour un grand nombre de produits et de services financiers : cartes de crédit, comptes de chèque et d'épargne, hypothèques, prêts personnels, transactions boursières et investissements. Chaque produit ou service est traité par un centre de profit différent. Johnson et Johnson comprend plus de 150 entreprises dans le monde, toutes fonctionnant dans le domaine de la santé et des soins. Nombre de ces entreprises partagent des clients communs : hôpitaux, centres de soins, médecins, pharmacies, supermarchés et détaillants géné-ralistes qui procurent des produits et services de soins aux clients. Dans le cas d'aussi gros fournisseurs de produits et de services financiers ou de soins, chaque centre de profit bénéficie de toute la base de clientèle de l'organisation. Le rôle du siège devrait être de créer des synergies en partageant les clients entre les centres de profit et son tableau de bord devrait mettre en avant des thèmes tels que le partage du portefeuille du client, les ventes croisées et les produits et services intégrés.

De nombreuses organisations partagent des **processus** communs et ont besoin du siège pour s'assurer de l'utilisation la plus efficace. Prenons le cas de The Limited, un détaillant de vêtements dont les huit divisions comprennent Victoria Secret Express et Abercombie & Fitch, chacune ayant son propre groupe de clients ciblés et sa chaîne de magasins de détail. La division immobilière de la société qui acquiert et gère les biens immobiliers, propose en une seule entité toute l'expertise en son domaine et elle peut bénéficier à chacune des huit divisions. The Limited a également une division qui gère les relations avec les usines dans les pays à bas salaires qui fournissent des produits aux huit divisions. Il est à la fois plus efficace et plus efficient de concentrer l'expertise de services communs dans une seule division, comme la division immobilière ou celle de fournisseur mondial, plutôt que chacune des compagnies exploitantes ne développe ses propres capacités dans un domaine critique.

De nombreuses entreprises, notamment de la grande consommation, peuvent avoir une seule division distribution qui dessert de multiples divisions de produits et de marques. Les clients, qu'ils soient détaillants ou grossistes, préfèrent généralement avoir à faire à un seul interlocuteur pour la livraison plutôt que d'avoir à négocier directement avec autant de divisions que la société a choisi d'en avoir en interne. Dans ce cas, lorsque la fonction de distribution est gérée par une seule entité de services communs, le service et la satisfaction client s'en trouvent l'un et l'autre améliorés.

L'approvisionnement fait également souvent partie des services communs. En centralisant les demandes pour différents produits et pour différentes divisions, l'entreprise peut bénéficier de remises de prix et d'une attention particulière du fournisseur en raison de ses volumes d'achat. Une fonction d'approvisionnement spécialisée permet également d'acquérir une connaissance plus approfondie et spécialisée sur les matériaux et composants stratégiques ainsi que sur la performance du fournisseur que ne le pourraient des unités d'achat séparées dans chaque centre de profit.

Certains centres de profit de compagnie partagent des technologies et des connaissances communes. Honda Motor Co., Inc. par exemple utilise ses formidables capacités de conception et de fabrication pour produire de meilleurs produits sur plusieurs segments du marché : motos, voitures, motoculteurs et générateurs. NEC a eu recours à ses capacités en micro-électronique et en miniaturisation pour devenir le leader en téléviseurs, ordinateurs et télécommunications[1].

Le tableau de bord général devrait exprimer la philosophie de l'organisation, les raisons pour lesquelles elle a plusieurs centres de profit fonctionnant dans la même structure, plutôt que d'avoir des centres de profit

---

1. Exemples tirés de « The Core Competence of the Corporation » de C.K. Prahalad et G. Hamel, *Harvard Business Review* (mai-juin 1990) : 79-91.

fonctionnant comme des entités indépendantes, avec leur propre direction et une source de financement indépendante. Un tableau de bord institutionnel peut clarifier deux éléments d'une stratégie générale :

1. Les thèmes institutionnels : les valeurs, les croyances et les idées qui reflètent l'identité de l'entreprise et qui doivent être partagées par tous les centres de profit (par exemple la sécurité chez DuPont ou l'innovation chez 3M)

2. Le rôle institutionnel : des actions initiées au niveau institutionnel génèrent des synergies au niveau du centre de profit (par exemple les ventes croisées aux clients des différents centres de profit, le partage de technologies communes ou la prestation d'un processus centralisé)

Le cas suivant illustre certaines applications de ces idées.

FMC : LA GESTION DE LA VALEUR POUR L'ACTIONNAIRE

Bien que nous recommandions que le tableau de bord prospectif soit élaboré à partir de la stratégie, il arrive souvent qu'il n'y ait pas de stratégie institutionnelle formalisée. Dans un conglomérat où les branches de diversification n'ont pas de relations les unes avec les autres, le siège institutionnel crée de la valeur par sa capacité à gérer le capital entre ses différents centres de profit et non pas en créant des synergies ou une intégration entre eux.

L'une des premières applications d'un tableau de bord prospectif débuta chez FMC en 1992. FMC était composé d'une série de plus d'une vingtaine de compagnies exploitantes dans des secteurs très différents notamment les produits chimiques pour l'agriculture et l'industrie, le matériel agro-alimentaire, l'équipement d'aéroport, la défense, l'or et le lithium. Parce que le siège générait des synergies par ses politiques financières et de ressources humaines et non pas à partir des synergies clients ou de fonctionnement, FMC n'avait pas élaboré de tableau de bord institutionnel. Le siège a plutôt défini un concept selon lequel chaque compagnie exploitante devait formuler une stratégie de croissance qui serait ensuite exprimée dans son propre tableau de bord. Les responsables suivaient alors les performances de chaque société en fonction de son tableau de bord.

Certains s'interrogent sur la confusion qui peut naître de plusieurs indicateurs dans les différentes divisions et les compagnies exploitantes. Ils recherchent un jeu de mesures unique que toutes les divisions peuvent utiliser pour avoir un format commun pour rendre compte. Mais nous pensons que FMC a adopté la bonne méthode. FMC ayant des unités opérationnelles et des stratégies différentes, elle aurait eu tort d'imposer à ses sociétés exploitantes un cadre standard pour rendre compte. Les tableaux de bord personnalisés ont permis aux cadres supérieurs de FMC de concentrer leur suivi et leurs analyses sur les stratégies spécifiques développées par leurs entreprises et non pas de vérifier leur performance à des indicateurs émanant du siège et qui pourraient ne pas être importants pour leurs stratégies. Un cadre supérieur observa :

> *Nous avons trois centres de profit, trois processus différents, chacun pouvant avoir des systèmes élaborés pour mesurer la qualité, le coût et le temps mais chacun ressentant l'impact d'améliorations de façons radicalement différentes. En raison de la diversité de nos centres de profit, les cadres supérieurs ne peuvent avoir une perception exacte de l'impact des améliorations de temps et de qualité sur chacun des centres de profit[2].*

Le tableau de bord donna aux cadres du siège un nouvel outil d'accompagnement formidable pour gérer les différentes entreprises. Auparavant, tant que les présidents présentaient d'excellents résultats financiers, personne ne vérifiait leurs stratégies de très près. À présent, la performance financière à elle seule ne suffisait plus. Les présidents des compagnies devaient satisfaire aux objectifs et aux mesures stratégiques de leur tableau de bord.

Les cadres de FMC pensaient également que désormais ils avaient un droit de regard sur les stratégies des entreprises exploitantes. Les présidents de ces entreprises ne pouvaient pas changer de stratégie sans en avoir longuement parlé aux cadres du siège. Et lorsque de nouveaux présidents étaient nommés, on s'attendait à ce qu'ils poursuivent la stratégie sur laquelle on s'était déjà mis d'accord. Les présidents pouvaient adapter les stratégies existantes, mais ils devaient alors proposer un système de mesure et de responsabilité modifié du tableau de bord prospectif pour cette nouvelle stratégie et convaincre l'équipe du siège de l'intérêt de l'adopter.

---

2. « Implementing the Balanced Scorecard at FMC Corporation : An Interview with Larry D. Brady » de R. Kaplan et D. Norton, *Harvard Business Review* (septembre-octobre 1993) : 145.

FMC a continué à utiliser le tableau de bord prospectif avec ses entreprises exploitantes. Les directeurs généraux d'un tiers des compagnies pensaient que ce n'était pas l'outil adéquat pour eux et ils obtinrent l'autorisation de laisser tomber le tableau de bord pour un compte rendu de performance au siège. Les deux autres tiers ont continué à l'utiliser activement pour relier leur stratégie à leur fonctionnement.

En 1998, FMC mena une étude comparative portant sur les caractéristiques des sociétés les plus performantes de la bourse de New York. Les conclusions de l'étude conduisirent FMC à lancer son premier tableau de bord « général » à la mi 99. Le tableau de bord institutionnel (voir Figure 6-2) comportait des indicateurs sur les axes financier, interne et d'apprentissage et de développement. Apparemment, les indicateurs adéquats pour le client étaient trop dissemblables entre les unités opérationnelles pour que le compte rendu puisse être standardisé. Le tableau de bord institutionnel ne donnait pas de détails sur la stratégie institutionnelle. Il se concentrait sur la responsabilité institutionnelle envers les actionnaires (créant de la valeur pour l'actionnaire grâce à une utilisation avisée du capital et à la gestion des résultats d'exploitation) et sur deux thèmes de processus simples (la sécurité et le développement des ressources humaines) qui devaient être appliqués par toutes les entreprises. Le tableau de bord institutionnel exprimait les indicateurs de niveau supérieur que FMC utiliserait pour évaluer sa performance et que les entreprises exploitantes devaient prendre en compte pour gérer leurs propres opérations.

Axe financier	■ Retour sur investissement ■ Efficacité du fonds de roulement ■ Cash-flow d'exploitation ■ Croissance et prévision des résultats par action ■ Nombre d'analystes suivant la société ■ Nombre d'acquisitions et de désinvestissements ■ Niveau d'investissement
Axe interne	■ Sécurité du personnel ■ Sécurité des processus
Axe d'apprentissage et de développement	■ Rotation du personnel ■ Succès du recrutement auprès des diplômés de l'enseignement supérieur ■ Évaluations des performances réalisées

Figure 6-2. Le tableau de bord prospectif de FMC pour 1999

En résumé, chez FMC, une holding d'entreprises diversifiées, le tableau de bord prospectif a servi de mécanisme de liaison entre le siège et les entreprises exploitantes pour assurer une meilleure communication et un meilleur exercice de la responsabilité avant de permettre de meilleurs jugements sur les stratégies et les performances des différentes entreprises exploitantes.

LA DIVISION MARKETING ET RAFFINAGE AMÉRIQUE DU NORD DE MOBIL : LA GESTION DES CLIENTS ENTRE DIFFÉRENTES RÉGIONS

Chez Mobil, le premier tableau de bord a été mis en place dans la division NAM&R. Comme nous l'avons évoqué au chapitre 2, ce tableau de bord prospectif décrit une stratégie visant à réussir avec trois segments de clientèle — les combattants de la route, les fidèles invétérés et la génération battante — à créer une relation gagnant/gagnant avec les distributeurs. La stratégie impliquait que les stations gérées par les distributeurs assurent un « service rapide et chaleureux » pour attirer les clients des trois segments ciblés même lorsque l'essence y était vendue de 0,06 à 0,08 dollar plus cher que dans les stations services pratiquant les prix cassés dans les environs. Les stations Mobil devaient être grandes, avec suffisamment d'espace pour abriter un magasin d'une certaine taille et un nombre de pompes nécessaire pour que les clients n'aient pas à faire la queue pour obtenir de l'essence. Chaque pompe devait être dotée d'un lecteur de carte de crédit de sorte que les clients pressés n'aient pas à faire la queue pour payer.

NAM&R n'a pas lancé son tableau de bord en demandant à ses dix-huit centres régionaux — tels que la Nouvelle Angleterre, le Middle West, la Floride, le Texas et la Californie — qui étaient en fait les plus proches des clients, de construire des tableaux de bord pour leurs régions. Imaginez les problèmes qui auraient pu se poser si chaque unité régionale avait mis au point une stratégie fondée sur ses caractéristiques locales. La Nouvelle Angleterre, peuplée de ses économes légendaires aurait pu vouloir se concentrer sur le segment des chasseurs de prix. Le Texas, avec ses vastes étendues, aurait pu opter pour les combattants de la route. Et la Californie avec sa culture jeune d'Hollywood et de la Silicon Valley aurait pu mettre l'accent sur la génération battante. Un tel résultat aurait entraîné le chaos.

Mobil aurait eu une image différente sur chacun des marchés locaux. Les clients habitués à des prix bas en Nouvelle Angleterre pourraient être choqués par les prix haut de gamme sur un autre marché. Et les clients fidèles du Middle West, s'attendant à trouver des stations Mobil avec une douzaine de pompes et une grande boutique, seraient déçus en achetant de l'essence en Nouvelle Angleterre d'y trouver de longues files d'attente à un seul jeu de pompes en l'absence de boutique. Mobil aurait également rencontré des difficultés à essayer d'expliquer à un réseau national de distribution les différentes propositions de valeur souhaitées dans les différents états. En ayant une stratégie commune pour l'ensemble du pays, Mobil a pu faire passer un message cohérent aux clients et aux distributeurs dans tout le pays. Le tableau de bord au niveau de la division détaillait la stratégie commune que chaque station Mobil devait adopter.

En plus du message commun sur l'axe client, NAM&R souhaitait des thèmes communs à toutes les régions sur l'axe des processus internes. Dans ses principales opérations, le raffinage, le stockage et la distribution, Mobil souhaitait que chaque région mette en avant les éléments suivants :

- Faible coût

- Conformité et ponctualité

- Opérations sûres, saines et protectrices de l'environnement

- Utilisation efficace des actifs

Alors que la stratégie était exprimée au niveau national, NAM&R permettait à chaque centre régional de formuler son propre tableau de bord à condition qu'il reprenne les thèmes de niveau supérieur de la division. Il fut demandé à chaque région de mettre au point son propre tableau de bord prospectif[3]. Ces tableaux de bord devaient être adaptés aux conditions locales (concurrence, opportunités de marché et processus critiques) en fonction du tableau de bord de la division. Ed Lewis, le leader du projet chez NAM&R décrit ainsi la philosophie : « Nous avons utilisé le tableau de bord de NAM&R comme une lumière qui montrait le chemin, mais c'est tout ce que c'était : une lumière. Lorsqu'un centre de profit mettait

---

3. L'expérience de création de deux tableaux de bord prospectifs de centres de profit est décrite par R.S. Kaplan, *Mobil USM&R (B) / New England Sales and Distribution* 9-197-026 (Boston, Harvard Business School, 1996) et *Mobil USM&R (C) : Lubricants Business Unit*, 9-197-027 (Boston : Harvard Business School, 1996).

au point un tableau de bord, c'était son tableau de bord et il devait vivre avec[4]. »

En général, il n'est ni nécessaire ni même souhaitable que toutes les mesures des tableaux de bord inférieurs s'agrègent pour représenter les mesures du tableau de bord supérieur. Nous avons trouvé qu'il était préférable que l'unité inférieure ait la latitude d'adapter les mesures à ses propres conditions, plutôt que de recevoir un élément tout fait, imposé par un tableau de bord supérieur. Les unités locales devraient se sentir investies du pouvoir de choisir les mesures adéquates qui peuvent influencer les objectifs supérieurs et ne pas avoir à utiliser celles qui peuvent s'agréger en un indicateur au niveau de la division ou de l'entreprise. Comme nous l'avons décrit au chapitre 2, la direction régionale de Mobil en Nouvelle Angleterre a développé sa propre stratégie et ses propres mesures pour établir des relations gagnant/gagnant avec ses distributeurs et les indicateurs de ses distributeurs étaient différents de ceux utilisés dans d'autres unités.

LES SERVICES ÉNERGÉTIQUES BROWN & ROOT : L'INTÉGRATION DE LA CHAÎNE DE VALEUR

De nombreuses organisations ont des centres de profit qui interviennent à différents points de la chaîne de valeur du client. Les interfaces entre les centres de profit qui constituent la chaîne de valeur sont généralement entachées d'inefficacités. Chaque centre de profit crée ses propres protections, a ses propres systèmes, ses propres critères et peut suivre des stratégies différentes (excellence opérationnelle, supériorité produit ou intimité client). Une entreprise peut obtenir un avantage concurrentiel considérable en intégrant mieux ses centres de profit le long de la chaîne de valeur. Toutefois, une telle intégration ne peut se produire sans l'intervention efficace du siège.

La division des services énergétiques Brown & Root de la société Halliburton a utilisé un tableau de bord prospectif pour appliquer une stratégie d'intégration de la chaîne de valeur à ses six entreprises auparavant indé-

---

4. R.S. Kaplan, *Mobil USM&R (A) : Linking the Balanced Scorecard* 9-197-025 (Boston : Harvard Business School, 1996), 6.

pendantes. Ces entreprises fournissaient chacune un service différent pour la construction marine : bureau d'étude, achat, fabrication, installation, exploitation, logistique et services (voir Figure 6-3). Rockwater, une société dont nous avons parlé brièvement au chapitre 1, se chargeait de l'installation sous-marine dans cette division. Les clients, essentiellement de grosses compagnies pétrolières et gazières, passaient des contrats individuels avec chacune des entreprises pour assurer une mission particulière. Alors que la plupart d'entre elles avaient de nombreux clients en commun, ni les clients ni les entreprises de Brown & Root n'avaient essayé de tirer profit de ces relations.

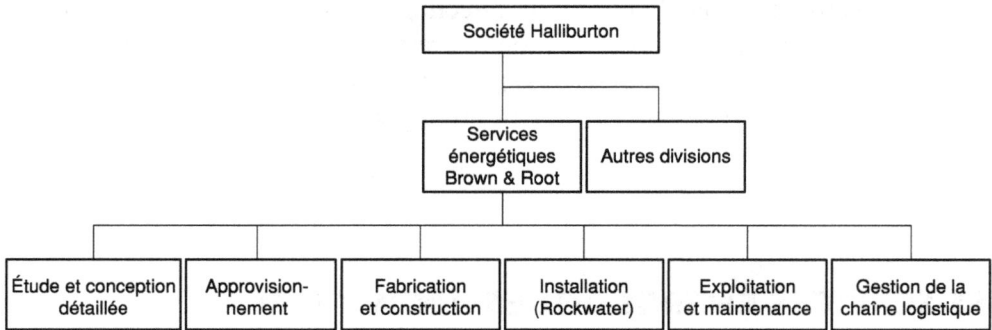

Figure 6-3. Les services énergétiques Brown & Root

Lorsque Norm Chambers, le président de Rockwater, a été nommé à la tête de la division des services énergétiques, il s'aperçut des inefficacités, des chevauchements et la confusion qui existaient aux interfaces entre les entreprises de Brown & Root. Chacune d'entre elles était rémunérée pour les éléments qu'elle fournissait aux clients : une tonne de tuyaux d'acier fabriqués, une heure/homme d'ingénierie. De tels travaux étaient soumis à une concurrence relativement féroce sur les prix.

Chambers et son équipe de direction pensaient qu'en joignant leurs efforts les différentes entreprises de la division Brown & Root pouvaient offrir un service unifié et intégré, voire clé en mains. Chambers souhaitait que Brown & Root fournisse des solutions et soit payée pour les résultats qu'elle produisait et non pour les éléments qu'elle fournissait. À la limite, Brown & Root pouvait concevoir la structure (par exemple une installation de forage), fabriquer les principaux éléments de la structure, installer les éléments, exploiter et maintenir la structure ; elle offrirait alors un service de bout en bout au client. Si toutes les affaires étaient de ce type, clé en mains, alors les arguments justifiant d'avoir six entreprises indépendantes n'auraient plus raison d'être. Mais la plupart des affaires, du moins à court terme, continueraient à voir chaque entité soumissionner pour réaliser une partie spécifique du travail.

Chambers voulait que les six entreprises apprennent à travailler ensemble de façon à offrir un service mieux intégré aux clients clés et ainsi les convaincre de sous-traiter la majeure partie de ce qui n'était pas au cœur de leur métier. La nouvelle stratégie ferait, en fait, que Brown & Root ne serait plus un fournisseur à bas prix mais le fournisseur qui arrivait le mieux à faire baisser les coûts de son client. Si l'on songe que la mise en production d'un nouveau champ sous-marin représente entre 1 à 2 milliards de dollars en investissements directs, les économies générées par une telle stratégie intégrée de coût plus bas pourraient être substantielles pour le client.

Brown & Root exprima sa vision stratégique en faveur de stratégies plus intégrées au niveau des entreprises en incluant, dans le tableau de bord de la division, un thème stratégique de livraison de services intégrés (voir Figure 6-4). L'axe financier de ce thème fixait un nouvel objectif : accroître le chiffre d'affaires correspondant aux services impliquant plusieurs entités. Cet objectif exprimait le but d'obtenir de nouvelles affaires en fournissant des services intégrés et clé en mains aux clients.

Les deux objectifs de l'axe client étaient :

1. Établir de solides relations avec les entreprises cibles qui seraient disposées à permettre à Brown & Root d'assurer une plus grande part du travail

2. Baisser le coût de l'ensemble du cycle pour les clients ayant avec Brown & Root un contrat pour des services intégrés sur l'ensemble de la chaîne

Le second objectif était mesuré par un pourcentage du coût par baril sur l'ensemble du cycle par rapport à ce que pouvaient atteindre les entités indépendantes fonctionnant sans collaboration. Cette mesure de résultat montrait de combien la courbe des coûts pouvait être abaissée grâce à l'intégration des opérations. Brown & Root voulait qu'une plus grande partie des affaires traitées ne soit plus fondée sur le paiement des éléments fournis aux clients (Heures/hommes d'étude et de fabrication, tonnes d'acier fabriquées) mais sur la production de résultats — des coûts moindres pour le client — en se concentrant sur la fourniture de solutions complètes. Les objectifs et les mesures internes et d'apprentissage et de développement ont alors été définis pour permettre la réalisation des objectifs financiers et client. Il ne faudrait pas sous-estimer les changements culturels impliqués sur l'axe d'apprentissage et de développement. Les ingénieurs et les fabricants (ceux de la construction) avaient des formations différentes, parlaient des langages différents et n'avaient généralement que peu de communications entre eux. Pour que Brown & Root puisse offrir des solutions intégrées, il fallait démanteler les barrières culturelles, nationales et professionnelles.

Axe	Objectif	Mesure
Financier	■ Accroître le chiffre d'affaires venant de services intégrés (activités croisées)	■ % de chiffre d'affaires venant de projets intégrés
Client	■ Établir des relations solides ■ Abaisser les coûts sur l'ensemble du cycle	■ Satisfaction client ■ Coût intégré sur l'ensemble du cycle
Interne	■ Créer de nouvelles opportunités de marché ■ Créer de nouvelles opportunités de service ■ Créer des capacités de gestion intégrées ■ Devenir un producteur à faible coût	■ Nombre de contrats qui impliquent deux entreprises ou plus ■ Nombre de services intégrés qui ont été créés ■ Étapes dans la réalisation d'un système de gestion spécifique pour une capacité intégrée ■ Coût du produit par rapport à celui des entreprises-cibles
Apprentissage et développement	■ Mettre en place des programmes de stimulation pour inciter à former des équipes orientées client ■ Développer une culture favorable à l'intégration des systèmes	■ % des projets avec un partage des gains avec le client ■ Enquête auprès du personnel sur la connaissance et l'acceptation des nouvelles valeurs culturelles

Figure 6-4. Le tableau de bord prospectif de Brown & Root

En construisant son tableau de bord prospectif, chacune des entreprises de Brown & Root pouvait à présent inclure des objectifs qui reflétaient en quoi elle contribuait au thème de la division pour accroître les opérations intégrées. Les tableaux de bord indiquaient aux salariés de l'entreprise l'importance de développer de nouvelles compétences pour fournir des services intégrés et mesuraient les progrès pour obtenir de nouvelles affaires et fournir des services rentables en liaison avec les autres entreprises de Brown & Root.

Au cours de la première année de fonctionnement avec cette nouvelle stratégie de service intégré, Brown & Root a augmenté son chiffre d'affaires de 33 % et le pourcentage total de son chiffre d'affaires venant des contrats intégrés passa de 11 à 30 %. On peut citer comme l'un des premiers exemples de la nouvelle stratégie, le cas de BP qui choisit Brown & Root pour gérer une équipe intégrée de sept entreprises différentes (quatre compagnies Brown & Root et trois compagnies indépendantes) pour mettre en route le nouveau site Andrew en mer du Nord. À l'aide d'un tableau de bord prospectif en guise de cadre intégrateur pour mettre en adéquation les objectifs de toutes les entreprises concernées, Brown & Root parvint à terminer le chantier six mois à l'avance, par rapport au planning initial de 25 mois, en économisant 150 millions de dollars par rapport au budget. On peut citer, comme l'un des exemples d'économie que l'équipe intégrée de Brown & Root a mis au point, une démarche créative pour le branchement d'un nouveau puits dans le champ pétrolifère d'Andrew, un processus qui normalement prenait environ 90 jours et coûtait 250 000 dollars par jour. Le nouveau système, lui, a été terminé au bout d'un jour et demi. L'économie globale réalisée sur le projet a été partagée entre BP et les entreprises alliées, plusieurs d'entre elles recevant une prime de performance s'élevant à 20 % du chiffre d'affaires de l'année précédente.

VILLE DE CHARLOTTE : LA MISE EN ADÉQUATION DES DÉPARTEMENTS FONCTIONNELS

Les organismes du secteur public au niveau de la ville, de l'état ou de la nation peuvent également réaliser une intégration et trouver des synergies entre leurs différentes unités d'exploitation. Dès que la ville de Charlotte eut développé son tableau de bord prospectif (voir les détails au chapitre 5), le directeur demanda à toutes les unités opérationnelles telles que la police, les pompiers, les services des déchets solides, la planification, le développement collectif et les transports, d'élaborer leurs propres tableaux de bord. Comme cela s'était produit chez Mobil, les tableaux de bord des unités opérationnelles reflétaient aussi bien la performance d'exploitation de l'unité que les objectifs et les mesures la reliant à l'un ou à plusieurs des cinq domaines stratégiques de la ville. Le processus d'élaboration des tableaux de bord des unités opérationnelles permit aux objectifs et à la stratégie des différents départements de contribuer aux cinq domaines stratégiques de la ville. Comme le directeur adjoint de la ville, Del Borgsdorf l'a fait remarquer :

> *La plupart des villes ne sont que des fédérations d'unités opération-nelles. Le tableau de bord prospectif a servi d'outil d'intégration entre les départements. Il nous a permis de nous demander : « Que faisons-nous dans le sens ou à contre courant de l'objectif du « renforcement du sentiment de voisinage » ? Le tableau de bord nous a permis de changer le programme de la ville pour le faire passer des départements et de la tactique aux cinq domaines stratégiques[5].*

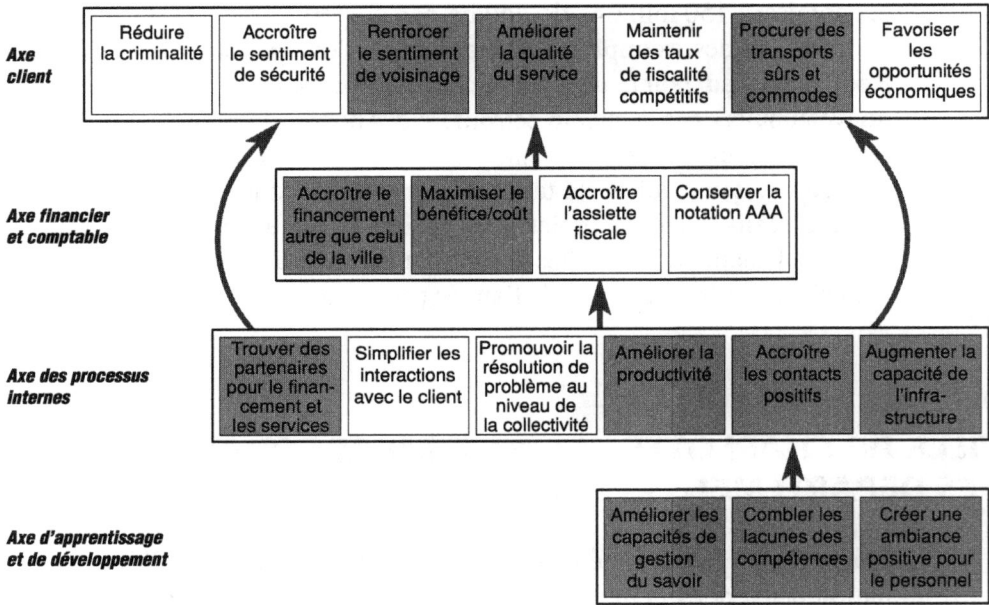

Les objectifs institutionnels du département des transports. Fondés sur le tableau de bord initial de la ville de Charlotte.

Figure 6-5. Le tableau de bord de la ville de Charlotte

Le département des transports sélectionna dans les quatre axes du tableau de bord de la ville les objectifs les plus adaptés à son exploitation (voir Figure 6-5). L'axe client comprenait naturellement des « transports sûrs et commodes ». L'équipe pensa également que « l'amélioration de la qualité

---

5. R.S. Kaplan, *City of Charlotte (A)*, 9-199-036 (Boston : Harvard Business School, 1998), 6.

du service » était un objectif important pour son département. L'équipe étendit ensuite les objectifs de transport et de qualité du service de la ville à son tableau de bord au niveau du département. En partant de ce modèle, l'équipe élabora des mesures de suivi et de prospection pour les objectifs de chacun des axes du tableau de bord prospectif proposé par le département des transports. Ce faisant, le département des transports mit au point un ensemble équilibré de mesures de suivi et de prospection lié aux objectifs supérieurs de la ville et en cohérence avec la mission et la stratégie du département[6].

Le département de la police mit également au point son tableau de bord au niveau du département (voir Figure 6-7)[7]. L'adjoint au responsable des services administratifs fit le commentaire suivant sur l'avantage d'avoir un tableau de bord prospectif au niveau du département : « Autrefois, chaque secteur avait une longue liste d'objectifs et de mesures. On se contentait de passer en revue les motions pour rédiger des rapports. Le tableau de bord prospectif est plus simple et plus significatif. Notre plan d'action est relié aux mesures du tableau de bord. Et l'agent dans la rue… en saura plus sur les objectifs du département[8]. »

L'accent mis sur certaines mesures changea de façon spectaculaire. Le département de la police avait toujours mesuré le temps mis à répondre aux appels d'urgence de police secours (911 appels d'urgence). De façon surprenante, l'analyse menée par le département révéla que le temps de réaction n'était important que dans 1 % des appels qu'il recevait. Même lorsqu'il y avait crime, le criminel avait généralement quitté les lieux et les victimes se contentaient habituellement de voir arriver la police dans l'heure, comme promis, plutôt que dans les deux minutes. La police nota également qu'il n'y avait aucune corrélation entre le temps de réaction à un appel et le taux de criminalité. Le département de la police, en cohérence avec le mouvement de qualité totale observé dans le secteur privé, déplaça ses ressources pour prévenir les crimes plutôt que de réagir *a posteriori* aux défauts (aux crimes commis). Le chef de la police indiqua que le département avait tenté depuis de nombreuses années de ne plus mettre l'accent sur les temps de réaction comme mesure de performance mais qu'il craignait d'être critiqué par le conseil municipal. Le tableau de

---

6. R.S. Kaplan, *City of Charlotte (B)* 9-199-043 (Boston : Harvard Business School, 1999).
7. Le tableau de bord du département de police est également décrit dans *City of Charlotte (B)* de Kaplan.
8. *Idem*, 4.

Axe	Objectif	Mesures de suivi	Mesures de prospection
Client	C-1 Entretenir le système de transport	C-1 **Besoins de réparation** : réaction aux besoins de réparation C-1 **Vitesse de déplacement** : moyenne de vitesse de déplacement par rue et dans certains endroits spécifiques	C-1 **Réseau routier de grande qualité** : conditions des kilomètres de rues ≥ notation de 90
	C-2 Exploiter le système de transport	C-2 **Ponctualité des bus** : ponctualité des transports publics	C-2 **Sécurité** : taux d'accident au niveau de la ville ; nombre de lieux d'accidents fréquents
	C-3 Développer le système des transport C-4 Définir la conception du système idéal	C-3 **Programmes lancés** : programmes nouvellement lancés, pilotes ou caractéristiques des programmes	C-3 **Mobilité de base** : disponibilité des transports C-4 **Avancement du plan** : % du plan de transports 2015 réalisé
	C-5 Améliorer la qualité du service	C-5 **Réactivité** : % de réclamations et de demandes des usagers résolu au niveau du département des transports	C-5 **Temps de déplacement** : temps moyen de déplacement sur certains axes
	C-6 Renforcer le sentiment de voisinage	C-6 **Réactions aux problèmes** : situations précises où le département des transports identifie et répond aux problèmes de circulation et de mobilité à proximité	C-6 **Programmes visant le sentiment de voisinage** : programmes appliqués à l'issue de problèmes résolus au niveau de la collectivité
Financier	F-1 Développer le financement autre que celui de la ville F-2 Maximiser le rapport bénéfice/coût	F-2 Coûts comparés à d'autres municipalités et à la concurrence du secteur privé	F-1 **Lever de fonds** : valeur en dollars de sources autres que la ville F-2 **Nouvelles sources de financement** : valeur en dollars des sources non disponibles auparavant

Axe	Objectif	Mesures de suivi	Mesures de prospection
Processus internes	I-1 Accroître la capacité de l'infrastructure	I-1 Investissements en capitaux : $ alloués pour des projets capitaux dans des domaines ciblés	I-1 Ratios de capacité : Capacité accrue par rapport à ce qui est requis par le plan de 2015
	I-2 S'assurer de partenaires pour le financement et le service	I-2 Appui des partenaires pour le financement et le service : nouveaux financements et nouveaux partenaires identifiés	I-2 Nombre de partenaires : nombre de partenaires
	I-3 Améliorer la productivité	I-3 Coût par unité : coût par unité	I-3 Coût d'entretien des rues : coût par kilomètre
		I-3 Approvisionnement concurrentiel : % du budget soumissionné	I-3 Coût de transport des passagers : coût par passager
	I-4 Améliorer les contacts positifs avec la collectivité	I-3 Identification de problèmes : origine et action	I-4 Enquêtes clients : résultats des enquêtes concernant la qualité du service
		I-4 Communications clients : nombre, type, fréquence	
Apprentissage et développement	A-1 Améliorer les systèmes d'information automatisés	A-1 **Infrastructure informatique** : une base de données relationnelle complète couvrant le département	A-1 **Accès à l'information** : information stratégique disponible par rapport aux besoins des utilisateurs
	A-2 Améliorer la technologie du « terrain »		A-2 **Outils d'information** : outils stratégiques disponibles par rapport aux besoins des utilisateurs
	A-3 Combler les lacunes dans les compétences	A-3 **Identification des compétences** : les compétences clés des fonctions stratégiques sont identifiées	A-3 **Transfert de compétences** : preuve de compétence dans le travail
	A-4 Responsabiliser le personnel	A-4 **Enquête d'ambiance auprès du personnel** : résultats de l'enquête auprès du personnel	A-4 **Adéquation du personnel aux objectifs** : formation/développement de carrière en adéquation avec la mission

Figure 6-6. Tableau de bord prospectif du département des transports de la ville de Charlotte

bord prospectif donna la liberté à la police de s'éloigner de la mesure traditionnelle du temps de réaction et stimula le département pour trouver des indicateurs plus significatifs, centrés sur la police de proximité et la résolution des problèmes à long terme.

Axe client	■ Abaisser le taux de criminalité ■ Améliorer la perception de sécurité de la collectivité ■ Réagir rapidement aux coups de téléphone des ressortissants ■ Améliorer la sécurité des transports dans les rues de la ville
Axe comptable et financier	■ Obtenir des fonds de sources autres que la ville
Axe des processus internes	■ Améliorer la résolution de problème au niveau de la collectivité ■ Développer des partenariats avec des organismes publics et privés ■ Restructurer les services de patrouille de police ■ Améliorer le service au bureau de contrôle des animaux ■ Améliorer le recrutement des officiers de police ■ Développer des modèles de ressources humaines pour une police tournée vers la collectivité ■ Renforcer le processus d'audit pour les réclamations sur la mauvaise conduite des policiers
Axe d'apprentissage et de développement	■ Développer la technologie pour une information et une communication dans les temps ■ Améliorer les compétences des officiers de police pour avoir une police tournée vers les problèmes de la collectivité ■ Créer une ambiance favorable à la motivation et à la responsabilisation des salariés pour qu'ils soient sensibles aux objectifs de sécurité de la collectivité

Figure 6-7. Les objectifs du tableau de bord prospectif du département de police de la ville de Charlotte

Le département de la police pensait toutefois que le taux de criminalité ne serait pas un indicateur fiable à lui tout seul. Avec la police de proximité, la police de quartier observerait et rendrait compte de plus de délits. Les citoyens auraient davantage confiance dans la réactivité et la compétence de la police locale, ce qui les inciterait à aller lui déclarer plus de délits. Ainsi le taux de criminalité pouvait augmenter alors que l'incidence des délits eux-mêmes diminuerait. À l'inverse, le taux de criminalité pouvait être réduit par une application hyper stricte des règlements conduisant les citoyens à se sentir moins en sécurité en raison d'actions agressives de la part de la police.

Le département de la police travailla à mettre au point une enquête qui donnerait un indice de la perception de sécurité dans la collectivité. Le chef de la police pensait tellement que cette mesure était vitale pour la performance de son département qu'il demanda par la suite à l'institut Gallup d'affiner l'enquête et de la mener auprès des citoyens dans les quartiers de la ville. Le recours à un institut expérimenté, réputé et indépendant comme Gallup, ajoutait de la crédibilité aux mesures de perception de la sécurité. L'enquête Gallup de 1999 révéla que 85 % des citoyens de Charlotte pensaient que les officiers de police de leur collectivité étaient tournés vers le service et 84 % déclarèrent avoir confiance en eux.

Le renforcement du sentiment de voisinage était un autre objectif du tableau de bord prospectif. Le chef de la police remarqua qu'un grand nombre de débits de boisson dans un quartier pouvait non seulement contribuer à un fort taux de criminalité local mais également empêcher d'autres types de commerces de s'installer. Il contribua à former une équipe interdépartementale, comprenant un officier de police, des représentants du bureau de la sectorisation et du département pour le développement des quartiers, afin de produire les informations nécessaires pour révoquer la licence d'un débit de boissons qui aurait fait l'objet de nombreuses réclamations pour la gêne occasionnée. Ce travail commun entre personnes venant de différents départements de la ville aurait été difficile à réaliser s'il n'y avait pas eu une compréhension commune des objectifs de la ville.

Sur l'axe de l'apprentissage et du développement, le département se fixa comme objectif de donner à tous les officiers de police un accès à un ordinateur portable. Ce qui leur permettrait d'interroger la base de données de leur voiture en se rendant sur les lieux ou avant d'interroger le conducteur d'un véhicule appréhendé pour avoir enfreint les règles de la circulation. Résumant son expérience à ce jour avec le tableau de bord, le chef de la police observa : « Lorsque nous avons commencé au départ avec la formation au tableau de bord prospectif, je me suis dit « Oh ! non pas encore un de ces programmes scolaires ! » À présent, c'est un soulagement d'avoir le tableau de bord. En connaissant exactement les résultats que tente d'atteindre la ville, nous pouvons être beaucoup plus confiants sur la façon de fixer les priorités, d'allouer les ressources et de changer la façon que nous avons d'opérer. »

VILLE DE CHARLOTTE : LA GESTION DES THÈMES STRATÉGIQUES DANS L'ENSEMBLE DES UNITÉS

Jusqu'à présent dans ce chapitre, nous avons parlé de la façon de mettre en adéquation les tableaux de bord du niveau supérieur et les unités décentralisées. Certaines organisations ont utilisé le tableau de bord non seulement pour les unités décentralisées mais également pour les thèmes stratégiques qui sont transversaux à plusieurs unités.

Pour poursuivre avec l'histoire de la ville de Charlotte, Pam Syfert, la directrice de la ville ne se contenta pas de mettre en adéquation tous ses départements tels que les transports et la police avec le tableau de bord de la ville, comme nous l'avons décrit. Elle souhaitait mettre en avant la performance par rapport aux cinq thèmes stratégiques de la ville. Syfert constitua des équipes pour chacun des thèmes stratégiques de la ville. Chaque équipe se réunissait une fois par mois pour parler des progrès dans l'avancement des objectifs stratégiques du thème. L'équipe comprenait les responsables des départements qui pouvaient affecter ou influencer le thème stratégique. L'équipe fournissait un moyen de rassembler les personnes clés sur le terrain ayant un intérêt commun pour le thème stratégique.

Ainsi le chef de la police était évidemment un membre de l'équipe de la sécurité de la collectivité et en fait la présidait. Au début, toutefois, il avait évité de participer aux quatre autres équipes, ne souhaitant pas avoir à assister encore à d'autres réunions. Mais il s'aperçut très vite qu'il y avait plus de blessés et de morts dans les accidents de la circulation que d'homicides ou attaques à mains armées. De plus, de nombreux appels au département concernaient des plaintes sur des conducteurs dangereux. Le chef de la police décida donc de participer à l'équipe de transport. Le chef Nowicki forma avec les autres membres de l'équipe un comité consultatif sur la sécurité routière qui recouvrait les efforts faits par différents départements tels que la police et les transports mais aussi par ceux de la communication institutionnelle et de la collectivité. Le comité devait mener une grande campagne publique d'information pour améliorer la sécurité routière et en mesurer l'impact.

Le chef de police Nowicki explique pourquoi, par la suite, il décida de participer également à l'équipe de développement économique.

Peu après que je sois arrivé à Charlotte, un important magasin de détail quitta une galerie commerciale dans un immeuble flambant neuf. L'a-t-il fait en raison d'un taux de délits local élevé ? Je ne le savais pas mais j'aurais dû le savoir. En intégrant l'équipe de développement économique, j'avais l'opportunité d'être plus impliqué dans ce domaine. La sécurité publique est un élément important pour attirer des entreprises dans notre ville et les retenir ; de plus les entreprises recrutent nos habitants qui peuvent ainsi travailler en ville.

De même, il est utile que des cadres d'autres départements participent aux réunions de l'équipe de Sécurité de la communauté. Le département de la police ne détient pas tous les outils pour résoudre les problèmes de sécurité de la ville. Le responsable des pompiers et les responsables des départements du développement des quartiers et des déchets solides partagent à présent la responsabilité dans la sécurité de la collectivité. Les autres départements et organismes peuvent mobiliser d'autres ressources pour contribuer aux activités en vue de faire baisser la criminalité[9].

Chaque équipe a développé son propre tableau de bord prospectif pour son thème stratégique (voir le tableau de bord du thème « la ville dans la ville » en Figure 6-8). Aucun responsable « n'avait la responsabilité » de ce tableau de bord et n'était jugé par rapport à lui. Le tableau de bord de l'équipe procurait plutôt un cadre qui rassemblait les responsables de départements une fois par mois pour juger des progrès réalisés jusqu'alors et pour étudier des plans pour de nouveaux projets visant à renforcer le sentiment de voisinage à l'avenir. Les équipes se servaient des tableaux de bord pour canaliser, sur leur thème stratégique, les discussions portant sur l'impact des grands projets de la ville (tels que le nouveau palais des congrès, la construction de la nouvelle autoroute, ou les améliorations de l'aéroport).

Parmi les premiers succès générés par les partenariats créés autour d'objectifs communs par des équipes motivées, on peut citer :

- Un nouveau plan d'utilisation des sols qui combinait la planification stratégique aux changements appropriés dans les règlements de sectorisation

- De nouveaux projets d'aménagement de « terrains vagues » en ville réalisés avec des règlements et des obligations simplifiés. Ces aménagements ont été rendus possibles grâce à la coopération active des départements de planification, des bureaux d'étude et des transports, qui

---

9. *Idem*, 6.

ont travaillé en étroite collaboration avec les investisseurs du secteur privé. La transformation d'un entrepôt abandonné en nouveau centre de design en est un exemple type.

- Un travail de police tourné vers les problèmes de la collectivité impliquant, bien sûr, le département de la police mais aussi les départements de développement des quartiers et de l'habitat.

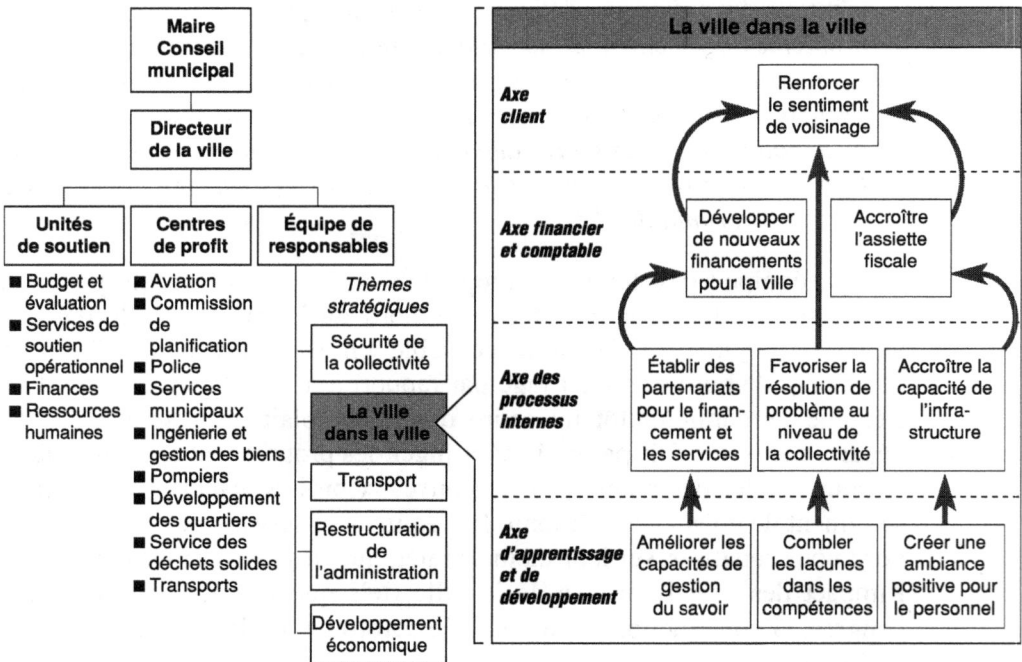

Figure 6-8. Ville de Charlotte : définir le tableau de bord prospectif pour les thèmes stratégiques

ÉTAT DE WASHINGTON : GESTION DES THÈMES STRATÉGIQUES

Au moment de la publication de ce livre, l'état de Washington était en train de mettre au point des tableaux de bord prospectifs pour tous les organismes concernés par le projet le plus urgent de l'état : le sauvetage du saumon. Le gouvernement fédéral par le biais de l'application de la loi sur les espèces en danger a demandé que l'état augmente considérablement le nombre de saumons dans l'océan et les rivières autour de l'état. Mais aucun organisme n'a à lui seul le contrôle complet sur tous les aspects de l'environnement qui influencent les conditions qui mèneront à la protection du saumon. Certains organismes concernés ne sont même pas sous la responsabilité directe du gouverneur et certaines des interventions doivent être menées dans d'autres instances gouvernementales comme dans les états voisins, (l'Oregon), les pays voisins (le Canada) et des municipalités et des comtés locaux (le comté de King où est situé Seattle). Laissés à eux-mêmes, les organismes d'état pourraient fixer des objectifs mesurables pour les résultats qui sont de leur ressort et qui influencent la production du saumon. Toutefois, des efforts décentralisés échoueraient sûrement en raison du manque de cohérence entre les différentes unités.

La solution choisie a été de construire un tableau de bord prospectif pour « préserver et promouvoir le saumon » bien qu'il n'existe aucune autorité du saumon. En mettant d'accord tous les organismes, grâce à un tableau de bord prospectif, sur un modèle général pour accroître l'approvisionnement en saumon, les différents organismes pourraient voir comment ils pourraient contribuer au thème stratégique supérieur. Leurs tableaux de bord comprendraient non seulement des actes sous leur contrôle direct mais aussi, et peut être surtout, les liaisons qu'ils auront à faire avec d'autres organismes gouvernementaux, individus et autres entités pour que l'effort global soit un succès.

La ville de Charlotte et l'état de Washington montrent comment des tableaux de bord peuvent être créés pour des stratégies, même s'il n'existe pas d'organisme unique pour les appliquer. Nous avons rencontré cette situation également dans le secteur privé avec une compagnie d'assurance qui était organisée par fonctions, avec des départements centraux pour la souscription, le marketing, les ventes et l'exploitation. Chaque département traitait toute la gamme de produits d'assurance. La stratégie de la compagnie, toutefois, impliquait plusieurs segments de clientèle, chacun avec son propre marketing, sa propre distribution et ses besoins de service. La compagnie a eu du mal à mettre au point un tableau de bord en raison des différentes clientèles et des différentes stratégies nécessaires pour chaque segment. Le processus est devenu bien plus simple lorsque la compagnie se mit pour la première fois à élaborer des tableaux de bord différents pour chaque segment de clientèle. Les tableaux de bord décrivaient la stratégie d'une organisation virtuelle, en l'occurrence un segment d'activité tourné vers la clientèle, qui n'existait pas en tant que tel dans la compagnie. Mais dès que les stratégies ont pu être exprimées dans un tableau de bord différent pour chaque segment de clientèle, chaque département fonctionnel mit au point des tableaux de bord qui exprimaient comment leurs processus internes réaliseraient leur proposition de valeur pour les clients ciblés de chaque segment. Ainsi le tableau de bord des unités stratégiques virtuelles constituées en fonction des clients donna la vision et l'orientation nécessaires pour guider les stratégies opérationnelles des unités fonctionnelles.

RÉSUMÉ

Les exemples de ce chapitre ont illustré un certain nombre de démarches adoptées par les organisations pour parvenir à la synergie entre leurs unités. Pour FMC et Mobil, les premiers tableaux de bord ont été développés en dessous du niveau du siège. La division NAM&R de Mobil a mis au point une stratégie explicite (une croissance des ventes des produits haut de gamme plus rapide que la moyenne du secteur, des segments de clientèle ciblés, des relations gagnant/gagnant avec le distributeur etc.) qu'elle souhaitait voir appliquée dans les stratégies et tableaux de bord des unités géographiques et des unités produits dans l'établissement de leurs stratégie et de leurs tableaux de bord. Le premier tableau de bord a été mis au point au niveau de la division et déployé par la suite à ses centres de profits. Chaque centre de profit appliquait la stratégie de la façon la plus appropriée à son marché spécifique et à sa situation concurrentielle.

Dans le cas de la division des services énergétiques de Brown & Root, l'équipe responsable avait une stratégie explicite. Elle souhaitait que les différentes compagnies opérationnelles travaillent en étroite collaboration pour créer des solutions à valeur ajoutée qui réduirait le coût total pour les clients communs ; ce qui ne pouvait être fait en laissant les compagnies agir de façon indépendante. Le tableau de bord des services énergétiques définissait précisément le rôle de l'intégration et utilisait les objectifs et les mesures du tableau de bord de Brown & Root pour communiquer la stratégie d'intégration aux différents centres de profit. Dans la ville de Charlotte, chaque département fonctionnel a élaboré un tableau de bord qui lui permet d'intégrer les cinq thèmes stratégiques de la ville dans ses responsabilités de tous les jours.

Il y a en général de nombreuses occasions de coordination ou d'intégration. De nombreuses organisations, comme, par exemple les services énergétiques de Brown & Root et la ville de Charlotte, ont des clients (ou des ressortissants) en commun entre les différentes unités. On trouve des clients en commun, par exemple, dans les institutions financières, les entreprises de produits de grande consommation, les compagnies pharmaceutiques et d'équipements médicaux. Dans ces cas, l'axe client du tableau de bord général ou de la division doit clairement identifier le client ciblé et les segments de marché. Et il doit expliciter la proposition de valeur qu'il souhaite voir offrir au client par les centres de profit, de manière individuelle ou collective. Ce qui permettra aux centres de profit de fournir des solutions plus complètes au client en adoptant les thèmes communs du siège. Le client comprendra qu'il traite avec une compagnie intégrée et non une série d'entités désordonnées aux activités diverses.

D'autres entreprises parviennent à l'intégration par le biais de processus internes communs. Ceci se produit lorsque les économies d'échelle et les avantages de la spécialisation et de la différenciation conduisent à la centralisation d'importantes fonctions. Ainsi, une entreprise peut avoir une seule division de R&D qui fournit les technologies des nouveaux produits et des nouveaux processus à ses différentes unités opérationnelles. Une autre pourrait avoir une seule division de production desservant plusieurs centres de profit (généralement organisés en fonction des groupes de clientèle et de circuits marketing). Parmi les autres exemples de produits et services centralisés on peut citer les achats, l'immobilier, la distribution et l'entretien. Nous en parlerons dans le prochain chapitre.

Les cas de la ville de Charlotte et de l'état de Washington montrent comment des tableaux de bord peuvent même décrire des stratégies pour des organisations virtuelles. Le tableau de bord procure la discipline pour décrire les thèmes stratégiques importants (en fait une organisation virtuelle). Le tableau de bord comprend à la fois les résultats souhaités (Comment mesurerons-nous le succès du thème stratégique ?) et les inducteurs de performance nécessaires (notamment pour les processus internes et l'apprentissage et le développement) pour réaliser les résultats du thème stratégique. Les différentes unités définissent alors leur propre stratégie et leurs propres tableaux de bord qui incluent leurs contributions respectives aux objectifs figurant dans le tableau de bord du thème stratégique.

7

Créer des synergies au moyen des services communs

AU CHAPITRE 6, NOUS AVONS VU COMMENT LES ENTREPRISES et les organismes du secteur public utilisaient les tableaux de bord pour mettre en adéquation et intégrer leurs unités décentralisées. Au-delà de la mise en adéquation de centres de profit qui vendent des produits et des services à des clients extérieurs, les organisations peuvent créer des synergies en mettant en adéquation leurs unités internes qui fournissent des services communs (ce que l'on appelait les services du siège). Les services communs sont créés au niveau du siège ou de la division en raison des économies d'échelle et des avantages de spécialisation et de différenciation qu'ils peuvent créer. Par exemple, si l'on attribue au siège le rôle de « dégager des économies d'échelle dans l'utilisation de la technologie de l'information » il peut être nécessaire de créer un service informatique central pour générer ces économies. Si le rôle du siège est de « dégager une marque commune et une expérience d'achat commune » pour le client, la mise en place d'un service de marketing central peut faciliter ces objectifs. Les entreprises qui veulent s'appuyer sur l'innovation peuvent créer une seule division de recherche et développement pour fournir les technologies des nouveaux produits et des nouveaux processus à ses différentes unités opérationnelles. Parmi les autres biens et services qui peuvent être fournis de façon centralisée, on peut citer les achats, la production, l'immobilier, la distribution et l'entretien.

La difficulté, bien sûr, vient de la capacité des services centralisés à répondre aux stratégies et aux besoins des centres de profit qu'ils visent à desservir. En pratique, l'unité de service commun, qui est là pour faire bénéficier d'économies d'échelle et de services spécialisés, finit souvent par devenir bureaucratique, peu réactive et peu souple et ne plus assurer aux divisions opérationnelles les avantages économiques attendus. Nous avons déjà évoqué l'échec d'une banque européenne lorsque la stratégie de son département informatique n'était pas reliée à la stratégie d'un important centre de profit. En créant un tableau de bord pour les services communs, il devrait être possible de mettre en adéquation les stratégies de ces unités pour qu'elles apportent de la valeur ajoutée et répondent aux stratégies et aux besoins des centres de profit qu'elles desservent.

La plupart des services du siège et des fonctions de soutien peuvent être soumis au test des « Pages Jaunes »[1]. Les directeurs du siège peuvent consulter les Pages Jaunes de l'annuaire et trouver des entreprises indépendantes qui fournissent pratiquement tous les services assurés jusqu'alors par les départements internes des services communs. Pour qu'un service de soutien interne soit maintenu dans une organisation, il faudrait soit, qu'il fournisse le service en interne à un coût moindre que celui que l'on devrait payer pour le service extérieur, ou qu'il offre une proposition de valeur différenciée, supérieure à celle du fournisseur extérieur. La plupart des fonctions de soutien, toutefois, n'ont pas de stratégie explicite (excellence opérationnelle, supériorité produit, intimité client) qui montre comment elles créent un avantage concurrentiel pour le siège.

Lorsque les services communs ne peuvent pas faire mieux que les concurrents extérieurs, les entreprises devraient sous-traiter ces fonctions. Lors de la sous-traitance, les entreprises peuvent établir un contrat avec leurs fournisseurs à l'aide d'un tableau de bord prospectif au lieu de se

---

1. Nous avons entendu parler pour la première fois de ce test intéressant par Skip Stitt qui l'a utilisé dans le cadre de la nouvelle démarche de la ville d'Indianapolis pour mettre les services de la ville en concurrence avec le secteur privé. Le maire, Stephen Goldsmith, se rendit compte qu'il existait des homologues dans le secteur privé pour la plupart des services assurés par la ville (autres que les services de sécurité publique). Voir R.S. Kaplan, *Indianapolis : Activity-Based Costing of City Services (B)* 9-196-117 (Boston : Harvard Business School, 1996).

contenter d'indicateurs financiers. Ce qui leur permet d'obtenir la valeur et le niveau de service souhaités et pas seulement un prix bas.

Les tableaux de bord prospectifs ont été utilisés de nombreuses manières pour contribuer à relier et à mettre en adéquation les services communs avec les centres de profit et la stratégie institutionnelle. Dans un monde idéal, il y aurait une structure stratégique de haut en bas qui définirait le rôle du siège et la façon dont les services communs contribuent à la stratégie institutionnelle. Souvent, toutefois, cette structure n'existe pas. En l'absence d'un programme de tableau de bord complet au niveau du siège, les services communs utiliseront le tableau de bord prospectif quelque peu différemment. Dans ce chapitre, nous présentons deux modèles pour élaborer des tableaux de bord pour les services communs :

1. Le **modèle du partenaire stratégique** : les centres de profit ont mis au point des tableaux de bord prospectifs reflétant leurs stratégies et leurs priorités au niveau du siège. L'unité de service commun leur sert de partenaire dans ce processus.

2. Le **modèle de l'activité dans l'activité** : les centres de profit n'ont pas de tableaux de bord prospectifs. L'unité de service commun doit se voir comme une activité au service de son client, le centre de profit. Le tableau de bord du service commun définit ces relations.

LE MODÈLE DU PARTENAIRE STRATÉGIQUE

Les entreprises performantes en matière de tableaux de bord prospectifs définissent d'abord des tableaux de bord pour leurs centres de profit, qui vendent leurs produits et services directement aux clients extérieurs. Par la suite, ils mettent au point des tableaux de bord pour leurs services communs. Il est préférable de faire les choses dans cet ordre parce qu'ainsi il est possible de bien expliquer et de bien comprendre la stratégie des centres de profit qui créent de la valeur externe pour l'entreprise. Une fois que les tableaux de bord des centres de profit ont été mis au point, les services communs peuvent élaborer leurs stratégies et leurs tableaux de bord pour leurs clients, les centres de profit, qui doivent affronter le marché. La stratégie des services communs peut alors assurer la proposition de valeur qui procure le plus de bénéfices aux centres de profit.

Pour pouvoir relier les centres de profit aux services communs il est nécessaire de disposer de quatre éléments (voir Figure 7-1) :

1. Un accord de service : un accord formel entre le centre de profit et le service commun définit les attentes sur les services et les coûts.

2. Un tableau de bord du service commun : le service commun met au point un tableau de bord qui reflète sa stratégie pour soutenir l'accord de service auprès du centre de profit.

3. Un tableau de bord de liaison : le service commun prend une responsabilité dans l'amélioration des mesures choisies sur le tableau de bord du centre de profit.

4. Le retour d'information du client : le service commun est tenu régulièrement au courant de ce que le centre de profit pense de sa performance réelle.

De nombreux éléments de cette démarche sont illustrés dans les cas suivants.

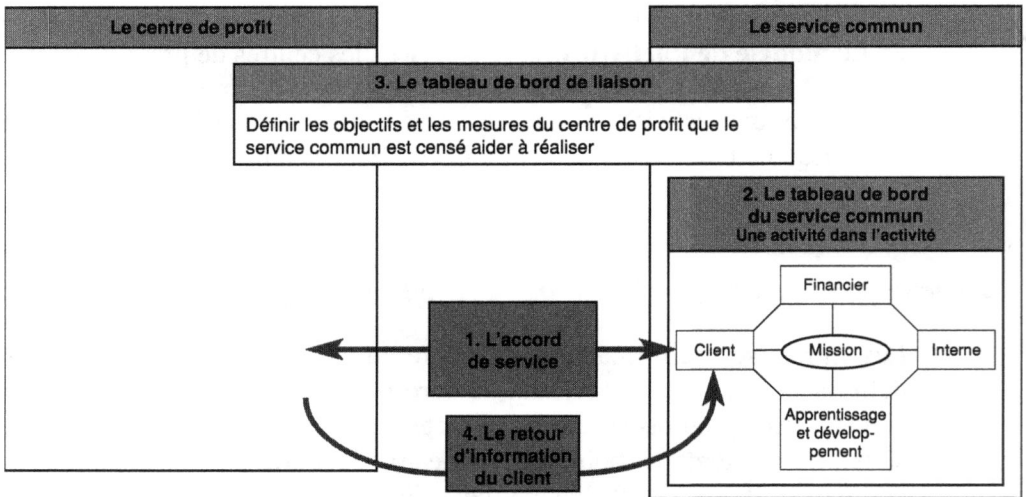

Figure 7-1. Créer la liaison avec le service commun

La division marketing et raffinage Amérique du Nord de Mobil

Dans le chapitre 2, nous avons vu comment NAM&R avait demandé à ses quatorze services communs de mettre au point leurs tableaux de bord après que la division et les dix-huit centres de profit aient établi leurs stratégies et leurs tableaux de bord. Ces tableaux de bord étaient fondés sur un accord de service entre chaque service commun et un comité d'acheteurs, représentant les centres de profit. Mobil eut recours à une démarche à deux niveaux pour développer les tableaux de bord pour ses services communs. Nous illustrons cette démarche par le processus utilisé par le groupe de gestion des circuits de Mobil, le service commun qui mit au point les programmes de marketing et de formation utilisés avec les distributeurs.

Le groupe de gestion des circuits fournissait du conseil, des programmes et des outils de soutien pour aider les distributeurs à gérer leur activité en fonction de la stratégie de Mobil. Le tableau de bord à deux niveaux, utilisé par le groupe, est illustré en Figure 7-2. La partie inférieure du tableau de bord identifie les stratégies et les indicateurs du groupe. L'objectif financier s'attachait aux améliorations opérationnelles. Un budget avait été négocié pour la mission de chaque service commun dans le cadre de l'accord de service et les objectifs financiers consistaient à devenir plus efficace pour réaliser les objectifs budgétisés. Sur l'axe client, le service a conçu et administré une enquête auprès de ses clients, les unités géographiques, pour mesurer leur satisfaction par rapport aux services fournis. L'enquête évaluait si le service assurait le niveau et la qualité des services prévus dans l'accord de service. Le service commun a ensuite mis au point les objectifs, les indicateurs, les buts et les projets pour ses axes de processus internes et d'apprentissage et de développement. Ces objectifs ont été fixés de sorte que le service commun satisfasse les attentes des clients dans le cadre des contraintes budgétaires[2]. Cette partie du tableau de bord était relativement standard pour un service commun.

L'aspect novateur du tableau de bord du service commun venait de l'incorporation de la partie supérieure, appelée tableau de bord de liaison chez Mobil.

Le tableau de bord de liaison comprenait plusieurs mesures provenant des axes financier et client du tableau de bord du centre de profit. Le tableau de bord de liaison donnait aux salariés des services communs quelques responsabilités envers les besoins des clients extérieurs et des actionnaires. Un service commun sélectionna ses indicateurs pour son tableau de bord de liaison en identifiant les résultats financier et client qu'il avait le plus de possibilités d'influencer. Ainsi, le groupe de gestion des circuits inclut, dans son tableau de bord de liaison, un indicateur financier de

---

2. Pour des détails de ce processus pour le service commun du marketing de l'essence, voir R.S. Kaplan *Mobil USM&R (D)* 9-197-028 (Boston : Harvard Business School, 1996).

3. Centre de profit		

Tableau de bord de liaison		
Financier	■ Soutenir la part de marché et la croissance rentable ■ Soutenir la réduction de coût	■ Part de marché ■ Revenu de location ■ Vente haut de gamme ■ Type de dépenses de commercialisation (cents par gallon)
Client	■ S'attacher en permanence à assurer la meilleure expérience d'achat possible	■ Satisfaction client ■ Notation du client mystère ■ Satisfaction du distributeur

2. Tableau de bord du service commun		
Financier	F1. Efficacité d'exploitation de la gestion des circuits	■ Écart par rapport au budget ■ Ratio indirect/direct ■ Coût par heure
Client	C1. Mettre au point une vision et des stratégies de gestion des circuits C2. Mettre au point et promouvoir des programmes qui améliorent la valeur de la franchise C3. Aider les centres de profit dans l'application de la stratégie C4. Fournir les informations nécessaires et faciliter la communication	■ Satisfaction client (retour d'information sur l'accord de service)
Interne	I1. Restructurer l'offre I2. Exceller dans la gestion des circuits I3. Améliorer l'efficacité d'exploitation des unités de soutien I4. Optimiser l'efficacité de la force de vente	■ Suivi des projets majeurs par rapport aux étapes prévues ■ Évaluation concurrentielle (meilleures pratiques) % de réduction de coût provenant des projets ■ Retour d'information du responsable du secteur
Apprentissage et développement	A1. Capacités et compétences clés A2. Engagement dans l'organisation A3. Accès aux informations stratégiques	■ Disponibilité de la compétence stratégique ■ Enquête sur l'ambiance ■ Transfert des meilleures pratiques ■ Systèmes informatiques par rapport aux étapes prévues

1. Accord de service

4. Retour d'information

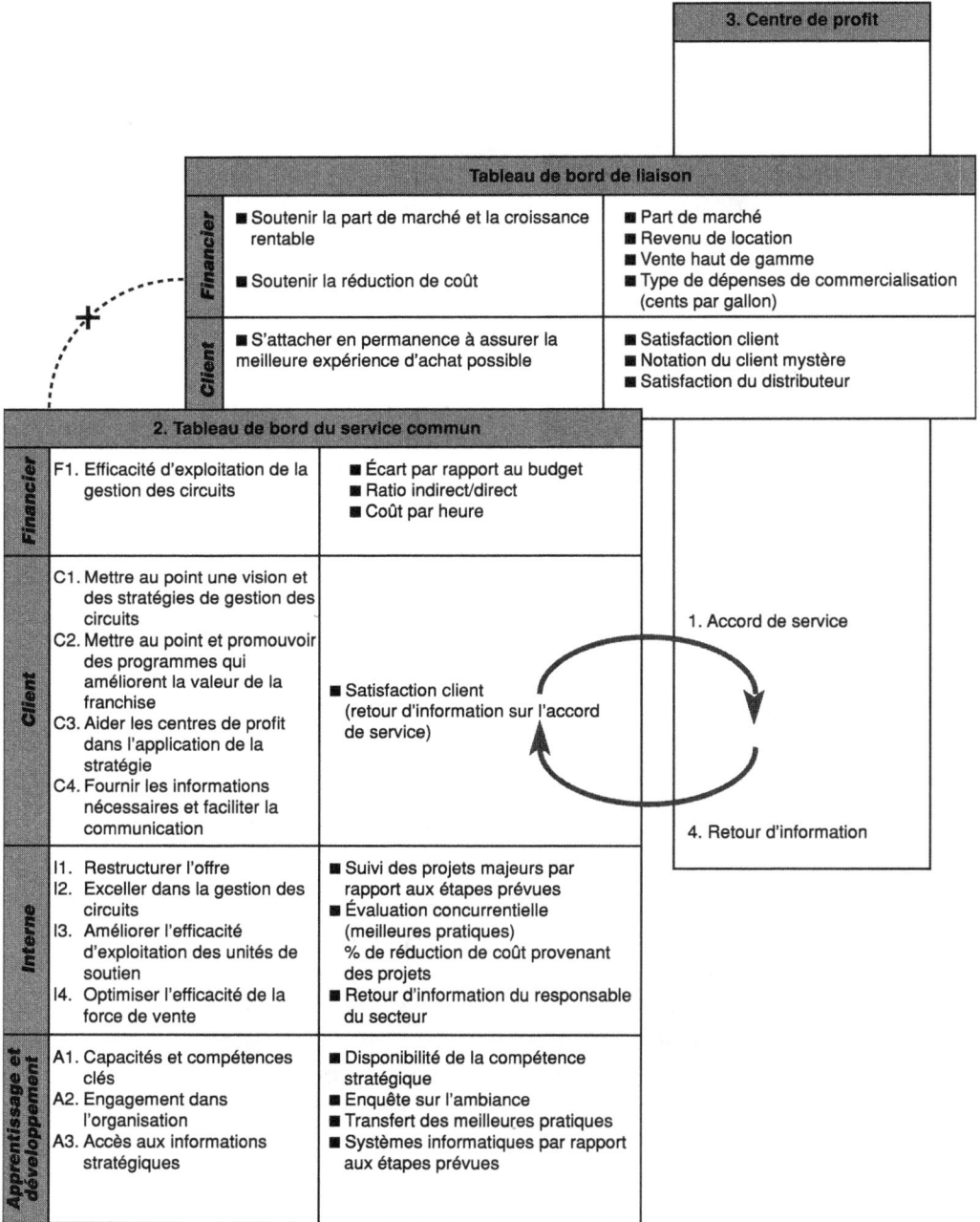

Figure 7-2. Le tableau de bord à deux niveaux du groupe de gestion des circuits de Mobil

volume de vente d'essence haut de gamme accompagné d'un indicateur client concernant la notation du client mystère, la satisfaction du distributeur et celle du client. Ces indicateurs ont ouvert l'esprit des salariés des services communs qui ne se contentaient plus de servir les groupes internes. Ils devaient imaginer comment faire la différence pour les résultats financiers globaux de la division et pour les clients extérieurs de la division. L'accent mis sur l'extérieur aida à faire passer les services communs du statut de fournisseurs internes et captifs au rôle de partenaires stratégiques des centres de profit et de la division.

Les « partenaires stratégiques » de Mobil apportèrent également une autre modification à leurs tableaux de bord. Une modification qui semble mineure mais qui est, en fait, tout à fait symbolique de leur valeur pour l'organisation. Les services communs n'étaient pas à l'aise avec le mot **client** dans leur tableau de bord. Ils pensaient qu'en se référant à leurs centres de profit sous le vocable de **client**, ils se plaçaient dans une position subalterne par rapport à eux ; signifiant qu'ils devaient fournir tout ce que les centres de profit exigeaient d'eux. Les services communs pensaient que la raison principale d'avoir des services communs dans la division plutôt que des services indépendants dans chaque centre de profit venait de ce que l'envergure de leurs interventions leur permettait de créer une expertise et un professionnalisme supérieurs. Ils préféraient penser aux centres de profit comme à des partenaires venant les consulter pour leur avis, leurs conseils et leurs capacités de faire la différence. Aussi rebaptisèrent-ils « l'axe client » « l'axe partenaire ».

Chacun des quatorze centres de profit de NAM&R de Mobil actualisait son tableau de bord chaque année, après avoir négocié l'accord de service avec le comité d'acheteurs.

Les services internationaux de Shell

La division des services internationaux de Shell du groupe Royal Dutch/Shell fournit des services aux compagnies opérationnelles de Shell et aux clients extérieurs dans le monde[3]. En 1999, elle comptait plus de 5 000

---

3. Tiré de l'expérience de Dennis R. Wymore *Beyond Cost Reduction : Using the Scorecard to Transform Shared Services into a Competitive Partner.* (texte présenté à la conférence sur les meilleures pratiques : Linking Scorecards to Create Organizational Alignment, à Cambridge, MA, 12-13 avril 1999).

salariés et réalisait un chiffre d'affaires annuel dépassant le milliard de dollars. Shell a créé la division en 1995 dans le cadre d'un projet visant à se concentrer sur le cœur de compétences de l'entreprise. Les activités routinières qui ne faisaient pas partie du cœur de métier, telles que la conception de jardins, le courrier, le courrier express, les télécommunications et les fournitures de bureau, avaient déjà été sous-traitées à des fournisseurs extérieurs sélectionnés à bas prix. La division des services internationaux gérait l'interface entre ces fournisseurs extérieurs et les centres de profit. Toutefois, son rôle principal était de fournir des services non routiniers qui étaient en dehors des activités à valeur ajoutée faisant partie du cœur de métier des centres de profit. Ces services appartenaient à quatre grands domaines :

1. Le conseil et les solutions pour l'entreprise

2. La technologie et les systèmes d'information

3. Les services professionnels (comptabilité, finances, immobilier, approvisionnement, etc.)

4. Les services de ressources humaines

Vers le milieu de 1999, la division des services internationaux fournissait 6 000 produits et services différents à plus de 3 000 clients individuels, la plupart à l'intérieur de Shell mais certains également à l'extérieur. Les unités de la division des services internationaux avaient chacune un tableau de bord pour définir ses priorités stratégiques (voir Figure 7-3).

La liaison entre n'importe lequel des fournisseurs de service de la division et un client se faisait au moyen d'un accord sur le niveau de service. Les services communs existaient chez Shell depuis 1985 et leurs coûts avaient déjà été réduits de 50 %. Le but de la division devait aller au-delà de la simple livraison à faible coût. L'accord sur le niveau de service permettait au client interne et au fournisseur de bien se comprendre. Avec autant de produits et de clients, la division des services internationaux ne pouvaient offrir un seul niveau de service ; certains centres de profit souhaitaient la qualité « or » alors que d'autres se contentaient du « nickel ». Chaque client évaluait le rapport qualité/prix et choisissait le service qui correspondait à ses besoins. Le fournisseur de service à son tour s'engageait à accroître sa capacité à fournir et à assurer les services souhaités aux niveaux de coût et de fonctionnalité prévus. Les fournisseurs s'attachaient également à améliorer continuellement leur coût et leur qualité.

Financier		
	1996 Est.	**1997 Plan**
Chiffres d'affaires (mm$)	22,7	23,4
Croissance du CA (%)	n.d	3,1
Revenu avant taxes (mm$)	2,4	4,1
Marge de caisse (%)	10,6	17,6
Revenu avant taxes (optimiste)	Idem	4,5
Revenu après taxes	1,2	2,3

Client

Retour d'information positive du client

	1995	**1996**	**1997**	**1998**	**1999**
Objectif	68 %	75 %	80 %	85 %	90 %
Optimiste	90 %				⟶

Part de marché
• Part des clients internes – Actuel 70 % – Objectif 80 %
• Part des clients extérieurs – xx %

Création de valeur

Personnel

Retour d'information positive du personnel
• Satisfaction/engagement du personnel
  — Attrition – 4 %
  — Récompense pour la présence du personnel – 40 %
  — Satisfaction du personnel – 70 %
• Performance de leadership
• Valeurs institutionnelles
• Leadership en matière d'environnement, de santé et de sécurité
  — Zéro enregistrement
  — Zéro compte rendu
  — Zéro temps perdu

Externe

Retour d'information positive du client
Performance par rapport à la concurrence
• Croissance du CA
• Retour sur actif
• Marge de caisse
Mesure sociale orientée entreprise

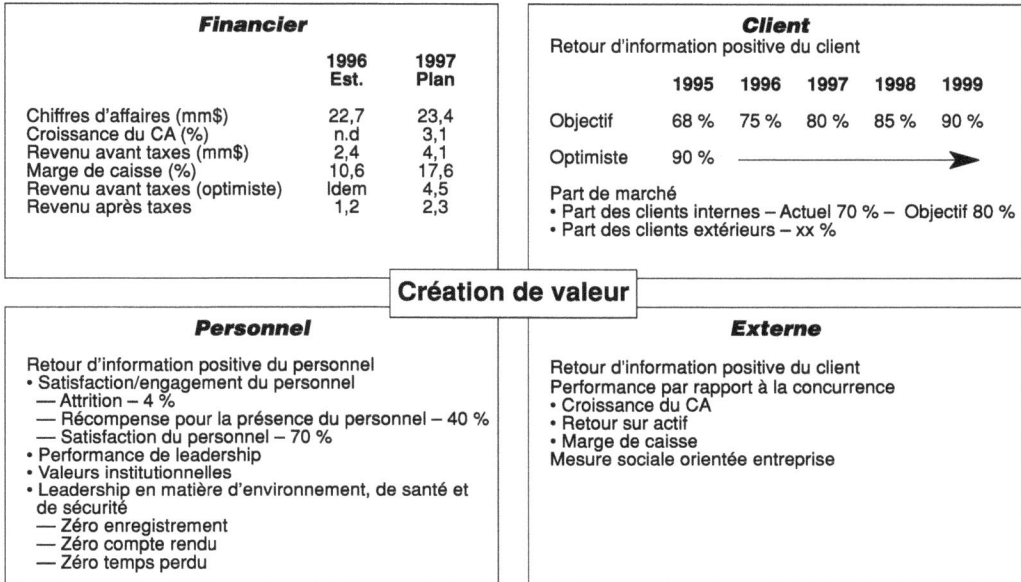

Figure 7-3. Le tableau de bord prospectif des services internationaux de Shell

Les mesures jouaient un rôle clé dans l'application du système d'accord sur le niveau de service. La division des services internationaux mit au point des coûts unitaires pour tous ses produits et services. Il pouvait s'agir de coût par transaction pour des activités répétitives ou d'un coût par heure pour les activités d'ingénierie et de conseil. En plus du coût, toutefois, l'accord comprenait un tableau de bord des indicateurs de performance :

1. Satisfaction du client (enquête mensuelle)

2. Qualité du soutien (indicateurs sur le temps de réaction et la fourniture ponctuelle du service)

3. Mesures techniques de bout en bout (les mesures sont adaptées aux différentes applications de service)

4. Mise en adéquation du service (facilité de faire des affaires avec)

Un exemple de retour d'information sur le tableau de bord Figure en 7-4.

Grâce à ses mesures d'accompagnement, l'accord sur le niveau de service engageait la division à assurer le niveau prévu de service au moindre coût pour le client. La division pouvait utiliser les indicateurs de l'accord pour construire son propre tableau de bord pour mesurer et motiver sa performance. Comme l'a dit un cadre de la division des services internationaux : « Les accords sur les niveaux de service ont changé l'état d'esprit des discussions entre les clients et les prestataires de service, les dégageant exclusivement du coût pour parler de la façon d'accroître et d'améliorer les capacités internes permettant d'aider les clients dans leurs activités à valeur ajoutée. »

Tableau de bord de la compagnie XYZ

Satisfaction du client		Qualité du soutien	
Enquête de satisfaction – Enquête auprès de l'utilisateur du service d'aide et des solutions ultérieures	**Très bon**	Temps pour résoudre un problème	**Très bon**
		Temps de réaction pour une demande de service	**n.d.**
Enquête de satisfaction – Enquête sur le management	**Excellent**	% de problèmes répétitifs	**n.d.**
		Temps de réponse du service d'aide	**n.d.**

Mesures techniques de bout en bout		Mise en adéquation du service	
Disponibilité	**Excellente**	Amélioration de la rapidité et de l'efficacité de l'application des nouveaux modes de travai	**Très bonne**
Fiabilité	**Excellente**		
Temps de réaction	**Satisfaisant**		

Figure 7-4. Le tableau de bord d'accord de niveau de service sur Internet

Le ministère américain de l'Énergie

La mise au point du tableau de bord d'approvisionnement du ministère de l'Énergie débuta avec une nouvelle vision de la fonction : « Livrer ponctuellement la meilleure qualité de service ou de produit à nos clients tout en maintenant la confiance du public et en réalisant les objectifs de la politique gouvernementale ».

Même cet énoncé tout simple, mettant l'accent sur la ponctualité, était un point de départ très important. Dans le passé, lorsque les achats se contentaient de suivre la procédure, ils n'avaient pas à se soucier du **moment** auquel l'approvisionnement avait lieu. Stephen Mournighan, directeur des systèmes de gestion, décrivit ainsi le changement culturel nécessaire :

> *Avant 1993, les deux seuls indicateurs de performance pour l'approvisionnement étaient : « Avez-vous dépensé les montants auxquels vous aviez droit ? » et « Avez-vous respecté la procédure ? » La nouvelle vision exigeait de nous que nous changions de culture pour établir et maintenir une orientation client, un sens de l'urgence, une amélioration constante et innovatrice des processus et tout en nous préoccupant des résultats.*

Le tableau de bord a joué un rôle crucial pour faciliter le changement majeur de culture qui devait rendre la fonction approvisionnement bien plus attentive aux clients, pour passer d'un accent mis sur le respect des règles à des résultats pour le client.

Figure 7-5. Le tableau de bord prospectif de l'approvisionnement du ministère de l'Énergie

À l'instar d'autres administrations et d'autres organisations à but non lucratif, le ministère plaça l'axe client tout en haut de la hiérarchie de son tableau de bord (voir Figure 7-5). La satisfaction client était suivie par une enquête qui demandait aux clients de noter la **ponctualité** (du processus d'approvisionnement, des activités de planification et de la communication continue) et la **qualité** des produits et services livrés. La direction du ministère utilisa les résultats de cette enquête pour faire des comparaisons internes entre tous les bureaux sur le terrain. Elle rapprocha un bureau ayant de hautes performances d'un bureau ayant des résultats médiocres pour qu'ils puissent apprendre les uns des autres et partager les meilleures pratiques. Ce qui favorisa une ambiance d'apprentissage continu. Le second objectif du client : **la création de partenariats de service efficaces**, était également évalué par les questions de l'enquête concernant la réactivité du bureau d'approvisionnement et sa coopération avec le client.

L'axe interne généra un grand changement dans la façon dont les achats étaient réalisés. Auparavant, la procédure exigeait que, pour le moindre achat, il y ait plusieurs formulaires à remplir et jusqu'à cinq signatures avant qu'une autorisation d'achat ne puisse être émise. Concernant l'objectif l'**utilisation la plus efficace des démarches contractuelles**, le ministère autorisa les responsables de service à recourir au paiement par carte de crédit pour les achats inférieurs à 25 000 dollars. Les indicateurs pour cet objectif étaient le pourcentage de transactions par carte de crédit en dessous de 25 000 dollars ainsi que le pourcentage de ces transactions réalisées par un responsable de service par rapport à un responsable des achats. Au bout de quelques années, 85 % des achats autorisés étaient réglés par carte de crédit et c'est un responsable de service, et non un responsable des achats, qui les effectuait dans 84 % des cas. Cette amélioration élimina une grande partie du travail administratif et du retard dans le système. Un autre indicateur pour cet objectif était le pourcentage de bons de commande et de livraison effectués électroniquement.

L'indicateur pour l'objectif du processus interne de **simplifier les processus** était le délai entre la réception d'une demande pour un gros contrat et sa livraison. En 1987, ce délai était de 287 jours. En 1998, le ministère réussit à réduire ce délai d'environ 50 %, le portant à 147 jours. Pour des contrats standards, les nouveaux processus avaient réduit les délais à quinze jours. Ces améliorations spectaculaires ont demandé un énorme changement culturel dans la fonction d'approvisionnement. Tous les salariés s'attachaient à présent à trouver des moyens innovants de mieux répondre aux besoins de leurs clients.

Sur l'axe d'**apprentissage et de développement**, le ministère lança une enquête pour évaluer la **satisfaction du personnel** par rapport au nouvel environnement. La nouvelle stratégie impliquait que le personnel travaille avec de nouvelles règles et de nouveaux indicateurs. Les enquêtes permettaient de savoir si le personnel pensait qu'il recevait la formation adéquate pour la nouvelle mission et s'il avait les outils qu'il fallait pour acheter et établir les contrats afin de réaliser les objectifs de performance ambitieux et d'accéder aux données et aux informations nécessaires.

La principale **mesure financière** était le ratio du **coût à dépenser**, c'est-à-dire le coût d'acquisition d'un dollar de services. La fonction d'approvisionnement n'avait jamais auparavant mesuré ce que coûtaient ses activités. Le ministère compara les coûts des sociétés leaders dans le secteur aérospatial et s'aperçut que les meilleurs groupes d'approvisionnement avaient des coûts représentant entre 2 et 3 % des achats. La première année de fonctionnement du système de mesure du tableau de bord prospectif, le ministère dépassa cet objectif en réalisant un ratio de coût/dépense de 1,8 %. Cette amélioration financière est venue d'une réduction considérable du nombre de salariés dans la fonction d'approvisionnement, rendue possible sans doute grâce aux améliorations de fonctionnement évoquées plus haut, accompagnées d'améliorations réelles dans le service client. Cette expérience confirma le message sur les bénéfices du système de gestion du tableau de bord prospectif : « les organisations peuvent simultanément réduire leurs coûts, devenir plus productives et assurer un meilleur service au client ».

Après avoir connu le succès en interne, le ministère étendit sa démarche à des entrepreneurs du secteur privé qui opéraient dans différents domaines : l'université de Californie ; Allied Signal ; Lockheed Martin ; Fluor Daniels. Il demanda à ces organisations de mettre au point des tableaux de bord prospectifs pour leur fonction d'approvisionnement à la fois pour évaluer leur propre performance et communiquer sur leur progrès avec le ministère.

Comme pour les exemples du secteur privé, le tableau de bord a aidé les administrations à devenir plus productives, à mieux répondre aux besoins des clients et à devenir des partenaires plus efficaces pour aider les services opérationnels à atteindre leurs objectifs stratégiques. Les résultats ont été atteints sans relier les objectifs à la rémunération, ce qui n'était pas possible en fonction de la réglementation du gouvernement fédéral. Les salariés de l'administration aimaient la nouvelle stratégie. Leur travail était désormais plus intéressant, ils avaient plus de responsabilités et plus de défis et d'opportunités pour leur projet. La nouvelle démarche créa une forte motivation intrinsèque et il n'a pas été nécessaire de renforcer les incitations financières (motivation extrinsèque) pour faire changer les comportements.

L'université de Californie, San Diego

Il existe également des tableaux de bord pour les services communs dans l'enseignement supérieur. La division de soutien de l'université de Californie, San Diego, a obtenu la coupe de la qualité décernée par Le Rochester Institute of Technology et USA Today en 1999 pour son application du tableau de bord prospectif. Sous l'impulsion du vice chancelier Steven Relyea, chacune des 27 unités de soutien mit au point des tableaux de bord prospectifs traduisant les objectifs de service au client et d'efficacité[4]. Chaque unité fixa des objectifs d'amélioration et établit un plan d'action visant à atteindre ces objectifs.

Sur l'axe client, un organisme de recherche extérieur visitait le campus chaque année pour y mener une enquête auprès des étudiants, des enseignants et des administratifs afin d'évaluer la qualité des services fournis par les unités de soutien. Depuis que le tableau de bord prospectif a été appliqué à l'université, les notations concernant la satisfaction du client se sont améliorées de façon spectaculaire. Parmi les améliorations financières enregistrées, on peut citer :

- Le service responsable de la paie a réduit le taux d'erreurs de 80 %.

- Le délai de remboursement des frais de déplacement est passé de six semaines à trois jours.

- Le service de gardiennage a réduit ses frais de nettoyage de 9,4 à 8,4 $ le mètre carré. Ce qui avec plus de 560 mille mètres carrés représentait des économies annuelles de 560 000 $ pour ce seul poste.

- Le service des ressources humaines abaissa les coûts de recrutement de 388 $ à 200, alors que d'autres universités californiennes voyaient leur coût monter jusqu'à presque 900 $.

- Les frais de logement des étudiants ont été réduits de 900 000 $ en deux ans et les économies ont dépassé l'objectif quinquennal d'un million au cours de la troisième année d'application.

---

4. Vous pouvez trouver des informations sur cette application sur http://www.vcba.ucsd.edu/performance/cssemp.htm. Voir également Balanced Scorecard Analyzes Performance in Businesslike Way, *HR on Campus* (Publications LRP, octobre 1999) et Measuring Efficiency Responds to Customers, Impacts Employees, *HR on Campus* (Publications LRP, novembre 1999).

Le tableau de bord et le retour d'information des clients ont aidé les unités à se concentrer sur l'amélioration des processus critiques. Au service des ressources humaines, les coûts de recrutement ont été considérablement réduits grâce au recours aux nouvelles technologies électroniques et à Internet ainsi qu'aux efforts d'équipes transversales. Les améliorations spectaculaires dans les dépenses de gardiennage ont été rendues possible en déléguant la responsabilité à ceux qui faisaient le travail. Le vice-chancelier adjoint, Jack Hug observa : « Les salariés eux-mêmes se sont pris en charge, en comprenant ce qu'ils faisaient et en quoi cela influençait les résultats. Nos salariés sont poussés à couvrir plus de terrain et à le faire mieux. » Relyea pense que « À l'avenir, les parties prenantes de l'enseignement supérieur exigeront ce type de responsabilités et ils auront raison de le faire. »

LE MODÈLE DE L'ACTIVITÉ DANS L'ACTIVITÉ

De nombreux services fonctionnels tels que l'informatique, les ressources humaines, la finance, le marketing, la recherche et développement ont élaboré des tableaux de bord prospectifs pour se gérer, en l'absence d'un programme plus général au niveau du siège. Le tableau de bord a permis aux cadres de ces unités fonctionnelles de créer une démarche de gestion professionnelle permettant d'inciter les services à être compétitifs et orientés vers le client. « L'excellence fonctionnelle » ainsi obtenue compensa la perte de certains avantages et d'une certaine sous optimisation éventuelle du fait que le tableau de bord est créé pour une unité fonctionnelle, en l'absence de liaisons explicites avec les tableaux de bord des centres de profit et le tableau de bord institutionnel.

Le tableau de bord fonctionnel devrait être considéré comme celui « d'une activité dans l'activité », pour être en mesure de passer le test des « Pages Jaunes ». La Figure 7-6 illustre ce principe en prenant l'exemple de l'informatique. Le service informatique considère les centres de profit comme des clients. Il crée une interface professionnelle avec les centres de profit à l'instar des démarches qu'adopteraient des fournisseurs extérieurs. Le service informatique est la « marque maison ». Il a certains avantages du fait de sa connaissance et de ses relations internes, mais il doit également développer une relation de marché. À son tour, le centre de profit doit intégrer le service informatique dans sa stratégie.

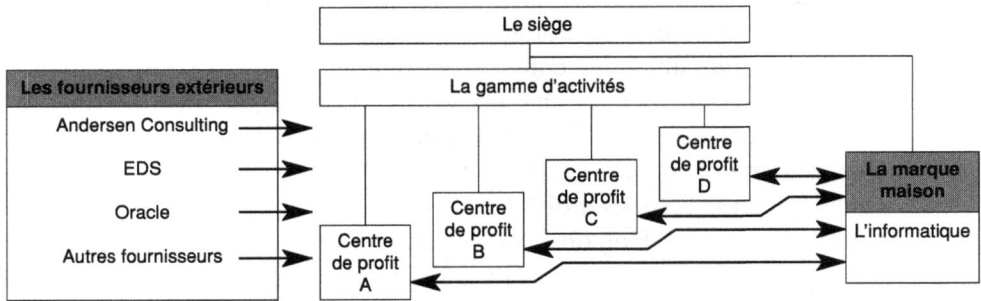

Figure 7-6. La fonction de soutien en tant qu'activité dans l'activité

L'informatique dans une entreprise de services financiers (FINCO)

Le service informatique de Finco était le service informatique intégré d'une entreprise globale de services financiers comportant plusieurs divisions. L'entreprise a créé un service centralisé dans les années 80 pour réaliser des économies d'échelle sur le matériel et le personnel, mettre sur pied une infrastructure de communication commune et favoriser l'intégration de la gamme de produits auprès des clients communs.

Le service informatique de Finco eut recours au cadre du tableau de bord prospectif pour traduire sa vision en un planning stratégique détaillé (voir Figure 7-7).

Avec ce planning pour point de départ, l'équipe de direction se réunit, lors d'un atelier de deux jours, pour élaborer la carte stratégique illustrée en Figure 7-8. La carte stratégique a été conçue à partir de la vision du service informatique. Elle devait servir par la suite de modèle aux différentes entités à l'intérieur du service informatique. Les objectifs **financiers** tentaient d'équilibrer efficacité et efficience. L'objectif de rentabilité des coûts exigeait que chaque unité compare son coût unitaire à plusieurs points de référence externes, comme par exemple les fournisseurs extérieurs, pour s'assurer que Finco était compétitif sur les coûts. Les dépenses stratégiques étaient reliées aux indicateurs supérieurs sur le retour des investissements ; elles étaient séparées des dépenses d'exploitation et de maintenance.

La proposition de valeur pour le **client** était divisée en deux éléments. Les objectifs de base définissaient les résultats que les clients internes attendaient — fiabilité et qualité à un coût raisonnable. Les éléments de différenciation traduisaient une stratégie d'intimité client pour établir un partenariat avec les clients internes en mettant à leur disposition un personnel compétent qui trouverait des solutions innovantes. L'objectif dominant était de créer un partenariat sur le long terme entre le service informatique et les clients internes. Les clients s'exprimeraient dans des enquêtes qui mesureraient les progrès réalisés par rapport aux objectifs.

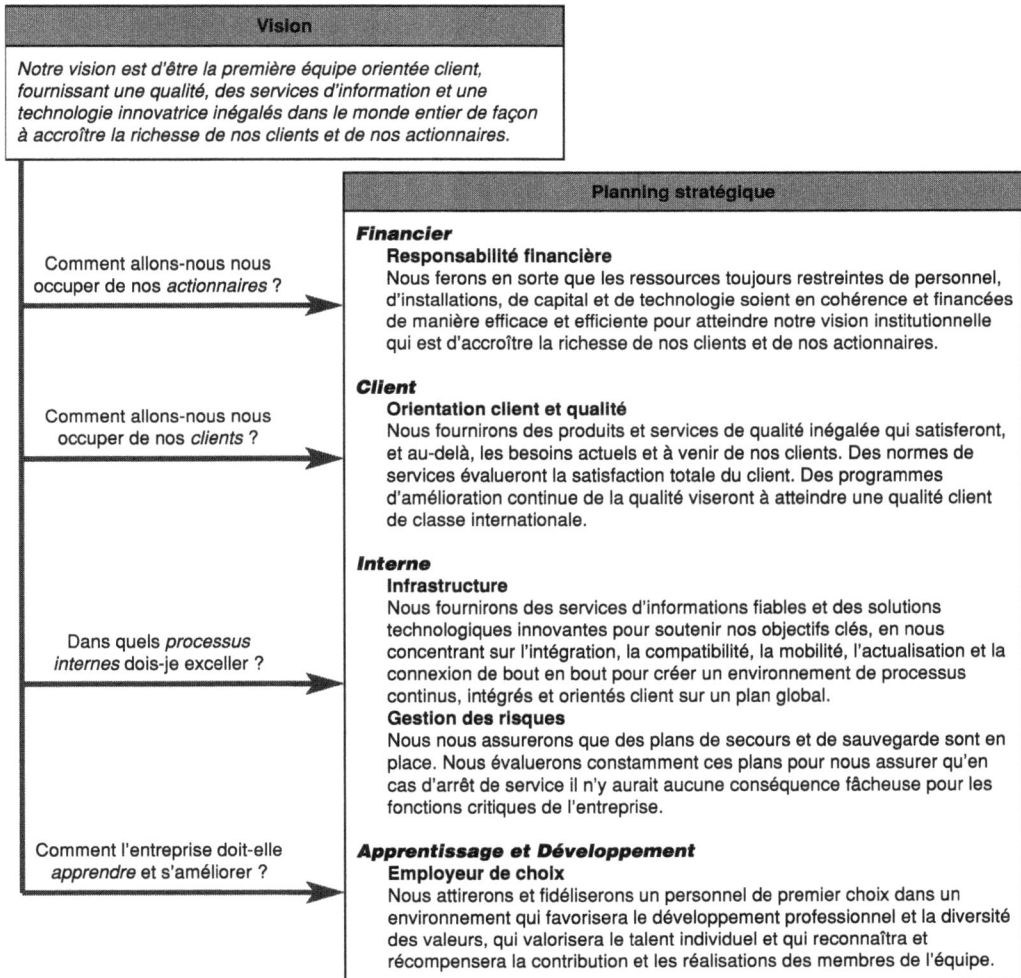

Figure 7-7. Vision et planning stratégique du service informatique de Finco

Carte stratégique

Objectifs stratégiques	
Financier	Retour sur dépenses ■ Dépenses stratégiques / investissements ■ Rentabilité des coûts
Client	■ Éléments de différenciation – Solutions innovantes – Conseiller compétent – Partenariat/relations de confiance ■ Prix d'entrée – Valeur/coût – Service de qualité – Opérations fiables

Interne	■ Comprendre, anticiper les
	  besoins des clients et leur
	  accorder la priorité
	■ Élaborer et mettre en place
	  des solutions
	■ Procurer une infrastructure
	  globale et souple
	■ Gérer les risques techniques
	  et opérationnels
	■ Servir le client

Apprentissage et développement	■ Attirer et fidéliser un
	  personnel compétent
	■ Responsabiliser les salariés
	  (créativité et innovation)
	■ Mettre en adéquation et relier
	  les objectifs et les
	  récompenses

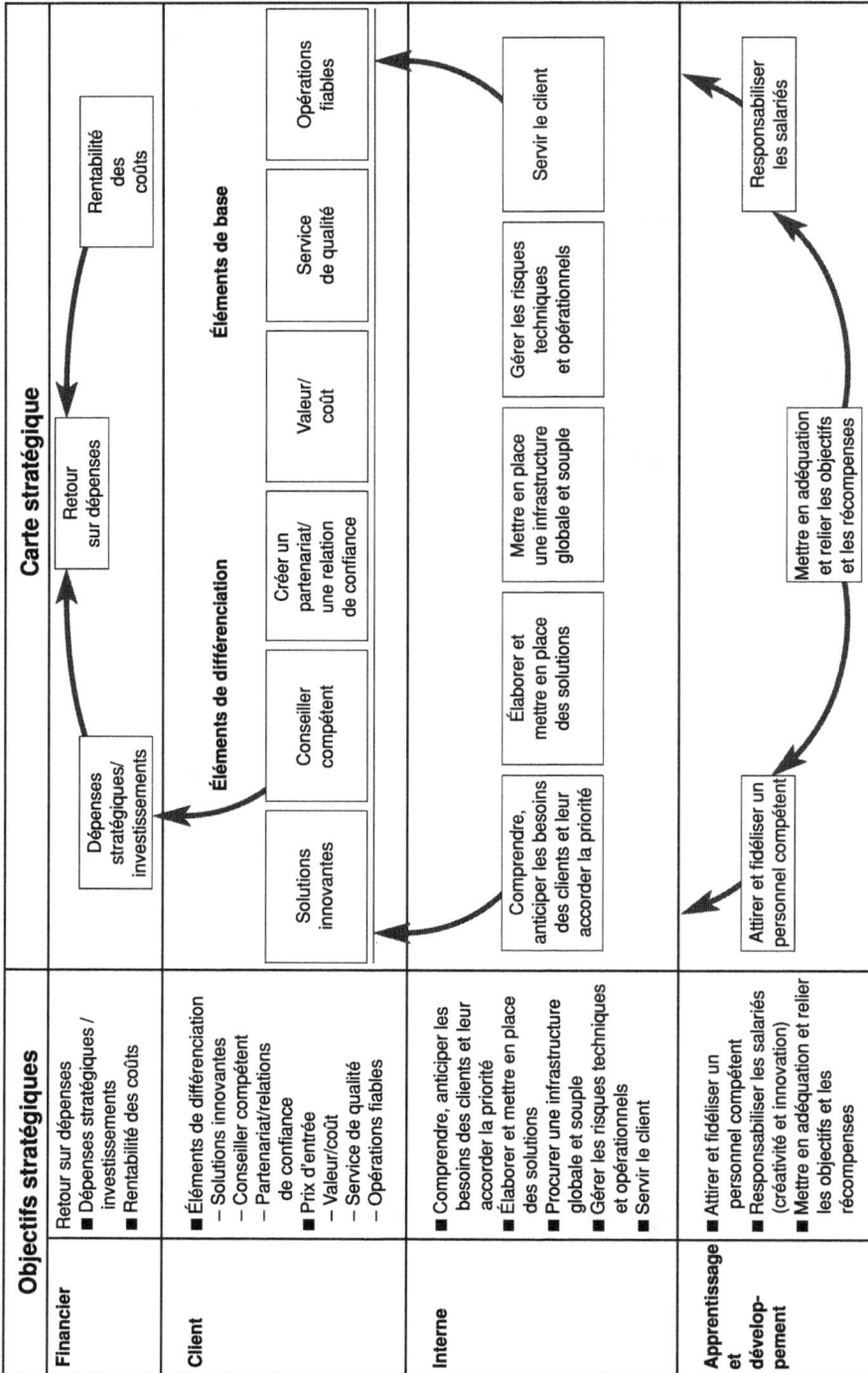

Figure 7-8. La carte stratégique du service informatique de Finco

Les thèmes des **processus internes** reflétaient la chaîne de valeur de l'entreprise :

- Comprendre les besoins des clients
- Créer et mettre en place des solutions innovantes
- Fournir l'infrastructure
- Gérer le risque technique et opérationnel
- Servir le client

La stratégie d'**apprentissage et de développement** se concentrait sur le développement des personnes clés, la responsabilisation des salariés, le travail d'équipe au niveau de la direction et un système d'objectifs cohérents.

À l'évidence, le développement du tableau de bord de FINCO pour son service informatique eut recours à la même structure de base que nous avons utilisée ailleurs. Le niveau financier du tableau de bord est le seul qui ne soit pas complètement analogue à celui d'une véritable entreprise, car les objectifs financiers d'une unité fonctionnelle ne sont pas isolés. À bien des égards, la partie financière de la stratégie rappelle celle des administrations et des organisations à but non lucratif (voir chapitre 5). Le service doit être efficace dans l'utilisation de ses ressources mais son objectif supérieur est de créer des avantages pour ses clients.

INTÉGRER DES PARTENAIRES EXTÉRIEURS

Des liaisons entre unités différentes se produisent lorsqu'il existe une intégration au-delà des frontières des organisations : avec les fournisseurs, les clients, les sous-traitants et les sociétés de joint-venture. Les services informatiques d'entreprises comme J.P. Morgan et la compagnie pétrolière Caltex (une joint venture entre Texaco et Chevron) ont adopté des tableaux de bord prospectifs pour définir le modèle de performance des relations. Ce qui leur a permis de montrer comment les sous-traitants et les joint-ventures pouvaient créer une nouvelle valeur et pas seulement abaisser les coûts. Ils n'ont développé aucun principe nouveau pour mettre en place ces tableaux de bord pour les relations extérieures. Les liaisons externes avaient les mêmes structures et les mêmes objectifs que les liaisons internes déjà décrites dans ce chapitre.

RÉSUMÉ

Les tableaux de bord des services internes communs identifient et énoncent les opportunités d'intégration et de synergies. Ils expriment comment ces entités créent de la valeur pour le siège, ses divisions et ses centres de profit. Les tableaux de bord devraient être élaborés après qu'un accord de service formel aura été négocié entre le service commun et les centres de profit opérationnels. L'accord de service et le tableau de bord prospectif devraient permettre de :

- Mettre en adéquation les efforts de l'unité et les priorités de ses clients (essentiellement ses clients internes, bien que certains services communs puissent avoir le droit de vendre également aux clients extérieurs)
- Fournir une base de comptabilité entre l'unité et ses clients
- Suivre les progrès de l'unité
- Créer une culture de performance orientée client et d'amélioration continue au sein de l'unité

Le tableau de bord procure les indicateurs et le système de gestion pour mettre en adéquation les services communs avec les objectifs stratégiques de l'organisation.

Alors qu'idéalement la stratégie et les tableaux de bord devraient débuter en haut pour se décliner vers le bas vers les unités opérationnelles et les services communs, il peut se faire que la motivation et l'engagement pour le système de gestion du tableau de bord prospectif naissent dans une unité de soutien. Dans ce cas, l'unité peut adopter le modèle de « l'activité dans l'activité » et mettre au point un tableau de bord qui reflète le rôle stratégique qu'elle estime devoir jouer dans l'organisation dans son ensemble. Des tableaux de bord pour les partenaires extérieurs, tels que les joint ventures et les sous-traitants, peuvent être mis au point pour montrer comment la valeur devra être créée dans le cadre du partenariat extérieur.

Troisième partie

Faire que la stratégie soit l'affaire quotidienne de tous

VOUS AVEZ FORMULÉ LA STRATÉGIE et vous avez élaboré vos tableaux de bord pour l'organisation, pour la division, pour les centres de profit et les partenaires stratégiques. Comment faites-vous à présent pour que la stratégie se réalise ? Comment faites-vous pour que chaque salarié intègre la stratégie dans son travail quotidien ?

Auparavant, il n'était pas primordial que tous les salariés soient en phase avec la stratégie. Il y a un siècle de cela, à l'apogée de la révolution de l'organisation scientifique du travail, les entreprises décomposaient les missions de production complexes en séquences de tâches bien plus simples. Les ingénieurs industriels et les responsables déterminaient des méthodes de travail efficaces pour chaque tâche et établissaient des normes de performance. Les entreprises pouvaient alors embaucher des salariés illettrés et non formés et leur donner une formation pointue pour effectuer une seule tâche relativement simple. Et le salarié refaisait sans cesse le même travail, développant une maîtrise et une compétence pour cette seule tâche. Comme l'a dit Frederick Taylor, le promoteur de l'organisation scientifique du travail : « Des tâches simples pour des gens simples ». Dans ce cadre, les salariés n'avaient pas à comprendre ou à appliquer la stratégie. Ils devaient simplement bien faire la tâche ponctuelle que les ingénieurs leur avaient assignée et pour laquelle ils les avaient formés.

Aujourd'hui, ce mode de travail a pratiquement disparu. Pour que les organisations puissent atteindre leurs objectifs, qu'il s'agisse de la production ou des services, du secteur privé ou public, d'entreprises à but lucratif ou non, tous les participants doivent être en adéquation avec la stratégie. Aujourd'hui, une part importante du travail effectuée est fondée sur le savoir et non sur le physique. L'automatisation et la productivité ont réduit le pourcentage de salariés qui occupent des postes de travail traditionnels. Un rapport estime que 50 % du travail effectué aujourd'hui dans les pays industrialisés est un travail fondé sur le savoir[1]. Les salariés effectuent des travaux dans les domaines de l'ingénierie, du développement de produit, du marketing, des relations clients, de la gestion et de l'administration pour lesquels ils sont seuls juges. La difficulté pour les organisations aujourd'hui est de savoir comment enrôler le cœur et l'esprit de tous leurs

---

1. Thomas A. Stewart, *Intellectual Capital : The New Wealth of Organizations* (Londres : Nicholas Brealey, 1998).

salariés[2]. Même les salariés employés directement à la production et à la prestation de service doivent améliorer de manière continue la qualité, réduire les coûts et la durée des processus, pour satisfaire les attentes des clients et se maintenir au niveau de la concurrence. Les salariés doivent comprendre qui sont les clients, de façon à trouver des moyens nouveaux et innovants de créer de la valeur pour eux. Si l'on travaillait comme avant cela ne conviendrait pas du tout.

Dave Ulrich de la Business School de l'université du Michigan a relevé plusieurs tendances majeures qui exigent une adéquation complète des salariés aux objectifs de l'organisation.

- De nombreuses entreprises mesurent à présent régulièrement la satisfaction des salariés[3]. Mais satisfaction ne signifie pas engagement. Les salariés peuvent se sentir bien rémunérés et bien traités mais sans que cela veuille dire qu'ils comprennent les objectifs de l'organisation et qu'ils soient motivés pour aider l'organisation à les atteindre.

- Les organisations peuvent déclarer que le personnel est leur actif le plus précieux mais si vous regardez la fréquence à laquelle ils vérifient leurs stocks physiques par rapport à la fréquence à laquelle ils vérifient les attitudes et les compétences des salariés, vous vous apercevez qu'ils attachent bien plus d'importance à leurs stocks qu'aux capacités de leurs salariés.

- Tous les salariés ne sont pas aussi importants. Ulrich demande aux entreprises de considérer trois groupes de salariés : ceux qui sont au siège ; les cadres intermédiaires et les salariés sur le terrain. Quel est le groupe qui affecte directement les relations client ? Quel est le groupe qui reçoit les plans de rémunérations les plus créatifs et le plus de programmes de formation et de stages ? Généralement les réponses aux deux questions indiquent deux groupes différents.

- Certaines entreprises tentent d'impliquer plus directement leurs clients dans le recrutement, la formation et les récompenses de leurs salariés clés. Ces entreprises consultent leurs clients lorsqu'elles recrutent des salariés clés, lorsqu'elles mettent au point des programmes de formation

---

2. Voir J.R. Katzenbach et J. A. Santamaria « Firing Up the Front Line » *Harvard Business Review* (mai-juin 1999) : 107-117.
3. En fait, une telle mesure peut inciter de nombreuses organisations à prétendre qu'elles ont déjà un tableau de bord prospectif parce qu'elles mesurent la satisfaction du client et la qualité, en plus de la satisfaction du salarié.

pour eux et leur donnent même la responsabilité de décerner des primes lorsque les salariés assurent un service exceptionnel.

Les organisations orientées stratégie comprennent bien l'importance d'encourager tous les salariés à se mettre en adéquation avec la stratégie. Finalement, ce sont les salariés qui appliqueront la stratégie. Et à l'encontre de ce qui se passait à l'époque de l'organisation scientifique du travail, les entreprises comptent sur leurs salariés sur le terrain pour avoir de nouvelles idées, ainsi que pour communiquer des informations sur les opportunités du marché, les menaces concurrentielles et les possibilités technologiques. Le tableau de bord prospectif constitue un outil puissant pour la communication et la mise en adéquation des organisations. Il canalise les énergies et les talents des salariés sur les objectifs stratégiques de l'organisation.

Les organisations orientées stratégie utilisent le tableau de bord prospectif dans le cadre de trois processus différents pour mettre en adéquation les salariés avec la stratégie :

1. La communication et la formation : les salariés doivent entendre parler de la stratégie et la comprendre pour pouvoir aider à l'appliquer. La création de la connaissance et de la compréhension est l'objectif d'un processus de communication efficace.

2. La mise au point d'objectifs individuels et par équipe : Les salariés doivent comprendre comment ils peuvent influencer le succès de l'application de la stratégie. Les responsables doivent aider les salariés à se fixer, individuellement ou en équipe, des objectifs qui soient cohérents avec le succès de la stratégie. Des plans de développement personnel peuvent être adaptés à la réalisation de ces objectifs.

3. Les systèmes de stimulation et de récompenses : le « salaire équilibré ». Les salariés devraient avoir l'impression que lorsque l'organisation réussit ils participent aux récompenses ; à l'inverse, lorsque l'organisation a échoué, ils devraient ressentir une certaine pénalisation. Ce sont les systèmes de stimulation et de récompenses qui assurent la liaison entre les performances de l'organisation et les récompenses individuelles.

Nous parlerons de ces trois processus majeurs qui mettent en adéquation les salariés pris individuellement avec la stratégie de l'organisation.

8

Sensibiliser à la stratégie

IMAGINEZ QUE VOUS SOYEZ LE DIRECTEUR MARKETING d'une grande entreprise de biens de consommation sur le point de lancer un nouveau produit important. Comment feriez-vous pour faire savoir à vos clients que quelque chose de nouveau va sortir ? Vous contenteriez-vous de mettre simplement le produit en rayons, en espérant qu'ils le remarqueront et qu'ils comprendront ce qu'il a de nouveau ? Probablement pas ! Les entreprises ont recours à des processus bien précis lorsqu'elles lancent de nouveaux produits. Elles commencent par une grosse campagne promotionnelle pour informer les clients sur le nouveau produit (créant la notoriété du produit). Puis, elles suivent les ventes pour voir combien de clients ont essayé le produit (la part de marché du produit). Puis elles surveillent pour voir si les clients continuent à acheter le produit (la fidélité au produit) et recommandent le produit à d'autres (la prescription du produit). Les campagnes pour les lancements de nouveaux produits font constamment l'éducation du marché jusqu'à ce que les schémas de comportement aient été modifiés et que de nouveaux comportements d'achats aient été établis.

Maintenant, imaginez que vous soyez le directeur général d'une grande entreprise sur le point de vous lancer dans une nouvelle stratégie majeure. Comment feriez-vous pour que vos salariés soient au courant des nouvelles orientations majeures que vous allez prendre ? Si vous êtes comme la plupart des organisations, vous ne ferez rien. Notre étude révèle que moins de 5 % d'un personnel moyen comprend la stratégie de l'organisation. Et pourtant logiquement les changements de comportements nécessaires pour que des salariés appliquent une nouvelle stratégie sont bien plus importants que ceux nécessaires pour qu'un client essaie un nouveau produit.

Lors du lancement de leur stratégie, les responsables devraient avoir recours à des processus de communication analogues à ceux utilisés pour le lancement de nouveaux produits. Les processus démarrent avec l'éducation (la sensibilisation à la stratégie) et se poursuivent en vérifiant que les salariés ont compris le message (la part « d'esprit stratégie ») en s'assurant que les salariés croient que la stratégie est suivie (la fidélité à la stratégie) et finalement en déterminant combien en parlent à d'autres (la prescription de la stratégie). Chacun de ces états d'esprit et de ces engagements peut être mesuré, tout comme les entreprises le font pour leurs clients. Et les entreprises devraient libérer des budgets pour communiquer avec leurs salariés et les former, tout comme elles s'engagent dans des dépenses publicitaires et promotionnelles pour communiquer avec les clients sur les lancements de produits.

Aussi radicales que ces idées puissent paraître, elles deviennent la norme dans les organisations orientées stratégie. Les dirigeants de ces organisations reconnaissent que lorsqu'une nouvelle stratégie est lancée, tous les salariés doivent la comprendre de façon à trouver de nouvelles et meilleures façons d'accomplir leur travail quotidien. Par exemple, Gerry Isom, le dirigeant de l'assurance CIGNA déclarait : « L'une des choses les plus difficiles à faire est de prendre un plan d'action bien fait et de faire en sorte que ceux qui sont dans les bureaux de Des Moines comprennent comment ils peuvent contribuer à ce plan. Nous devons former tout notre personnel pour qu'il comprenne ce qu'il peut faire en venant au travail tous les jours pour apporter sa contribution à cette société. »

Ce n'est pas une **orientation** hiérarchique. C'est une **communication** hiérarchique, laissant à l'individu sur son lieu de travail le soin de trouver des moyens novateurs d'aider l'organisation à réaliser ses objectifs stratégiques.

Une étude comparant les organisations à haute performance et à performance médiocre a donné les résultats suivants[1] :

	Organisations à haute performance	Organisations à performance médiocre
Les salariés ont une bonne compréhension des objectifs généraux de l'organisation	67 %	33 %
Les dirigeants font une communication efficace	26 %	0 %

Il est évident que la communication est un levier majeur pour le succès de l'organisation. Et pourtant c'est la médiocrité de la communication qui prévaut. Si les salariés ne comprennent pas la vision, il y a encore moins de chances qu'ils comprennent la stratégie qui vise à réaliser cette vision. En l'absence de compréhension de la vision et de la stratégie, les salariés ne peuvent adapter leur travail pour contribuer à l'application efficace de la stratégie.

L'équipe responsable devrait communiquer la stratégie par tous les moyens possibles et la confirmer à chaque occasion. Gerry Isom de CIGNA avait recours à une métaphore graphique pour expliquer l'importance qu'il accordait à la communication continue : « Lorsque vous introduisez un tableau de bord prospectif dans une organisation qui n'en avait jamais eu auparavant, c'est un réel changement de paradigme. C'est une adaptation culturelle majeure. C'est comme de faire entrer un clou dans du granit ; vous devez continuer à taper dessus. »

Les entreprises doivent considérer la communication du tableau de bord aux salariés comme une campagne stratégique, aussi importante que n'importe quelle campagne de communication faite pour les parties prenantes extérieures telles que les clients, les investisseurs et les fournisseurs. Les compétences créatives et professionnelles des équipes de communication internes et externes devraient être mobilisées pour cette campagne.

---

1. T. Stewart, « The Status of Communication Today, » *Journal of Strategic Communication Management* (fév-mars 1999) : 22-25.

Le programme de communication devrait avoir les objectifs suivants :

1. créer une compréhension de la stratégie dans toute l'organisation

2. développer l'adhésion pour soutenir la stratégie de l'organisation

3. former l'organisation aux indicateurs et au système de gestion du tableau de bord prospectif pour appliquer la stratégie

4. fournir des informations en retour sur la stratégie par le biais du tableau de bord prospectif

Ed Robertson, responsable de la communication interne chez Federal Express, a souligné que la performance des processus de communication devait être jugée sur les résultats et non sur les activités. En comptant le « nombre de messages envoyés » et le nombre de « personnes touchées » on mesure les **activités** d'un processus de communication et non ses **résultats**. George Bernard Shaw disait : « Le plus gros problème avec la communication c'est l'illusion qu'elle s'est produite ». Le simple fait qu'un message ait été émis ne signifie pas pour autant qu'il ait été reçu. L'indicateur de résultats du processus de communication devrait être la compréhension commune des salariés.

Plusieurs entreprises, pour vérifier que le message était vraiment « passé », interrogeaient leurs salariés dans le cadre de leur enquête annuelle pour savoir si le salarié avait entendu parler de la stratégie et s'il l'avait comprise. Une étude, menée par le groupe Hay auprès de 15 entreprises ayant adopté des tableaux de bord prospectifs sophistiqués, révèle que onze d'entre elles avaient des systèmes formels pour mesurer la connaissance qu'avaient les salariés de la stratégie. Chez NAM&R de Mobil, comme nous l'avons évoqué à la fin du chapitre 2, avant l'introduction du tableau de bord prospectif, seuls 20 % des salariés connaissaient la stratégie. Cinq ans plus tard, ce chiffre avait dépassé les 80 %. L'entreprise pensa que cette pénétration importante du message était un grand atout pour elle.

LES SUPPORTS DE COMMUNICATION

Il existe de nombreux media pour communiquer la stratégie et les tableaux de bord aux troupes. Parmi ceux que nous avons rencontrés, nous pouvons citer :

- Les réunions extérieures trimestrielles. Au départ, les responsables ont eu recours à des réunions extérieures pour expliquer le thème du tableau de bord prospectif. Au fur et à mesure que le thème a été compris, ils ont utilisé les réunions extérieures pour informer l'organisation sur les performances récentes et s'engager sur des séances de questions/réponses sur l'avenir.

- La brochure. Un document d'une page décrivant les objectifs stratégiques et la façon dont ils seront mesurés.

- Les lettres d'information mensuelles. Au départ les lettres d'information définissaient et décrivaient le tableau de bord. Par la suite, elles rendaient compte périodiquement des indicateurs et des anecdotes sur les initiatives des salariés ayant débouché sur des améliorations.

- Les programmes de formation. En intégrant le tableau de bord dans tous les programmes de formation, on renforce le message selon lequel le tableau de bord est une nouvelle façon de faire des affaires.

- L'Intranet de l'entreprise. Le tableau de bord est mis sur Intranet, incluant la voix des responsables ainsi que des parties vidéo décrivant l'ensemble de la stratégie et incluant des explications sur les objectifs, les indicateurs, les buts et les projets individuels.

Peu d'entreprises utilisent un seul moyen. La plupart ont recours à un ensemble de moyens dans le cadre d'un programme de communication continue. La Figure 8-1 montre la gamme de moyens de communication utilisés au centre médical de l'université de New York pour déployer une nouvelle stratégie. Des « circuits riches » tels que les réunions en petits groupes permettent à l'intervenant de personnaliser le message et de répondre aux questions et aux retours d'information de l'auditoire. Les « circuits riches » sont les plus efficaces mais ce sont également les plus chers et les plus limités dans leur portée. Les « circuits souples » tels que les lettres d'information n'ont pas le caractère personnel des circuits riches mais sont plus économiques et ont une portée plus large[2].

---

2. J. Miniace et E. Falter, « Communication : A Key Factor in Strategy Implementation, » *Planning Review* (jan-fév 1996) : 26-30.

Ceux qui ont réussi dans l'application du tableau de bord prospectif ont pratiquement utilisé tous les moyens listés dans la Figure 8-1 à un moment ou à un autre, en mélangeant circuits riches et circuits souples. Finalement, lorsque le tableau de bord est enraciné dans des processus de gestion continus, le programme de communication formelle cesse. Il n'est plus nécessaire lorsque l'utilisation du tableau de bord s'est généralisée et est entrée dans les mœurs.

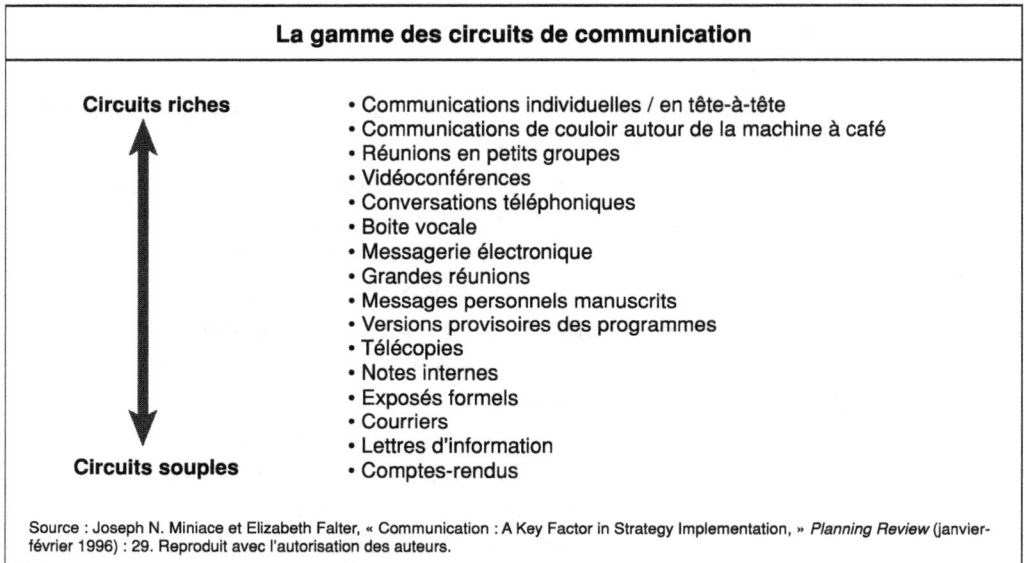

La gamme des circuits de communication

Circuits riches

- Communications individuelles / en tête-à-tête
- Communications de couloir autour de la machine à café
- Réunions en petits groupes
- Vidéoconférences
- Conversations téléphoniques
- Boite vocale
- Messagerie électronique
- Grandes réunions
- Messages personnels manuscrits
- Versions provisoires des programmes
- Télécopies
- Notes internes
- Exposés formels
- Courriers
- Lettres d'information
- Comptes-rendus

Circuits souples

Source : Joseph N. Miniace et Elizabeth Falter, « Communication : A Key Factor in Strategy Implementation, » *Planning Review* (janvier-février 1996) : 29. Reproduit avec l'autorisation des auteurs.

Figure 8-1 Moyens utilisés pour communiquer sur de nouvelles stratégies

La compagnie électrique de Nova Scotia

Paul Niven, l'analyste de la performance chez Nova Scotia Power avait été chargé à plein temps de surveiller l'application du tableau de bord. Il distribua à tous les cadres des exemplaires du tableau de bord accompagné de notes complètes. Il eut recours à la lettre d'information interne et à l'Intranet pour fournir des actualisations régulières et il encouragea toutes les équipes à communiquer avec leurs propres salariés par le biais de présentations et de lettres d'information. Jay Forbes, le directeur financier s'en souvient : « Niven et moi sommes allés à d'innombrables réunions et forums à toutes les manifestations dans lesquelles nous pouvions nous glisser, pour essayer d'aider le personnel à comprendre le tableau de bord. Nous avons affiché le tableau de bord partout où nous pouvions le faire. La communication était la première de mes priorités et ce à quoi je consacrais le plus de temps. » Forbes nota la difficulté qu'il y avait à soutenir l'effort : « Pour éviter que le tableau de bord ne soit considéré comme « la dernière fantaisie à la mode », vous deviez l'intégrer dans tout ce que vous faisiez. Le personnel avait besoin de vivre avec et d'en retirer les avantages. Le programme d'application doit bénéficier du soutien visible des responsables, d'une promotion constante, de modifications, d'améliorations continues, et, par-dessus tout, de la concentration sans faille de l'organisation, sinon il échouera ».

L'expérience de Mobil : soutenir le programme de communication

Comme nous l'avons évoqué au chapitre 2, Le NAM&R de Mobil a commencé à déployer son tableau de bord prospectif en envoyant un membre de l'équipe dirigeante visiter chaque site d'Amérique du Nord pour expliquer la nouvelle stratégie. L'entreprise a distribué une brochure d'une page décrivant le nouveau système de mesures équilibrées.

Une fois que la notion de stratégie et de mesure a été communiquée et s'est imprégnée dans l'organisation, Mobil s'engagea dans un programme de communication systématique et continu qui renforça le message à bien des égards. Une fois par mois, la division, chaque centre de profit et chacun des services communs préparaient un compte rendu actualisé du tableau de bord prospectif en une page. Le tableau de bord était affiché sur les panneaux d'affichage et distribué dans tous les sites. Le compte rendu (voir Figure 8-2) faisait figurer en une seule page les objectifs et les mesures sur les quatre axes, les performances courantes et annuelles ainsi qu'une comparaison avec l'année précédente et les objectifs de l'année en cours.

De plus, chaque centre de profit avait une lettre d'information, avec dans chaque numéro une présentation d'un aspect du tableau de bord. L'entreprise publiait un condensé qui résumait la performance. Et le tableau de bord était un élément de tous les cours ou stages de formation de l'entreprise.

Une fois par trimestre, le président de la division faisait une présentation d'une heure à la cafétéria du siège, à Fairfax en Virginie, pour analyser la performance du tableau de bord pour le trimestre précédent et répondre

Axe	Objectifs	Mesures	Fréquence	Base	Résultats réels de 1997		Plan 1997	Objectifs chiffrés 1999
					Période en cours	Cumul annuel		
Financier	Retour sur capital investi	RCI (%)	S					
	Cash flow	Cash flow hors dividendes (mm$)	M					
	Rentabilité	Cash flow dividendes inclus (mm$)	M					
		P& P après taxes	M					
		Marge nette (cents par gallon avant taxes)	T					
	Coût le plus bas	Marge nette (classement sur 6)	M					
	Réaliser les objectifs de croissance rentable	Dépenses globales d'exploitation (cents par gallon)	M					
		Croissance en volume, ventes d'essence au détail (%)	M					
		Croissance en volume, ventes de distillats aux distributeurs	M					
		Croissance en volume, lubrifiants (%)						
Client	Constamment enthousiasmer le client ciblé	Part de segment (%)	T					
		■ % de combattants de la route	T					
		■ % de fidèles invétérés	T					
	Améliorer la rentabilité de nos partenaires	■ % de génération battante	T					
		Client mystère (%)	M					
		Profit brut global, décomposé	T					
Interne	Améliorer les performances d'environnement, de santé et de sécurité	Incidents de sécurité (absentéisme)	T					
	Développer produits, services et autres sources de profit	Incidents écologiques	T					
	Abaisser les coûts de production par rapport à la concurrence	Marge brute des autres sources de profit par magasin/ mois (m$)	M					
	Améliorer les performances du matériel	RCI pour la raffinerie	T					
	Améliorer les performances d'environnement, de santé et de sécurité	Dépenses de la raffinerie(cents par unité produite)	M					
	Réduire les coûts d'installation	Indice de fiabilité de la raffinerie	M					
	Gestion des stocks	Indice de rendement de la raffinerie	M					
	Qualité	Incidents de sécurité de la raffinerie	T					
		Coût d'installation par rapport à l'offre de la concurrence-essence (cents par gallon)	T					
		Coût d'installation par rapport à l'offre de la concurrence-distribution (cents par gallon)	M					
		Niveau de stock (millions de barils)	M					
		Indice de disponibilité du produit	T					
		Indice de qualité						
Apprentissage et développement	Engagement dans l'organisation	Indice d'enquête sur l'ambiance	M					
	Capacités et compétences clés	Disponibilité de la compétence stratégique (%)	A					
	Accès à l'information stratégique	Disponibilité des systèmes stratégiques	A					

Figure 8.2. Le rapport mensuel de la division marketing et raffinage Amérique du Nord de Mobil

aux questions sur l'orientation future. Lors de la première réunion de ce type, en avril 1995, seules quelque trente personnes y assistèrent. En 1999, plus de cinq cents personnes venaient régulièrement à ces réunions et l'entreprise a même dû demander une autorisation spéciale des pompiers pour faire face à l'auditoire pléthorique. Les réunions étaient retransmises en vidéo sur les autres lieux de travail et étaient enregistrées pour que ceux qui ne pouvaient assister à la réunion ou regarder la vidéo à l'heure de la retransmission puissent voir la présentation au moment de leur choix.

Au mois de janvier, plus d'une centaine de cadres dirigeants participaient à une réunion annuelle sur l'état des affaires, au cours de laquelle le tableau de bord prospectif servait d'ordre du jour pour analyser l'année qui venait de se terminer et présenter et discuter les plans pour l'année à venir. Des intervenants choisis dans les centres de profit et dans les services communs y faisaient des présentations sur leurs programmes innovants. L'équipe dirigeante se servait du tableau de bord prospectif comme canevas de la discussion avec les centres de profit et les services communs à chaque fois que possible pour analyser la performance. Ainsi grâce à une communication et à une utilisation actives et continues, le tableau de bord s'imprégna dans la culture de l'organisation.

Motorola : les nouveaux circuits

Le département de communication interne de Motorola suivit également une démarche très proactive pour mettre en adéquation les salariés de l'entreprise avec ses objectifs globaux[3]. Il s'aperçut qu'il ne pouvait pas toujours faire appel au directeur général pour transmettre aux salariés les messages sur tous les nouveaux programmes et les nouveaux projets. Le directeur général devait se concentrer au maximum sur deux ou trois messages clés par an. (Une étude auprès des salariés d'entreprises ayant fait l'objet d'un benchmarking avait révélé que les salariés pensaient que le « directeur général en disait trop peu sur trop de sujets et que ce n'était pas un facteur de motivation et de persuasion. ») Aussi, tous les messages du dirigeant devaient-ils être complets et forts, expliquant les raisons du

---

3. Inspiré de Steve Biederman, « Strategic Communication : A Two-Way Street at Motorola » (communication présentée à la conférence *Balanced Scorecard Collaborative Best Practices, Making Strategy Everyone's Job : Using the Balanced Scorecard to Align the Workforce*, Cambridge, MA, 22-23 juin 1999).

thème stratégique et indiquant les objectifs souhaités ainsi que la position actuelle par rapport à ces objectifs. Les responsables dans toute l'organisation renforceraient alors le message. Un déroulement type pourrait être le suivant :

Personne	Rôle de communication
Directeur général	Raisons, objectifs, position
Directeur	Renforcement visible, plans spécifiques
Responsable d'unité	« Que ferons-nous différemment ? »
Cadre	Comment le projet est relié au travail quotidien
Employé	Comprendre et appliquer

Motorola est allé au-delà des circuits traditionnels de communication d'une façon qui a renforcé sa volonté d'être un leader mondial en communication, notamment en communication électronique. Motorola organisa des conférences par satellite avec toutes les unités pour expliquer les nouveaux projets. Le dirigeant a adressé une lettre hebdomadaire aux 140 000 salariés pour parler des progrès de ses projets.

L'entreprise installa un site Internet interactif du dirigeant qui donnait des nouvelles quotidiennes sur l'entreprise (le prix de l'action, le « flash Motorola » sur les événements majeurs, les nouveaux produits, services et alliances). Les nouvelles quotidiennes et les mises à jour attirèrent du trafic tous les jours sur le site. Le site comportait également de petits tests sur la connaissance qu'avaient les salariés des projets en cours et des résultats (« Testez votre Q.I. Motorola ») et des enquêtes de 60 secondes auprès du personnel. Les enquêtes permirent au département de communication interne de boucler la boucle en mesurant les résultats du processus de communication. Elles contenaient jusqu'à six questions où il fallait répondre par oui ou par non ainsi que des questions à choix multiples concernant les thèmes stratégiques du dirigeant.

En plus, des informations actualisées tous les jours, le site Internet du dirigeant guidait les salariés dans un « tour rapide » qui incluait le point de vue et les opinions du dirigeant sur les problèmes clés auxquels Motorola avait à faire face, les raisons expliquant les récentes décisions de l'équipe de direction, une discussion sur les projets de l'ensemble de l'entreprise ainsi que des comptes-rendus sur l'état d'avancement des projets y compris les liaisons avec le tableau de bord de l'excellence de la performance. Pour renforcer le message, le site présentait des exemples importants où la théorie était devenue réalité, des études de cas de la stratégie en action et ceux qui avaient réussi en sortant des limites de la performance et de l'organisation traditionnelles et auxquels on exprimait de la reconnaissance.

Le site Internet du dirigeant, grâce à ses informations constamment actualisées et ses rubriques devint très vite le site le plus fréquenté par les salariés de Motorola. Le département de la communication interne s'était rendu compte que s'il voulait que la théorie de « l'exécution de la stratégie venant de la base » se réalise, il devait inventer de nouveaux circuits et un environnement de communications interactives. Il prit pour mission « l'utilisation efficace de la communication pour permettre à une organisation de faire en sorte que la stratégie devienne l'affaire de tous ».

Sears : les cartes d'apprentissage

Des compagnies comme Motorola et Sears, Roebuck, ont également utilisé des représentations visuelles de la stratégie pour aider les salariés à comprendre les changements qui se produisaient et voir comment ils pourraient contribuer à l'application réussie des projets de changement[4]. Un visuel de carte d'apprentissage est constitué d'images et d'itinéraires visant à provoquer la discussion des salariés sur un thème stratégique. Un de ces visuels de carte d'apprentissage chez Sears (voir Figure 8-3) montre une rue sinueuse qui commence par des images de l'environnement des magasins de détail dans les années 50 et qui serpente de décennie en décennie jusqu'à montrer l'environnement compétitif du milieu des années 90 aux États-Unis : les magasins Wal-Mart, Sears, J.C. Penney, The Limited, Toys'R Us, Bed Bath & Beyond, The Home Depot, Target etc. La rue se termine sur un avenir quelque peu inconnu. Chacun des salariés de Sears, de la haute direction aux magasiniers, aux employés de bureau et aux caissiers, a participé à une réunion d'explication du visuel de la carte d'apprentissage avec huit à dix collègues. Les cartes et les tableaux, les courbes et les graphiques les accompagnant fournissaient le contexte pour que les salariés puissent répondre aux questions sur « Quelles en sont les implications pour notre activité et notre équipe ? »

---

4. A.J. Rucci, S.P. Kirn et R.T. Quinn, « The Employee-Customer-Profit Chain at Sears, » *Harvard Business Review* (jan-fév 1998) : 83-97.

Figure 8-3. Carte d'apprentissage chez Sears

Après s'être réunis par petits groupes, les participants s'assemblèrent pour une réunion générale et une séance de planification des actions au cours de laquelle les salariés se livrèrent à un brainstorming sur les actions locales qui pourraient être entreprises pour aider Sears à réussir dans son nouvel environnement de concurrence acharnée. L'objet de la réunion n'était pas que la direction dise aux cadres et aux employés ce qu'ils devaient faire. La direction avait réfléchi à de grands thèmes stratégiques. Sears devait devenir[5]

1. Un endroit où il faut absolument faire ses courses
   - De superbes articles pour de bons prix
   - Un excellent service client assuré par le meilleur personnel possible
   - Un endroit agréable où faire ses courses
   - La fidélité client

2. Un endroit où il faut absolument travailler
   - Une ambiance favorable à l'épanouissement et au développement personnels

---

5. Vous remarquerez qu'à cette époque, Sears utilisait plutôt un tableau de bord des parties prenantes (voir chapitre 3) qu'un tableau de bord stratégique en faisant figurer trois parties prenantes : le client, les salariés et les investisseurs.

- Une incitation aux idées et à l'innovation
- Des équipes et des individus responsabilisés et engagés
3. Un endroit où il faut absolument investir
   - Une croissance du chiffre d'affaires
   - Une croissance supérieure du revenu d'exploitation
   - Une gestion efficace des actifs
   - Des gains de productivité

Dans le cadre de ces trois thèmes stratégiques, Sears voulait que ses salariés proposent des actions locales qui aideraient l'entreprise à atteindre ses objectifs supérieurs. Sears conçut l'exercice du visuel de la carte d'apprentissage et les réunions de suivi à l'extérieur pour communiquer les objectifs et la vision de l'entreprise de façon plus efficace, afin de créer l'environnement nécessaire pour que les responsables changent leur attitude envers les employés et pour qu'à la fois les responsables et les employés comprennent l'importance qu'il y avait à prendre de meilleures décisions pour le client. L'entreprise souhaitait que les salariés deviennent plus réactifs, prennent plus d'initiatives et offrent un meilleur service. Sears se servit des visuels de la carte d'apprentissage et des réunions extérieures pour créer de modestes succès dans la vie de tous les jours des employés et des responsables et non pas pour viser de grands changements.

Les arbres stratégiques

De nombreuses compagnies ont créé des arbres stratégiques pour montrer comment tous les éléments de leur stratégie étaient reliés entre eux. Une usine de Texaco commença d'abord par montrer comment le retour sur investissement pouvait être influencé par le volume des ventes, qui, à son tour, pouvait être induit par l'acquisition et la fidélisation des clients. Puis elle présenta un arbre stratégique (voir Figure 8-4) illustrant la proposition de valeur qui devait déclencher la satisfaction du client : prix compétitif, qualité du produit, qualité du service et de la prestation. Les salariés pouvaient alors voir comment les objectifs locaux, tels que les coûts d'entretien, la fiabilité, la souplesse et l'image, pouvaient contribuer aux objectifs généraux de l'entreprise. Les salariés apprirent comment les indicateurs qu'ils pouvaient influencer et maîtriser se reliaient aux objectifs de l'ensemble de l'usine.

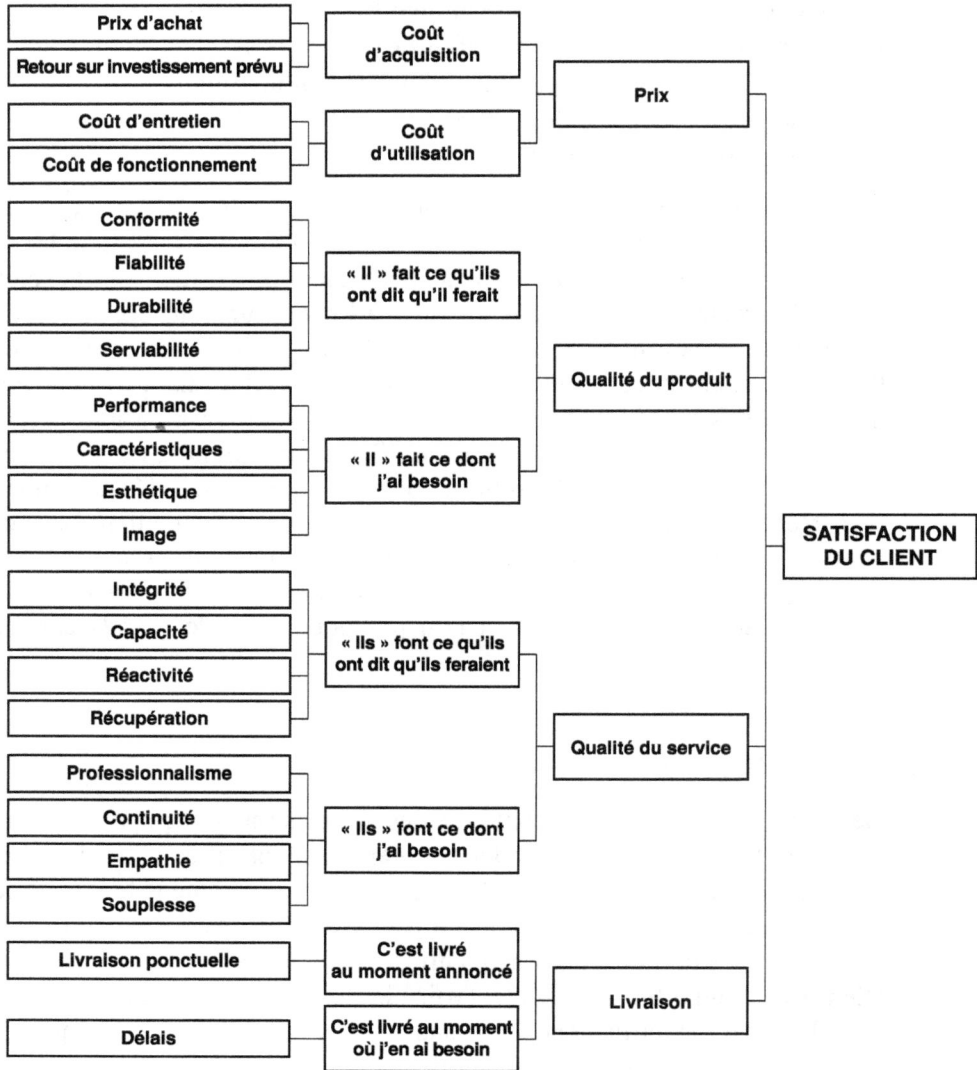

Figure 8-4. Décomposition de la satisfaction du client à la division Raffinage et Marketing de Texaco

Dans la division NAM&R de Mobil, George Madden, le directeur général, demanda à son équipe de projet du tableau de bord prospectif d'atteindre deux objectifs ambitieux :

1. Créer une entité cohérente et intégrée dans laquelle chaque membre aurait une idée claire de la stratégie de l'activité de façon à fonctionner comme une seule équipe

2. Faire descendre le tableau de bord prospectif au niveau de chaque individu

Ce projet démarra par une réunion d'information de l'équipe organisée par la direction et les responsables de services de la division sur la stratégie et l'organisation de l'unité. Une fois ces éléments compris, l'équipe de projet élabora un arbre complet de cause à effet pour les aider à accomplir leur premier objectif. Le schéma lui-même, qui était constitué de plusieurs grandes feuilles collées les unes aux autres, remplissait un mur complet. Une version simplifiée est illustrée en Figure 8-5. L'axe interne de l'arbre complet couvrait plus d'une centaine de processus internes.

Après avoir construit l'arbre, l'équipe enroula les feuilles et alla sur le terrain avec. En l'espace de 12 jours ouvrables l'équipe tint environ 40 réunions sur vingt lieux différents. Todd D'Attoma, responsable de l'équipe projet décrit ainsi une réunion type :

> *La plupart des participants n'avaient jamais entendu parler du tableau de bord prospectif. Nous commencions par leur expliquer ce que c'était, notre objectif en l'utilisant et le rôle du tableau de bord dans l'organisation. Puis nous parcourions l'arbre, nous parlions de la mise en adéquation des objectifs et des stratégies et des relations transversales que nous permettait l'arbre. Et puis nous leur demandions « où vous trouvez-vous sur l'arbre ? » Ils se passionnaient généralement à rechercher comment leur travail se reliait à nos stratégies et à nos objectifs généraux. Ils se dirigeaient vers l'arbre, montraient leur case, voyaient ce qu'ils affectaient et retraçaient comment leur travail ou leur poste influait sur tout le reste, pour finalement influencer le retour sur le capital investi.[6]*

À présent que tout le monde avait compris la stratégie de l'unité et là où il ou elle se situait dans le cadre de la stratégie, D'Attoma et son équipe de projet pouvaient passer au second objectif : construire des tableaux de bord prospectifs individualisés (ce que nous décrivons dans le chapitre 9).

---

6. R.S. Kaplan, *Mobil USM&R (C) : Lubricants Business Unit* 9-197-027 (Boston : Harvard Business School, 1996), 2.

Axe financier

Leader en retour sur capital investi

Réalise le plan de cash-flow

Leader en profit (marge)

Maximise le volume : équilibrant la croissance rentable avec l'utilisation des actifs

Prix haut de gamme /différenciation

Coûts pour soutenir la différenciation

Fournisseur rentable

Axe client

Rapport qualité prix raisonnable

Anticipe les besoins du marché

Améliorer sans cesse les stratégies

Image de marque de confiance

Construire la marque

Alliances gagnant/gagnant

Les produits sont faciles à vendre

Tous deux gagnent de l'argent

Faciles à faire des affaires avec

Les meilleures ventes de la catégorie

Le meilleur réseau de distribution de la catégorie

Traitement parfait de la commande

Voulant et pouvant payer à temps

Pas de retours dus aux dommages

Documents et factures adéquats

Conforme dès la première fois

Gestion efficace du client

Ponctualité

Conformité

Production rentable

Des relations gagnant/gagnant avec les raffineries

Transport efficace et rentable

Personnel compétent et attentif

Actifs efficaces et pleinement utilisés

Alliances stratégiques de fourniture

Développer les compétences et les capacités

Sensibiliser aux activités transversales

Développer des compétences générales

Analyser les lacunes dans les postes

Axe interne

Changer la culture

Créer des outils d'amélioration continue

Analyser les lacunes de la compagnie

Responsabilisation

Constituer des équipes

Accompagner, écouter et conseiller

Axe d'apprentissage et de développement

Prouver le soutien en faveur du changement

J'ai compris la stratégie des Lubrifiants et je peux identifier mon rôle

Communiquer sur les résultats et les activités en cours

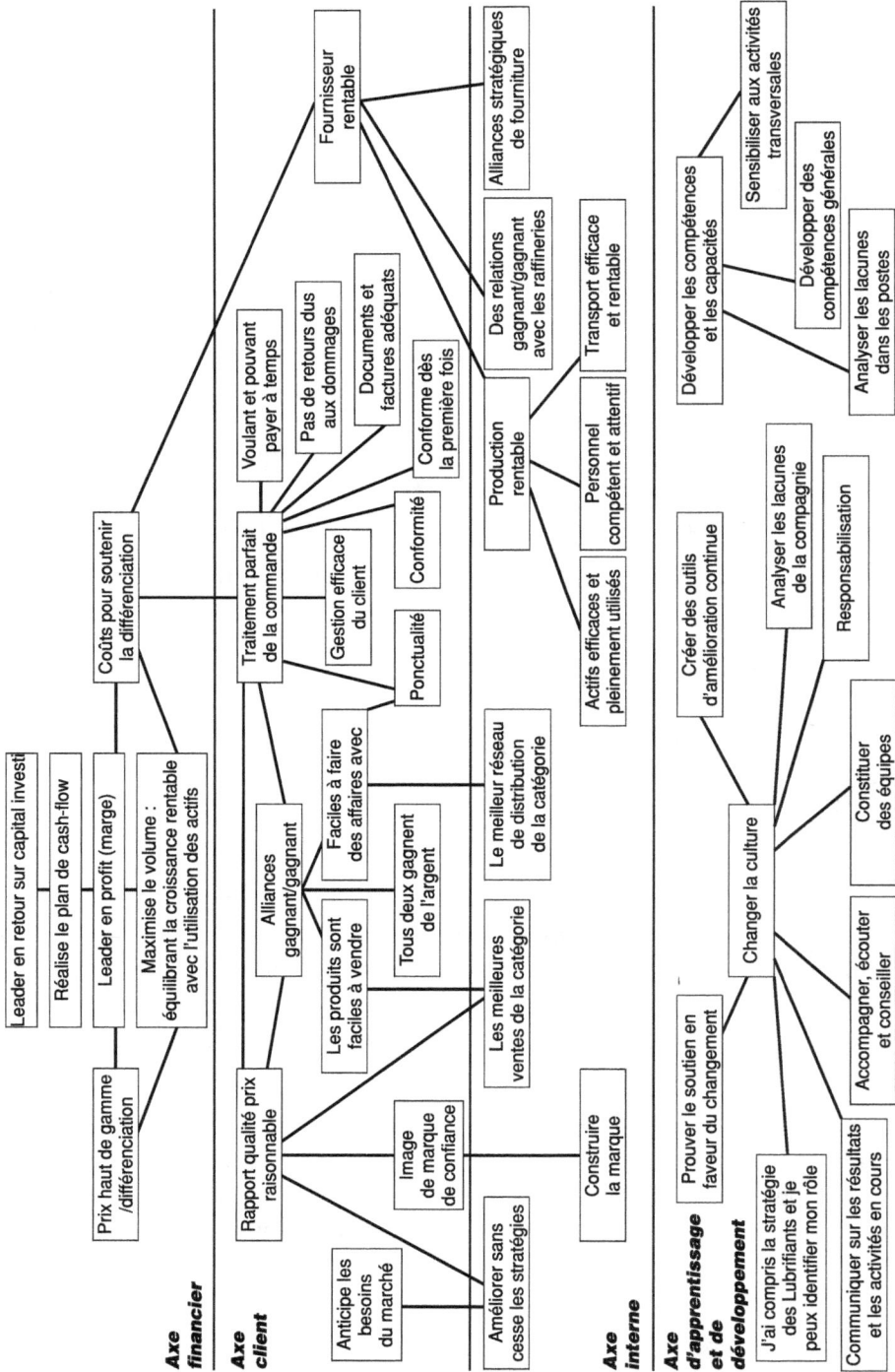

Source : D'après *Mobil USM&R (C) : Lubricants Business Unit* 9-197-027 (Boston : Harvard Business School, 1996), 6. Reproduit avec l'autorisation de la Harvard Business School.

Figure 8-5. L'arbre stratégique de cause à effet de la division lubrifiants de NAM&R de Mobil

COMPRENDRE LES INDICATEURS

Le premier pilier sur lequel s'appuyer pour sensibiliser à la stratégie est la compréhension de la stratégie grâce à des processus de communications extensifs et innovants. Pour n'importe quel projet de tableau de bord prospectif, les responsables devraient définir clairement les indicateurs qui seront utilisés pour guider et suivre la stratégie sur le tableau de bord et la façon dont les indicateurs seront calculés à partir des données de base. Les salariés doivent bien comprendre les indicateurs pour que leurs décisions et leurs actes influencent la stratégie de la façon souhaitée.

Pour souligner la difficulté qu'il y a, même pour les cadres supérieurs, à comprendre les indicateurs, nous avons donné une liste de trente indicateurs à une équipe de direction de dix personnes et nous leur avons demandé d'identifier ceux qui, à leur avis, devaient figurer sur leur tableau de bord prospectif. Un seul indicateur : le retour sur le capital investi figurait sur les dix listes. Cette convergence au moins sur un indicateur, pour gratifiante qu'elle était, n'était pas surprenante car les rémunérations de tous les cadres de cette division à forts investissements étaient liées au retour sur le capital investi. L'absence de consensus sur les autres indicateurs révélait le travail qui restait à accomplir pour élaborer le reste du tableau de bord. Avant de nous y atteler, toutefois, nous avons demandé aux membres de l'équipe dirigeante de faire un autre exercice : celui d'inscrire la formule utilisée dans leur entreprise pour calculer le retour sur le capital investi. Les dix cadres ont donné dix formules différentes ! La leçon était claire. Si les dix cadres supérieurs qui géraient l'activité n'avaient pas une idée claire de l'indicateur de performance le plus communément utilisé, imaginez ce que devait être la compréhension ailleurs dans l'entreprise.

Nous incitons les organisations à se montrer explicites sur chacun des indicateurs utilisés dans leur tableau de bord. La Figure 8-6 illustre un modèle que nous avons utilisé dans plusieurs applications. Ce modèle peut être intégré dans un logiciel de tableau de bord prospectif de façon à ce que les utilisateurs aient facilement accès aux définitions des indicateurs.

La documentation sur les indicateurs devrait être complétée par des programmes de formation permanente. Novacor a lancé un programme de formation dans toute l'entreprise pour expliquer les thèmes de marketing et de comptabilité des coûts qui apparaissaient sur le tableau de bord, par exemple les parts de segments, la rentabilité client et la marge contributive Figure 8-7).

Objectif stratégique : Indicateur : But de l'indicateur :		Fréquence de mise à jour : Unités de mesure :
Définition/formule de l'indicateur :		
Notes/hypothèses :	Décrit le plan pour pallier toute faiblesse dans la réalisation de la donnée souhaitée	
Information sur l'indicateur :	**Éléments et sources des données :**	
Source et démarche pour la fixation des objectifs :		

Responsabilité pour la fixation des objectifs :	Responsabilité pour la réalisation des objectifs :	Responsabilité pour le suivi et le compte rendu :	Disponibilité de l'indicateur : But :
But	**1998 Réel**	**1999 Prévisions**	**2000**	**2001**
	1 T 2 T 3 T 4 T Année complète			

Figure 8-6. Modèle d'indicateurs

Chaque salarié a participé à un stage d'un jour pour analyser le contenu du manuel et pour avoir une meilleure base sur l'économie de l'activité. De plus, tout le programme était accessible sur un forum interactif du réseau local de l'entreprise.

Axe de processus internes

1. Se concentrer sur l'amélioration de la marge

Marge variable = prix de vente – coûts variables
(soit matières, énergie, conditionnement et livraison)

$$\$\$\$ \qquad \$\$\$$$
Augmenter le prix de vente et/ou abaisser les coûts

1. Se concentrer sur l'amélioration de la marge

Au cœur même de toute gestion efficace de nos processus internes se trouve l'accent mis sur l'amélioration de la marge. J'ai évoqué brièvement la marge concernant les clients. Auparavant, avant notre projet de « transformation de l'activité », nous pensions que nous faisions du bon travail lorsque nous vendions des tas et des tas de produits. Ce n'est plus un indicateur de succès. Au cours du projet de « transformation de l'activité » nous sommes passés de la simple vente de plus en plus de produits à la réflexion pour connaître les ventes et les clients les plus rentables.

Lorsque nous rentrons chez nous, au bout de la journée, nous devrions mesurer nos efforts non plus sur le fait par exemple que nous avons vendu cinq camions pleins de résine de polyéthylène. Mais nous ne devrions considérer comme un jour réussi que si nous avons dégagé une marge rentable sur cette vente, par exemple une marge de 50 000 dollars pour Novacor.

Exprimé simplement, la marge est l'argent que nous recevons de nos clients (le chiffre d'affaires) moins les coûts nécessaires pour fabriquer et livrer notre produit (chiffre d'affaires – coûts variables x 100 %).

On utilise les termes *marge variable* et *coûts variables* en référence à la marge pour indiquer les coûts qui varient en fonction de la production : les matières premières, les matières de conditionnement etc. Les coûts fixes sont ceux qui ne changent pas lorsque le volume de production varie tels que les salaires et les taxes municipales sur le foncier. L'indicateur de productivité des coûts fixes, que nous verrons plus tard, concerne l'efficacité par rapport aux coûts fixes.

La marge variable reflète notre stratégie de prix aussi bien que notre capacité à maîtriser les coûts. Le but est d'améliorer la marge en augmentant le prix de vente et/ou en abaissant les coûts. Nous pouvons également améliorer nos marges en vendant des produits à valeur ajoutée que nous adaptons aux besoins spécifiques du client.

Les matières premières, telles que le gaz naturel ou le pétrole brut que nous utilisons pour fabriquer nos produits, offrent un parfait exemple du poste où nous pouvons améliorer notre efficacité. Les matières premières sont de loin le poste le plus élevé que Novacor doit acquitter dans ses activités. Chaque année, nous payons plus de 1,5 milliards pour nos matières premières. Si nous arrivons à faire baisser le coût de nos matières premières, nous aurons du même coup un réel impact positif sur nos marges.

Figure 8-7. La formation sur les indicateurs chez Novacor

RÉSUMÉ

Les entreprises déploient des programmes complets et créatifs pour communiquer leurs stratégies et leurs tableaux de bord. Elles ont recours aussi bien à des circuits traditionnels, tels que les réunions extérieures, les brochures, les lettres d'information, les panneaux d'affichage, les cours et les stages de formation, qu'à de nouveaux circuits efficaces tels que les sites Internet, les visuels des cartes d'apprentissage et les arbres stratégiques de cause à effet, pour communiquer leurs stratégies et leurs tableaux de bord aux salariés. Elles forment les salariés aux indicateurs utilisés dans les tableaux de bord stratégiques. Les prochaines étapes renforcent le message : la fixation d'objectifs individuels en adéquation avec la stratégie (qui fait l'objet du chapitre 9) et le lien entre rémunérations motivantes et la réalisation de la performance individuelle, de la performance du centre de profit et de la performance de l'entreprise (qui fait l'objet du chapitre 10).

9

Définir les objectifs individuels et par équipe

POUR QUE LA STRATÉGIE SOIT RÉELLEMENT SIGNIFICATIVE pour les salariés, il faut que les objectifs et les buts personnels soient en adéquation avec les objectifs de l'organisation. La fixation d'objectifs individuels n'est bien sûr pas nouvelle. La Direction par objectifs (la DPO) existe depuis des décennies[1]. Mais la DPO est totalement différente de l'adéquation stratégique réalisable par le tableau de bord prospectif. Tout d'abord, les objectifs d'un système de DPO sont fixés au sein de l'unité de l'intéressé, renforçant l'état d'esprit étroit et fonctionnel. Deuxièmement, les objectifs sont fixés en fonction des buts du département, ce qui en l'absence d'un système de gestion stratégique s'appuyant sur un tableau de bord prospectif donne des objectifs de court terme, tactiques et financiers. En fait, la DPO reflète la démarche de la définition de poste, par laquelle on demande aux individus de mieux faire leur travail actuel.

Le tableau de bord prospectif, en revanche, donne aux individus une compréhension large de la stratégie de l'entreprise et du centre de profit. Il explique comment ils s'intègrent dans les cartes stratégiques de l'organi-

---

1. La direction par objectif a été lancée par Peter Drucker dans *La pratique de la direction des entreprises* (Paris : Éditions d'Organisation, 1957).

sation et comment ils peuvent contribuer aux objectifs stratégiques. Les objectifs individuels fixés dans le cadre du tableau de bord prospectif devraient être transversaux, à long terme et stratégiques.

La ville de Charlotte (décrite au chapitre 5) avait un long passé de mesure de performance, ayant institué un programme de DPO en 1972. Au fil des ans, toutefois, le processus de DPO était devenu lourd et bureaucratique. Le personnel municipal mesurait tout : la charge de travail, le temps de réaction, le coût unitaire et le nombre d'inspections. Le système de DPO déboucha sur une surcharge d'informations avec 800 à 900 indicateurs suivis chaque année et de volumineux rapports que peu lisaient. Pam Syfert, la directrice de la ville de Charlotte, décrit ainsi l'insatisfaction que ressentait la ville au sujet de son processus de DPO :

> *Le système de direction par objectifs a bien servi la ville pendant des années et a aidé le personnel à suivre les performances par rapport aux objectifs. Il ne correspondait toutefois pas à l'accent que nous voulions mettre, dans les années 90, sur les objectifs stratégiques, la gestion en fonction de la mission et le changement rapide. Ce système de mesures nous fait nous tourner vers le passé et non vers l'avenir. C'est un outil d'audit et non un outil de planification. Il n'est donc pas relié à la vision, à la mission et aux objectifs de la ville[2].*

Notre étude a montré que l'expérience de Charlotte n'était pas une exception. Les systèmes de ressources humaines, conçus pour donner des objectifs clairs aux salariés, ne sont généralement pas en adéquation avec la stratégie :

- Seuls 51 % des cadres supérieurs aux États-Unis et même moins (31 % au Royaume Uni) avaient des objectifs personnels reliés à la stratégie.

- Seuls 21 % des cadres intermédiaires (et 10 % au Royaume Uni) avaient leurs objectifs personnels reliés à la stratégie.

- Seuls 7 % des employés (et 3 % au Royaume Uni) avaient leurs objectifs personnels reliés à la stratégie.

Les organisations orientées stratégie, par contre, ont à leur disposition un choix de méthodes pour relier les objectifs stratégiques qui figurent sur les

---

2. R.S. Kaplan, *City of Charlotte (A)* 9-199-036 (Boston : Harvard Business School, 1998), 2.

tableaux de bord de la société ou du centre de profit aux objectifs individuels ou par équipe :

1. La démarche « Super Bowl »

2. La mise en adéquation avec les projets stratégiques

3. L'intégration dans les processus de planification et de qualité existants

4. L'intégration dans les systèmes de ressources humaines

5. Les tableaux de bord prospectifs personnels

Nous allons voir chacune de ces méthodes à tour de rôle.

LA DÉMARCHE « SUPER BOWL »

Dans l'un des centres de profit de MOBIL, celui des ventes et de la distribution en Nouvelle Angleterre, l'équipe de direction présenta la philosophie du tableau de bord prospectif en adoptant une approche ludique[3]. Le responsable du centre de profit, Tony Turchi, pensait que le tableau de bord était trop compliqué pour le communiquer à ses trois cents salariés sur le terrain : « En 1995, nous débutions avec le tableau de bord prospectif. Nous devions apprendre à marcher avant de courir. Nous devions le rendre simple et compréhensible pour tous nos salariés. Nous voulions également créer un peu d'animation et de plaisir. »

Fin janvier, le week-end après le Super Bowl, la fameuse finale de football américain, l'équipe de direction de l'unité organisa une grande réunion dans un hôtel du New Hampshire. Elle transforma une des salles en terrain de football, distribua des maillots à chacun et passa des vidéos de grandes équipes professionnelles de la ligue de football telles que les Green Bay Packers ou les Pittsburgh Steelers. Elle s'était adjoint les services d'un commentateur de films de la ligue nationale de football qui expliquait comment les différents acteurs de ces équipes victorieuses (l'attaque, la défense, les entraîneurs, les supporters) travaillaient tous ensemble. L'équipe de direction annonça alors que la région de la Nouvelle Angleterre aurait son propre « Super Bowl » en 1995 et que le score serait basé

---

3. Voir R.S. Kaplan, *Mobil USM&R(B) : New England Sales and Distribution Unit*, 9-197-026 (Boston : Harvard Business School, 1996).

sur les cinq principaux indicateurs provenant des axes financier, client et processus internes du tableau de bord de l'unité :

- le volume d'essence
- le retour sur le capital investi
- les réclamations des clients
- la notation du client mystère
- l'engagement envers les distributeurs

L'unité emporterait le Super Bowl si elle était en mesure d'atteindre des objectifs ambitieux pour les cinq indicateurs ; les indicateurs internes étaient plus élevés que les niveaux auxquels s'était engagée la direction auprès du siège. Si l'unité réalisait les cinq objectifs, chaque salarié recevrait une prime de 250 $ et un superbe week-end, l'hiver suivant, dans une station du Vermont. Si elle ratait ne serait ce qu'un seul d'entre eux, il n'y aurait pas de récompense.

L'équipe de direction déploya ensuite le programme Super Bowl auprès de tous les salariés sur le terrain.

> *Nous avons parlé aux chauffeurs, aux syndicats et nous avons passé en revue avec eux la stratégie, le thème du Super Bowl et nous leur avons demandé leur aide pour atteindre nos objectifs et voir comment ils pourraient influencer ces indicateurs. Les chauffeurs de camions ne nous croyaient pas. Ils dirent : « Les gens du marketing remportent toutes les récompenses et sortent et en profitent ; ils n'incluent jamais les gens du terrain. » Nous avons dû les convaincre que nous disions la vérité. Ils allaient avoir les mêmes récompenses que les gens du marketing.*

Après avoir expliqué les cinq indicateurs et les moyens qu'avaient les salariés de les influencer, l'équipe de direction demanda aux salariés de se servir des indicateurs pour fixer les priorités de leur travail et de cesser d'accomplir les tâches qui n'étaient pas en relation directe avec l'amélioration des mesures. Comme nous l'avons évoqué au chapitre 3, les chauffeurs de camions, de leur propre initiative se mirent à appeler du terrain pour parler des stations qui étaient sales, mal éclairées et dont le personnel était désagréable envers le client. L'équipe de projet de l'unité maintint le contact tout au long de l'année par le biais de réunions, de messages électroniques, de boites vocales et de lettres d'information. L'information incluait des comptes-rendus actualisés sur les cinq indicateurs du Super

Bowl. Le personnel reconnaissait que c'étaient les objectifs du Super Bowl et les buts et objectifs individuels qui y étaient associés qui avaient conduit à ces performances exceptionnelles. Mais Turchi devait faire face à un dilemme :

> *Certains disaient que les règles que nous avions établies au départ exigeaient de nous que nous réussissions sur les cinq ou que nous n'ayons rien. Mais d'autres disaient que nous avions dépassé quatre des cinq objectifs et que nous étions proches du cinquième. Nous étions au moment d'entamer 1996 avec une nouvelle série d'objectifs ambitieux et je voulais que les salariés soient motivés pour les réaliser.*

L'équipe de direction de l'unité décida finalement d'offrir à chacun une prime de 250 $ mais pas le week-end dans le Vermont[4]. Turchi fit le commentaire suivant sur l'impact du Super Bowl pour ses salariés.

> *Vous pouvez voir la différence pour nos salariés. Avant le tableau de bord prospectif, le tableau de bord d'un responsable de secteur était relativement simple : les ventes, les ventes, les ventes. Pour un responsable opérationnel c'était les coûts, les coûts, les coûts et peut-être un petit peu de sécurité. À présent, nous essayons de faire en sorte que ceux qui occupent ces deux postes soient des petits directeurs généraux, qu'ils aient une perception large de notre activité dans son ensemble.*

La démarche de Super Bowl a fourni un ensemble d'indicateurs simples, clairs et précis ainsi que des objectifs associés pour tous les salariés. Elle a renforcé la nouvelle stratégie et n'exigeait que peu, voire pas, de formation sur le thème du tableau de bord prospectif pour rendre les indicateurs et les objectifs significatifs et opérationnels pour les salariés sur le terrain.

Toutefois, avec la démarche du Super Bowl c'est l'équipe de direction qui a choisi les indicateurs visés. C'est une démarche hiérarchique qui part du principe que l'équipe de direction disposait d'une meilleure information sur les éléments critiques de la stratégie de l'unité. Ils avaient intérêt à avoir les bons indicateurs, car ils obtiendraient sans doute ce qu'ils mesuraient. La démarche du Super Bowl n'exploite pas les informations locales en provenance des cadres intermédiaires et des salariés sur le terrain pour

---

4. Certains des salariés non skieurs pensaient que cela valait mieux que de se voir offrir le week-end de ski à la station.

la sélection des indicateurs et des objectifs. Il est probable que la démarche du Super Bowl était adaptée à une unité de vente relativement homogène comme l'était l'unité en question, notamment la première année pour mettre en adéquation tous les salariés avec les simples objectifs communs des cinq indicateurs sélectionnés.

LA MISE EN ADÉQUATION AVEC LES PROJETS STRATÉGIQUES

Les administrations ont tendance à construire leurs processus d'allocation de ressources et de contrôle autour de programmes car elles sont généralement financées par le biais de programmes approuvés. Les programmes établissent également une liaison entre les activités des salariés et la mission de l'administration.

Un bon exemple nous est fourni par le département des transports de la ville de Charlotte qui a inculqué son tableau de bord à ses salariés en reliant les indicateurs du tableau de bord du département aux programmes de niveau supérieur[5]. Auparavant, le département avait du mal à inciter les employés et leurs supérieurs locaux à prendre du temps sur leurs tâches quotidiennes pour se consacrer aux nouveaux projets. Terry Lathrop, directeur adjoint du département, identifia les indicateurs du tableau de bord prospectif qui seraient influencés par l'application réussie de chaque nouveau programme (voir Figure 9-1). Ce processus contribua à influencer le processus de planification du département :

> *Auparavant, nous ne parvenions pas à inciter notre personnel à se concentrer sur les domaines de haute priorité. Le personnel voulait seulement parler de...ce qu'il faisait tous les jours et le prévoir. Ce nouveau processus de planification, fondé sur le tableau de bord prospectif, permettait aux responsables de département de s'attacher aux programmes à fort impact qui devaient être accomplis dans les douze prochains mois[6].*

---

5. R.S. Kaplan *City of Charlotte (B)*, 9-199-043 (Boston : Harvard Business School, 1999).
6. *Idem*, 3.

Résumé des programmes à fort impact et leur liaison avec les objectifs du département

Objectifs	SMD 1	SMD 2	SMD 3	SMD 4	SMD 5	TOD 1	TOD 2	TOD 3	TOD 4	TPD 1	TPD 2	TPD 3	TPD 4	TPD 5	TPD 6	TPD 7	TPD 8	TSD 1	TSD 2	TSD 3	TED 1	TED 2	TED 3	PSD 1	PSD 2	PSD 3	PSD 4	STS 1	STS 2	STS 3	CTS 1	CTS 2	CTS 3	CTS 4	MKT 1	MKT 2	MKT 3	MKT 4	ADM 1	ADM 2	ADM 3	ADM 4	ADM 5	ADM 6	Indicateurs du dép. des transp. de la ville de Charlotte
C-1 Entretenir le système de transport	X																																												a. Rues de grande qualité
	X	X	X			X	X	X																																					b. Réaction pour les réparations
																		X	X																										c. Vitesse de déplacement
C-2 Exploiter le système de transport																		X						X	X																				a. Temps de transport au domicile
																		X	X					X							X													b. Sécurité
																													X		X														c. Bus ponctuels
C-3 Développer le système de transport																													X																a. Mobilité de base
										X						X																													b. Programmes lancés
C-4 Déterminer un système optimal										X	X	X						X				X		X	X	X			X																a. Avancement du plan
C-5 Améliorer la qualité du service	X	X	X													X	X	X	X							X																			a. Réactivité
F-1 Accroître le financement venant de sources autres que la ville													X													X									X										a. Lever le financement
														X																					X										b. Nouvelles sources de financement
F-2 Maximiser le rapport bénéfice/coût																		X	X		X	X	X										X	X	X										a. Coûts
I-1 Accroître la capacité de l'infrastructure																		X											X																a. Ratios de capacité
																											X																		b. Investissement en capital
I-2 S'assurer de partenaires																						X							X							X									a. Nombre de partenaires
													X																																b. Prospecter
I-3 Améliorer la productivité							X																X	X				X	X	X	X	X	X	X										a. Coût unitaire
							X											X										X	X	X	X	X	X	X										b. Coût d'entretien de la voirie
																							X					X	X		X	X													c. Coût du passager transporté
																										X			X			X													d. Fourniture compétitive
																														X															e. Identification des problèmes
I-4 Augmenter les contacts positifs					X		X	X																										X											a. Enquêtes clients
										X													X											X											b. Communication clients
A-1 Améliorer les systèmes automatisés	X																	X						X															X	X					a. Accès à l'information
A-2 Améliorer la technologie « sur le terrain »	X																		X														X							X					b. Infrastructure informatique
																																													a. Outils d'information
A-3 Combler les lacunes de compétences	X				X		X																											X	X	X							X		a. Compétences identifiées
	X			X				X																									X		X	X	X								b. Transfert de compétences
A-4 Responsabiliser les salariés				X				X																													X								a. Enquête auprès du personnel
																																				X									b. Mise en adéquation des objectifs des salariés

Figure 9-1. Département Transport de la ville de Charlotte : liaison des programmes avec les objectifs et les indicateurs

Deuxièmement, Lathrop s'assura qu'une équipe de travail s'appropriait chaque programme prioritaire, y compris les indicateurs de responsabilité et de performance. Le département de transport de la ville de Charlotte mit en place un cadre pour rendre compte des programmes à fort impact. Chacun des quarante et un programmes faisait l'objet d'un rapport d'une page qui comprenait les rubriques suivantes :

- Les objectifs et les indicateurs du tableau de bord prospectif influencés par le programme
- Les mesures à prendre pour appliquer le programme
- Les résultats attendus du programme
- Les responsables
- Les facteurs clés
- Les indicateurs de performance spécifiques au programme

Chaque rapport devint la responsabilité d'une équipe de huit personnes. Il fournit aux salariés de chaque équipe une bonne connaissance de la façon dont leur travail contribuait aux objectifs de la ville, serait évalué et jugé. Il donnait du poids au programme et aux indicateurs. Il permit au département de dépasser le critère du « en-quoi-cela-m'intéresse-t-il ? » des salariés. Les salariés disposaient à présent d'un cadre dans lequel replacer leurs indicateurs de performance.

Cette méthode a clairement souligné les responsabilités des équipes sur le terrain. Elle fournissait également une preuve que chaque programme ou chaque projet, s'il était appliqué avec succès, aurait un impact significatif sur un ou plusieurs indicateurs stratégiques du tableau de bord prospectif. Enfin, elle favorisa la motivation des équipes de terrain en replaçant leurs activités quotidiennes dans le cadre des objectifs supérieurs de l'organisation et de l'unité. L'un des inconvénients éventuels était que le programme était tellement structuré qu'il laissait peu de place à l'innovation et aux projets transversaux personnels. Les salariés pourraient bien ne pas trouver de moyens, autres que les tâches qui leur ont été attribuées, d'influencer les objectifs et les indicateurs.

L'INTÉGRATION DANS LES PROCESSUS DE PLANIFICATION ET DE QUALITÉ EXISTANTS

UPS, avec ses 344 000 salariés, est la plus grosse compagnie de transport et de livraison de colis express. La mesure de performance fait depuis longtemps partie de la culture d'UPS. L'entreprise croit fermement à la formule de Vince Lombardi : « Si vous ne comptez pas les points, c'est que vous êtes simplement en train de vous entraîner »[7].

En décembre 1994, le dirigeant Oz Nelson émit une directive pour développer un cadre de mesure amélioré pour une nouvelle culture UPS. Il s'agissait pour l'entreprise de devenir une organisation orientée processus. Au cours de 1995, l'équipe chargée de la qualité mit au point un processus pour créer ce cadre qui comprenait les points suivants :

- La formation des cadres supérieurs aux principes de la qualité totale
- L'établissement d'objectifs finaux au niveau global
- L'élaboration d'un plan d'action du tableau de bord prospectif pour que chaque région et secteur atteigne les objectifs finaux
- Le déploiement auprès de chaque unité, grâce à un processus d'amélioration de la qualité et auprès de chaque individu, grâce à l'analyse de la qualité de la performance.

Avant la mise au point du tableau de bord prospectif, les salariés ne comprenaient pas comment leurs actes et leurs indicateurs locaux contribuaient aux objectifs supérieurs de l'organisation. Le but du nouveau cadre était d'établir une vision claire en partant des salariés sur le terrain, ceux là mêmes qui servaient le client tous les jours, pour remonter vers la région, le secteur et finalement l'entreprise. Chaque salarié devait comprendre comment son travail contribuait aux objectifs généraux de l'activité.

Les indicateurs finaux, choisis par la direction, étaient les indices :

- de la satisfaction du client
- des relations des salariés
- de la situation concurrentielle
- du temps d'acheminement

---

7. Vince Lombardi était l'entraîneur mythique des équipes de Green Bay Packer dans le championnat de la ligue de football américain des années 60.

L'équipe de responsables fixa des objectifs ambitieux pour ces indicateurs en fonction de là où UPS devait être rendu pour accomplir sa mission.

Les tableaux de bord pour les régions et les secteurs incluaient des indicateurs sur les quatre axes (voir Figure 9-2).

Les responsables de chaque secteur organisaient des réunions mensuelles pour mettre au point et suivre des plans stratégiques et transversaux et améliorer les chiffres du tableau de bord prospectif. Le plan stratégique incluait les objectifs pour les indicateurs du tableau de bord, une analyse des causes pour les domaines à problèmes, l'identification des équipes pour traiter les problèmes et le planning pour l'application. Chaque responsable opérationnel mettait au point des plans d'action en adéquation avec le plan stratégique. Les composantes du plan d'action devenaient des éléments pour analyser la qualité de la performance du responsable.

Financier	Client
• Indice volume/CA/coût • Indice de profit	• Indice des réclamations • Indice des problèmes • Intégrité des données

Interne	Personnel
• Fiche de compte-rendu de la qualité • Fiche de compte-rendu opérationnel	• Réduction des accidents • Fidélisation des salariés • Indice des relations du personnel

Figure 9-2. Le tableau de bord prospectif d'UPS

Les analyses de qualité de la performance, provenant du tableau de bord prospectif, ont remplacé les indicateurs locaux de DPO utilisés auparavant. Ainsi, les objectifs du secteur étaient-ils en adéquation avec les objectifs de l'entreprise et le succès local contribuerait-il à la réalisation des objectifs de l'entreprise. Les résultats des analyses de performance représentaient 50 % de la rémunération des responsables ; 80 % de la notation venaient des résultats du tableau de bord prospectif et 20 % d'une évaluation de la compétence et de la capacité du responsable, venant des supérieurs, des pairs et des notes personnelles.

Les responsables d'UPS pensent que la liaison des indicateurs du tableau de bord prospectif ont joué un rôle critique dans sa transformation, qui l'a fait passer d'une organisation fonctionnelle à une organisation orientée processus, une transition que la plupart n'arrivent pas à effectuer. Le nouveau système a été appliqué avec souplesse de sorte que les axes puissent prendre une importance différente en fonction du processus et de son niveau dans l'organisation. Le système s'appuya sur l'accent mis sur la qualité, de sorte qu'il n'a pas été considéré comme un changement majeur par rapport à la culture de qualité totale qui avait prévalu les années précédentes. Le nouveau système était également largement accepté chez UPS parce qu'il procurait aux salariés une motivation intrinsèque et extrinsèque. Le personnel voulait découvrir le paysage complet, les relations de cause à effet qui reliaient leur travail localement aux objectifs et à la stratégie de l'ensemble. Et dans la mesure où tous les salariés pouvaient acquérir les actions de l'entreprise (même avant qu'elles ne soient mises sur le marché en novembre 1999) ils étaient naturellement incités à apprendre comment influencer le prix de l'action.

L'INTÉGRATION DANS LES SYSTÈMES DE RESSOURCES HUMAINES

Winterthur International, l'un des dix premiers assureurs mondiaux de dommages, mit au point son tableau de bord prospectif au moyen d'un modèle de gestion de la performance, créé par la fonction ressources humaines. L'entreprise venait de formuler une nouvelle stratégie de différenciation pour prendre le leadership du secteur en se fondant sur le capital intellectuel et les compétences. Winterthur créa un modèle de performance pour relier la stratégie au travers de huit thèmes :

1. Abaisser la base de coût
2. Gérer les réclamations
3. Canaliser la force de vente
4. Promouvoir la valeur du réseau
5. Se montrer sélectif sur les souscriptions
6. Instituer des solutions de vente par équipe
7. Développer des produits de « transfert de risque alternatif »
8. Gérer le portefeuille et le risque global

Ces thèmes assuraient la liaison entre les objectifs financiers et les objectifs sur les axes client, interne et apprentissage et développement. Winterthur développa ensuite des indicateurs de suivi et de prospection pour son tableau de bord. L'entreprise donna corps au tableau de bord en liant les indicateurs aux programmes de développement et de changement spécifiques de chaque salarié.

L'équipe de ressources humaines de Winterthur mit au point une nouvelle structure de management pour attirer, faire progresser et fidéliser le personnel hautement motivé et orienté stratégie que nécessitait la nouvelle stratégie de l'activité (voir Figure 9-3). L'équipe de relations humaines définit un ensemble de catégories de postes. Pour chaque catégorie, l'équipe précisa les responsabilités, les compétences et les connaissances, les indicateurs de performance (les mesures) et le savoir être. Les indicateurs de performance et de compétences définissaient le type de salariés que souhaitait la compagnie et la façon dont ils contribueraient spécifiquement à sa stratégie. La nouvelle structure mettait l'accent sur les résultats de la fonction relations humaines et non sur les activités qu'elle menait[8]. Les définitions et les indicateurs de catégories de postes précisèrent les besoins de formation et de développement et servirent à orienter les promotions et la gestion des carrières.

Nombre de compétences, de connaissances et de capacités étaient bien sûr difficiles à mesurer car elles impliquaient des thèmes subjectifs et durs à observer tels que le relationnel, le développement de compétences chez les autres, la conceptualisation et la compréhension entre individus. Toutefois, l'exercice qui consistait à décliner des objectifs individuels à partir de la façon dont les salariés pouvaient contribuer à réaliser la stratégie a permis de rendre les thèmes stratégiques, les objectifs et les indicateurs de Winterthur beaucoup plus significatifs pour tous les salariés.

La compagnie électrique de Nova Scotia a également utilisé son équipe de ressources humaines pour communiquer individuellement son tableau de bord aux salariés. L'équipe de relations humaines a analysé les compétences dont les salariés auraient besoin pour que la stratégie réussisse. Ils ont ensuite demandé à chaque salarié de faire une auto-évaluation par rapport aux compétences nécessaires, avec une validation adéquate (telle que le feed-back à 360°) pour s'assurer que les évaluations étaient

---

8. Le déplacement d'accent dans la fonction relations humaines où l'on est passé des indicateurs d'activités aux indicateurs de résultat allait dans le sens de ce que préconisaient les éminents spécialistes des relations humaines ; voir D. Ulrich « A New Mandate for Human Resources, » *Harvard Business Review* (jan-fév 1998) :124-134.

réalistes. Les salariés définissaient ensuite des plans de développement personnels, qu'ils validaient avec leur supérieur et qui combleraient les lacunes entre les compétences et les capacités qu'ils avaient déjà et celles nécessaires à l'avenir.

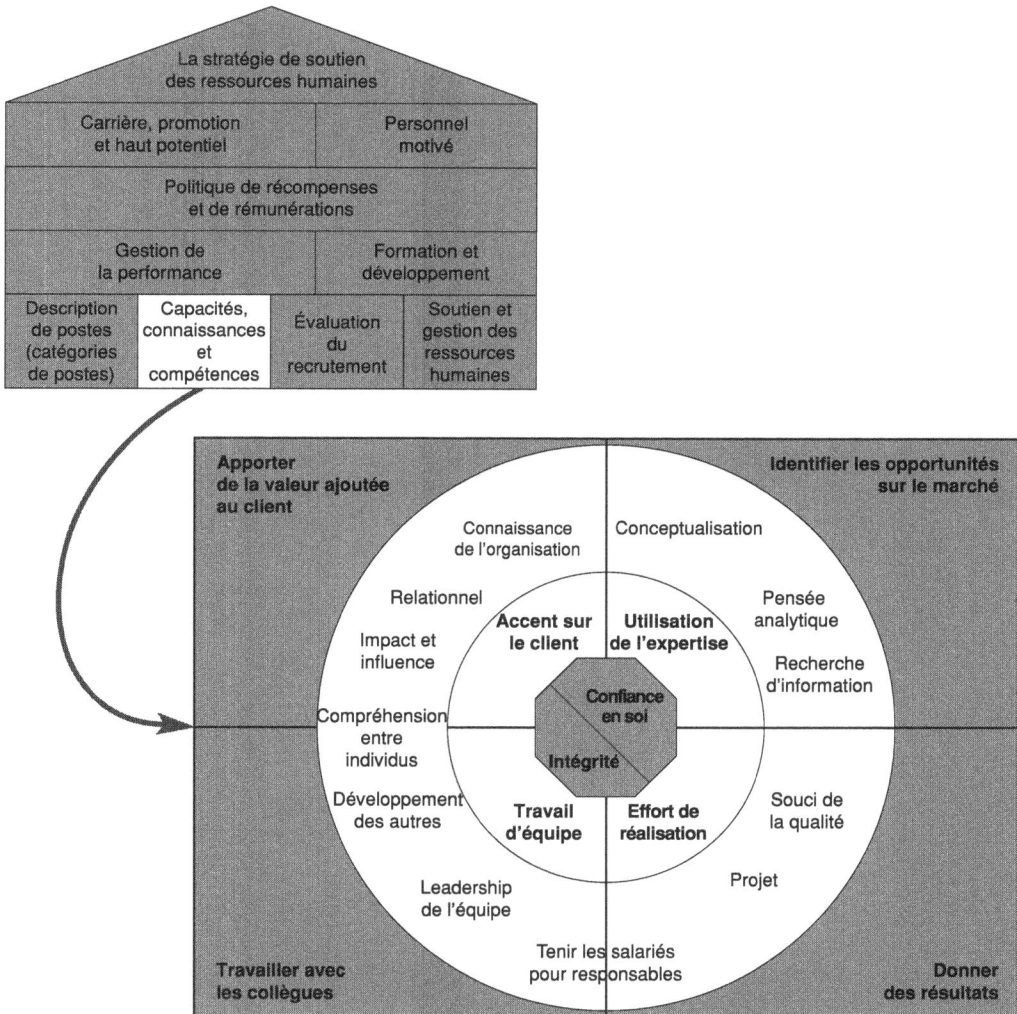

Figure 9-3. Le processus de gestion des ressources humaines de Winterthur International

LES TABLEAUX DE BORD PROSPECTIFS PERSONNELS

Lorsque les individus sont en mesure de créer leur propre tableau de bord personnel, c'est que l'on est parvenu au mécanisme le plus clair pour mettre en adéquation les objectifs individuels avec les objectifs de l'unité et de l'organisation. Dans notre livre précédent : *Le tableau de bord prospectif*, nous avons décrit comment le département Exploration d'une grande compagnie pétrolière avait créé un petit tableau de bord personnel pliant (voir Figure 9-4) pour chaque salarié. La fiche comprenait trois niveaux d'information. Le premier niveau imprimé sur le côté gauche décrivait les objectifs et les indicateurs de l'entreprise. Le deuxième niveau imprimé au milieu prévoyait de la place pour que l'unité traduise les objectifs de l'entreprise en objectifs spécifiques. Le troisième niveau permettait aux individus et aux équipes de définir leurs objectifs de performance personnels et les mesures qu'ils prendraient à court terme pour atteindre leurs objectifs. Les salariés définissaient également jusqu'à cinq indicateurs de performance personnelle pour les objectifs individuels ainsi que des résultats pour ces objectifs qui seraient en cohérence avec la réalisation des objectifs supérieurs de l'unité et de l'entreprise. La fiche personnelle permettait de garder les trois niveaux d'objectifs, d'indicateurs et de mesures facilement accessibles à tous les salariés, tous les jours. Contrairement à la démarche générale de la DPO, les individus ne fixent pas leurs objectifs locaux avant d'avoir bien compris les objectifs de l'unité et de l'entreprise. Ce n'est qu'alors qu'ils réfléchissent à la façon dont les objectifs de performance locaux et personnels pourront contribuer à la réalisation des objectifs de l'unité et de l'entreprise.

Au début, chez Nova Scotia Power, les tableaux de bord personnels n'ont été mis au point que pour les cadres supérieurs et les responsables de comptes. Au fil du temps, le tableau de bord prospectif est descendu dans les centres de profit et a été adopté par eux. Les responsables partout dans l'organisation ont commencé à utiliser le tableau de bord prospectif pour eux-mêmes et pour leurs salariés afin de promouvoir la mise en adéquation personnelle avec les objectifs du département, du centre de profit et de l'entreprise. Les tableaux de bord personnels commencent à être utilisés à présent pour intégrer les objectifs et la gestion des performances individuelles aux indicateurs et aux résultats du tableau de bord qui sont liés à la rémunération. Dans l'équipe des opérations de trésorerie, les trente cinq salariés ont mis au point des tableaux de bord personnels dès la première année et ont lié toutes leurs rémunérations variables aux performances du tableau de bord. Dès lors, le nombre de salariés de l'équipe financière ayant des tableaux de bord personnels n'a cessé d'augmenter chaque année. L'objectif du directeur financier pour 2000 était de 80 % (104 sur 130). Forbes fit le commentaire suivant :

> *Nous avons rencontré des situations qui demandaient un peu d'imagination et de créativité pour définir le bon indicateur de succès. Ainsi, les services investissement ont-ils pris pour objectif d'éliminer les appels téléphoniques d'investisseurs furieux au directeur général ou au directeur financier. Les équipes avaient appris qu'il fallait qu'elles mesurent et qu'elles gèrent les perceptions des clients avec la même rigueur que la force de vente.*

Objectifs de l'entreprise

- Doubler la valeur de l'entreprise en sept ans
- Augmenter les bénéfices d'environ 20 % par an
- Réaliser un taux de retour interne de 2 % supérieur au coût du capital
- Augmenter à la fois la production et les réserves de 20 % dans la prochaine décennie

	Objectifs de l'entreprise			Indicateurs du tableau de bord	Objectifs de l'unité			Objectifs et projets individuels et par équipe
	1997	1998	1999		1997	1998	1999	
Finances	160	180	250	Bénéfices (en millions de dollars)				1.
	200	210	225	Cash-flow net				
	80	75	70	Frais généraux et dépenses d'exploitation				
								2.
Exploitation	73	70	64	Coûts de production par baril				
	93	90	82	Coûts de développement par baril				
	108	108	110	Production totale annuelle				3.

Indicateurs individuels et par équipe	Objectifs	
1.		
2.		4.
3.		
4.		
5.		5.
Nom :		
Lieu : *Niveau 1995 = 100		

Source : D'après « Using the Balance Scorecard as a Strategic Management System, » *Harvard Business Review* (jan-fév 1996) : 81, de Robert S. Kaplan et David P. Norton. Reproduit avec l'autorisation de *Harvard Business Review*.

Figure 9-4 Le tableau de bord prospectif personnel

La compagnie électrique de Nova Scotia réussit également la transmission du tableau de bord aux salariés sur le terrain dans ses centres opérationnels. Ainsi dans deux de ses centrales, les tableaux de bord ont été transmis jusqu'au niveau de l'atelier, ce qui représentait vingt six tableaux de bord pour deux centrales.

Mais c'est sans doute le centre de profit des lubrifiants de la division M&RAN de Mobil qui détient la palme en matière de tableaux de bord prospectifs individuels. Dans le chapitre 8, nous avons vu comment l'équipe de projet de l'unité avait eu recours à un arbre des causes stratégique (voir Figure 8-5) pour communiquer la stratégie au terrain. L'équipe a demandé aux salariés de mettre au point des tableaux de bord prospectifs individuels en ayant recours aux règles suivantes :

- Le tableau de bord devrait avoir au minimum un objectif et un indicateur sur chaque axe.
- Ne pas dépasser quinze indicateurs.
- Le tableau de bord individuel devrait venir en appui du tableau de bord du supérieur/responsable.
- Le tableau de bord devrait comprendre un mélange d'indicateurs de suivi et de prospection.
- Chaque supérieur/responsable devrait avoir un objectif et un indicateur concernant l'accompagnement, le conseil ou le développement du salarié.
- Le tableau de bord devrait inclure un objectif et une mesure qui soutiennent une autre partie de l'activité
- Tout changement devrait être approuvé à la fois par le supérieur et le salarié.

En ayant au moins un objectif et un indicateur sur chaque axe, chacun devait avoir un tableau prospectif équilibré. Sur l'axe financier, chacun pouvait trouver un aspect de coût ou de chiffre d'affaires qu'il pourrait influencer. Pour les clients, les salariés devaient identifier la personne ou le groupe de personnes en interne ou en externe qui bénéficiait de leur travail. Les objectifs de processus internes reflétaient les activités du salarié qui pouvaient améliorer la performance financière ou la performance pour le client. Et en ce qui concerne l'axe d'apprentissage et de développement, l'équipe de projet demanda aux salariés de mettre au point des plans de développement personnel qui les aideraient à remplir leurs objectifs sur les trois autres axes. La contrainte des quinze indica-

Thèmes stratégiques	Niveau 1 — Président de la division	Niveau 2 — Directeur de l'admin. commerciale (trait. des commandes)	Niveau 3 — Directeur opérationnel d'usine	Niveau 4 — Responsable d'établissement	Niveau 5 — Responsable de la livraison	Niveau 6 — Coordinateur local	Niveau 7 — Chauffeur de véhicule
Financier — Récompenser nos actionnaires en leur procurant un retour sur investissement à long terme qui soit supérieur à celui de nos homologues.	Retour sur capital investi (%) / Cash-flow (mm $) / **Coût intégré (mm $)** / Revenu net intégré (mm $)	**Coût intégré (mm $)** / Revenu net intégré (mm $)	Valeur des stocks (mm $) / **Coût de transformation (mm $)**	Coût de transport des stocks / **44 cents par gallon** / Formulation / Gratuits (m $)	**25 cents par gallon** retour ($)	**2 cents par gallon** / Heures non disponibles / Économies sur retour	**24 cents par gallon** / ■ temps mort / ■ km en dehors de l'itinéraire / ■ km au cent
Client — Offrir des solutions à valeur ajoutée à nos clients et à nos partenaires dans les circuits.	Part de marché - fini / **Pourcentage de commandes parfaites** / Enquête de distributeur / Élaborer/appliquer l'enquête client	**Pourcentage de commandes parfaites** / Enquête distributeur / Élaborer/appliquer l'enquête client	**Pourcentage de commandes parfaites**	**Pourcentage de commandes parfaites** / Arrêt de service sur les gammes de produits stratégiques	**% de livraisons ponctuelles** / Développer étude de marché	**% de livraisons ponctuelles** / ■ barils vides retournés	**% de livraisons ponctuelles** / ■ retours de barils / ■ évaluation du client
Interne — Développer des stratégies orientées marché et devenir excellent sur le plan opérationnel.	**Indice de sécurité** / Indice écologique / Amélioration continue de réduction de coût (mm $) / Élaborer/appliquer plan capital	**Indice de sécurité** / Indice écologique / Élaborer/appliquer une offre standard / Utilisation des actifs / Capacité de raffinage % / Réseau par rapport à l'optimum / Précision des stocks	**Indice de sécurité** / Indice écologique / Indice de complexité	**Jours d'absence** / ■ Records / ■ Réceptions non conformes / ■ Transfert pour déplacer les excédents de stocks de base	■ **Accidents de véhicules** / ■ **Absentéisme**	Auto-évaluation écologique complète / ■ **Réunions sur sécurité tenues** / ■ **% de présence aux réunions de sécurité**	Compte-rendu exact récpns. 731, 601, 727 / ■ **Violations sur le registre** / Études de marché
Apprentissage et développement — Créer une entreprise de haute performance en dotant notre personnel de ce qu'il faut pour réussir.	**Part des plans de développement des salariés réalisée (%)** / Élaborer/appliquer et mesurer l'avancement du programme de changement / Tableau de bord du centre de profit	**Part des plans de développement des salariés réalisée (%)** / Élaborer/appliquer le plan marketing concurrentiel / Gestion de produits / Plan, distrib./du plan logistique concurrentiel	**Part des plans de développement des salariés réalisée (%)** / Présence	**Part des plans de développement des salariés réalisée (%)** / Élaborer le plan sur l'enquête d'ambiance	**Part des plans de développement des salariés réalisée (%)** / Salariés formés à la certification ISO 9000	Formation	Élaborer le plan d'amélioration personnelle

Figure 9-5. La descente en cascade du tableau de bord vers les équipes et les individus de la division lubrifiants de M&RAN chez Mobil

teurs visait à ce que le tableau de bord soit simple. L'équipe ne souhaitait pas que cette tâche devienne complexe et lourde.

La liaison avec les supérieurs et les responsables permettait de s'assurer que les objectifs supérieurs descendraient en cascade du haut en bas de la structure (voir Figure 9-5). Elle assurait l'adéquation entre les objectifs de l'unité et ceux de l'individu. Les salariés de l'unité des lubrifiants révélèrent que, pour la première fois, ils avaient compris ce que leurs supérieurs et les supérieurs de leurs supérieurs essayaient de faire. Cette connaissance leur permit de mieux faire leur travail.

Dans la Figure 9-5, on peut voir comment les indicateurs agrégés du directeur général de l'unité (George Madden au niveau 1) descendaient en cascade sur six niveaux avant d'atteindre finalement un chauffeur de camion. Même au septième niveau, chaque indicateur du tableau de bord du chauffeur de camion contribuait d'une façon ou d'une autre à la stratégie de l'entreprise. Madden pensait que le fait de descendre jusqu'aux tableaux de bord individuels l'aidait à communiquer un message clair sur les facteurs clés du succès. « J'ai pendant quatre ans parler de la nécessité de traiter parfaitement la commande. Mais qu'est-ce que cela voulait dire ? Personne ne le savait en dehors de ceux qui traitaient la commande. À présent la majorité des salariés de cette maison détiennent une partie de cet indicateur. »

Le mélange d'indicateurs de suivi et de prospection permettait aux salariés d'inclure des indicateurs qu'ils ne pouvaient pas directement maîtriser mais dont les performances devaient s'améliorer lorsque les salariés amélioreraient les indicateurs de prospection (les inducteurs de performance) de leurs tableaux de bord. Ainsi les salariés ont-ils pu faire la différence entre les indicateurs qu'ils pouvaient influencer par leurs actes et ceux qu'ils pouvaient directement contrôler.

Les indicateurs pour l'accompagnement et le développement personnel étaient particulièrement significatifs. Chaque salarié mit au point un plan d'action sur l'axe de l'apprentissage et du développement concernant ce qui serait fait lors de la prochaine période pour optimiser les chances d'atteindre les objectifs du tableau de bord et d'améliorer l'épanouissement personnel. Ainsi, comme chez Winterthur, le tableau de bord prospectif était lié directement aux plans de développement personnel pour atteindre les objectifs stratégiques de l'unité.

Madden insista sur le fait qu'il fallait choisir au moins un indicateur en dehors du travail normal ou de l'attribution des tâches. Il voulait que la réflexion des salariés « sorte du cadre ». Ils avaient tous vu l'arbre des causes stratégique. Madden voulait qu'ils pensent à une façon transversale ou autrement innovante d'aider l'activité.

Comme cela s'est produit en Nouvelle Angleterre, ce sont les chauffeurs de camions qui ont fait la suggestion la plus innovante. Les chauffeurs ont observé qu'ils roulaient 320 000 kilomètres par an et qu'ils vivaient pratiquement dans les escales pour routiers. Lorsqu'ils s'arrêtaient pour prendre de l'essence, pour manger ou se reposer, ils étaient avec d'autres routiers. Les chauffeurs de la division lubrifiants proposèrent de collaborer avec le service d'étude marketing des huiles de moteur pour mettre au point une enquête, qu'ils administreraient, pour connaître les achats et les perceptions des autres routiers concernant les huiles de moteur. En fait, les chauffeurs se sont portés volontaires pour mener des études de marché sur les lieux où s'arrêtent les routiers afin de donner des informations en retour aux responsables du développement de produit, du marketing et de la distribution.

Si George Madden avait demandé aux chauffeurs de mener de telles enquêtes, les chauffeurs auraient sans doute imité leurs homologues français et placé leurs camions au travers des autoroutes, bloquant la circulation dans toutes les directions. Mais cette suggestion n'est pas venue de la hiérarchie ; elle est venue des salariés sur le terrain eux-mêmes. Et les salariés se sont portés volontaires pour le faire, même s'ils auraient refusé la surcharge de travail si on le leur avait demandé d'en haut. Ce qui illustre le pouvoir de la motivation intrinsèque. Madden faisait confiance aux salariés et les intégrait dans la stratégie du centre de profit. Les salariés, voyant l'ensemble de la situation pour la première fois, s'imprégnèrent des valeurs de l'entreprise, les firent leurs et se lancèrent dans la solution créative aux problèmes en proposant une activité totalement nouvelle qui devait aider l'entreprise à atteindre ses objectifs stratégiques.

Notre première étude de marché, dans ce chapitre, décrivait comment la division des ventes et de la distribution de Nouvelle Angleterre chez Mobil avait eu recours à la démarche du Super Bowl pour son processus de mise en adéquation des salariés. Elle avait sélectionné cinq mesures du tableau de bord et avait engagé tous les salariés à travailler pour atteindre des objectifs ambitieux pour les cinq mesures. Comme nous l'avons dit antérieurement, la démarche du Super Bowl pouvait convenir à une unité relativement homogène et concentrée comme un secteur de vente.

La division lubrifiants de Mobil, par contre, a adopté la voie la plus complexe et la plus coûteuse en demandant à chacun de ses 550 salariés de mettre au point un tableau de bord personnel. La démarche du tableau de bord personnel exigeait une solide équipe de projet pour lancer le thème et voir s'il était compris dans toute l'entreprise, sans parler du temps nécessaire aux supérieurs et aux salariés pour mettre au point les tableaux de bord de haut en bas et les plans de développement personnels. L'unité des lubrifiants était bien plus complexe que celle du secteur de vente. Elle couvrait plusieurs segments de marché, différents circuits de distribution, et éventuellement plusieurs stratégies. Un seul tableau de bord général ou quelques indicateurs de Super Bowl n'auraient sans doute pas suffisamment guidé les salariés dans les différents segments, circuits et gamme de produits. Alors qu'en faisant descendre les tableaux de bord au travers des différents niveaux de l'entreprise, il a été possible de les adapter à la situation particulière dans laquelle chaque équipe et chaque individu se trouvaient.

On peut dire que les deux unités, la division de vente de Nouvelle Angleterre et les lubrifiants, ont chacune adopté la bonne démarche pour relier les tableaux de bord aux objectifs individuels, bien que les deux démarches étaient diamétralement opposées. Ce qui illustre l'importance de lier le programme du tableau de bord prospectif à la stratégie. Il n'y a pas de solution unique.

RÉSUMÉ

Les organisations ont plusieurs moyens à leur disposition pour relier le comportement local des individus aux objectifs supérieurs de l'unité ou de l'entreprise. Les structures homogènes dont les résultats sont facilement mesurables, comme une unité de vente, peuvent se contenter de relativement peu d'indicateurs, essentiellement des résultats sur les axes financier et client. À l'aide de quelques indicateurs, les responsables demandent aux individus et aux équipes d'improviser et d'innover pour trouver de nouveaux moyens de réaliser les résultats souhaités par l'organisation.

Les structures plus complexes devront communiquer sur les résultats et la stratégie qu'elles tentent de réaliser et permettre à chaque individu ou à chaque équipe de définir des objectifs personnels qu'ils peuvent influencer et qui auront un impact sur les objectifs de l'organisation. Le cadre devient même plus formel lorsque les objectifs personnels sont mis au point soit dans un tableau de bord prospectif ou intégrés à des processus de déploiement de la qualité ou de développement de ressources humaines.

Chapitre 10

Adopter la rémunération équilibrée et prospective

LA DERNIÈRE LIAISON ENTRE LA STRATÉGIE GLOBALE et les actes de tous les jours se produit lorsque les entreprises relient les programmes de stimulation et de récompenses au tableau de bord prospectif. Comme l'a fait remarquer un directeur d'usine après avoir appliqué un nouveau programme de récompenses lié au tableau de bord : « Nous avons toujours disposé d'indicateurs. Et nous les avons toujours communiqués. À présent notre personnel s'y intéresse. » Une étude sur les pratiques de rémunération, réalisée par le cabinet Mercer auprès de 214 entreprises, révéla que 88 % des entreprises interrogées considéraient que la liaison des indicateurs du tableau de bord prospectif aux systèmes de récompenses était efficace[1]. De même, une étude du groupe Hay, portant sur quinze utilisateurs chevronnés du tableau de bord prospectif, découvrit que treize d'entre eux liaient la rémunération au tableau de bord[2]. Cinquante pour cent d'entre

---

1. *Rewarding Employees : Balanced Scorecard Fax-Back Survey Result*, William M. Mercer & Co., Londres, 20 mai 1999.
2. Expérience racontée par M.A. Thomson dans *Using Strategic Rewards as a Cornerstone of the Balanced Scorecard* document présenté à la conférence *Balanced Scorecard Collaborative Best Practices, Making Strategy Everyone's Job : Using the Balanced Scorecard to Align the Workforce, Cambridge, MA, 22-23 juin, 1999*). Étude du groupe Hay menée par Todd Manas et Michael Jensen.

eux avaient lié la rémunération à leur premier tableau de bord prospectif. Ceux qui ne l'avaient pas fait immédiatement avaient lancé une application pilote et étaient encore en train de déployer plus largement le tableau de bord dans l'entreprise. Les entreprises avaient adopté le tableau de bord prospectif pour renforcer leur transformation et passer d'une structure traditionnelle et fonctionnelle à une nouvelle structure orientée client comme le montre la liste suivante.

Ancienne structure	**Nouvelle structure orientée client**
Fonctionnelle	Orientée processus
Prise de décision au sommet	Prise de décision décentralisée
Bureaucratique	Souple
Mesure les tâches et les activités	Mesure les produits et les résultats
Peu de rémunération variable	Rémunération en fonction des résultats

Le lien avec la rémunération a permis de communiquer les valeurs de la nouvelle forme de structure aux salariés.

Il n'y a pas eu de modèle unique qui se dégageait des treize entreprises étudiées par Hay. Douze entreprises avaient intégré la rémunération variable dans le programme de primes annuel ; six avaient des stimulations à long terme liées au tableau de bord prospectif, mais une seule d'entre elles utilisait exclusivement le lien avec le tableau de bord pour le programme à long terme. Entre un quart et un tiers de la rémunération totale directe était influencé par la démarche du tableau de bord prospectif. Huit entreprises avaient modifié leur système de paiement pour améliorer la mise en adéquation des salariés avec la stratégie.

Toutes les entreprises avaient recours à des indicateurs *financiers* dans leur programme de stimulation. Généralement, les entreprises utilisaient trois indicateurs financiers et affectaient 40 % de la pondération aux mesures financières. Les indicateurs les plus communs étaient le chiffre d'affaires net, la marge d'exploitation et les bénéfices, bien que le retour sur capital investi, l'EVA et la croissance du chiffre d'affaires étaient souvent employés. Le degré de difficulté des objectifs variait en fonction des compagnies : cinq entreprises avaient des objectifs considérés comme facilement accessibles, huit avaient des objectifs ambitieux. Les rémunérations intervenaient généralement lorsque les performances atteignaient 75 % des objectifs.

Les indicateurs *client*, représentant entre 15 et 20 % de la pondération, étaient, comme on pouvait s'y attendre, adaptés aux entreprises en fonction de chaque situation et de chaque stratégie. La satisfaction client, la fidélisation client et les nouveaux clients étaient les indicateurs les plus utilisés. Les personnes interrogées ont fait valoir que leurs indicateurs de *processus internes* (généralement au nombre de deux et représentant 25 % de la pondération) étaient plus faciles à quantifier que ceux de l'axe client. Les indicateurs de processus internes tels que la sécurité, l'efficacité et le développement de nouveau produit étaient souvent utilisés comme multiplicateur pour accroître l'importance de la récompense. Comme pour les indicateurs client, le type d'indicateurs utilisés variait considérablement en fonction des entreprises. Les indicateurs d'apprentissage et de développement, représentant entre 15 et 20 % de la pondération, étaient, comme les indicateurs client, subjectifs et variés. Les mesures les plus utilisées étaient le développement de l'informatique, la satisfaction du personnel, le développement individuel et la diversité.

Les entreprises interrogées révèlent que le fait d'avoir une équipe de conception multifonctionnelle et de communiquer le programme de stimulation faisait une grande différence dans la compréhension et l'acceptation des salariés. Les entreprises ne souhaitaient pas que le nouveau programme de stimulation soit considéré comme un projet mené par le département des ressources humaines. Une communication active, continue et réelle était également considérée comme essentielle au succès. Le tableau de bord joua un rôle central pour franchir la barrière la plus importante aux nouveaux programmes de stimulation et de récompense : le désaccord sur la situation et les performances actuelles de l'entreprise. Le tableau de bord rendaient explicites les arbitrages impliqués par l'application de la nouvelle stratégie. Finalement, les encouragements et l'engagement de la direction étaient fondamentaux pour le succès de la nouvelle structure de rémunération variable.

RELIER LA RÉMUNÉRATION AUX TABLEAUX DE BORD PROSPECTIFS

La rémunération variable est un puissant levier pour attirer l'attention des salariés sur les objectifs de l'entreprise et du centre de profit. Lorsque Brian Baker a, au départ, relié la rémunération variable au tableau de bord prospectif de la division marketing et raffinage de Mobil Amérique du Nord, ses homologues au siège lui reprochaient le temps que ses salariés passaient à étudier les résultats du tableau de bord chaque mois. Il répondit :

> *Je pense exactement le contraire. Je trouve formidable que le personnel y passe ce temps. Pendant une heure tous les mois, tous les salariés prennent le tableau de bord et regardent ce qu'il y a de plus important dans leur activité et découvrent s'ils gagnent ou perdent par rapport aux objectifs. Ils le font pour connaître la somme d'argent qu'ils vont recevoir. Nous n'aurions pas obtenu le même degré d'attention sur le tableau de bord et sur les objectifs personnels si nous n'avions pas fait le lien avec la rémunération.*

Cette liaison joue deux rôles importants : elle concentre l'attention du salarié sur les indicateurs les plus fondamentaux pour la stratégie et elle procure une motivation extrinsèque en récompensant les salariés lorsque les objectifs sont atteints. Mais les détails particuliers sur la façon de relier les primes à la rémunération varient pour chacune des sociétés que nous avons étudiées. Il n'y a aucune démarche qui soit apparue comme préférée ou dominante.

La division Marketing et raffinage Amérique du Nord de Mobil

Nous avons évoqué, au chapitre 2, le plan de rémunération à trois niveaux utilisé par Mobil. Nous allons ici plus en détail dans cette description pour analyser comment les différents centres de profit fixaient les objectifs.

Chaque centre de profit affectait son propre pourcentage de pondération aux indicateurs du tableau de bord. Ces pourcentages déterminaient la contribution relative de chaque indicateur du tableau de bord à la prime commune. Les pourcentages additionnés de tous les indicateurs devaient bien sûr faire 100. Les centres de profit choisirent de donner une pondération à pratiquement tous les indicateurs du tableau de bord. Un seul attribua plus de 50 % de pondération aux mesures financières.

Les centres de profit fixèrent également des objectifs pour chaque indicateur du tableau de bord, ainsi qu'un coefficient de performance qui représentait le degré de difficulté perçu pour réaliser l'objectif (voir Figure 10-1). La performance idéale — à savoir Mobil, meilleur de sa catégorie — était affectée du coefficient maximum 1,25. Un objectif moyen se voyait doté d'un coefficient de 1 et le coefficient descendait jusqu'à 0,70 lorsque l'objectif ne représentait qu'une faible performance ou qu'il était très facilement accessible. S'il est vrai que les centres de profit proposaient des coefficients de performance pour chaque indicateur, ils devaient, toutefois, les expliquer et les défendre au cours d'une réunion à laquelle participaient plusieurs de leurs homologues, l'équipe de direction et les responsables des services communs. Ce groupe avait ensemble une bonne connaissance du degré de difficulté des objectifs proposés.

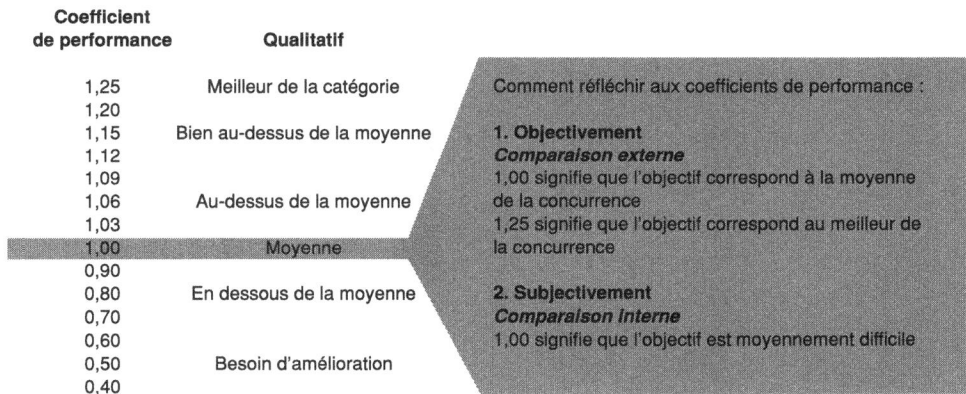

Coefficient de performance	Qualitatif	
1,25	Meilleur de la catégorie	Comment réfléchir aux coefficients de performance :
1,20		
1,15	Bien au-dessus de la moyenne	**1. Objectivement**
1,12		*Comparaison externe*
1,09		1,00 signifie que l'objectif correspond à la moyenne
1,06	Au-dessus de la moyenne	de la concurrence
1,03		1,25 signifie que l'objectif correspond au meilleur de
1,00	Moyenne	la concurrence
0,90		
0,80	En dessous de la moyenne	**2. Subjectivement**
0,70		*Comparaison interne*
0,60		1,00 signifie que l'objectif est moyennement difficile
0,50	Besoin d'amélioration	
0,40		

Figure 10-1. Coefficients de performance de la division NAM&R de Mobil

Le chiffre total de la performance est calculé en multipliant la valeur de l'indicateur par le coefficient, un peu à la façon dont une épreuve de plongeon est notée. Dans une compétition de plongeon, si quelqu'un tente un plongeon facile, il peut faire un sans faute et recueillir la meilleure note, soit 10 au mérite. Mais parce que le degré de difficulté était faible (disons 0,8), le total des points attribués pour le plongeon (8) sera faible. Un autre concurrent peut tenter un plongeon extrêmement difficile (un triple saut avec deux plongeons et demi en vrille doté d'un coefficient de difficulté de 2,8), le réaliser de façon satisfaisante, mais pas parfaitement (et obtenir une note de 7,1) et pourtant avoir un score total supérieur (19,9) pour le plongeon.

Brian Baker était un fervent défenseur des objectifs pondérés :

> *Autrefois, le personnel était récompensé lorsqu'il atteignait un objectif et pénalisé lorsqu'il le ratait. Aussi la triche sur les objectifs etait-elle devenue un véritable art. Je préfère le système actuel où je peux donner*

> *une meilleure note à un responsable qui fait son maximum pour atteindre un objectif ambitieux et qui le rate de près, qu'à quelqu'un qui triche avec un objectif facile et qui le dépasse[3].*

Certaines personnes des services communs étaient nommées « responsables des chiffres ». Elles recueillaient et rendaient compte des données pour l'indicateur dont elles étaient responsables. Ce système donnait une responsabilité particulière à des individus pour établir des processus fiables (avec de bons contrôles internes et une validité) et rendre compte des indicateurs du tableau de bord prospectif. Ce qui était particulièrement critique lorsqu'il s'agissait de relier le tableau de bord à la rémunération. Le partage de cette responsabilité réduisait considérablement ce qui autrement aurait été une lourde charge pour un seul individu qui aurait du recueillir les données et en assurer le compte-rendu. De plus, le système permettait d'exploiter l'expertise de certains individus ou de certains départements pour le recueil des données.

Les responsables des chiffres participaient à un processus de nivellement qui permettait de s'assurer que les objectifs des différents centres de profit avaient le même degré de difficulté. En outre, les responsables des chiffres se trouvant dans les départements fonctionnels et non dans les départements opérationnels, cela leur donnait plus d'indépendance et d'objectivité par rapport aux données. Ce point était particulièrement important car, en fonction des performances annoncées par les responsables des chiffres par rapport aux objectifs, des montants de rémunération très élevés seraient payés ou non.

La partie institutionnelle de la prime (soit les 10 premiers pour cent) était considérée comme venant « en dessous de la ligne des bénéfices d'exploitation » dans la déclaration des résultats au siège. Les primes payées aux salariés en fonction des performances de la division et des centres de profit étaient donc une charge sur les performances de la division. Baker lui-même n'était rémunéré que sur les performances financières de l'entreprise et de la division. De sorte qu'une grande part du bonus que la division versait à ses salariés était défalquée de ses propres indicateurs et de sa rémunération. Malgré tout, faisait remarquer Baker :« Rien ne pouvait me rendre plus heureux que de payer les sommes

---

3. R.S. Kaplan, *Mobil USM&R (A) : Linking the Balanced Scorecard* 9-197-025 (Boston : Harvard Business School 1996), 9.

maximum à tous mes salariés. Je pense réellement que si nous sommes le meilleur de notre catégorie sur tous les critères, le montant de prime que je règle aux salariés sera remboursé plusieurs fois. »

L'attachement des individus au tableau a été mis en évidence par un incident qui s'est produit fin 1998. Un matin, le siège de la division reçut un coup de fil de la femme d'un salarié qui travaillait au centre de profit des oléoducs. Elle demanda si quelqu'un pouvait la renseigner sur ce que seraient les indices écologiques et de sécurité pour le mois suivant. Après quelques recherches, quelqu'un la rappela pour lui donner les estimations les plus précises en la matière. Mais les salariés du siège étaient perplexes au sujet de ce coup de fil. Pourquoi la femme d'un salarié des oléoducs était-elle intéressée par les indicateurs des opérations de raffinage ?

Ils apprirent finalement qu'elle devait acquérir un gros appareil électroménager et qu'elle voulait savoir ce qu'elle pouvait se permettre de dépenser. Elle connaissait la formule du programme de prime et savait que récemment les performances de la raffinerie avaient été en dessous de l'objectif. Elle était curieuse de savoir si un renversement récent de la situation pouvait laisser espérer une augmentation substantielle de la prime de fin d'année. Les cadres parlent de l'intérêt qu'il y a à ce que tous les salariés soient en adéquation avec la stratégie. Imaginez l'adéquation qui se produit lorsque non seulement les salariés mais également leurs épouses discutent activement des performances stratégiques et tentent de les améliorer.

La compagnie électrique de Nova Scotia

La compagnie électrique de Nova Scotia relia 100 % de sa rémunération variable à son tableau de bord. Chaque directeur, lors d'une réunion avec le directeur général, identifiait les objectifs et les indicateurs les plus importants pour les années à venir et se mettait d'accord sur un plan de stimulation basé sur ces indicateurs. Chaque centre de profit fixait trois objectifs pour l'année suivante : un objectif plancher, un objectif moyen et un objectif plafond. Le plancher correspondait à la performance minimum pour obtenir une prime. En atteignant l'objectif moyen, on obtenait une prime moyenne, et l'on obtenait la prime maximum en atteignant ou en dépassant le plafond.

La société avait recours à un mélange de récompenses collectives et individuelles. La direction avait un tableau de bord personnel par rapport auquel une prime personnelle était octroyée en fonction des trois niveaux de performance. Les salariés plus bas dans la hiérarchie avaient tendance à recevoir des récompenses collectives, bien que les responsables avaient la liberté d'évaluer les salariés, par rapport à des résultats individuels ou de groupe, en fonction de la nature du travail. La plupart des salariés de Nova Scotia avaient un plan de stimulation lié d'une façon ou d'une autre au tableau de bord.

La compagnie d'assurance CIGNA

Gerry Isom n'a pas imposé de plan de rémunération particulier chez CIGNA. Il a, de son propre chef, affecté une somme aux primes de chacun des vingt-et-un centre de profits et demandé à chaque unité de déterminer sa propre méthode pour récompenser les individus. Un centre de profit mit sur pied un plan d'action de performance innovant que les autres unités ont apprécié et adopté par la suite[4].

Dans le cadre du plan, chaque salarié recevait un certain nombre « d'actions de position » au début de l'année. Le nombre d'actions distribuées correspondait à la position de chacun. Tout au long de l'année, les supérieurs distribuaient aux salariés des « actions de performance » supplémentaires en fonction de leurs contributions. Toutes les actions avaient au départ une valeur de 10 $ chacune, mais au moment du paiement, l'unité recalculait la valeur des actions en fonction des performances du tableau de bord prospectif. Ainsi une salariée qui avait débuté l'année avec 50 actions de position ayant une valeur de 10 $ chacune reçut-elle au cours de l'année 100 actions de performance, correspondant à une performance individuelle supérieure. Mais parce que son centre de profit était en dessous de l'objectif pour de nombreux indicateurs du tableau de bord, en fin d'année, l'action valait 5 $. La salariée reçut une prime de 750 $, reflétant une brillante performance individuelle et une faible performance de l'unité.

À l'inverse, un autre salarié de même niveau (ayant reçu l'allocation initiale de 50 $) n'eut qu'une faible performance et ne reçut que 10 actions

---

4. Le plan de CIGNA a d'abord été présenté par B. Birchard, « Closing the Strategy Gap » *CFO Magazine* (octobre 1996).

de performance. Mais il se trouvait dans un centre de profit de haute performance dont l'action en fin d'année valait 14 $. Cet employé reçut une prime de 840 $ (voir Figure 10-2).

Nombre total d'actions = Nombre d'actions de position + Nombre d'actions de performance
Valeur de l'action de l'unité calculée à partir du tableau de bord prospectif (valeur nominale : 10 $)

Objectif stratégique	Pondération	Indicateurs financiers	Indicateurs non financiers	
(F1) Attentes des actionnaires	20 %	Revenu net d'exploitation		**Exemple 1**
(F1) Performances d'exploitation	15 %	Année d'accidents combinée		5 $/action unitaire x 50 actions de position + 100 actions de performance = 150 actions
(F3) Croissance	20 %	Primes brutes souscrites		Prime = 750 $
(E1) Relation avec la production	10 %		Retour d'information de production (conseils, enquêtes, etc.)	**Exemple 2**
(I2) Rentabilité de la souscription	10 %		Analyse des pratiques de souscription	14 $ / action unitaire x 50 actions de position +10 actions de performance = 60 actions
(A2) Technologie de l'information	5 %		Amélioration des compétences en informatique	Prime = 840 $
Autre	20 %			

Figure 10-2. Le système de rémunération variable de la compagnie d'assurance dommages CIGNA

Le tableau de bord correspondant le mieux au travail individuel (qu'il soit au niveau de l'entreprise, de la division ou du centre de profit) déterminait le prix des actions de chaque salarié. Ainsi, le prix des actions obtenues par les employés travaillant au service des réclamations du siège était déterminé par l'unité qu'ils soutenaient, comme par exemple le service de paie des salariés. Ainsi les responsables des centres de profit recevaient-ils l'attention et l'engagement non seulement de ceux qui travaillaient directement dans leur unité mais également de ceux qui, dans les unités de soutien, fournissaient des services aux centres de profit. Tom Valerio, le principal responsable de la transformation chez CIGNA faisait remarquer : « Ce n'est pas une question de centraliser ou de décentraliser le personnel du siège. Mais plutôt de le mettre en adéquation avec certaines activités. »

L'équipe de direction continua à rehausser les objectifs de performance et les salariés continuaient à innover de façon à atteindre le score maximal sur les 14 indicateurs du plan d'actions de performance. Et la compagnie enregistrait des résultats bien plus équilibrés avec seulement 40 % de pondération affectés aux indicateurs financiers, ce qui dans les secteurs des assurances correspondent essentiellement à des indicateurs de suivi des processus majeurs de souscription et de traitement des réclamations. Isom pense que le plan d'actions de performance a grandement contribué au redressement spectaculaire de CIGNA : « Les programmes de stimulation sont essentiellement du renforcement. Si vos salariés font un vraiment bon travail sur leurs tableaux de bord, il n'y a pas de meilleur moyen de conforter leurs réalisations que de les relier à un programme de stimulation. Pour nous, la liaison ainsi établie a été cruciale. »

Winterthur International

Winterthur International a accordé un énorme poids à la composante rémunération et récompense dans son système de gestion du tableau de bord prospectif. Chaque année, chaque salarié reçoit l'une des quatre notations suivantes en fonction de ses objectifs et de ses compétences.

Notation	Critère de notation
PE	**Performance exceptionnelle** Ce niveau n'est atteint que par quelques salariés qui ne connaissent aucune faille. Les objectifs sont dépassés ; les individus peuvent fonctionner normalement dans des situations impliquant de plus en plus de responsabilités, définissant ainsi de nouvelles normes de performance exceptionnelle.
OL	**Objectifs limites** La performance assurée atteint et peut parfois dépasser des objectifs limites, sans connaître de défaillance. C'est un salarié pleinement efficace, qui constamment satisfait aux impératifs du poste dans tous ses domaines de responsabilité et atteint les objectifs limites du plan de performance.
GA	**Généralement acceptable** La performance est généralement acceptable et atteint la plupart des objectifs. Les défaillances se produisent dans des

domaines mineurs. Certains objectifs sont atteints mais des améliorations sont très nettement nécessaires.

PA   **Pas encore acceptable**
La performance n'est pas en adéquation avec les impératifs du plan de performance et la catégorie du poste. Ce salarié a besoin d'un plan d'amélioration de la performance administré de près.

Winterthur, comme Mobil, payait ses salariés 10 % de moins que la moyenne du marché. Ceux qui avaient la notation PA ne recevaient pas de prime, de sorte que l'intéressé recevait pour l'année un salaire inférieur à la moyenne. La performance généralement acceptable (GA) donnait droit à un bonus de 10 %, ce qui amenait la rémunération totale à la moyenne pour ce poste. La performance d'objectifs limites (OL) pouvait donner lieu à une prime de 75 % et la performance exceptionnelle (PE) atteindre ou dépasser les 90 %. Les récompenses pour la performance exceptionnelle (de 35 % pour les cadres intermédiaires et les responsables ; 80 à plus de 100 % pour les membres du comité de direction) étaient de loin supérieures aux primes que l'on versait généralement en Europe aux responsables de tout secteur et notamment dans le secteur de l'assurance. Le financement pour le comité de direction dépendait du tableau de bord prospectif général ; le financement pour les responsables et les supérieurs venait d'un montant budgétisé pour récompenser les réalisations sur des objectifs non financiers y compris les performances individuelles dans le cadre d'une catégorie de poste ou du modèle de performance.

Comme le montre la liste suivante, la pondération de la prime était un mélange de performance de groupe, d'unité et individuelle.

Catégorie	Niveau du groupe	Financier Compagnie	Non financier Compagnie	Individuel
Comité de direction	20 %	30 %	20 %	30 %
Responsables/ supérieurs	0	33 %	33 %	33 %

Les indicateurs au niveau du groupe étaient presque tous financiers et étaient décidés par le conseil d'administration du groupe Winterthur. La compagnie (Winterthur International) avait trois ou quatre indicateurs financiers et trois ou quatre indicateurs non financiers. Les indicateurs individuels représentaient jusqu'à quatre objectifs personnels.

Les indicateurs inclus dans le plan de rémunération ont évolué dans le temps, bien que plusieurs indicateurs soient restés les mêmes d'une année sur l'autre. Pour chaque année ils représentaient les priorités de l'année en cours. Pour pouvoir être inclus dans le plan, les indicateurs devaient être objectivement mesurables et suffisamment développés et larges pour que différents niveaux de performance puissent être raisonnablement perçus entre les salariés. De cette façon, les récompenses pour performance étaient considérées comme justes et claires.

La division Raffinage et marketing chez Texaco : les récompenses non financières

Les raffineries américaines de Texaco ne pouvaient pas avoir recours à un programme formel d'incitations financières en raison des contraintes dans le contrat avec le syndicat. Des consultants externes ont aidé la compagnie à mettre au point le programme des « points Texaco ». Les points avaient une valeur nominale d'un dollar, mais ils ne pouvaient être échangés que contre de la marchandise, des voyages ou des cadeaux, mais pas contre de l'argent.

Les points Texaco étaient octroyés en fonction des résultats de toute l'usine, des résultats des équipes de travail ou des performances individuelles. Les récompenses étaient données fréquemment en fonction des performances mensuelles, trimestrielles et annuelles. De plus, les supérieurs pouvaient accorder des récompenses spontanées à des salariés pour une performance exceptionnelle[5]. La liste suivante comprend des exemples des indicateurs utilisés dans le programme de reconnaissance.

---

5. Texaco suivait le nombre de récompenses spontanées faites par chaque supérieur. Il s'aperçut qu'il devait guider et conseiller plusieurs supérieurs qui trouvaient difficile de renforcer le bon comportement et d'apprendre à dire « merci » à leurs collaborateurs, ce qui n'est pas inné chez les supérieurs d'une raffinerie.

Équipe au niveau de l'usine	Équipe de travail	Individus
Sécurité	Production	Assiduité parfaite
Exploitation	Pas d'arrêts imprévus	Pas d'incidents de sécurité signalés
Dépenses (hors abon-nements gaz, électricité…)	Dépenses	
Dépenses d'énergie		

Pour appliquer le nouveau plan de reconnaissance, les responsables de la division Raffinage et marketing de Texaco organisèrent de nombreuses réunions en interne. Ils adressèrent également, par courrier au domicile des salariés, les brochures qui décrivaient les cadeaux qui pouvaient être acquis avec les points Texaco. De cette façon, toute la famille entendit parler du programme et participa au choix des prix que permettaient d'acquérir les points Texaco du salarié.

Au cours de la première année d'application du plan (1995), deux usines établirent des records d'exploitation (11 millions de dollars de valeur supplémentaire), de réduction des dépenses (une réduction de coût de 0,13 dollars par baril, soit plus de 18 millions de dollars d'économie) et de sécurité (le nombre d'incidents considérés comme dangereux au regard de l'environnement, de la santé et de la sécurité ont été réduits de 36 %). Cette performance a été maintenue et étendue lors des années suivantes (voir Figure 10-3). Cette expérience montre comment un programme de récompenses non financier relié à un tableau de bord prospectif put être appliqué même dans un environnement fortement syndiqué et à une période où la maison mère connaissait des difficultés financières.

Mesures stratégiques	Moyenne sur trois ans		Évolution
	1992-1994	1995-1997	
Exploitation	79,9 %	85,3 %	+5,4 %
Dépense par baril	3,53 $	3,43 $	+0,10 $
Indice d'intensité énergétique	100,4	96,3	+4,1
Indice de sécurité	5,6	3,1	+2,5

Figure 10-3. Les résultats de la division Raffinage et marketing de Texaco

Autres organisations

Citicorp (qui fait à présent partie de Citigroup Inc.) a été parmi les premiers à adopter le thème du tableau de bord prospectif pour son plan de rémunération. Comme Mobil, il eut recours à un plan à trois niveaux, mais à l'encontre de ce qui s'est fait chez Mobil, il a consacré un niveau à la performance individuelle. Les trois niveaux de Citicorp étaient : celui de l'entreprise, du centre de profit et le niveau individuel. Le tableau de bord prospectif du centre de profit comprenait six aspects[6] :

1. La performance financière : essentiellement le chiffre d'affaires et la marge bénéficiaire par rapport aux objectifs.

2. La performance client/franchise : la satisfaction et la fidélisation du client ; l'utilisation de la démarche « six sigmas » pour éliminer l'incidence des problèmes : l'innovation de qualité pour les nouveaux produits et la distribution.

3. L'application de la stratégie : le chiffre d'affaires dans les segments clés ; maintenir le ratio chiffre d'affaires/dépenses de 2 :1.

4. Le risque et le contrôle : score de l'audit interne. Les agences de la banque devaient atteindre un score d'au moins 4, sur une échelle allant de 1 à 5, pour pouvoir avoir droit à une prime.

5. Le personnel : notation discrétionnaire effectuée par le cadre supervisant le centre de profit, en fonction des efforts proactifs du responsable pour faire progresser ses subordonnés et communiquer avec eux, pour mettre au point des programmes de formation et pour servir de modèle aux nouveaux salariés. Les indicateurs de satisfaction des salariés entraient en ligne de compte dans cette notation.

6. Les critères de collectivité : une notation également discrétionnaire évaluant l'éthique du responsable et son engagement dans les associations de la collectivité et les groupes professionnels.

Chaque élément du tableau de bord de l'unité était évalué indépendamment en trois catégories de notation : en dessous de la moyenne, au niveau de la moyenne et au-dessus de la moyenne. Les primes des responsables d'agence étaient liées à la notation du tableau de bord du centre de profit. Il n'y avait aucune prime pour une notation globale « en-dessous de la moyenne ». Une notation « moyenne » donnait lieu à une prime allant de

---

6. Voir R. Simmons et A. Davila *Citibank : Performance Evaluation*, 9-198-048 (Boston : Harvard Business School, 1997).

15 à 20 % du salaire de base et une note « au-dessus de la moyenne » pouvait générer une prime allant jusqu'à 30 %. Si l'unité obtenait une notation « en-dessous de la moyenne » pour l'un quelconque des aspects, elle ne pouvait prétendre à une notation générale « au-dessus de la moyenne ». Ce plan incitait fortement les responsables à ne pas avoir de mauvaise performance pour l'un quelconque des six aspects.

UPS n'avait pas de liaison formelle entre son tableau de bord prospectif et la rémunération individuelle. Mais cette ancienne entreprise non cotée avait récemment autorisé ses salariés à acheter des actions de la société[7]. Le tableau de bord prospectif permit aux salariés de comprendre en quoi leurs tâches quotidiennes, effectuées localement, contribuaient au calcul du prix de l'action de la société. Ainsi sans disposer de la liaison entre l'action et la performance du plan CIGNA, le plan UPS utilisait malgré tout un prix de l'action calculé sur les indicateurs du tableau de bord prospectif (pour l'entreprise, il s'agissait de mesures financières en plus des objectifs finaux non financiers) pour motiver et récompenser les actions locales des salariés.

Il y a même des administrations qui ont lié rémunération variable au tableau de bord. Pour la ville de Charlotte, la directrice de la ville, Pam Syfert, lança un programme de partage des gains en 1996 pour motiver les salariés municipaux. C'est à la demande d'un comité consultatif de citoyens, composé de professionnels des relations humaines des principaux employeurs de la ville, que ce programme a été mis sur pied. Le programme allait jusqu'à régler 600 $ par personne, ce qui représentait jusqu'à deux semaines de paie pour les salaires les plus bas, en fonction de deux éléments. La première partie de la rémunération, d'une valeur de 300 $ par employé était réglée si la ville atteignait l'objectif d'économie budgétisé de 3 millions de dollars. Cette économie pouvait être réalisée en accomplissant le travail requis avec moins de personnes que prévues au budget et par des économies sur le programme de privatisation. Le second élément dépendait de la réalisation de certains objectifs locaux du tableau de bord prospectif de l'unité. Le département des relations humaines de la ville analysait et approuvait les objectifs de chaque centre de profit pour vérifier qu'ils étaient suffisamment ambitieux. Au fur et à mesure que la ville aura plus d'expérience avec le plan de stimulation et le caractère

---

7. UPS a été côté en novembre 1999. Dès lors, la valeur des avoirs en action des salariés était déterminée par un marché public actif et non plus par une formule interne.

mesurable des objectifs clés, Pam Syfert espère augmenter le montant qui pourrait être octroyé par ce programme de stimulation.

Conception et application efficaces du plan de rémunération

Le point commun à toutes les expériences que nous avons étudiées : les entreprises font le lien entre rémunération et récompenses liées au tableau de bord prospectif. Nous n'avons pas rencontré une seule société, bien avancée dans l'application du tableau de bord prospectif, qui n'ait déjà relié le plan de stimulation à la réalisation des objectifs du tableau de bord prospectif ou qui n'ait l'intention de le faire. Certaines entreprises n'avaient pas encore fait le lien avec la rémunération variable mais c'était parce qu'elles n'étaient pas suffisamment préparées et non pas parce qu'elles étaient opposées à l'idée.

De nombreuses questions se posent, au moment de l'élaboration, lorsque l'on relie la rémunération au tableau de bord prospectif :
- Rythme de la mise en œuvre
- Mesures objectives ou discrétionnaires
- Nombre d'indicateurs
- Indicateurs individuels ou par équipe
- Fréquence des actualisations

Rythme de la mise en œuvre

Il est normal que les entreprises se montrent prudentes lorsqu'elles relient leur plan de rémunération au tableau de bord. En fait, nous avons été relativement surpris de la rapidité avec laquelle la plupart des entreprises ont effectué cette liaison. Cela révèle sans doute davantage les dysfonctionnements de leur système de rémunération variable précédent que leur désir de développer rapidement un système de stimulation basé sur le tableau de bord prospectif.

L'une des raisons de différer la liaison au système de rémunération pendant six à douze mois vient du fait que le tableau de bord initial n'est qu'une première formalisation provisoire de la stratégie de l'unité. Le tableau de bord exprime des hypothèses sur les relations de cause à effet entre les indicateurs pour aboutir à une performance financière supérieure à long terme. Lorsque les cadres traduisent la stratégie en indicateurs, ils formulent des hypothèses sur les liens entre indicateurs. Il se peut qu'ils ne soient pas complètement sûrs d'avoir choisi les bonnes mesures. Aussi peuvent-ils se montrer naturellement réticents à soumettre les premières mesures aux efforts de cadres fortement motivés (et rémunérés) à atteindre des scores maximaux sur les indicateurs sélectionnés.

Ainsi, l'un des premiers indicateurs de croissance du chiffre d'affaires chez Mobil était l'augmentation du volume d'essence d'une année sur l'autre par rapport au taux de croissance du secteur. Grâce à l'attention portée à cet indicateur, Mobil réalisa son objectif la première année. Les cadres, toutefois, ne se sentirent pas aussi satisfaits qu'ils l'auraient pensé. Une réflexion et des discussions ultérieures révélèrent que leur stratégie de segmentation du marché visait plutôt à augmenter le pourcentage des ventes du haut de gamme, plutôt que celles de l'essence ordinaire. Aussi, la deuxième année, l'indicateur a-t-il été modifié pour mettre en avant les ventes du haut de gamme de l'essence, des distillats et des lubrifiants qui dégageaient de plus fortes marges.

La deuxième raison qui explique le retard pris par les entreprises vient de ce qu'elles ne disposaient pas toujours, aux premiers stades du programme, des bonnes données fiables pour certains indicateurs. Les premiers tableaux de bord prospectifs des entreprises avaient plusieurs indicateurs qui leur manquaient, généralement sur les axes clients et apprentissage et développement. Les entreprises ont alors à mettre au point de nouveaux processus qui généreront les données pour ces nouveaux indicateurs. Si l'entreprise exploite un plan de rémunération « déséquilibré » au cours de la première année, en n'ayant recours qu'aux données les plus objectives et les plus fiables des axes financier et de processus internes, elle risque de faire passer un premier mauvais message aux salariés : « Nous ne pouvons pas mesurer ce que nous voulons, aussi avons-nous décidé de vouloir ce que nous pouvons mesurer ».

Une troisième cause de retard vient du fait que des conséquences non souhaitables ou imprévues peuvent résulter de la façon dont les objectifs pour les indicateurs sont réalisés. Ce problème se pose lorsque les indicateurs du tableau de bord prospectif ne sont pas de parfaits substituts pour les objectifs stratégiques et lorsque les actions qui améliorent les résultats mesurés à court terme sont en contradiction avec la réalisation des objectifs à long terme. Les cadres peuvent souhaiter voir comment les responsables réalisent les objectifs de performance des indicateurs du tableau de bord pour se rendre compte si le système peut être détourné facilement.

Gerry Isom, de chez CIGNA, qui a été l'un des plus rapides à lier la rémunération variable aux nouveaux tableaux de bord de son entreprise, avait fait savoir à tout le monde qu'il était prêt à supprimer la récompense liée à n'importe lequel des indicateurs s'il se rendait compte que le processus sous-jacent avait été manipulé ou mal géré.

Mesures objectives ou discrétionnaires

De nombreux cadres nous ont fait valoir l'importance d'avoir des indicateurs plus objectifs et fondés sur des résultats plutôt que des indicateurs de tâches ou d'activités. Ils ne souhaitent pas, par exemple, récompenser les projets qui se terminent à temps ou compter le nombre de visites ou d'appels téléphoniques effectués. Ils veulent que la rémunération soit liée aux résultats de ces efforts : les contrats avec de nouveaux clients, le nombre de nouveaux produits et services vendu aux clients existants et la part des ventes provenant des nouveaux produits. Pour donner un autre exemple des problèmes rencontrés avec les indicateurs subjectifs, on peut citer le fait que de nombreuses entreprises lient les commissions et les rémunérations à un indicateur de la satisfaction client. Ce qui souvent conduit à des dysfonctionnements lorsque la force de vente ou d'autres salariés en contact direct avec le client guident les clients sur la façon de répondre aux enquêtes ou aux interviews avec des tiers après l'achat. Il est préférable de mesurer le comportement réel du client (achats répétés, achat de nouveaux produits et services et recommandations aux nouveaux clients) et non leurs attitudes.

Nombre d'indicateurs

Combien doit-il y avoir d'indicateurs dans le plan de rémunération? Le problème se pose fréquemment. De nombreux responsables souhaitent que le plan soit simple, disons qu'il n'ait pas plus de quatre à sept indicateurs, pensant que les salariés ne pourraient pas comprendre un système avec plus d'une vingtaine d'indicateurs. C'est pour cette raison que souvent les entreprises n'utilisent qu'un extrait de leur tableau de bord (la démarche du Super Bowl décrite au chapitre 9), afin d'accroître la concentration et de réduire la confusion. Mais nous sommes également impressionnés par Mobil qui a réussi à ce que ses salariés comprennent et jouent sur plus d'une vingtaine d'indicateurs à la fois sur les tableaux de bord des centres de profit et de la division. Un tableau de bord stratégique bien construit sera moins confus qu'une série d'une vingtaine d'indicateurs juxtaposés, comme cela pourrait être le cas avec un tableau de bord des parties prenantes ou celui de l'indicateur de performance clé. Les chiffres issus d'une carte stratégique intégrée (voir chapitre 3) devraient refléter une seule stratégie avec seulement deux ou trois thèmes stratégiques (par exemple la croissance du chiffre d'affaires, la réduction de coût et la productivité des actifs). Les salariés peuvent s'imaginer les relations de cause à effet qui intègrent les différents indicateurs d'inducteur de performance et de résultats.

Indicateurs individuels ou par équipe

Décider entre mesures individuelles ou par équipe implique de gérer de multiples tensions et autant d'arbitrages. Mobil a adopté un système qui ne comportait pas de récompenses individuelles, tandis que plusieurs autres compagnies (CIGNA, Winterthur et Citicorp) ont eu recours à un mélange de récompenses collectives et individuelles. Les récompenses par équipe encouragent le comportement coopératif et la résolution de problèmes en groupe. Elles incitent les salariés à identifier les problèmes et à suggérer des solutions en dehors de leurs responsabilités normales de tous les jours. D'un autre côté, les récompenses par équipe ou par entreprise peuvent donner lieu à ce que les économistes appellent le « problème de l'opportuniste » dans lequel les individus ne tirant pas le plein bénéfice de leurs propres initiatives et de leurs propres actions peuvent bénéficier des bonnes idées et du travail ardu des autres. Aussi sont-ils incités à se relâcher et à profiter du travail de leurs collègues (la source du problème de « l'opportuniste »).

Le problème de « l'opportuniste » peut être atténué dans un cadre où il y a une bonne visibilité, où de nombreuses personnes peuvent observer et évaluer les efforts et les contributions des individus. Lorsque des sanctions autres que celles qui pénalisent la paie peuvent être prises, les conséquences du problème de l'opportuniste peuvent être minimisées. Dans de tels cas, la résolution de problèmes en équipes et la participation des salariés permettent de faire des suggestions pour influencer les résultats en dehors de leurs responsabilités quotidiennes sans avoir à être pénalisés par le problème de l'opportuniste.

En revanche, des tâches telles que la vente personnelle ou la découverte dans l'innovation produit peuvent nécessiter engagement et talent individuels. Dans de telles circonstances, les organisations peuvent à juste titre vouloir donner des stimulations spécifiques qui récompensent le succès.

Certains spécialistes recommandent d'atténuer la relation entre la performance et la rémunération individuelles. Jeffrey Pfeffer de Stanford souhaite mettre moins l'accent sur la performance et la rémunération individuelles et lier davantage la rétribution à la performance de l'organisation, comme l'a fait Mobil[8]. Ce déplacement d'accent prend acte du fait qu'actuellement la performance de l'organisation dépend de plus en plus des conséquences de la performance et du comportement collectifs. Plusieurs études empiriques indiquent que le problème de « l'opportuniste » des économistes pourrait être moins grave que ce que l'on supposait et que les individus sont plus influencés par la pression de leurs collègues et les relations sociales que par le salaire au mérite individuel. Pfeffer et d'autres soulignent que de nombreuses organisations à haute performance motivent leurs salariés en leur donnant un cadre de travail agréable, d'excellentes relations avec leurs collègues, des missions et des objectifs clairs et la liberté d'agir de façons qui feront la différence.

Il est clair que le tableau de bord prospectif peut être utilisé pour donner un sens et une mission, comme le recommandent de nombreux spécialistes du comportement des organisations. Il peut fournir le système de mesure pour la performance collective de l'organisation. Le choix du bon équilibre entre les récompenses individuelles et collectives fera encore débat pendant longtemps sans déboucher sur des conclusions évidentes. Nous ne connaissons pas de règles infaillibles pour gérer ces tensions et ces arbitrages. Nous nous attendons à ce que certaines entreprises, comme CIGNA avec son plan d'actions de performance, essaient de tirer avantage des actions individuelles et collectives en utilisant un mélange de récompenses individuelles et de groupe. D'autres, comme Mobil, choisiront de favoriser le travail d'équipe et la responsabilité collective en n'utilisant que des récompenses de groupe.

Fréquence des actualisations : la rémunération dans des environnements à évolution rapide

Un plan de rémunération formel, sur la base d'une formule liée à de nombreux indicateurs non financiers d'un tableau de bord prospectif, risque d'être rigide. Imaginez des entreprises fonctionnant au rythme

---

8. J. Pfeffer, « Six Dangerous Myths about Pay, » *Harvard Business Review* (mai-juin 1998) : 109-119.

d'Internet, où tactiques et plans d'action peuvent avoir à changer rapidement en raison d'une innovation technologique, d'initiatives imprévues de la part d'un concurrent, de l'arrivée de nouveaux concurrents et de changements dans le goût des consommateurs. Bien que la stratégie de base de ces compagnies, qui est d'attirer des nouveaux clients dans les segments visés, d'approfondir et étendre les relations avec les clients acquis et de réduire le coût du service, ne change pas, la proposition de valeur, les processus internes, les compétence clés et l'informatique peuvent avoir à subir de fréquentes actualisations. Si le plan de rémunération est lié à des indicateurs non financiers, fondés sur un ensemble de processus à présent dépassés, il peut être très difficile pour les entreprises de faire de fréquents changements intermédiaires.

Le problème de changements en cours d'année ne s'est pas posé pour les premières sociétés qui ont adopté le tableau de bord prospectif, compagnies pétrolières intégrées, banques de détail, entreprises de construction et compagnies d'assurance. L'environnement concurrentiel de ces entreprises n'était pas soumis à des changements et à une obsolescence rapides, de sorte que la stratégie et les tactiques pour appliquer la stratégie variaient peu d'une année sur l'autre. Les entreprises qui s'attendent à de fréquents changements en cours d'année peuvent, toutefois, ne pas souhaiter lier leur rémunération variable à une multitude d'indicateurs du tableau de bord prospectif sur les quatre axes. Une dépendance aussi rigide serait une contrainte pour une adaptation rapide parce que de nombreuses personnes se seront engagées dans des actions basées sur le plan de rémunération dépendant de la stratégie précédente.

Les entreprises se trouvant dans des environnements changeant rapidement peuvent lier leur rémunération variable aux résultats pour le client et aux performances financières à long terme telles que la valeur de l'action ou la méthode EVA sur une période de trois à cinq ans. De cette manière, leur système de récompense est centré sur la création de valeur à long terme et elles conservent la possibilité de modifier les indicateurs de leur tableau de bord prospectif, notamment les inducteurs de performance et les indicateurs de prospection, sans avoir à ajuster leur plan de rémunération. Utilisé de cette façon, le tableau de bord prospectif conserve son puissant rôle de communication et de mise en adéquation, tel que nous l'avons vu dans les chapitres précédents. Et en ne liant pas trop fortement le tableau de bord à la rémunération, les entreprises ont la possibilité d'adapter le tableau de bord rapidement aux nouvelles circonstances.

RÉSUMÉ

Toutes les entreprises que nous avons étudiées ont lié ou étaient sur le point de lier formellement leur tableau de bord à leurs rémunérations variables. Souvent les plans de rémunérations variables descendaient, pour la première fois, jusqu'aux salariés sur le terrain et dans la partie administrative de l'organisation. Le détail des plans variait selon les entreprises. Certaines n'utilisaient que des récompenses par équipe ou par unité ; d'autres avaient recours à un mélange de récompenses individuelles et collectives. De nombreuses organisations utilisaient plusieurs niveaux de stimulation pour récompenser la performance au niveau de l'entreprise, de la division, du centre de profit, des individus et des équipes. En raison de l'attention suscitée par le plan de rémunération variable, les responsables doivent éviter les risques d'un lancement trop rapide avant que les bons indicateurs n'aient été définis et que les bonnes données ne soient disponibles. Toutefois, lorsque tous les salariés ont compris comment leur rémunération est liée à la réalisation des objectifs stratégiques, la stratégie devient réellement le travail quotidien de chacun.

Quatrième partie

Faire de la stratégie un processus continu

NOUS AVONS OBSERVÉ AU CHAPITRE UN, COMMENT la plupart des entreprises rencontraient des difficultés à appliquer leur stratégie. La recherche que nous avons menée nous révèle que le problème ne vient pas seulement du dirigeant. Des forces systémiques présentes dans l'organisation entravent l'application de la stratégie. Comme les chercheurs l'ont remarqué, la gestion de la stratégie est fondamentalement différente de la gestion de l'exploitation[1].

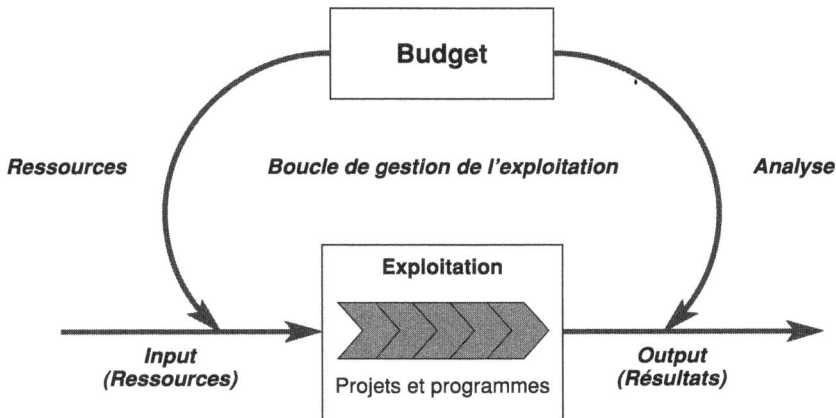

Figure IV-1. Le problème : Il manque un processus pour gérer la stratégie

Nous avons trouvé intéressant de réfléchir à chacun de ces deux processus — la gestion de la stratégie et la gestion de l'exploitation — comme faisant partie d'une boucle autonome de contrôle et d'apprentissage. Pour gérer l'exploitation, c'est le budget qui sert de système de planification et de contrôle (voir Figure IV-1). Il définit les ressources, qui vont être allouées aux centres de profit pour l'année suivante, ainsi que les

---

1. Ainsi Robert N. Anthony définit-il trois niveaux dans le processus de gestion : (1) La planification stratégique : le processus par lequel l'organisation décide de ses objectifs, des changements sur ces objectifs, des ressources utilisées pour atteindre ces objectifs et de leurs politiques d'acquisition et d'utilisation ; (2) Le contrôle de gestion : le processus par lequel les responsables s'assurent que les ressources ont été obtenues et utilisées avec efficacité et efficience pour réaliser les objectifs de l'organisation ; et (3) Le contrôle de l'exploitation : le processus par lequel l'organisation s'assure que des tâches spécifiques ont été réalisées avec efficacité et efficience. Robert N. Anthony, *Planning and Control Systems* (Boston : Division of Research, Graduate School of Business Administration, Harvard University, 1965).

objectifs. Au cours de l'année, les responsables analysent les performances d'exploitation par rapport au budget, identifient les écarts et prennent, chaque fois que nécessaire, les mesures correctrices. Dans la plupart des organisations, le budget n'a pas grand chose à voir avec la stratégie, de sorte que l'attention et les actions des responsables s'orientent vers les détails opérationnels du court terme et non sur l'application de la stratégie à long terme.

Et pourtant les organisations sont de plus en plus frustrées par la rigidité de leur processus budgétaire. De récentes études ont révélé que :

- 20 % des organisations prennent plus de seize mois pour préparer un budget et que de nombreux budgets ne sont même pas prêts au début de l'exercice[2].

- 78 % des entreprises ne modifient pas leur budget en cours d'exercice[3]. Le monde peut changer mais pas leur budget.

Mais même si le processus de contrôle de l'exploitation, fondé sur le budget, a des limites dans un monde dynamique à l'évolution rapide, il a au moins le mérite d'exister. Par contre, la plupart des organisations n'ont pas de processus pour gérer la stratégie. Réfléchissez aux faits suivants :

- 85 % des équipes de direction passent moins d'une heure par mois à parler de stratégie[4]

- 60 % des organisations ne relient pas la stratégie au processus budgétaire[5]

- 92 % des organisations ne suivent pas d'indicateurs stratégiques[6]

Si, au lieu d'être un système de management, il s'agissait d'un système humain, l'on se trouverait en face d'un patient bien malade. Le cerveau ne fonctionne pas (l'on ne consacre pas de temps à penser à la stratégie), le corps ne reçoit aucun message du cerveau (il n'y a pas de lien entre la vision stratégique et l'action) et les yeux n'observent rien (il n'y a pas d'information en retour). Avec un système de management aussi mal en

---

2. « Many Companies Starting the New Millenium without a Budget » *PR Newswire*, 16 décembre 1999.
3. « Corporate Strategic Planning Suffers from Inefficiencies, » Hackett Benchmarking *PR Newswire*, 25 octobre 1999.
4. David P. Norton, « Building a Management System to Implement Your Strategy, » *Point of View*, Renaissance Solutions Inc. Lincoln, MA, 1996.
5. *Idem.*
6. « Corporate Strategic Planning ».

point, il n'est pas étonnant que seules quelques entreprises parviennent à mettre en œuvre leur stratégie.

Les organisations orientées stratégie utilisent un processus à double boucle qui intègre à la fois la gestion des budgets et de l'exploitation et la gestion de la stratégie. Un système de suivi, basé sur le tableau de bord prospectif, permet de surveiller les progrès par rapport à la stratégie et de prendre les mesures correctrices nécessaires. Le tableau de bord est le pivot du processus d'apprentissage stratégique liant le processus de contrôle de l'exploitation au processus d'apprentissage et de contrôle pour gérer la stratégie.

Ce nouveau système de gestion orienté vers la stratégie (voir Figure IV-2) instaure trois remèdes pour permettre au système déficient de recouvrer la santé :

1. Relier la stratégie au processus budgétaire : les objectifs ambitieux et les projets stratégiques du tableau de bord prospectif relient la stratégie aux contraintes budgétaires. Les entreprises d'aujourd'hui qui opèrent dans des environnements en constant changement ont commencé à remplacer les budgets fixes par des prévisions mobiles. Ces démarches sont décrites au chapitre 11.

2. Fermer la boucle stratégique : Un système de retour d'informations stratégiques relié au tableau de bord prospectif fournit un nouveau cadre de suivi et un nouveau type de réunion de direction, fondés sur la stratégie. Les responsabilités passent de la gestion de secteurs fonctionnels cloisonnés, à la gestion de thèmes stratégiques intégrés. Le chapitre 12 aborde ce sujet.

3. Vérifier, apprendre et adapter : Le tableau de bord prospectif rend explicites les hypothèses de la stratégie. Les équipes de responsables peuvent approfondir leur analyse lorsqu'elles étudient et vérifient les hypothèses du tableau de bord à l'aide du système de retour d'information du tableau de bord prospectif. La stratégie évolue en temps réel au fur et à mesure que de nouvelles idées et de nouvelles orientations émergent de l'organisation. Ces sujets sont également traités au chapitre 12.

Avec le système de gestion orienté stratégie, les équipes de direction :

- suivent les performances par rapport à la stratégie
- travaillent en équipe pour interpréter les données
- créent de nouvelles perceptions stratégiques

- formulent de nouvelles orientations stratégiques
- actualisent les indicateurs sur les tableaux de bord
- modifient leurs budgets

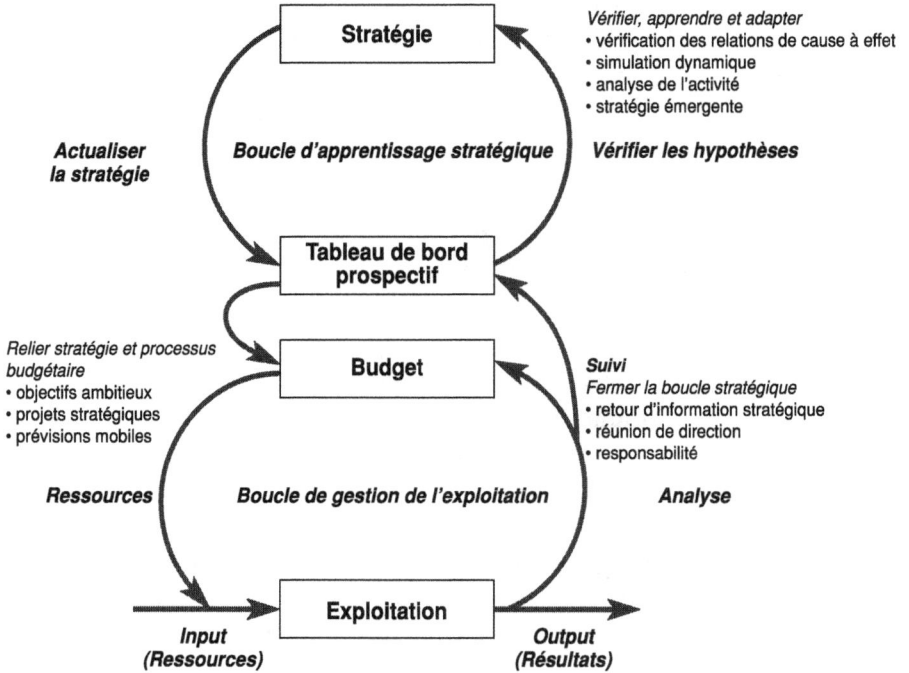

Figure IV-2. La solution : Faire de la stratégie un processus continu

Les organisations orientées stratégie doivent être en mesure d'adapter leur stratégie lorsque le monde évolue ou que la stratégie mûrit. Le système de gestion stratégique à double boucle fournit la base nécessaire pour faire de la stratégie un processus continu.

Chapitre 11

Planifier et budgétiser

Pour créer une organisation orientée stratégie, il est fondamental d'intégrer le tableau de bord prospectif au processus du budget et de la planification de l'organisation. La plupart des organisations ont recours au budget comme principal système de gestion pour établir les objectifs, allouer les ressources et analyser les performances.

Et pourtant, plus de la moitié des entreprises interrogées indiquent que leur processus d'analyse du budget et des performances est fait indépendamment de leur processus de planification stratégique. Étant donné que les budgets sont les premiers moyens utilisés pour exercer le contrôle dans les organisations, il n'est pas étonnant que l'attention de la direction se porte sur la réalisation d'objectifs financiers à court terme.

Les limites de la gestion à l'aide du budget sont devenues évidentes. Jack Welch, le président de General Electric a critiqué le rôle du budget dans les entreprises : « Le budget est la plaie de l'Amérique professionnelle. Il n'aurait jamais dû exister… Faire un budget est un exercice minimaliste. Vous finissez toujours par obtenir le minimum des salariés car tout le monde négocie pour obtenir le chiffre le plus faible. » Bob Lutz, ancien président de Chrysler, disait : « Les budgets sont des outils de répression au lieu d'être des outils d'innovation. »

Une enquête réalisée en 1998 auprès des lecteurs du magazine CFO révélait que 90 % des personnes interrogées pensaient que leur processus budgétaire était « lourd ». Le problème des budgets n'est d'ailleurs pas un phénomène uniquement américain. Bjartes Bogsnes, vice-président chargé du contrôle de Borealis, une compagnie pétrochimique danoise, a exprimé son souci sur la place centrale qu'occupait le budget dans les organisations : « le processus budgétaire classique favorise la centralisa-tion des décisions et des responsabilités, fait du contrôle financier un événement automnal annuel, ponctionne des ressources considérables de l'organisation et établit une barrière à la réactivité du client.[1] »

Toutefois, avant d'écarter complètement le « mauvais vieux budget », il nous faut lui substituer de nouveaux systèmes et de nouveaux processus pour accomplir les objectifs vitaux que les budgets étaient censés réaliser. Les responsables ont recours aux budgets pour accomplir de nombreuses missions fondamentales pour l'organisation :

- Fixer des objectifs aux performances

- Allouer des ressources pour que les objectifs de performance puissent être atteints

- Évaluer les performances par rapport aux objectifs

- Actualiser les objectifs en fonction des nouvelles informations et des nouveaux apprentissages

Si l'on n'utilise pas la procédure budgétaire classique à ces fins, qu'est-ce qui la remplacera ?

D'après notre expérience, il existe une confusion certaine entre la gestion de la stratégie et la gestion de la tactique. Les budgets ont été adoptés au moment où les grands problèmes étaient d'étendre la capacité de produc-tion et de gérer l'exploitation pour maîtriser les coûts. Le budget a été d'un grand secours aux responsables pour gérer ces processus tactiques. À cette époque, la priorité n'était pas au positionnement stratégique ni aux propositions de valeur différenciées.

Alors que la stratégie est aujourd'hui vitale pour les organisations, le tableau de bord prospectif surgit comme nouveau système pour gérer la stratégie. Mais ce nouveau système doit être relié à l'ancien (le budget) pour gérer la tactique. Cependant cette liaison n'est pas encore présente dans la plupart des applications. Peut-être est-ce parce que les disciplines

---

1. J. Hope et R. Fraser, « Beyond Budgeting, » BBRT, *Livre blanc Européen* CAM-I.

et les cultures associées à la planification stratégique et à la budgétisation de l'exploitation sont tellement différentes.

Le contraste qu'il y a entre la planification stratégique de haut vol et les actions détaillées de l'exploitation peut être comparé à un défi que rencontrent également les pilotes de ligne. Lorsqu'ils volent à 10 000 mètres (le vol stratégique) les pilotes n'utilisent que peu d'indicateurs pour guider leur trajectoire. L'avion est souvent sur pilotage automatique et l'ambiance dans la cabine est détendue. À un certain stade, ils doivent assurer la transition du vol à altitude élevée à l'atterrissage sur un aéroport. Lorsque l'avion s'approche de l'aéroport, la gestion des détails des opérations et la tactique deviennent critiques : le pilote surveille constamment le trafic et les conditions climatiques. Les contrôleurs au sol donnent des instructions spécifiques qui doivent être exécutées avec précision. Le pilote suit une procédure de « descente graduelle » pour assurer la transition entre le vol stratégique à 10 000 mètres et les détails et la précision nécessaires pour un atterrissage (le contrôle budgétaire pour le vol opérationnel).

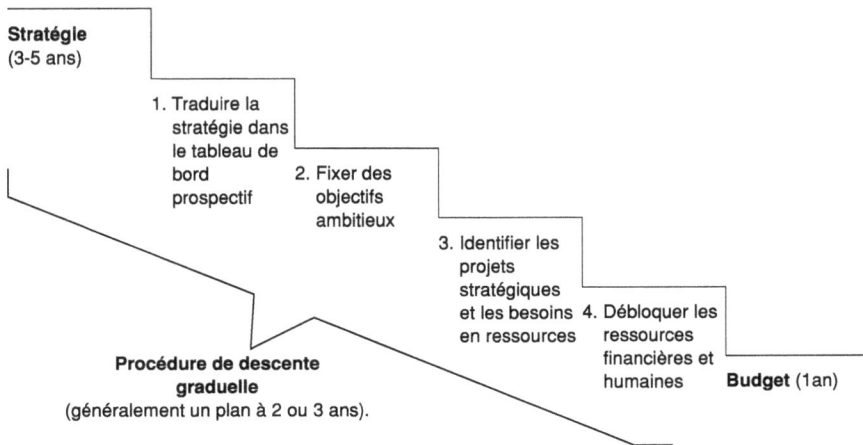

Figure 11-1. Relier la stratégie aux budgets dans une procédure de descente graduelle

Les entreprises peuvent suivre une procédure analogue de « descente graduelle » pour assurer la transition entre la stratégie de haut vol et la budgétisation des opérations locales (voir Figure 11-1) :

1. Traduire la stratégie dans le tableau de bord prospectif, en définissant les objectifs et les indicateurs stratégiques.
2. Fixer des objectifs ambitieux à des moments précis pour chaque indicateur. Identifier les écarts par rapport au plan pour motiver et stimuler la créativité.
3. Identifier les projets stratégiques et les besoins en ressources nécessaires pour combler les écarts par rapport au plan, permettant ainsi d'atteindre les objectifs ambitieux.
4. Débloquer les ressources financières et humaines pour les projets stratégiques. Intégrer ces besoins dans le budget annuel. Le budget annuel comprend deux volets : un **budget stratégique** pour gérer les programmes à la demande et un **budget d'exploitation** pour gérer l'efficience des départements, des fonctions et des gammes de produits ou de services.

Les étapes 2 et 3 forment le noyau de la procédure de descente graduelle, qui est souvent prévue comme un plan à 2 ou 3 ans. Le plan permet à l'organisation de gérer les thèmes stratégiques à plus long terme et fournit un cadre qui rend possible le développement et l'intégration de prévisions mobiles dans le budget annuel. En fait, le budget stratégique lance, la première année, la trajectoire de l'organisation qui vise à atteindre les objectifs ambitieux prévus au plan à trois ans.

Les quatre étapes que nous avons décrites inscrivent le budget dans le processus de planification stratégique, allouant des ressources et fixant les objectifs de performance à court terme. La plupart des responsables pensent également au budget comme à un outil pour analyser et évaluer la performance. Les deux processus (de planification et de contrôle) sont inextricablement liés : la façon dont la direction mène ses analyses de performance influence fortement le processus de fixation des objectifs, les propositions et les choix de projets ainsi que les explications pour les sous performances.

Nous avons donc là l'histoire de la poule et de l'œuf. Devons-nous commencer par mettre au point des processus efficaces pour traduire les plans stratégiques en objectifs opérationnels à court terme ? Ou devons-nous commencer par modifier les processus d'analyse pour évaluer les performances par rapport aux objectifs ? Nous laisserons de côté pour le moment la discussion détaillée sur le processus d'analyse de la direction pour nous concentrer sur les aspects de fixation des objectifs et d'allocation des ressources du budget. Mais nous laissons entrevoir nos préférences en indiquant que les réunions de direction consacrées à la comparaison entre les performances réelles et objectifs budgétisés seront conduites pour stimuler l'apprentissage, la résolution de problèmes et l'adaptation plutôt que pour contrôler et maintenir la performance sur la trajectoire définie lors du processus budgétaire. Des réunions interactives de ce type incitent les responsables à s'engager sur des objectifs encore plus ambitieux et à se montrer plus honnêtes et plus spontanés dans leurs propositions de projets stratégiques.

COMBLER LES ÉCARTS ENTRE PLAN ET BUDGET

Prenons les exemples de deux entreprises (ABB en Suisse et la division de Marketing et raffinage Amérique du Nord de Mobil) pour illustrer comment les organisations orientées stratégie utilisent le tableau de bord prospectif pour intégrer leurs processus de planification et de budgétisation.

ABB Suisse

ABB Suisse fournit un excellent exemple de la façon d'utiliser le tableau de bord prospectif pour faire le lien entre la planification stratégique et la budgétisation et les processus d'analyse. La partie supérieure de la Figure 11-2 illustre la partie traditionnelle du processus de planification : réaffirmer la mission et le positionnement de l'activité sur le marché ; fixer des objectifs ambitieux pour les performances financières quatre ans plus tard ; faire le tour du marché (les clients, les concurrents, la technologie, la réglementation, les prévisions économiques) ; effectuer une analyse des forces et des faiblesses, des opportunités et des menaces ; et créer une stratégie pour l'activité.

Alors que ce processus de **développement** de la stratégie existait chez ABB depuis des années, l'entreprise n'avait pas de processus pour l'**application** de la stratégie. La stratégie n'avait aucun lien direct qui permettait de changer le comportement et le travail des salariés, la stratégie n'affectait pas le processus budgétaire et les comptes-rendus des analyses périodiques n'étaient pas adaptés à la stratégie. Aussi, le travail quotidien des employés, des responsables et de la direction était-il déconnecté du développement de la stratégie.

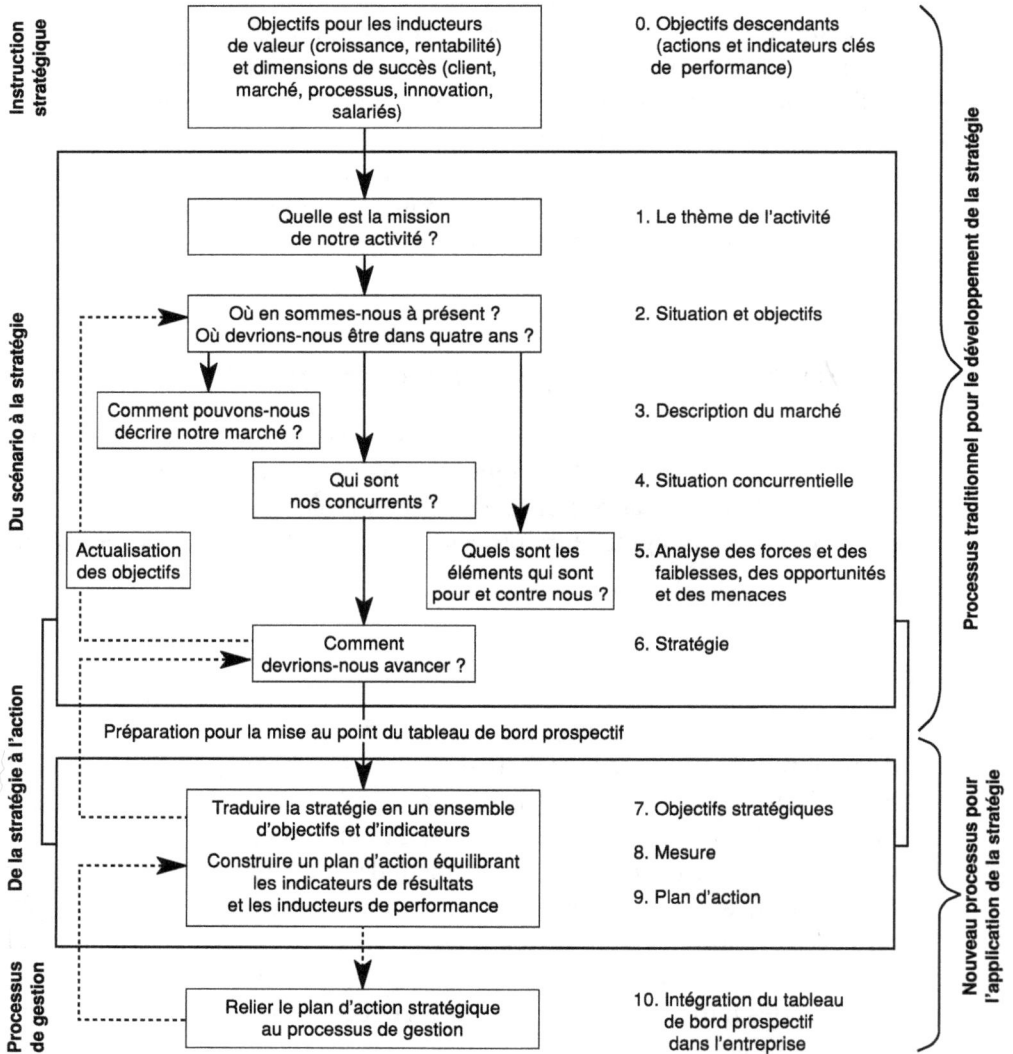

Figure 11-2. Intégrer le tableau de bord prospectif dans le processus de planification stratégique d'ABB

Il a été possible de fournir le chaînon manquant en développant le tableau de bord prospectif pour la stratégie (tel qu'il figure dans la partie inférieure de la Figure 11-2). La mise au point réelle du tableau de bord d'ABB a suivi la procédure recommandée au chapitre 3. Les responsables ont créé des cartes stratégiques pour décrire les liens entre les objectifs et les indicateurs sur les quatre axes du tableau de bord. Le processus d'application a consisté à mettre au point des programmes et des actions stratégiques qui permettraient au centre de profit d'atteindre les objectifs fixés dans le plan stratégique. La Figure 11-3 illustre comment ABB a ensuite utilisé la procédure de « descente graduelle » pour intégrer son tableau de bord dans son processus de gestion.

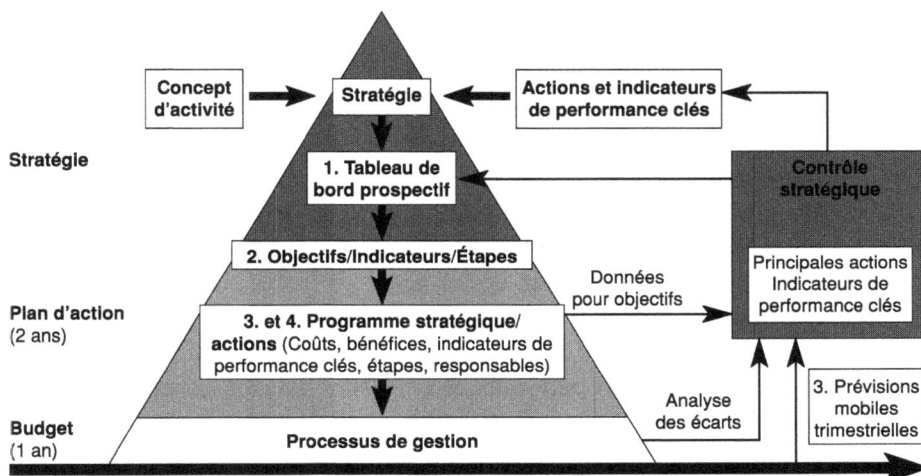

Figure 11-3. Le processus de contrôle stratégique d'ABB Suisse

1. Traduire la stratégie en objectifs et en indicateurs sur le tableau de bord prospectif, comme nous venons de le décrire.

2. Construire un plan d'action sur deux ans ; fixer des objectifs ambitieux pour chacun des objectifs stratégiques ainsi que les étapes intermédiaires.

3. Identifier les programmes stratégiques nécessaires pour appliquer le plan d'action. Une personne — ou un département — était responsable de l'application et du planning de chaque programme. En outre, les programmes eux-mêmes étaient représentés sur des schémas de cause à effet qui illustraient les liens sur les quatre axes du tableau de bord prospectif.

4. Décliner chaque programme, l'un après l'autre, en un ou plusieurs plans d'action. Ces programmes étaient inclus dans le budget opérationnel. ABB assura le suivi des plans d'action à l'aide du logiciel Microsoft Project et ceux-ci firent désormais partie des processus de

gestion d'analyse périodique, comme on le voit dans la boucle de rétroaction de la Figure 11-3.

NAM&R de Mobil

La division Marketing et raffinage Amérique du Nord de Mobil a intégré le tableau de bord prospectif dans son cycle de planification, budget et suivi annuel (voir figure 11-4). Le processus annuel débute au troisième trimestre de l'année lorsque les responsables des indicateurs (les « partenaires stratégiques » de NAM&R, c'est ainsi que l'on appelle les services communs internes) analysent les résultats semestriels et effectuent un tour d'horizon stratégique. Ils proposent des changements dans les objectifs et les indicateurs pour l'année en cours à l'équipe de direction et se mettent d'accord sur un tableau de bord pour l'année suivante. L'environnement dans le secteur du marketing et du raffinage des produits pétroliers n'a pas beaucoup changé au cours des années 90 et la stratégie de Mobil avait bien fonctionné. Aussi 95 % du tableau de bord initial de 1994 se retrouvèrent sur le tableau de bord de 1999 et environ 65 à 70 % des indicateurs étaient également les mêmes. L'un des changements majeurs portait sur l'incorporation formelle de la pénétration sur le marché de la carte Speedpass de Mobil, une innovation marketing lancée en 1996.

Les tableaux de bord actualisés sont ensuite communiqués aux dix-huit centres de profit et aux quatorze partenaires stratégiques, qui actualisent leur tableau de bord en se fondant sur le tableau de bord supérieur. En novembre, les unités mettent au point leurs propositions de budgets, de projets et d'objectifs pour les indicateurs du tableau de bord. En décembre, l'équipe des responsables de chaque centre de profit ou des partenaires stratégiques présente les propositions de plans lors d'une réunion à laquelle assistent les responsables des indicateurs de la division, le coordinateur du tableau de bord et un membre chevronné de l'équipe de responsables de direction. La réunion débute par l'analyse des résultats du tableau de bord prospectif pour l'année en cours, qui dresse le cadre pour les propositions de tableau de bord de l'année suivante. Puis le groupe analyse les indicateurs et les objectifs du tableau de bord proposé par les unités. Avec le conseil et l'assentiment des responsables d'indicateurs, le groupe ratifie ou ajuste les objectifs et les inducteurs de performance de l'unité. Ces réunions durent généralement deux heures et remplacent la réunion de deux jours du processus budgétaire précédent, lors de laquelle toute l'attention se portait sur les données financières.

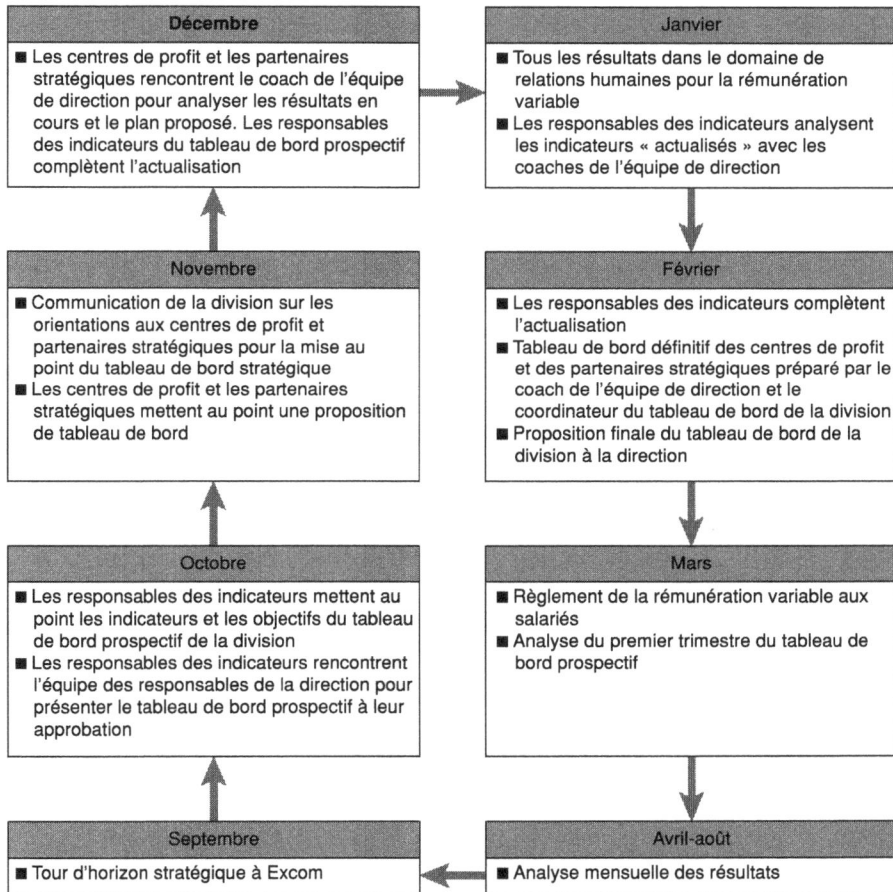

Décembre	**Janvier**
■ Les centres de profit et les partenaires stratégiques rencontrent le coach de l'équipe de direction pour analyser les résultats en cours et le plan proposé. Les responsables des indicateurs du tableau de bord prospectif complètent l'actualisation	■ Tous les résultats dans le domaine de relations humaines pour la rémunération variable ■ Les responsables des indicateurs analysent les indicateurs « actualisés » avec les coaches de l'équipe de direction

Novembre	**Février**
■ Communication de la division sur les orientations aux centres de profit et partenaires stratégiques pour la mise au point du tableau de bord stratégique ■ Les centres de profit et les partenaires stratégiques mettent au point une proposition de tableau de bord	■ Les responsables des indicateurs complètent l'actualisation ■ Tableau de bord définitif des centres de profit et des partenaires stratégiques préparé par le coach de l'équipe de direction et le coordinateur du tableau de bord de la division ■ Proposition finale du tableau de bord de la division à la direction

Octobre	**Mars**
■ Les responsables des indicateurs mettent au point les indicateurs et les objectifs du tableau de bord prospectif de la division ■ Les responsables des indicateurs rencontrent l'équipe des responsables de la direction pour présenter le tableau de bord prospectif à leur approbation	■ Règlement de la rémunération variable aux salariés ■ Analyse du premier trimestre du tableau de bord prospectif

Septembre	**Avril-août**
■ Tour d'horizon stratégique à Excom	■ Analyse mensuelle des résultats

Figure 11-4. Le processus de planification et de fixation des objectifs de M&RAN de Mobil

Dans la mesure où Mobil lie la rémunération variable à la réalisation des objectifs des tableaux de bord de la division et des centres de profit ou des partenaires stratégiques, le processus d'actualisation effectué lors de cette réunion joue un rôle majeur. Avant la réunion, les responsables des indicateurs préparent les coefficients des inducteurs de performance (traités au chapitre 10) pour chaque indicateur. Un coefficient de 1,25 représente une performance équivalente au meilleur concurrent ; un coefficient de 0,75 caractérise une performance bien en dessous de la moyenne du secteur. La réalisation d'un objectif doté d'un coefficient de 1,25 génère une prime de 20 % de la rémunération de base. Un coefficient de 1,00 donne droit à une prime de 7 %, tandis que la réalisation d'un objectif doté d'un coefficient de 0,75 seulement donne lieu à une prime maximum de 1 %. Les responsables des unités proposent leurs propres objectifs qui se voient affectés d'un coefficient, en fonction de leurs situations sur la gamme de performance. Ils proposent rarement des objectifs dont le coefficient serait en dessous de 1,00.

Les responsables des indicateurs peuvent assurer le suivi avec un centre de profit ou un partenaire stratégique pour résoudre le problème de savoir si le contexte particulier de l'unité justifie des modifications des coefficients affectés aux objectifs de l'unité. Grâce à ce processus, un centre de profit, situé dans un domaine où la division de Mobil est faible ou soumise à une forte pression concurrentielle locale, peut être récompensé pour avoir proposé et réalisé un objectif ambitieux dont la valeur absolue est bien moindre que celle utilisée dans un domaine où Mobil serait fort. Ce qui contribue à niveler le champ d'activité entre les unités opérationnelles de la division.

Au cours des mois de janvier et février, les responsables des indicateurs rencontrent les membres de l'équipe de responsables de la direction pour ratifier les objectifs, les coefficients de performance et les liens avec la rémunération variable pour l'année. Au cours de l'année, la direction analyse les performances mensuelles mais sans que cela donne lieu à des réunions denses et longues. Depuis 1999, le processus de planification et de fixation des objectifs est bien accepté par toutes les unités, le suivi des indicateurs du tableau de bord prospectif par rapport aux objectifs est devenu une routine et le processus fonctionne sans qu'il soit besoin de l'activer. Les responsables des unités savent ce qui est attendu d'eux et peuvent fonctionner sans intervention importante de la hiérarchie. Une fois par trimestre, Brian Baker analyse les performances récentes de tous les salariés au cours d'une réunion extérieure qui est enregistrée sur cassette vidéo et projetée sur les différents lieux de travail. L'apogée, bien sûr, est la réunion du mois de mars au cours de laquelle Baker annonce les performances de l'année précédente et le montant de la prime annuelle. Depuis le lancement du programme, les règlements de primes se sont échelonnés entre 17 et 19 % et la réunion est devenue une fête célébrant le succès de Mobil.

LANCER UN BUDGET DYNAMIQUE

Mobil, nous l'avons vu, gère son processus de planification et de budget sur un cycle d'un an, avec des objectifs fixes pour l'année suivante. Certaines entreprises, par contre, essaient de modifier leur processus de sorte que les décisions d'allocation de ressources et même les objectifs puissent être modifiés en cours d'année pour répondre à des situations en évolution. Ainsi, une étude des pratiques innovantes a-t-elle identifié plusieurs compagnies européennes, notamment Svenska Handelsbanken AB, Borealis, SKF et Ikea, qui apparemment fonctionnent sans budgets. Ces compagnies ont recours au tableau de bord prospectif pour fixer leurs objectifs mais actualisent leurs prévisions et leurs objectifs au cours d'une série continue de réunions stratégiques visant à tirer profit d'opportunités qui se présenteraient ou à contrer d'éventuelles menaces[2].

Nous pensons que pour comprendre ces nouvelles démarches, il faut considérer les budgets comme les données financières et l'allocation de ressources comme provenant de deux processus différents (voir Figure 11-5). Seul un faible pourcentage des dépenses dans un budget annuel (ou trimestriel) est discrétionnaire. La plupart des dépenses dépendent du volume et de la nature des produits fabriqués, des services assurés et des clients servis. Le budget pour ces dépenses reflète un niveau attendu de charges basées sur le chiffre d'affaires prévu et la nature des produits, services et clients pour générer ce chiffre d'affaires. La méthode du budget par activité fournit une base saine pour ce type de budget opérationnel.

Le deuxième processus, que nous appelons le budget stratégique, autorise les dépenses et les projets qui permettent à l'organisation de développer de nouveaux produits et de nouveaux services, de nouvelles compétences, de nouvelles et meilleures relations avec les clients et une capacité accrue pour une croissance à venir. Le tableau de bord prospectif aide les organisations à déterminer la quantité et la nature de leurs dépenses pour le budget stratégique. Les organisations ont besoin des deux processus budgétaires de sorte qu'elles puissent gérer à la fois la tactique et la stratégie. Nous décrirons à tour de rôle ces deux processus.

---

2. *Idem.*

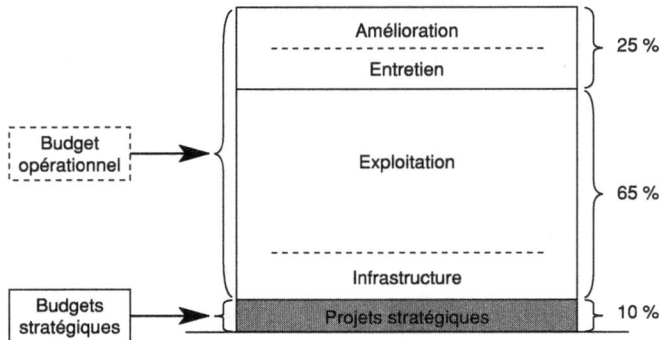

Figure 11-5. Budgets opérationnel et stratégique

Le budget opérationnel

Le budget opérationnel comprend une prévision du chiffre d'affaires attendu des ventes de produits et de services et des dépenses qui devront être engagées, dans le cadre d'un fonctionnement efficace, pour que les produits et services soient réalisés et livrés aux clients. Le budget opérationnel prévoit les dépenses courantes pour maintenir les produits et les clients existants ainsi que les dépenses engagées pour lancer de nouveaux produits et attirer de nouveaux clients au cours de la période suivante.

De nombreuses décisions de dépenses peuvent être prises en utilisant la méthode du budget par activité et en respectant les étapes suivantes[3] :

1. Estimer les volumes de production et de ventes pour la prochaine période. La méthode du budget par activité débute, comme pour les méthodes classiques, par une estimation des volumes de production, de ventes et de la nature des produits et des clients. L'estimation de vente doit inclure non seulement les produits qui seront vendus mais également le type de clients censés les acheter. De plus, les budgets de production et de ventes doivent être bien plus détaillés que les budgets classiques. Ainsi, le budget de production doit-il comprendre des informations sur les processus qui seront utilisés pour atteindre les volumes

---

3. Voir Robert S. Kaplan et Robin Cooper, *Cost and Effect : Using Integrated Cost Systems to Drive Profitability and Performance* (Boston : Harvard Business School Press, 1997), 303-16 ; et « The Promise — and Peril – of Integrated Cost Systems, » *Harvard Business Review* (juillet-aout 1998) 114-117.

de production globaux, tels que le nombre de tirages pour chaque produit, la fréquence des commandes et de réception de matières et le mode d'expédition. Pour les clients, le nombre de commandes passées, la taille d'une commande moyenne et le nombre et l'importance des contacts clients sont des données fondamentales pour prévoir le niveau requis d'activités de soutien à la clientèle.

2. Prévoir la demande pour les activités. La méthode du budget par activité se poursuit en prévoyant la demande pour des activités telles que la commande, la réception et la manutention des matières, le développement des nouveaux produits, la vente aux clients et le maintien des relations avec le client. Généralement, les entreprises ne montent des budgets détaillés que pour des activités telles que l'achat de matières, la main d'œuvre et le temps machine. La méthode du budget par activité étend cette analyse en prévoyant la demande pour **toutes** les activités nécessaires pour produire, commercialiser, vendre et livrer les produits.

3. Calculer les demandes de ressources. La méthode du budget par activité estime ensuite la quantité et la nature des ressources nécessaires. C'est à ce stade que l'entreprise utilise les informations sur les activités de la prochaine période et l'efficacité des processus pour prévoir la quantité et la nature des ressources qui seront nécessaires pour satisfaire la demande pour les activités. Si l'entreprise prévoit des améliorations de processus, les demandes pour les ressources seront revues à la baisse pour tenir compte des améliorations de l'année suivante.

4. Déterminer la fourniture de ressources réelles. Le processus du budget par activité se termine en traduisant la demande de ressources en une estimation du total des ressources à fournir. En général, chaque ressource a un profil de dépense particulier qui va du très souple comme la main d'œuvre horaire, par exemple, au rigide et fixe comme l'espace dans l'atelier, par exemple. Pour la plupart des entreprises, cette dernière étape représentera un calcul complexe et itératif. Pour établir la capacité d'une activité, il faudra tenir compte des schémas de commandes-ventes ; des plannings de production, d'achat et de livraison ; des ressources polyvalentes ; et du caractère saisonnier de la demande en fonction des activités. C'est pourquoi on peut plus facilement adopter le processus de budget par activité dans le cadre riche en information des systèmes de planification de ressources.

Le concept du budget par activité est facile à comprendre. En pratique, toutefois, il n'est pas facile à appliquer. L'organisation doit fournir bien plus de détails qu'elle ne le ferait pour un budget classique, des détails sur la demande des activités de la part de la production et des ventes, sur l'efficacité sous-jacente des activités et sur le schéma de fourniture et de dépenses ainsi que des capacités des différentes ressources. Toutefois, lorsqu'il est bien fait, le budget opérationnel est en fait inversé ; le budget est déterminé par la quantité de ressources qui doit être fournie pour satisfaire les demandes à venir en matière d'activités de production, de marketing et de ventes. Il donne aux responsables la possibilité de voir où se trouvent les capacités excédentaires de l'organisation et de prendre des mesures pour réorienter les ressources (en matériel, en installations et en personnel) qui ne sont plus nécessaires dans les périodes suivantes ou en disposer.

Prenons l'exemple du nouveau processus de planification, de fixation des objectifs et de budget installé chez Sprint entre 1997 et 1999[4]. Le processus débuta par le haut, lorsque les cadres de direction eurent fixé des objectifs de croissance. L'équipe de planification traduisit les objectifs de croissance en modèle économique permettant la réalisation de ces objectifs. En se basant sur les prévisions de croissance, le processus prévit les demandes pour les inducteurs d'activité, tels que le nombre d'appels et le nombre de commutateurs que la compagnie devrait assurer. La demande d'activités pouvait alors être traduite en ressources supplémentaires nécessaires pour atteindre les objectifs de croissance[5]. Le processus d'approbation du budget et d'analyse fut dès lors basé sur ces plans économiques fondés sur les inducteurs. L'équipe financière prit la croissance du chiffre d'affaires visée et les modifications prévues dans la fourniture de ressources et les incorpora aux plans financiers pour les périodes à venir. Ainsi, le plan financier était-il étroitement lié aux prévisions de l'activité. Et au lieu d'avoir un plan quantitatif seulement pour les données financières, l'équipe financière, dans le cadre du même processus, y adjoignit une série d'indicateurs non financiers majeurs incluant le nombre de

---

4. D'après B. Conley, « Revamping Planning and Budgeting at Sprint (document présenté à la conférence des meilleures pratiques du tableau de bord prospectif, *Redifining the Planning & Budgeting Process through the Balanced Scorecard* Cambridge, MA, 9-10 septembre 1999).

5. Sprint a eu de la chance, car la demande pour ses services augmentait rapidement, aussi son problème était-il de connaître la quantité de ressources à rajouter, au lieu de rationaliser et d'ajuster les ressources par le bas en fonction des périodes précédentes.

ventes et de comptes installés. Lorsque les responsables ont actualisé le modèle de l'activité pour les périodes à venir (deux à six trimestres) le système a automatiquement actualisé les quantités des inducteurs, ce qui a débouché sur des prévisions dynamiques pour les besoins en ressources et les indicateurs clés de haut niveau.

L'entreprise Nationwide Financial a suivi un processus analogue en utilisant sa méthode ABC pour prévoir les coûts de l'activité et des processus internes en fonction des niveaux de volumes d'activité et de l'efficacité prévue des processus. Les données des activités ont été prises dans les indicateurs clés du tableau de bord, notamment des axes internes et client, comme par exemple le nombre de comptes et de transactions.

Ainsi, les budgets opérationnels reflètent-ils les dépenses que l'on prévoit d'engager pour soutenir les opérations récurrentes. En raison de la grande proportion de produits, de services et de clients qui sont censés rester d'une période sur l'autre, l'essentiel de la dépense en ressources de l'organisation sera déterminé par le budget opérationnel (comme le montre la Figure 11-5). Cet aspect du budget est renseigné par le tableau de bord prospectif en raison de sa connexion avec le modèle économique de croissance de l'activité existante. Mais le budget opérationnel n'est pas le meilleur moyen pour que le tableau de bord réoriente et mette en adéquation l'organisation avec sa stratégie de croissance, surtout si la stratégie consiste à rompre avec le passé.

Le budget stratégique

Le budget opérationnel reflète l'amélioration progressive apportée à un fonctionnement existant. Le budget stratégique permet de financer les projets nécessaires pour combler l'écart prévu entre les performances exceptionnelles souhaitées et celles qui seraient réalisables par une amélioration progressive et la routine. Le budget stratégique identifie les nouvelles opérations nécessaires, les nouvelles capacités qui doivent être créées, les nouveaux produits et services qui doivent être lancés, les nouveaux clients et les nouveaux marchés, les nouvelles applications et les nouvelles régions qui doivent être servis et les nouvelles alliances et joint-ventures qui doivent être établies.

Par exemple, nous avons montré au chapitre 3 la carte stratégique, les indicateurs et les objectifs ambitieux du thème stratégique d'approvisionnement et de distribution d'un grand détaillant. L'équipe de responsables du détaillant avait identifié et choisi des projets qui auraient permis d'atteindre les objectifs ambitieux. Chaque division en fonction de sa propre situation, de sa clientèle et de son personnel devait réaliser certains projets par elle-même. Mais certains projets devaient être entrepris au niveau de l'entreprise tout entière parce qu'ils pouvaient bénéficier à toutes les divisions. Par exemple, un projet visant à améliorer de façon spectaculaire la capacité du réseau d'installations de production en Asie était commun à toutes les divisions. Le projet était vital dans l'objectif de produire et de distribuer des articles de mode de grande qualité très rapidement. Ce qui permettrait à chaque division de réagir immédiatement aux tendances de la mode contemporaine.

Une fois approuvés, les projets se voyaient dotés d'un parrainage de la direction, d'une équipe de projet et d'un budget (voir Figure 11-6). Ainsi, la direction accordait-elle les ressources adéquates, aussi bien humaines que financières, aux projets stratégiques. De nombreuses entreprises échouent dans l'application de la stratégie parce que les ressources en hommes, en capital et en finances ne sont pas prévues au budget, qui dans ces organisations est préparé complètement séparément du processus de planification. En conséquence, les projets sont appliqués au rabais, en essayant de prendre du temps à des personnes déjà débordées et avec un financement grappillé sur de petites améliorations (ou du mou dans le budget opérationnel). Il n'est donc pas surprenant que tant de stratégies échouent lorsque les projets reçoivent insuffisamment de ressources humaines et de soutien financier. Les organisations orientées stratégie **incluent des engagements de ressources humaines et financières pour les projets stratégiques dans les plans et les budgets de l'organisation** et les gèrent indépendamment des lignes de dépenses budgétaires. Ce processus rend la réalisation d'objectifs ambitieux bien plus probable.

Un deuxième message important qui se dégage de la Figure 11-6 c'est que le **projet doit être considéré comme un moyen, et non comme un but en soi**. Les organisations se trompent souvent à cet égard en préparant leur tableau de bord. Ils utilisent le processus de planification suivant :

Stratégie → Projets → Indicateurs (de l'aboutissement et du coût du projet)

Leur plan stratégique comprend essentiellement une liste de projets qui vont être entrepris et leurs indicateurs internes sont des étapes (en temps et en coût) dans la réalisation des projets.

Thèmes stratégiques : approvisionnement et distribution	Indicateur	Objectif	Projet
Financier Rentabilité Croissance du chiffre d'affaires	■ Revenu d'exploitation ■ Ventes par rapport à l'an dernier	■ Hausse de 20 % ■ Hausse de 12 %	 ■ Programme « Likes »

Client
Qualité du produit — Expérience d'achat en magasin
	■ Taux de retour
	  – Qualité
	  – Autre
	■ Fidélité client
	  – Toujours actif %
	  – Nombre d'unités
		■ En baisse de 50 % chaque année
		
		■ 60 %
		■ 2,4 unités
			■ Gestion de la qualité
			
			■ Fidélité client

Interne Usines de première catégorie — Gestion du planning de la gamme	■ % des marchandises d'usines de 1ère catégorie ■ Articles en stock par rapport au plan	■ 70 % au bout de 3 ans ■ 85 %	■ Programme de développement des usines de l'entreprise
Apprentissage Compétences des relations usine Compétences d'achat et de planning des marchandises	■ % de compétences stratégiques disponibles	■ 1ère année : 50 % ■ 2ème année : 75 % ■ 3ème année : 90 %	■ Processus de développement du personnel

Programme de développement des usines de l'entreprise

Cadre responsable :	Fred Bell
Durée du projet :	1/98-8/99
Ressources affectées :	5 personnes à mi-temps 5 x 1 900 $ = 9 500 $

Bénéfices attendus	Total	1998				1999			
		T1	T2	T3	T4	T1	T2	T3	T4
Coût		10 500	9 500	10 500	12 000	9 500	9 500	8 000	
Capital					50 000		20 000		
Total									

Impact sur le thème stratégique
Investissement à long terme pour accroître le volume dans les usines de 1re catégorie. Maintenir la 2e catégorie ; Identifier de nouvelles sources d'approvisionnement.

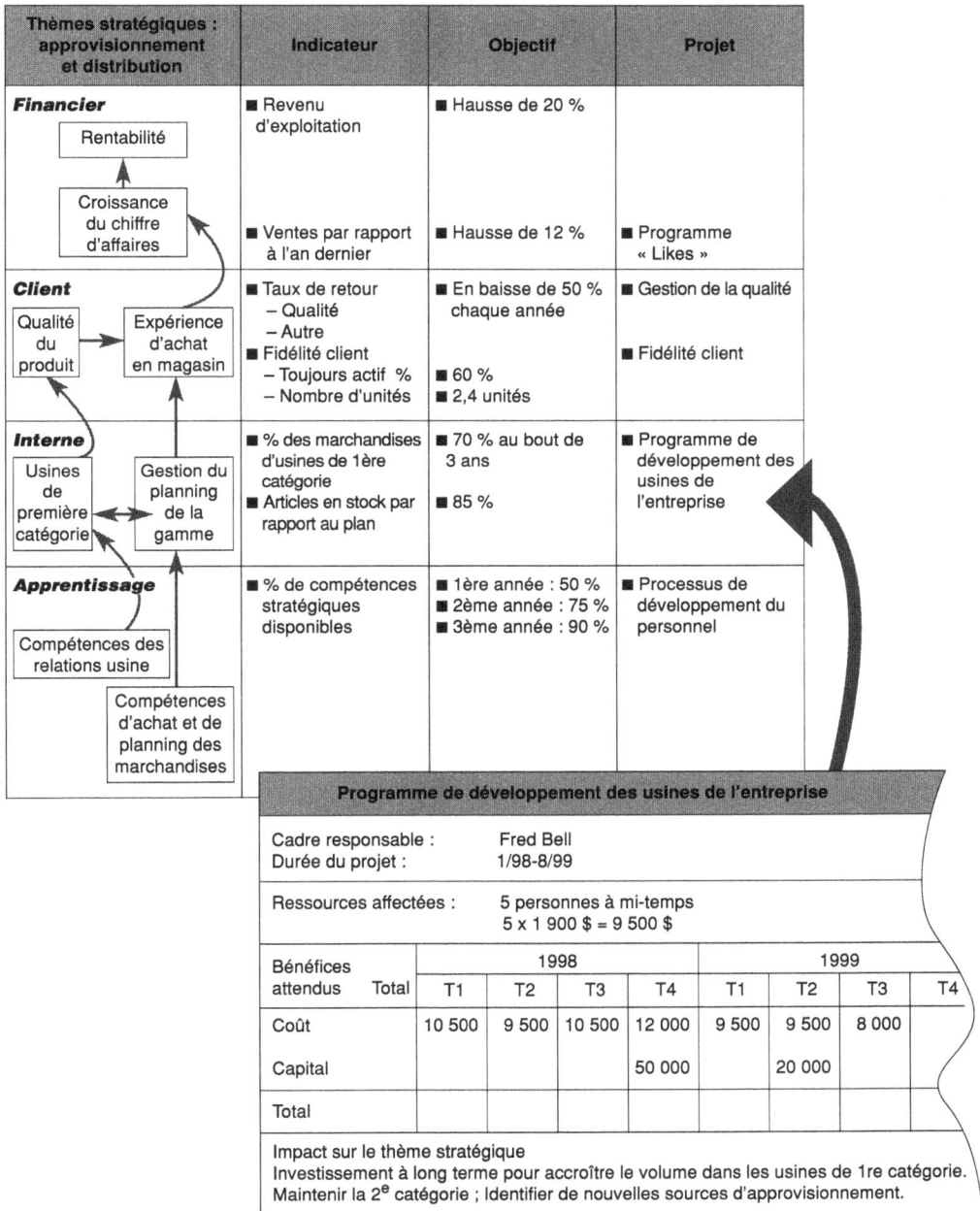

Figure 11-6. Allocation des ressources et budgétisation

Thème A : Développer et conserver la clientèle de grande valeur potentielle	Objectifs stratégiques	Indicateurs	Sous-indicateurs	Base 1997	Objectifs 1998	Projets stratégiques s'y rapportant
Financier	**Augmenter le chiffre d'affaires** *(responsable)*	1. Revenu par produit/service *(responsable)*	Revenu par produit/service	n.d.	n.d.	TBD
			Revenu par produit net des dépenses de circuits	15 500 $	15 500 $	
			Revenu brut sur facture	1 276 $	1 276 $	
		2. Nombre et % de clients actifs *(responsable)*	N° de clients actifs (moyenne)	162 600	483,700	Programme de contact client
Client	**Accroître le nombre de clients de grande valeur ou potentiellement de grande valeur et les fidéliser** *(responsable)*	3. Nombre de clients supplémentaires et de clients globaux *(responsable)*	Clients supplémentaires	127 000	215 000	Base de données de l'acquisition clients
			% nouveaux	15 %	20 %	
			Nouveaux	18 000	41 000	
			Transférés	73 000	126 000	
			Total des clients (à la fin)	186 000	419 000	
			Total des clients (moyenne)	167 000	356 000	
		4. Bénéfices (valeur) par client et par portefeuille *(responsable)*	Bénéfices nets/produit/client transféré			Programme de ventes croisées
			1re année	200.00 $	250.00 $	
			2e année	250.10 $	300.00 $	
			3e année	310.00 $	340.00 $	
			4e année	400.00 $	490.00 $	
			Bénéfices nets/produit/nouveau client			
			1re année	120.00 $	120.00 $	
			2e année	260.00 $	260.00 $	
			3e année	400.00 $	450.00 $	
			4e année	460.00 $	500.00 $	
Interne	**Maximiser la fiabilité**	5. Disponibilité pondérée *(responsable)*	Disponibilité pondérée	—	—	TBD
Apprentis.-Develop.		6. Temps de réaction *(responsable)*	95 % de toutes les transactions seront effectuées en moins de x secondes	—	—	Suivi des responsabilités

Figure 11-7. Objectifs, mesures, projets et résultats à court terme aux services financiers en ligne de National Bank

Un tel plan stratégique est à l'envers. La stratégie n'est pas la gestion de projets. Le processus stratégique du tableau de bord prospectif est le suivant :

Stratégie → Objectifs → Indicateurs
→ Résultats (ambitieux à atteindre) → Projets

Le processus de planification stratégique devrait utiliser les projets pour aider l'organisation à réaliser ses objectifs et non pas comme un but en soi. Le secteur public et les organisations à but non lucratif ont particulièrement tendance à considérer à tort le but comme étant l'aboutissement du projet plutôt que l'amélioration des objectifs de la mission et de l'efficacité de l'entité.

Une fois tous les projets définis, l'organisation peut fixer les résultats à atteindre pour les indicateurs du tableau de bord prospectif pour l'année à venir, y compris les indicateurs financiers comme dans le processus budgétaire classique. La Figure 11-7 présente l'ensemble des objectifs, des mesures, des projets et des résultats à atteindre à court terme pour le projet stratégique d'une entreprise qui était « de développer et conserver sa clientèle à haut potentiel ». Les objectifs pour l'année en cours servent de base aux analyses d'exploitation périodiques et aux analyses stratégiques, l'année suivante. Ils procurent une base pour les performances attendues à court terme à condition que les projets soient réalisés conformément au planning et que les hypothèses de liens de cause à effet soient correctes. Les informations de la Figure 11-7 servent de programme pour le retour d'information et le processus d'apprentissage stratégiques décrits en plus de détails au chapitre 12.

L'évaluation de projets

La sélection de nouveaux projets est un des éléments clés pour relier la stratégie aux mesures à court terme. Comme nous l'avons évoqué brièvement dans notre livre précédent, la plupart des entreprises ne souffrent pas d'un excès de projets. Ainsi chez Chemical Retail Bank, les équipes de direction ont rechigné lorsque nous leur avons demandé de définir de nouveaux projets stratégiques. Elles prétendaient qu'elles avaient déjà trop de projets en cours et qu'il leur serait impossible d'en traiter de nouveaux, quelle qu'en soit l'importance stratégique. Nous leur avons alors demandé de lister tous les projets qu'elles n'étaient pas en mesure de réaliser immédiatement, confirmant qu'effectivement elles avaient peut-être déjà trop de projets. Deux semaines plus tard, l'équipe de projet présenta une liste de plus de 70 projets ayant un nom et un cadre responsable dont certains avaient même un financement. Nous avons alors dressé une deuxième liste avec les vingt-trois indicateurs du tableau de bord prospectif et nous avons demandé à l'équipe de rapprocher chacun des projets existants de l'un ou de plusieurs des indicateurs du tableau de bord prospectif qui s'amélioreraient considérablement si le projet se terminait avec succès. Nous n'avons pas été surpris de voir que de nombreux projets existants ne correspondaient à aucun indicateur du tableau de bord. Ces projets étaient tous d'une façon ou d'une autre intéressants (sinon ils n'auraient pas reçu l'approbation initiale) mais aucun d'entre eux n'était véritablement stratégique. Ces projets ont été annulés, rassemblés avec d'autres ou réduits dans leur portée, libérant ainsi des ressources financières et humaines. L'équipe de direction avait donc tout à fait raison de nous faire cette réponse au départ. L'entreprise avait, en effet, trop de projets. Et en l'absence du prisme du tableau de bord prospectif, elle ne disposait d'aucun outil stratégique pour choisir, rejeter ou fixer des priorités entre les projets proposés.

Et encore plus intéressant, l'exercice révéla que bien qu'elle ait trois fois plus de projets que d'indicateurs à son tableau de bord, environ un tiers des indicateurs n'avaient pas de projets destinés à les améliorer. Par exemple, aucun des projets existants ne visait à améliorer les capacités des salariés ou la fidélisation des clients. La compagnie ressentit alors le besoin de reformuler des projets entièrement nouveaux qui entraîneraient des améliorations dans ces indicateurs négligés jusqu'alors. Cet exercice révéla une situation que nous rencontrons dans pratiquement toutes les organisations. Lorsque la stratégie n'est pas reliée à la planification et au budget à court terme, les entreprises ont à la fois trop et pas assez de projets. Le tableau de bord fournit à la fois le cadre et la méthode pour passer en revue les projets, identifier ceux qui manquent et communiquer à tous les salariés — qui sont les derniers recours en matière d'idées, de projets et de programmes nouveaux — les domaines où les nouveaux projets auraient le plus de valeur.

Les services financiers en ligne de National Bank

C'est dans les services en ligne (SFL) de National Bank que s'est mise en place l'une des liaisons les plus sophistiquées entre tableau de bord et projets. Nous avons décrit au chapitre 4 l'une des deux principales motivations de SFL pour mettre au point un tableau de bord prospectif. Il s'agissait de communiquer les objectifs stratégiques aux cadres supérieurs de la banque et aux salariés de la division. La deuxième motivation, également forte, était d'aider l'équipe de direction à faire face au flot de projets qui ne cessait de lui parvenir. SFL réaffectait les priorités entre les projets toutes les semaines et disposait de peu de données sur les conséquences stratégiques de chaque projet.

Une fois son tableau de bord créé, SFL développa un nouveau processus pour passer en revue et hiérarchiser les projets. Le processus commençait par trier les projets en deux catégories : les projets « stratégiques » et les projets « routiniers ». Pour qu'un projet soit classé dans la catégorie stratégique il fallait qu'il obtienne des notes élevés sur trois critères :

1. Aider SFL à atteindre un objectif stratégique (défini par les trois thèmes stratégiques mis en avant dans le tableau de bord)
2. Donner un avantage compétitif
3. Créer un point de différenciation durable

Par exemple, un projet consistant à offrir un service de courtage à bas prix empêcherait les clients de quitter le service pour des grandes firmes de courtage à bas prix, dont certaines empiétaient sur le marché des banques de détail. Sur le plan offensif, National Bank pensait qu'offrir un service de courtage à bas prix lui donnerait un avantage compétitif lui permettant d'attirer et de fidéliser les clients. La banque pensait que la plupart des consommateurs attachaient beaucoup de prix à l'avantage de réaliser toutes ses transactions financières en un seul lieu. Le service de courtage différencierait également la banque des banques commerciales concurrentes qui étaient très peu à offrir un service de courtage à bas prix. De plus, cela permettrait à la banque de générer des revenus supplémentaires à partir des frais réglés par les clients et de les encourager à conserver une plus grande partie de leur argent à la banque. Ce qui ensemble accroîtrait les bénéfices de la banque. En se fondant sur cette argumentation, le projet atteignit une notation élevée sur les trois critères et fut classé projet stratégique.

À l'inverse, un autre projet de SFL pour améliorer la présentation du site de National Bank sur Internet n'aurait pas un impact significatif sur les objectifs stratégiques de SFL et ne donnerait vraisemblablement à la banque ni un avantage compétitif ni un point de différenciation durable. Parce que ce projet n'a pas obtenu de notes élevés sur aucun des trois critères, il n'a pas été considéré comme stratégique.

SFL appliqua ensuite un deuxième filtre aux projets, pour ne se concentrer que sur ceux qui utilisaient les ressources de plusieurs départements fonctionnels et nécessitaient, pour leur application, beaucoup de temps et de moyens. En fait, SFL utilisait ces deux filtres pour séparer les missions du budget opérationnel de celles du budget stratégique. Le processus éliminait les projets qui n'étaient que des améliorations sur les processus et les capacités existantes. L'équipe de direction ne voulait étudier que les projets stratégiques qui pouvaient créer de nouvelles capacités, aptes à soutenir les objectifs stratégiques de l'organisation. Le processus de filtrage maximisait le **retour sur management** de l'organisation qui était sa ressource la plus précieuse[6]. La direction voulait consacrer le peu de temps dont elle disposait pour établir les priorités entre les projets transversaux majeurs qui requéraient un soutien massif pour réussir. Après que ces deux filtres aient ramené littéralement des centaines de projets à une douzaine, SFL créa un modèle de hiérarchisation de projets dans lequel le plus gros coefficient était affecté aux projets qui s'adaptaient aux trois thèmes stratégiques du tableau de bord prospectif de SFL (voir Figure 11-8)[7].

Le nouveau processus rencontra un succès immédiat dans l'organisation. Avant le projet de tableau de bord, SFL avait plus de 600 projets en cours. Peu après que le nouveau processus de sélection et de hiérarchisation des projets ait été institutionnalisé, le nombre total de projets a été ramené à 100. Les responsables n'utilisaient pas le modèle de hiérarchisation mécaniquement. C'était un guide qui les aidait à se concentrer sur les projets les plus vitaux. Comme le faisait remarquer le directeur financier : « Le fait de noter les projets a été très utile pour éliminer ce que nous ne ferions pas. Cela ne nous a pas vraiment permis de fixer les priorités entre ce que nous **devions** faire, mais cela nous a aidé à réduire le nombre de projets que nous devions étudier plus en profondeur. »

Les responsables ont noté que le processus de hiérarchisation des projets du tableau de bord prospectif apportait les avantages suivants :

- Permettre à l'unité de fixer les priorités sur les projets qui contribueraient aux objectifs stratégiques tout en restant sensibilisée aux changements intervenant sur le marché

---

6. R. Simons, « How High Is Your Return on Management » *Harvard Business Review* (janvier-février 1998) : 71-80.
7. En plus de l'adaptation à la stratégie, le modèle reflétait le coût, le bénéfice, le temps, l'interdépendance et le risque du projet.

Critères	Pondération	Définition/sous-catégories	Notations				
			◯	◔	◑	◕	●
Importance stratégique	40 %	■ Avantage concurrentiel ■ Premier sur le marché ■ Valeur pour le client ■ Gagner des parts de marché ■ Créneau d'opportunité ■ Égaler la concurrence ■ Durable ■ Valeur pour SFL	Très faible 80 points	Faible 160 points	Moyen 240 points	Élevé 320 points	Très élevé 400 points
Coût du projet	15 %	■ Coût de l'application	Très élevé > 1m $ 30 points	Élevé *Utiliser la formule*	Moyen *Utiliser la formule*	Faible *Utiliser la formule*	Très faible < 30 k $ 150 points
VPN	15 %	■ Valeur actuelle des bénéfices nets (3 ans)	Très faible VPN < 1m $ 30 points	Faible 1-3 m $ 60 points	Moyen 3-6 m $ 90 points	Élevé 6-15 m $ 120 points	Très élevé > 15 m $ 150 points
Temps écoulé	10 %	■ Durée d'application (conception au déploiement)	Très long > 16 mois 20 points	Long 12-16 mois 40 points	Moyen 8-12 mois 60 points	Court 4-8 mois 80 points	Très court < 4 mois 100 points
Interdépendances	10 %	■ Degré de dépendance du projet par rapport à d'autres projets	Très indépendant 20 points	Relativement indépendant 40 points	Moyennement interdépendant 60 points	Relativement autonome 80 points	Autonome 100 points
Risque/ complexité à appliquer	10 %	■ Risque opérationnel ■ Risque technologique	Très grand Alpha 20 points	Important Bêta 40 points	Moyen Pas nouveau 60 points	Peu important Pas nouveau 80 points	Très faible Pas nouveau 100 points
Total	100 %		Gamme de points totaux pour les projets : 200-1 000 points				

Figure 11-8. La notation des projets stratégiques aux services financiers en ligne de National Bank

- Adopter les bonnes technologies pour soutenir les projets
- Allouer les ressources adéquates aussi bien en hommes qu'en systèmes automatisés pour atteindre les niveaux de performance visés tout en abaissant les coûts.

En outre, tous les salariés comprenaient à présent à la fois le tableau de bord de leur unité et les critères sur lesquels les nouveaux projets seraient jugés. L'orientation stratégique émanant du tableau de bord fournissait aux salariés davantage d'informations pour émettre des idées innovantes et entreprenantes qui aideraient l'organisation à atteindre ses ambitieux objectifs stratégiques. Ils pouvaient formuler et proposer de nouveaux projets qui seraient susceptibles de créer le plus d'impact sur SFL. Selon Douglas Newell, le directeur général adjoint, « Le tableau de bord nous a permis de discipliner et de canaliser l'activité sur Internet qui connaissait une croissance exponentielle. Il a permis la gestion ordonnée de l'innovation car les projets proposés étaient examinés et hiérarchisés d'un point de vue stratégique. »

RÉSUMÉ

En utilisant le tableau de bord prospectif pour intégrer leurs processus de planification et de budget, les entreprises peuvent surmonter de nombreux obstacles dans l'application de la stratégie. Au lieu d'être un exercice mécanique et fastidieux, concentré sur les données financières à court terme, le budget devient un outil de gestion qui dirige l'attention et les ressources vers les projets stratégiques majeurs. Le budget opérationnel, géré par un processus de budget par activité, assure l'approvisionnement et les dépenses de ressources en fonction des demandes de travail attendues et des améliorations de processus prévues. Ce budget peut être dynamique tenant compte des évolutions de l'environnement, des nouvelles opportunités et des actions des concurrents. Le budget stratégique se concentre sur les décisions sur les nouveaux financements discrétionnaires et l'allocation des ressources humaines et financières majeures aux nouveaux projets. Les décisions sont prises au cours d'analyses rigoureuses en utilisant le tableau de bord en guise de prisme pour proposer, hiérarchiser et sélectionner les projets. Le processus génère également des performances à court terme pour tous les indicateurs du tableau de bord prospectif, qu'ils soient financiers ou non, pour lesquels les cadres et les employés sont tenus pour responsables et rémunérés dans les périodes à venir.

12

Prévoir le retour d'informations et l'apprentissage

EN FAISANT COÏNCIDER LA STRATÉGIE, LES OBJECTIFS, les projets et les budgets, on met l'organisation en mouvement. Les performances doivent ensuite être suivies et canalisées pour boucler la boucle du retour d'informations. Les responsables des organisations orientées stratégie doivent non seulement suivre et peaufiner la stratégie mais également se demander si la stratégie est encore valable. Au chapitre 1, nous avons décrit comment le tableau de bord prospectif fonctionnait à la manière d'un laser pour canaliser toutes les ressources sur la mise en œuvre de la stratégie. Comme pour le laser, une telle cohérence peut déboucher sur des résultats exceptionnels. Mais supposons que la stratégie articulée au tableau de bord ne soit pas la bonne. Dans ce cas, le système de gestion du tableau de bord prospectif peut amener l'organisation à échouer d'autant plus rapidement que toute son énergie est concentrée sur une stratégie perdante.

Les entreprises qui s'efforcent d'atteindre de hautes performances ont besoin de processus et de systèmes pour vérifier que leur trajectoire reste dans la lignée d'un avenir rentable. Elles ont besoin de retour d'informations pour identifier les stratégies non rentables et les corriger avant qu'elles n'aient causé trop de dégâts.

LA NOUVELLE RÉUNION DE DIRECTION : DE LA TACTIQUE À LA STRATÉGIE

Le déroulement de nombreuses réunions de direction est bien trop prévisible. Un cadre décrit ainsi le processus utilisé autrefois chez AT&T Canada. « Chacun disait ce qu'il avait fait le mois précédent et ce qu'il devait faire le mois suivant. C'était des exposés sans aucun thème central. » Les analyses et discussions opérationnelles de questions tactiques dominent la réunion classique. Il ne reste que peu de temps pour les problèmes stratégiques.

Les organisations orientées stratégie utilisent un nouveau type de retour d'informations. Au lieu du compte-rendu et du contrôle, le tableau de bord prospectif oriente l'ordre du jour des réunions de direction sur les questions stratégiques, le travail d'équipe et l'apprentissage. La réunion sert à gérer et à améliorer la stratégie et non la tactique.

Les responsables doivent s'acquitter de plusieurs fonctions lors de leurs réunions de direction : contrôler la stratégie, vérifier la stratégie et adapter la stratégie. Le contrôle de la stratégie (la boucle inférieure de la Figure IV-1) c'est ce à quoi la plupart pensent comme étant le contrôle de gestion. La métaphore pour ce contrôle est le thermostat, réagissant aux écarts entre la température réelle et la température prévue et ajustant le chauffage ou la climatisation pour revenir au résultat désiré. Lors d'une réunion de contrôle de direction, les responsables reçoivent un compte-rendu de la performance réelle et des écarts par rapport au budget. Les participants à la réunion essaient de trouver une façon d'agir qui remettra l'organisation sur les rails. Dans ce processus, les hypothèses sur l'indicateur, l'objectif et la stratégie pour l'atteindre sont maintenus. Le but est de détecter où le projet n'a pas été appliqué comme prévu ou d'expliquer pourquoi les résultats sont en dessous des objectifs.

Dans le passé, ce type de réunions se concentrait exclusivement sur les indicateurs financiers. Le tableau de bord prospectif étend ce processus, dans le sens où les participants à la réunion rendent compte et discutent de tous les indicateurs concernant la stratégie et des projets conçus pour améliorer la performance réalisée. L'utilisation du tableau de bord à la place du budget comme fil conducteur de la réunion, maintient l'attention rivée sur la stratégie et incite les responsables à mettre au point des actions pour appliquer la stratégie de façon plus efficace.

Un bon exemple du nouveau processus de contrôle stratégique se produisit chez AT&T Canada. Le directeur général Bill Catucci hérita d'un processus dans lequel il rencontrait tous les mois, chaque responsable des sept unités fonctionnelles pour étudier avec eux les performances financières du mois écoulé et les prévisions du mois à venir. Dès que Catucci installa le tableau de bord, il annula les sept réunions individuelles et les remplaça par une série de réunions avec l'ensemble de l'équipe de direction (voir Figure 12-1). Les réunions se déroulaient autour de quatre thèmes stratégiques liés au tableau de bord :

1. Nouvelles affaires et croissance, présidées par le directeur du développement de l'activité

2. Processus internes, présidés par le directeur de l'exploitation

3. Développement professionnel, présidé par le directeur des ressources humaines

4. Gestion stratégique, présidée par le directeur général

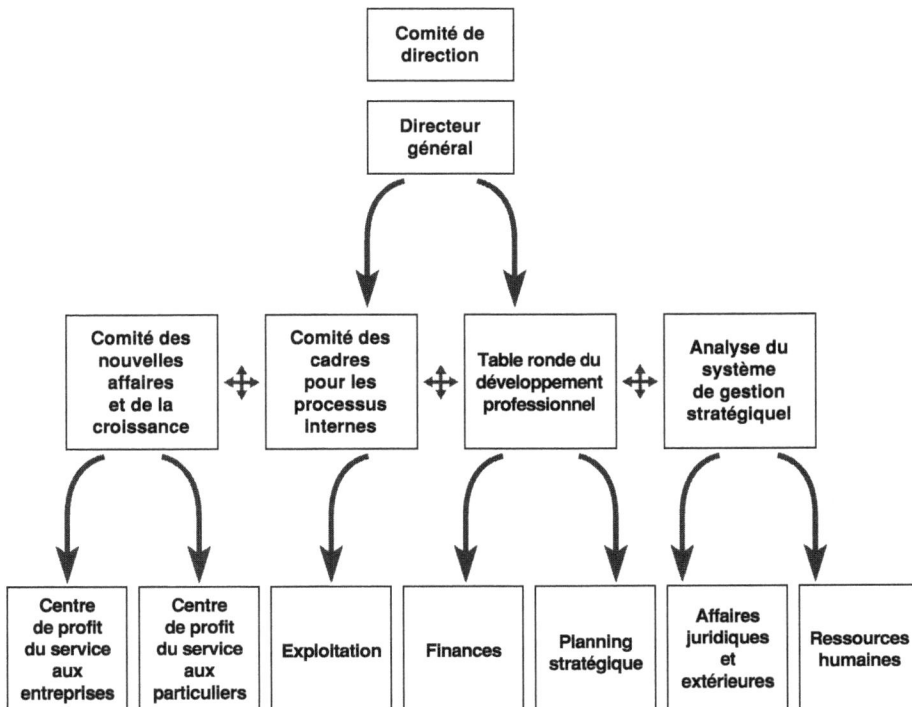

Figure 12-1. Modèle de gestion de l'équipe de direction de AT&T Canada

Catucci planifia ces réunions jusqu'à un an à l'avance pour qu'elles durent quatre heures une fois par mois. Il en rendit la participation obligatoire pour lui-même et les responsables des unités. Il souligna que :

> *La façon que vous avez de mener la réunion, la façon que vous avez de réagir aux chiffres annoncés est extrêmement importante. Dans le passé, celui qui annonçait de mauvais chiffres était seul et isolé. À présent, je veux que les participants admettent les mauvais résultats et que les autres réagissent en se demandant « Que pouvons-nous faire pour aider ? ». Rien de ce qui se produit dans cette société n'est le fait d'un seul responsable d'unité. Si un indicateur vire au rouge (dans la zone défavorable), nous identifions ceux qui peuvent influencer cet indicateur et nous leur demandons de participer à la prochaine réunion et d'y venir avec un plan d'action. C'est un modèle de gestion totalement différent pour l'entreprise. Nous partageons l'information et nous travaillons ensemble, en tant qu'équipe, pour améliorer le fonctionnement et régler les problèmes.*
>
> *Ces réunions mensuelles sont devenues tellement intéressantes que certains ont commencé à me demander s'ils pouvaient y participer. J'aurais pu vendre des tickets pour y assister.*

Catucci utilisa ces réunions centrées sur le tableau de bord pour instaurer une nouvelle culture du travail d'équipe et de résolution de problème autour de la stratégie. Au lieu de passer en revue et d'analyser le passé, l'équipe utilisait les données pour influencer l'avenir dans la direction souhaitée. Mais même la résolution de problème en équipe décrite par AT&T Canada n'était qu'un contrôle à simple boucle, se situant dans le cadre de la stratégie existante, sans remettre en cause ni changer la stratégie.

Or, les responsables ont également besoin de savoir si leur stratégie est valable. Vont-ils parvenir aux résultats exceptionnels souhaités ? Ils doivent s'engager dans l'apprentissage à double boucle qui permet d'étudier les hypothèses sous-jacentes à leurs stratégies[1]. Lee Wilson, le chef du personnel de Chemical Retail Bank, décrit ainsi l'importance de remettre en cause et d'actualiser la stratégie au cours des réunions de direction :

---

1. L'importance de distinguer entre le contrôle à simple boucle et à double boucle est due à Chris Argyris ; voir Chris Argyris, *Reasoning, Learning, and Action* (San Francisco : Jossey-Bass, 1982), et « Apprendre à apprendre aux plus doués » *Harvard Business Review/Le Knowledge Management* Éditions d'Organisation, 1999, p. 107-141).

> *Lorsque nous avons débuté avec le tableau de bord prospectif, il y a quatre ans de cela, nous passions 80 % de notre temps à analyser les données financières et 20 % sur la stratégie et son application. À présent, c'est exactement l'inverse, nous passons 80 % de notre temps à parler de la stratégie et des projets stratégiques et seulement 20 % à parler des résultats financiers. Notre secteur évolue et change tellement rapidement que l'accent ainsi mis sur la stratégie est essentiel. Si vous restez immobile dans les services financiers aujourd'hui, si vous gravez votre stratégie dans le marbre, elle sera dépassée dans six mois avec ce qui se passe dans le monde.*

Pour la ville de Charlotte, la directrice de la ville, Pam Syfert, utilisait le tableau de bord stratégique pour faire des sondages stratégiques au cours de ses réunions régulières avec les responsables de divisions. Elle posait à chacun plusieurs grandes questions :

1. Comment vous-en-sortez-vous dans l'exploitation de votre activité ?
2. Comment participez-vous à la création de la collectivité et contribuez-vous aux domaines prioritaires ?
3. Comment faites-vous progresser votre personnel ?
4. Comment contribuez-vous au regard sur l'avenir ?

Le tableau de bord était le fil conducteur des discussions sur ces questions.

Les participants se sont nettement rendu compte de la différence apportée par les réunions conduites par Syfert :

> *Le [précédent] directeur de la ville pouvait analyser les progrès sur un projet majeur, tel que le centre de congrès, pour voir si tout se déroulait dans les temps et en fonction du budget. Pam Syfert est plus stratégique. Elle demande : « Pourquoi avons-nous construit le centre de congrès ? Quel est son impact sur le voisinage, sur le développement économique... sur l'emploi, sur le transport ...sur la viabilité du voisinage en ville ? »*
>
> *C'est une discussion beaucoup plus large, nécessitant l'engagement des salariés de plusieurs départements. Les questions sont beaucoup plus importantes et beaucoup plus ardues, mais elles sont également plus intéressantes et plus motivantes à étudier[2].*

---

2. R.S. Kaplan, *City of Charlotte (A)* 9-199-036 (Boston : Harvard Business School Press, 1998), 9.

VÉRIFICATION ET ADAPTATION

Les réunions d'analyse stratégique doivent non seulement servir à engager les cadres supérieurs dans des discussions interactives mais devraient explicitement prévoir la vérification et l'adaptation de la stratégie. Nous avons vu trois processus à l'œuvre pour tester et actualiser la stratégie :

1. Les méthodes analytiques : vérification des hypothèses et simulation dynamique

2. L'examen de l'impact de discontinuités externes

3. L'identification et le soutien des stratégies émergentes

Nous évoquerons ces trois processus à tour de rôle.

Les méthodes analytiques

La stratégie, comme nous le disions au chapitre 3, est fondée sur des hypothèses. Dans le cadre du tableau de bord prospectif, les hypothèses sous-jacentes à la stratégie sont explicitées grâce aux liaisons de cause à effet sur les quatre axes. Mais les hypothèses ne sont que des présupposés sur la façon dont marche le monde ; leur validité doit être constamment vérifiée et elles doivent être rejetées lorsqu'il existe des preuves multiples que les liaisons ne se produisent pas. Aussi la première tâche de l'adaptation de la stratégie est-elle de vérifier les hypothèses sous-jacentes.

Dès les débuts de l'application de son tableau de bord prospectif, la division Rockwater de Brown & Root Energy Services étudia les relations entre ses indicateurs et trouva des corrélations entre le moral des salariés et la satisfaction du client et entre la satisfaction du client et les cycles courts de recueil de l'information. Ainsi, les responsables purent-ils s'apercevoir comment le moral des salariés pouvait déboucher sur une amélioration du retour sur le capital investi. Ils s'aperçurent également qu'un meilleur moral des salariés amenait un nombre accru de suggestions des salariés qui étaient appliquées, ce qui débouchait ensuite sur la réduction des gaspillages et des nécessités de retravailler les pièces, sur la baisse des coûts d'exploitation et sur un meilleur retour sur le capital investi[3].

---

3. Cet exemple est décrit par Robert S. Kaplan et David P. Norton, *Le tableau de bord prospectif*, Éditions d'Organisation, 1998.

À l'aide de données provenant de ses centaines de points de vente, Sears se livra à une analyse statistique approfondie pour déterminer les schémas de liens de causes à effets entre les indicateurs du tableau de bord[4]. L'équipe d'analyse de Sears décrivit ainsi leur motivation :

> *Nous voulions aller bien au-delà du tableau de bord prospectif habituel, qui généralement n'est qu'un ensemble d'hypothèses non vérifiées. Nous voulions imposer les inducteurs de performances financières à venir grâce à notre rigueur statistique. Nous souhaitions rassembler le vaste corps de données d'interviews et d'études ... pour construire un modèle qui illustrerait toutes les relations de cause à effet entre l'attitude des salariés et les bénéfices[5].*

Le modèle stratégique de Sears était basé sur de simples liens de cause à effet entre trois composantes clés (voir Figure 12-2) :

Investisseurs	Clients	Salariés
Un lieu où il faut absolument investir	Un lieu où il faut absolument faire ses courses	Un lieu où il faut absolument travailler

Les responsables pensaient qu'il pourrait y avoir un décalage de deux trimestres entre les améliorations des indicateurs de fonctionnement et les améliorations des indicateurs financiers.

À l'aide de l'analyse de facteurs statistiques, les analystes ont illustré les réponses des salariés à 180 questions sur 22 facteurs sous-jacents. Pour l'expérience d'achat, les analystes illustrèrent les données provenant d'enquêtes consommateurs en 7 catégories. Quatre concernaient les perceptions de l'expérience d'achat : personnel, lieu, produit et valeur et trois concernaient les résultats de l'expérience d'achat : satisfaction, adéquation entre expérience et attente et prescription (Les clients recom-

---

4. A.J. Rucci, S.P. Kirn et R.T. Quinn, « The Employee-Customer-Profit Chain at Sears, » *Harvard Business Review* (jan-fév 1998) : 82-97 ; voir également S.P. Kirn « Statistically Validating the Linkage between Employee Satisfaction, Customer Satisfaction, and Business Performance » (document présenté au deuxième sommet du Tableau de bord prospectif à San Francisco du 12 au15 octobre, 1999).
5. Rucci, Kirn et Quinn, *The Employee-Customer-Profit Chain at Sears*, 89.

manderaient-ils Sears à leurs amis ? Feront-ils de nouveau leurs courses chez Sears ?). Les indicateurs financiers concernaient la croissance et la productivité. Après avoir simplifié les données, les analystes pouvaient ensuite effectuer des modélisations sophistiquées des liens de cause à effet, des analyses de facteurs et de regroupement pour identifier des schémas systématiques dans les données des huit cents magasins Sears.

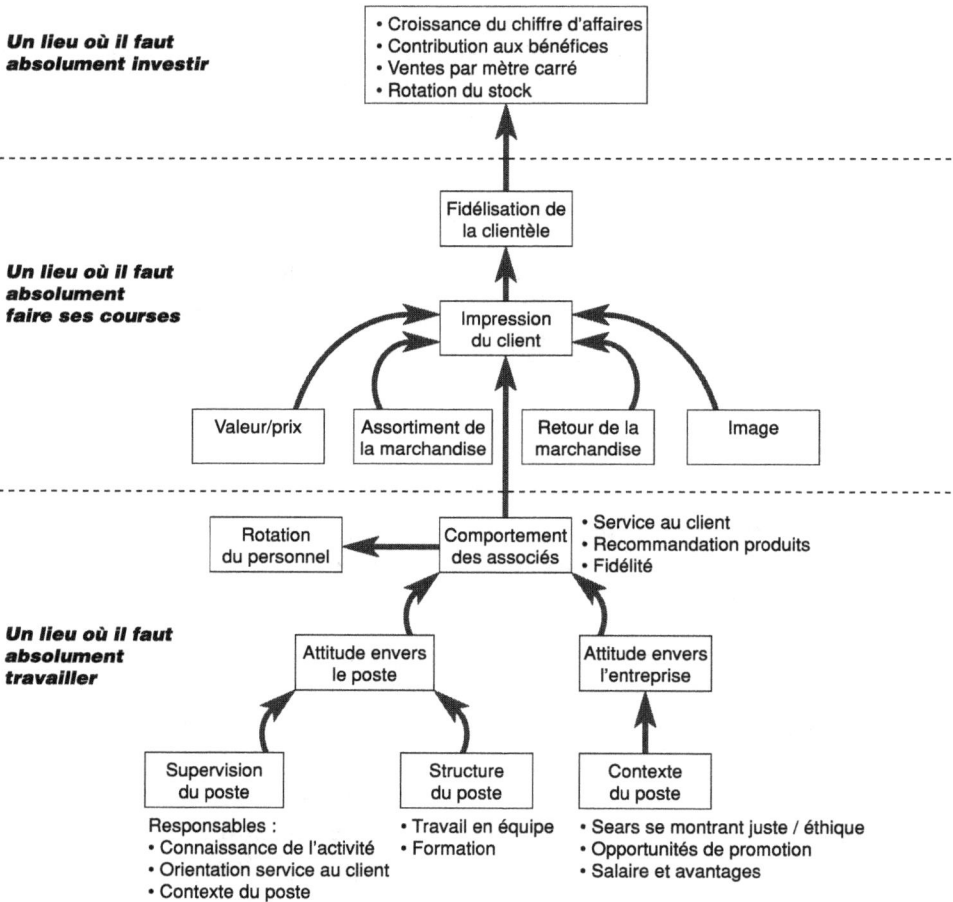

Figure 12-2. La vérification des hypothèses chez Sears

Les résultats se sont révélés à la fois fascinants et passionnants. Sears s'aperçut que l'attitude des salariés influençait non seulement la qualité du service au client mais également la rotation des salariés et la probabilité que les salariés recommandent Sears à leur famille, à leurs amis et aux clients. Les relations statistiques établirent comment les améliorations dans la formation et la compréhension de l'activité des salariés se traduisaient par un chiffre d'affaires plus élevé. Par exemple, le modèle estimait qu'une amélioration de cinq points de l'attitude des salariés entraînait une amélioration de 1,3 point de la satisfaction client, qui à son tour débouchait sur une amélioration de 0,5 % de la croissance du chiffre d'affaires. Ainsi, on pourrait s'attendre à ce qu'un magasin, enregistrant une amélioration de cinq points de l'attitude des salariés dans un secteur connaissant une croissance du chiffre d'affaires de 4 %, atteigne une croissance du chiffre d'affaires de 4,5 % — soit 15 % de plus que la moyenne.

Des analyses plus détaillées ont montré comment les différents inducteurs clés pouvaient avoir des impacts différents sur les gammes d'activités à l'intérieur du magasin. Par exemple, les analystes pouvaient comparer la relative importance des indicateurs du personnel, par rapport au produit et au lieu, pour leur impact sur la satisfaction et la fidélité des clients. L'impact des facteurs variait en fonction des gammes de produits, comme par exemple sur les sous-vêtements féminins par rapport à de gros appareils. Il a également été possible d'améliorer la puissance explicative du modèle, ce qui a donné des indications sur la manière d'atteindre des améliorations de productivité à deux chiffres dans le secteur du vêtement. De cette façon, le modèle statistique de la stratégie de Sears informait en retour sur le modèle et la stratégie. Les projets et les investissements pouvaient dès lors viser des demandes particulières pour chaque gamme d'activité et chaque type de magasin.

L'analyse statistique nécessite de multiples données comme celles qui peuvent être recueillies dans des entreprises comme Sears, Chemical Bank ou Mobil, qui ont des centaines ou des milliers de points de vente relativement analogues. Chaque mois, des données sont disponibles pour une analyse sophistiquée. Des analyses statistiques peuvent également être effectuées dans le temps sur une série chronologique, mais peuvent demander de quinze à vingt quatre mois de données avant que les observations accumulées sur les relations soient statistiquement fiables, notamment en raison des effets retards. Lorsque des données suffisantes sont disponibles pour l'analyse statistique, les responsables détiennent un outil puissant non seulement pour confirmer (ou rejeter) la validité de leurs relations supposées, mais également pour commencer à estimer quantitativement l'importance et les décalages des liaisons en fonction des indicateurs.

Une telle analyse statistique permet aux responsables d'estimer les relations passées entre les indicateurs du tableau de bord prospectif et d'établir la validité des liens de cause à effet de la carte stratégique. L'étape suivante est d'utiliser les relations de cause à effet pour prévoir la trajectoire future de la stratégie. Les chercheurs de la Sloan School of Management du MIT ont mis au point un modèle de simulation dynamique à partir du tableau de bord utilisé chez Analog Devices[6].

Le modèle a permis d'expliquer pourquoi Analog avait rencontré des difficultés au départ pour traduire les spectaculaires améliorations des indicateurs opérationnels de son tableau de bord en performance financière.

Grupo Bal, un groupe mexicain d'affaires diversifiées (mines, assurance, distribution de détail et services financiers) avec un chiffre d'affaires de 2,5 milliards de dollars a créé un modèle de simulation dynamique pour soutenir son projet de tableau de bord. Grupo Bal avait adopté la méthode EVA comme nouvelle mesure financière en 1994, mais le programme n'a pas marché parce qu'il n'était pas relié aux activités opérationnelles. Monsieur Alberto Baillères, Président directeur général, décida de lancer dans le groupe un programme majeur de création de valeur dont la première étape consistait en un projet pilote dans la compagnie d'assurance pour créer un tableau de bord qui représenterait « un modèle de la stratégie ». Le tableau de bord fournit le langage commun pour la communication sur les stratégies de création de valeur. Toutefois, les simples cartes stratégiques du tableau de bord prospectif n'incluaient pas les boucles de rétroaction et les délais (voir exemples aux chapitres 3 et 4). Aussi l'équipe de développement poussa-t-elle plus loin pour créer « un modèle de l'activité » à l'aide d'un langage informatique de dynamique systémique[7].

Le modèle de simulation était plus détaillé que le tableau de bord, nécessitant de 100 à 200 variables, car il fallait qu'il inclue de nombreuses variables opérationnelles et pas uniquement les variables stratégiques supérieures. Le modèle quantifiait également les ordres de grandeur et les

---

6. J.D. Sterman, N. Repenning et F. Kofman, « Unanticipated Side Effects of Successful Quality Improvement Programs : Exploring a Paradox of Organizational Improvement, » *Management Science* 4, n° 2 (1997) : 503-521.
7. Le langage de simulation : ithink, mis au point par High Performance Systems est également à la base de *Balancing the Corporate Scorecard*, une simulation produite par Harvard Business School Publishing.

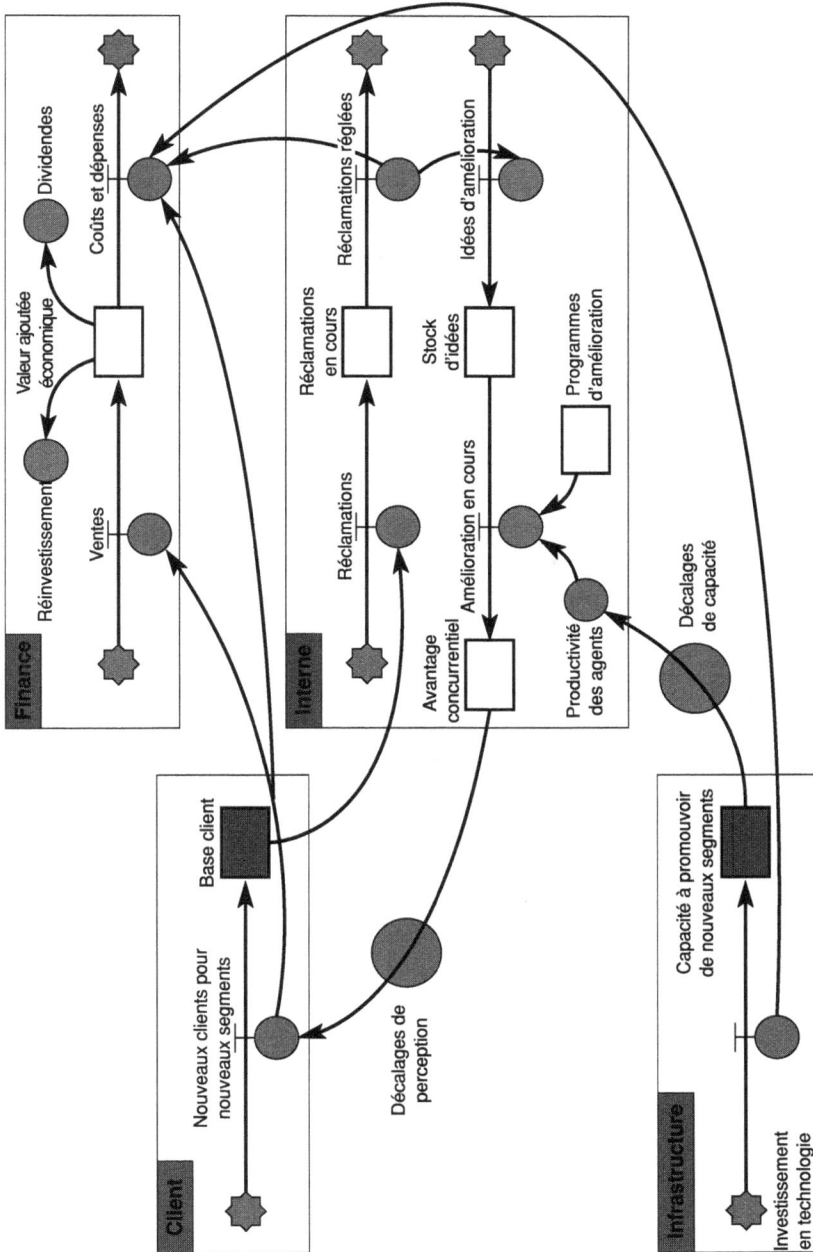

Figure 12-3. Le modèle de simulation dynamique de Grupo Bal

décalages entre les changements dans une variable inductrice et les changements associés dans les variables de résultats et incluait explicitement les boucles de rétroaction dans les indicateurs et les axes (voir Figure 12-3). Le modèle permettait aux responsables d'avoir une projection sur plusieurs années à venir pour voir l'impact des opérations d'aujourd'hui sur les résultats de demain.

Le premier bénéfice du modèle est venu des dialogues constructifs qui pouvaient à présent se produire entre les cadres du siège et ceux des centres de profit, lors de l'évaluation de l'impact des différentes stratégies sur la dynamique de l'activité. Le fait de disposer d'un modèle analytique formel, en tant que langage de la stratégie et de son évolution, a dépassionné le débat. Les responsables pouvaient mieux comprendre la trajectoire de la création de valeur à partir d'une stratégie donnée et ils pouvaient pleinement évaluer les différentes solutions stratégiques avant d'engager les ressources dans de nouveaux investissements ou de nouveaux projets. Le directeur général pouvait voir où il pouvait intervenir pour aider l'activité à créer davantage de valeur économique pour l'avenir. Il se produisit un avantage inattendu lorsqu'un nouveau responsable rejoignit la société. En travaillant sur la simulation, il réussit à comprendre le modèle sous-jacent de l'entreprise en moins d'un jour.

Deuxièmement, le modèle rendit explicites les inducteurs opérationnels clés de création de valeur. Il permit d'identifier les 20 % de variables qui entraînent les 80 % de résultats. Les responsables commencèrent à comprendre les implications sur la rétroaction et les décalages des variables opérationnelles clés. Le modèle de simulation facilita également la compréhension des interdépendances entre les ressources stratégiques et les objectifs stratégiques du centre de profit.

Troisièmement, le modèle fit passer la planification stratégique d'un événement annuel à un processus continu. Au fur et à mesure que de nouveaux imprévus, de nouvelles opportunités ou de nouvelles menaces se produisaient, leur impact pouvait être évalué en réglant les variables du modèle de simulation. Le processus de création du modèle permit de découvrir plusieurs variables, qui étaient des inducteurs stratégiques clés, mais qui n'avaient pas été mesurés auparavant.

La construction du modèle statistique formel et la vérification des hypothèses de Sears ainsi que le modèle de simulation dynamique de Grupo Bal donnèrent aux responsables de nouvelles perceptions de leur stratégie.

Il fallait encore qu'ils relèvent le défi de mettre à profit ces nouvelles perceptions pour améliorer ou adapter leur stratégie.

L'examen de l'impact de discontinuités externes

Une fois que les responsables ont formulé leur stratégie, le monde peut changer d'une façon qui remette en cause les hypothèses sur lesquelles la carte stratégique et le tableau de bord prospectif ont été créés. Les concurrents peuvent lancer des actions imprévues, de nouveaux concurrents peuvent émerger avec des propositions de valeur séduisantes pour des clients ciblés, une innovation technologique particulièrement adaptée peut se produire, des mesures de réglementation et de déréglementation gouvernementales peuvent modifier le terrain de jeu concurrentiel et les conditions macro-économiques telles que les taux d'intérêt, les taux de change, les prix de l'énergie, l'inflation et la récession, peuvent changer. Les entreprises qui, en 1997, avaient des stratégies de croissance incluant une expansion sur les marchés du sud-est asiatique ont vu en octobre 1997 leur stratégie dépassée par la déconfiture financière qui venait de se produire dans cette partie du monde. Tous les trimestres, au minimum, les équipes de direction devraient évaluer l'impact des événements extérieurs pour voir si leurs stratégies devraient être modifiées et en quoi elles devraient l'être.

Certains ont craint que le tableau de bord ne polarise l'entreprise sur elle-même, conduisant les responsables à ignorer les performances et les actions des concurrents ainsi que les événements extérieurs qui pourraient affecter l'organisation. Les forces concurrentielles et l'environnement extérieur entrent dans la formulation du tableau de bord au moins de deux façons. Tout d'abord, lorsque la stratégie est formulée au départ, les responsables suivent généralement la méthodologie classique pour passer en revue l'environnement extérieur et évaluer les forces, les faiblesses, les opportunités et les menaces et étudier de près les concurrents et les clients. C'est de cette évaluation externe que viennent les jugements et les arbitrages qui définissent la stratégie de l'organisation, qui est ensuite traduite dans le tableau de bord. Aussi, l'environnement et les forces extérieurs sont-ils présents dès le début du projet de tableau de bord.

Deuxièmement, de nombreux tableaux de bord sont calibrés par rapport à la concurrence. La rémunération du plan de stimulation de Mobil dépendait de ses performances financières par rapport aux six principaux concurrents. Les indicateurs de croissance du tableau de bord de la division NAM&R étaient comparés aux moyennes du secteur. Et les indicateurs de part de marché sur l'axe client étaient, par définition, calculées par rapport aux concurrents de la division. Des valeurs importantes de la proposition de valeur, telles que le prix, la qualité, la durée et les attributs et les fonctionnalités du produit, peuvent et doivent également être mesurées par rapport à celles des concurrents. Les mesures de processus internes peuvent être comparées au meilleur de la catégorie. De sorte que la deuxième influence de l'environnement extérieur vient de l'établissement d'objectifs par rapport aux performances de la concurrence.

Cependant, une fois les stratégies et les objectifs établis, se pose encore la question de savoir comment l'organisation va rester alerte et vigilante aux nouvelles menaces et opportunités. Si l'organisation a réussi à faire que la stratégie soit l'affaire de tous, elle peut mobiliser les yeux et les oreilles de ses centaines ou de ses milliers de salariés. Comme tous dans l'entreprise connaissent la stratégie, chacun peut assurer une veille et détecter lorsqu'un événement extérieur se produit qui peut affecter la stratégie. L'informatique peut en l'occurrence être d'un grand secours. Comme nous l'évoquons plus loin dans ce chapitre, les salariés ont souvent accès au tableau de bord par l'Intranet de l'entreprise. Le logiciel du tableau de bord devrait permettre aux salariés d'envoyer des messages et de se lancer dans des discussions internes sur n'importe laquelle des mesures. Si un salarié entend parler du lancement d'un nouveau produit, d'une nouvelle embauche ou d'un nouveau projet de la concurrence, alors tout comme le chauffeur de Mobil qui téléphonait au siège régional pour signaler les mauvaises stations service, le salarié peut envoyer un message pour informer les autres des nouveaux développements. Au cours de ses réunions mensuelles ou trimestrielles, la direction aura non seulement à passer en revue et à analyser ses propres informations mais également celles qui émanent de tous les salariés de base.

Il n'y a pas de système miracle qui permette de recueillir toutes les informations intéressantes qui peuvent affecter la stratégie d'une organisation. Les entreprises doivent encourager tous les salariés à tous les niveaux à contribuer à donner des renseignements, aussi bien positifs que négatifs, qui peuvent éventuellement influencer la stratégie. Le tableau de bord fournit la trame commune qui permet aux salariés de filtrer toutes les informations qu'ils reçoivent tous les jours pour déterminer quels sont les événements les plus importants que la direction devrait examiner dans ses réunions stratégiques à venir. Les réunions de direction devraient être organisées de telle sorte que des données sur les opportunités et les menaces stratégiques puissent venir de l'organisation toute entière. Ce n'est qu'ainsi que la stratégie devient réellement un processus continu.

L'identification et le soutien des stratégies émergentes

De nouvelles stratégies émergent souvent au sein de l'organisation. Dans un article qui a été couronné d'un prix, le spécialiste du management, Henry Mintzberg, avait souligné l'importance de ces stratégies émergentes[8]. De nombreuses stratégies performantes viennent d'expérimentations et de projets locaux. Les salariés qui comprennent déjà bien la stratégie en cours, en raison des processus de communication et de mise en adéquation décrits dans la troisième partie, peuvent innover et trouver des moyens nouveaux et inattendus de parvenir aux objectifs stratégiques supérieurs ou identifier des variantes de la stratégie qui ouvrent de nouvelles opportunités de croissance. La direction devrait encourager les salariés à formuler les stratégies émergentes et profiter de ses réunions trimestrielles pour évaluer la viabilité des projets locaux. Souvenez-vous du programme Speedpass de Mobil qui avait été un nouveau moyen de donner au client « un service rapide et chaleureux ». La direction de Mobil avait rapidement intégré cette innovation, qui émanait du département technologie, à la stratégie et au tableau de bord de toute la division.

SFL de National Bank, comme nous l'avons décrit au chapitre 11, utilisait son tableau de bord prospectif pour passer en revue les projets qui étaient continuellement proposés par l'organisation. Le tableau de bord aidait les responsables à sélectionner les projets les mieux adaptés à la stratégie. Toutefois, si ce processus est suivi trop strictement il pourrait empêcher les stratégies émergentes. En l'occurrence toutefois, l'équipe de direction était ouverte aux nouvelles possibilités. C'est ainsi que l'équipe était enthousiaste sur une proposition de projet qui avait obtenu une note peu élevée lors de la procédure de filtrage. Au lieu de rejeter la proposition, parce qu'elle avait échoué selon les critères de notation, l'équipe réfléchit à ce qui la rendait séduisante à ses yeux. L'équipe en conclut que la proposition révélait en fait une nouvelle opportunité qui n'était pas, pour le moment, sur leur tableau de bord. Non seulement elle accepta le projet mais modifia même le tableau de bord pour tenir compte des nouvelles

---

8. H. Mintzberg, « Crafting Strategy, » *Harvard Business Review* (juillet-août 1987) : 66-75.

perceptions qui s'étaient dégagées de la discussion. Ainsi, la réunion de direction permit au nouveau projet de modifier la stratégie et le tableau de bord. Il s'agit là d'un excellent apprentissage à « double boucle » puisqu'il a permis d'utiliser la réunion de direction pour réfléchir aux hypothèses derrière la stratégie et d'accepter de modifier les hypothèses et la stratégie en se fondant sur une idée qui avait émergé au sein de l'organisation.

Tout comme il permet d'inciter les salariés à rendre compte des événements extérieurs importants, le logiciel du tableau de bord sur Intranet favorise également l'émission et la communication d'idées à l'intérieur de l'organisation. Les entreprises peuvent encourager leurs salariés à envoyer des messages, par Internet ou par la poste, sur de nouveaux moyens d'atteindre les objectifs stratégiques. Les stratégies émergentes jouent un grand rôle en permettant à la stratégie de s'adapter entre deux réunions stratégiques formelles.

ACTUALISER LE TABLEAU DE BORD : CHEMICAL RETAIL BANK

En affinant et en adaptant leur stratégie, les entreprises créent un nouveau niveau de valeur. Les organisations s'aperçoivent que près de 25 % des indicateurs changent chaque année, reflétant l'apprentissage qui a lieu. Les stratégies initiales ou les indicateurs précédents n'étaient pas faux. L'évolution s'est produite parce que l'organisation a atteint un nouveau niveau de sophistication par rapport à sa stratégie.

Lee Wilson utilise le terme de « processus granulaire » pour décrire cet apprentissage. Lorsque la Chemical Retail Bank a lancé son premier tableau de bord en 1994, la qualité du service était une priorité majeure et l'équipe de projet avait mis au point un indice de qualité sophistiqué qui comprenait une centaine de critères concernant la qualité. L'indice de qualité comprenait toutefois tant de choses qu'il en avait perdu sa signification, c'était juste un chiffre. Au cours des réunions, les participants avaient des discussions intellectuelles sur la mesure, mais rien de bien significatif n'en sortait. Finalement, Mike Hegarty demanda : « Qu'y a-t-il derrière cet indice ? » Au cours de la réunion suivante, l'indice fut décomposé. Le problème numéro un qu'identifiait l'indice était « dépôts non placés ». Hegarty explosa : « Comment ça, dépôts non placés ? Nous sommes une banque ! Et l'essence même d'une banque c'est la confiance. Si quelqu'un nous donne son argent et que nous sommes incapables de le mettre sur son compte, comment va-t-il nous faire confiance ? »

Soudain la question de la qualité du service était devenue claire. Le concept général de l'indice de la qualité du service était devenu concret et se concentrait sur quelques sources (granulaires) de problèmes. La stratégie avait été traduite en tactique ; l'apprentissage de l'organisation avait eu lieu. Un nouvel indicateur sur le tableau de bord reflétait cet apprentissage.

L'interaction entre stratégie, tactique et apprentissage est un processus subtil mais fondamental. L'apprentissage n'est pas quelque chose de spectaculaire. Il se produit de mille et une façons dans une multitude de lieux dans l'organisation. L'apprentissage lui-même et l'objet de l'apprentissage pourraient être considérés comme opérationnels ou tactiques. C'est l'apprentissage pris dans son ensemble qui est stratégique. Le tableau de bord prospectif définit les objectifs, tels que la qualité du service, qui sont stratégiques. Lorsque l'organisation tente d'appliquer la priorité stratégique, il décompose le paysage global en morceaux « granulaires », apprend à connaître où placer le levier pour un maximum d'efficacité dans la création de valeur. Finalement, l'apprentissage qui en ressort devient un atout stratégique parce qu'il est imbriqué dans des liaisons qui entraînent des objectifs stratégiques supérieurs.

Là encore, les expériences de la Chemical Retail Bank l'illustrent. Le tableau de bord initial, lancé au début des années 90, visait à consolider la fusion entre Chemical Bank et Manufacturers Hanover Trust. La fidélisation des clients était un objectif majeur, d'autant qu'il s'agissait de fermer les agences faisant double emploi pour dégager un avantage de coût de la fusion. Un indicateur agrégé de la fidélisation client apparaissait dans le tableau de bord initial. Lorsque le programme évolua, les responsables se rendirent compte que les rotations clients n'étaient pas toutes indésirables. Certains des clients existants n'étaient pas rentables ou n'étaient pas visés par la nouvelle stratégie. Ainsi la précision de la fidélisation client fut accrue pour se concentrer plus spécifiquement sur la fidélisation des clients rentables visés. Cette précision permit de beaucoup apprendre, car l'équipe de direction était alors en mesure d'orienter les projets et d'évaluer leur impact sur les clients visés. Sur une période de deux ans, Chemical fidélisa 85 à 90 % de ses actifs d'avant fusion malgré la fermeture de centaines d'agences dans la ville de New York. Et très peu des clients perdus se trouvaient dans les segments visés.

En 1996, après sa fusion avec Chase Manhattan, Chemical Bank rencontra le même problème. Cette fusion entraîna la fermeture de deux fois plus d'agences et pourtant le taux de fidélisation s'échelonna entre 95 et 100 % des comptes. Le responsable du personnel, Lee Wilson, attribua ce succès à l'apprentissage qui avait eu lieu lors de la fusion précédente. « Nous avons retiré une valeur considérable de ce processus. Cela nous a permis de sauver plusieurs milliards de dollars de comptes et d'ajouter environ 25 à 30 millions de dollars de gains par an. »

ACTUALISER LE TABLEAU DE BORD : STORE 24

Nous avons décrit, au chapitre 3, Store 24, une chaîne de magasins de proximité qui tentait de lancer une nouvelle stratégie d'intimité client en se basant sur des promotions en magasins qui faisaient que les courses soient un plaisir. Le slogan de Store 24 était : faire échec à l'ennui. La stratégie a été lancée en 1998, en même temps que le tableau de bord prospectif illustré en Figure 3-8. Deux ans plus tard, le directeur général Bob Gordon abandonna la campagne « Faire échec à l'ennui ». D'une façon générale, les performances financières étaient bonnes, avec les ventes dans le même magasin croissant de 4 à 6 %, ce qui correspondait à la moyenne du secteur. Mais les résultats des enquêtes clients montraient peu de différenciation entre Store 24 et ses concurrents. Comme le faisait remarquer Gordon : « La reconnaissance par les clients de « l'expérience agréable » que nous tentions de créer était particulièrement faible. Les clients nous disaient que ce à quoi ils attachaient le plus de prix c'était le service rapide et un bon assortiment de produits. »

Gordon apprit des indicateurs du tableau de bord que malgré des performances financières acceptables, la stratégie innovante qui consistait à passer de l'excellence opérationnelle à l'intimité client ne marchait pas.

Elle aurait pu marcher si nous avions mieux formé notre personnel et si nous avions dépensé davantage en publicité pour créer la notoriété chez le client. Mais c'est un secteur où il est difficile de développer ce type de compétences chez les salariés. Peut-être avons-nous appris que

> *ce genre de stratégie de différenciation n'est pas très réaliste dans le domaine des magasins de proximité.*

Store 24 lança une nouvelle stratégie client avec le slogan : « Parce que vous ne pouvez tout simplement pas attendre ». Cette stratégie était centrée sur trois caractéristiques : rapide et efficace (à l'entrée comme à la sortie), tout ce que vous cherchez (assortiment) et de bonnes choses (qualité). Le tableau de bord a été actualisé pour refléter ces changements. Sur l'axe financier, l'indicateur du « pourcentage de ventes venant des nouveaux articles » a remplacé « les ventes nettes provenant des nouveaux concepts » pour traduire le nouvel accent mis sur un assortiment intéressant. Les enquêtes auprès des consommateurs abandonnèrent l'indicateur d'intimité client « d'expérience agréable ». « Une comparaison avec la concurrence » a été ajoutée à sa place pour savoir si Store 24 réussissait à créer une différenciation grâce à sa nouvelle stratégie de rapidité, de qualité et d'assortiment. Cette expérience montre comment le tableau de bord prospectif a fourni un cadre à l'apprentissage à double boucle. En effet, la compagnie a lancé une stratégie innovante, l'a testée en temps réel, a appris ce qui ne marchait pas, l'a adaptée et modifiée en fonction de ce qu'elle en avait appris.

CONTENU ET FRÉQUENCE DES RÉUNIONS

Comment rendre les réunions intéressantes et efficaces ? Michael Eisner, le dirigeant de Walt Disney, décrivait ainsi un élément important de sa philosophie du management. « Organisez des réunions sur ce qui importe vraiment et allez-y[9] ».

Cette vision simple, et pourtant profonde, est au cœur même de la démarche des organisations orientées stratégie. Le tableau de bord définit les sujets importants et la réunion est un processus ouvert d'apprentissage en équipe animé par la direction. Wilson, chez Chemical Bank, décrit ainsi la puissance de ce processus : « L'un des problèmes avec les grandes organisations, c'est que vous parvenez au sommet en étant un expert. Tout le monde s'attend à ce que vous sachiez tout. Parfois, il se produit des moments magiques dans les réunions où le dirigeant, en fait, apprend

---

9. M.D. Eisner, *Letter from the Chairman*, Rapport annuel de Walt Disney, 1995.

devant ses subordonnés. Lorsque cela arrive, l'énergie créée est explosive[10]. »

Nous pouvons paraphraser la suite donnée par Hegarty au conseil d'Eisner, en disant : « Organisez des réunions sur ce qui importe vraiment, allez-y, engagez-vous et *montrez que vous êtes disposé à apprendre* ».

Avec le tableau de bord prospectif, notamment lorsque l'information est accessible, grâce à un système d'informations partagées, le compte-rendu et l'analyse des performances sont continus et se produisent entre les réunions. Les réunions elles-mêmes sont alors plus concentrées et plus courtes. Gerry Isom a décrit ainsi l'expérience de la compagnie d'assurances CIGNA : « Avec le tableau de bord nous analysions les performances au quotidien. Nous étions tous au courant de ce qui se passait. Les réunions trimestrielles se sont raccourcies en raison de la simplicité et de la clarté de ce que nous tentions d'accomplir. »

À quoi ressemble ce nouveau type de réunion de direction ? Dans certaines organisations, les réunions ont lieu moins souvent ; les réunions trimestrielles deviennent la norme, bien que les comptes-rendus par rapport au tableau de bord se fassent mensuellement. Parce que les questions stratégiques changent moins souvent, la réunion trimestrielle suffit pour analyser la stratégie. Les réunions sont généralement prévues pour une demi-journée. Ce qui donne suffisamment de temps pour passer en revue, disons, vingt cinq indicateurs de trois thèmes stratégiques. Chaque indicateur, inscrit au tableau de bord, a un responsable. Pour que la réunion soit efficace, chacun de ces responsables doit y participer. Les participants ne devraient pas être choisis en fonction de leur rang hiérarchique mais en fonction des rôles clés dans la stratégie. Les participants chez Chemical Bank étaient, en dehors du Président, les directeurs généraux, les directeurs et les directeurs adjoints. La connaissance remplaçait la hiérarchie en tant que source de pouvoir.

Un processus de gestion efficace a besoin d'un certain soutien du personnel. Un administratif gère l'ordre du jour, s'occupe de la logistique des réunions, facilite le processus du compte rendu et coordonne les listes d'actions. Chez Chemical Bank, c'est un directeur adjoint à plein temps et

---

10. L. Wilson, « The Management Meeting : Putting Strategy on the Table » (texte présenté à la conférence sur les meilleures pratiques de collaboration du tableau de bord stratégique, Cambridge, MA, 15-16 décembre, 1999).

un directeur à plein temps du groupe de planification stratégique qui géraient ce processus. La compagnie d'assurance CIGNA avait affecté une personne et demie du siège, et une personne dans chaque centre de profit pour coordonner le processus. L'ordre du jour de ces réunions stratégiques était généralement prévu autour des indicateurs du tableau de bord. Au fil de l'expérience et au fur et à mesure que les comptes-rendus fournissaient un état de la situation sur une base continue, l'ordre du jour se concentra davantage sur les problèmes. Chaque réunion efficace se terminait par une liste d'actions à effectuer.

Il arrive souvent que tout de suite après la conception initiale du tableau de bord prospectif, les données de certains indicateurs ne soient pas encore disponibles. Certains responsables réagissent à l'absence de données en différant le début des réunions de gestion jusqu'à ce que les données sur tous les indicateurs soient disponibles. Ce n'est pas une bonne décision. Notre conseil en l'occurrence, comme le dit le slogan de Nike, c'est « Just do it » ou « Allez-y ». Le premier avantage du tableau de bord prospectif vient de la concentration qu'il crée. Cette concentration n'a pas besoin d'être mesurable notamment dans les premiers temps du projet. Toutes les organisations ont des « fruits à portée de la main » qui peuvent facilement être cueillis lors de la première étape, si les cueilleurs savent ce qu'ils recherchent. Ainsi, simplement en convoquant la réunion et en utilisant les éléments du tableau de bord prospectif comme ordre du jour, on peut créer la première série de bénéfices.

UTILISER LES SYSTÈMES DE RETOUR D'INFORMATIONS POUR CHANGER LA CULTURE

Le système du suivi et du retour d'informations constitue la structure autour de laquelle fonctionnent les réunions de gestion. La plupart des discussions sur le système de suivi tournent autour de la technique : disponibilité des données, interfaces graphiques, accès aux données et aux transactions détaillées, recueil des données et liens Internet. Peu de temps est consacré à la discussion des aspects culturels d'un système de retour d'informations. Et pourtant, le contexte culturel du suivi et du retour d'informations peut avoir bien plus d'impact positif ou négatif que l'aspect technique. Les *a priori* culturels, souvent négligés et inclus dans la technique elle-même, peuvent soit créer un climat favorable au changement, soit l'entraver. La Figure 12-4 illustre l'écran récapitulatif du système de suivi du tableau de bord prospectif de la compagnie d'assurances CIGNA. Sur le côté gauche de l'écran, se trouve la liste des objectifs stratégiques du tableau de bord de l'entreprise. Chaque colonne représente un centre de profit (par exemple D&O signifie directeurs et officiers d'assurance). Chaque case de la matrice contient un indicateur de performance rouge, orange, vert. À partir de n'importe lequel des indicateurs, les responsables peuvent avoir accès à des écrans plus détaillés montrant des cases d'indicateurs, de projets et de dialogue. Les questions suivantes qui paraissent simples *a priori*, tout en étant élégantes sur le plan technique, ont des implications culturelles complexes :

- Qui peut accéder au système et l'utiliser ?
- Comment les performances doivent-elles être communiquées ?
- Cela crée-t-il la compétition ou la coopération ?
- S'agit-il d'un rajout à notre système de suivi actuel ?

Qui peut accéder au système et l'utiliser ?

Traditionnellement, le suivi des performances stratégiques était l'apanage de ceux qui étaient tout en haut de l'organisation. Une grande partie des bénéfices recueillis chez Chemical Bank, par exemple, est venue d'un système de suivi à l'usage exclusif de l'équipe de direction. De plus en plus, toutefois, les organisations orientées stratégie en viennent à la conclusion qu'un suivi plus ouvert est meilleur. Bill Catucci faisait remarquer : « Parce que le pouvoir est généralement détenu au sommet des entreprises, l'information est également réservée au sommet. Responsabiliser les salariés implique de leur donner de l'information pour leur donner du pouvoir. »

De nombreuses entreprises ont commencé à distribuer ce pouvoir en rendant largement accessibles les données sur les performances du tableau de bord prospectif. Chez CIGNA, 70 % du personnel a accès aux tableaux de bord de tous les centres de profit de la compagnie. Les salariés des niveaux inférieurs voyaient les mêmes informations que les directeurs de division. Ils pouvaient envoyer des messages électroniques pour commenter les performances. AT&T Canada avait un programme analogue, donnant à tous les salariés accès aux données de performance et leur permettant de communiquer avec les cadres de direction. La mutuelle Nationwide donna accès à ses données de performance à l'ensemble de

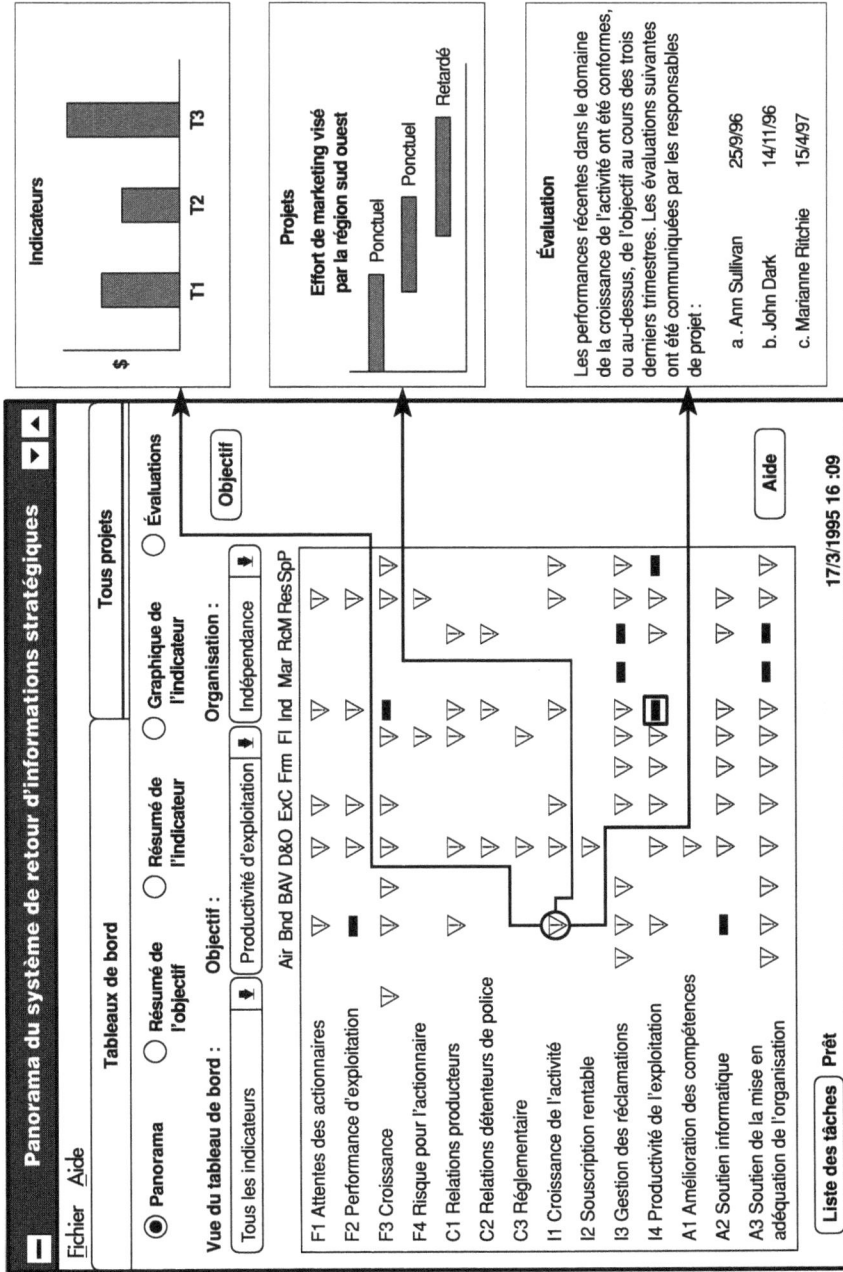

Figure 12-4. Le logiciel de gestion de l'équipe de direction chez CIGNA.

son personnel, qui comptait près de 4 000 salariés. Reuters America lança un programme de partage d'informations similaire, bien qu'il codifiait les indicateurs détaillés lorsque ceux-ci étaient considérés comme trop sensibles pour être diffusés largement.

Un partage aussi large de l'information doit venir à bout des principales barrières culturelles. Gerry Isom de CIGNA faisait remarquer :

> *Si vous ne pouvez pas accepter que le président de l'entreprise apprenne aussi rapidement que votre supérieur ce qui se passe dans l'unité, alors vous n'êtes probablement pas fait pour le tableau de bord. Mais si vous êtes ouvert à la communication sur ce qui se passe dans votre organisation, vous aimerez le tableau de bord prospectif.*

Une communication ouverte sur les performances donne l'occasion de mettre en place un nouveau type d'infrastructure. Elle transcende les barrières des fonctions et des départements en permettant aux salariés d'avoir une vision globale de l'entreprise. Plus important encore, elle aide les individus à construire leur propre trajectoire vers la connaissance et l'expertise dont ils ont besoin pour faire leur travail. En montrant qui est responsable de quoi et en communiquant les performances dans tous les secteurs de l'organisation, une « organisation virtuelle » centrée sur les objectifs stratégiques émerge.

Comment les performances doivent-elles être communiquées ?

Les systèmes de contrôle comptable traditionnels sont dominés par un souci de précision. Les normes d'audit exigent que les indicateurs financiers soient absolus et objectifs. Le suivi stratégique est différent. Un système de gestion stratégique est un système de communication, non pas un système de contrôle. Nous rencontrons souvent des organisations qui replacent un suivi numérique dans les indicateurs rouge-orange-vert en codifiant les performances. Ceux qui ont un esprit comptable ont parfois des problèmes avec cette question : « Qui décide que c'est rouge-orange ou vert ? Et s'ils mentaient ? » L'un des changements culturels qui se produisent avec le système d'information ouverte c'est l'intégrité de l'information subjective. Dans un environnement ouvert, où chacun voit la performance des autres, l'intégrité s'auto-régule. Lorsque quelqu'un déclare être au vert alors que d'autres ont des informations différentes, le retour d'informations est rapide. « Il est difficile désormais de mentir » faisait observer un participant.

Un plus grand défi culturel accompagne la perception publique du suivi des situations. Les individus ont de tous temps été extrêmement réticents à annoncer des performances qui tombent dans la zone « rouge ». « Mieux vaut mort que rouge » pensent-ils. Comme le faisait remarquer Gerry Isom de CIGNA, « Cela a demandé une adaptation considérable au personnel d'avoir à révéler ses problèmes, parce qu'il savait que quiconque avait un ordinateur dans l'entreprise pouvait les voir. Il a fallu un certain temps pour que les salariés soient totalement objectifs sur l'annonce de leurs performances. »

La façon dont l'organisation traite ce problème en dit long sur la nouvelle culture qui émerge. Comme l'a dit Bill Catucci, directeur général d'AT&T Canada : « Si vous n'atteignez pas vos objectifs et que vous vous faites critiquer cela envoie un certain signal dans l'organisation. Si au lieu de cela vous parlez du problème et que vous demandez l'aide de vos collègues, des signaux bien différents sont émis. »

Isom et Catucci avaient tous deux un objectif commun : créer un travail d'équipe basé sur la connaissance partagée autour d'objectifs communs. Mais ils se sont également rendu compte que la communication était autant un phénomène culturel que technique. S'ils devaient accomplir leurs objectifs de travail en équipe, ils devaient donner l'exemple d'un dialogue constructif et encourageant et ne pas se laisser aller à la critique et au management du détail. Pour inciter à la prise de risque et à l'innovation, les responsables doivent créer un climat qui accepte qu'il y ait échec et que les problèmes soient discutés et fassent l'objet de la méthode de résolution de problème. Aucune de ces organisations n'encourageait la médiocrité, mais elles souhaitaient que les salariés puissent faire état de problèmes sans que cela signe la fin de leur carrière. L'exposé public d'un problème ou d'un échec entamait un processus pour le résoudre.

Dans les organisations complexes, il y a peu de problèmes stratégiques qui peuvent être traités par une seule personne. Les indicateurs stratégiques qui se mettent au rouge, à l'orange ou au vert servent de système d'alerte en amont pour orienter la résolution de problèmes de l'équipe. Les salariés peuvent, au départ, être mal à l'aise d'avoir à parler des problèmes dans leur propre domaine de responsabilité. Mais, comme il était écrit sur une affiche derrière le bureau d'un chef militaire : « La seule chose qui soit pire que des mauvaises nouvelles, ce sont de mauvaises nouvelles qui arrivent trop tard. »

Cela crée-t-il la compétition ou la coopération ?

Les hommes sont des bêtes concurrentielles. Ceux qui sont excellents veulent conserver les avantages qu'ils ont. Les systèmes de suivi ouverts rendent l'information accessible à tous. Les méthodes utilisées par les meilleurs départements chargés des réclamations chez CIGNA devenaient visibles pour les autres départements chargés des réclamations. Les démarches adoptées par les premiers sur le plan de la sécurité d'usine à la division NAM&R de Mobil étaient visibles de toutes les autres usines. D'un côté, les salariés sont fiers d'être considérés comme les meilleurs par leurs pairs. Mais d'un autre côté, ils peuvent souhaiter conserver la confidentialité de leurs méthodes de façon à garder leurs avantages. Les entreprises doivent se sortir de ces réticences. Les grandes organisations peuvent tirer bénéfice de leur taille en identifiant et en partageant une large base de connaissances et d'expériences. Pour que cela se produise toutefois, elles doivent favoriser une culture du partage de l'information. Le suivi ouvert des résultats du tableau de bord prospectif contribue à faciliter ce changement de culture. Le tableau de bord identifie ceux qui ont des objectifs et des rôles communs. Il montre la voie à une organisation en réseau, dans laquelle les individus sont liés par leurs compétences plutôt que par leurs départements ou leurs fonctions. Le suivi ouvert des résultats abat les barrières de l'égoïsme. Les systèmes de rémunération variable basés sur les résultats des tableaux de bord des équipes réduisent encore ces barrières.

S'agit-il d'un rajout à notre système de suivi actuel ?

Le tableau de bord prospectif se rajoute-t-il à notre suivi ? La réponse est non, si l'organisation parvient à réduire sa dépendance des suivis traditionnels. La division informatique de J.P. Morgan a formé une alliance avec plusieurs fournisseurs pour gérer ses opérations sous-traitées. Avant l'établissement de l'alliance, J.P. Morgan avait pour ses opérations globales plus de 1 000 indicateurs. Mais seuls soixante d'entre eux étaient liés aux indicateurs utilisés dans les rapports stratégiques supérieurs. Le tableau de bord avec les partenaires de l'alliance permit à l'entreprise de se concentrer sur les besoins en données et information pour seulement

18 indicateurs supérieurs. La concentration sur le suivi stratégique réduisit le temps nécessaire à la mesure et au suivi des performances de la division informatique qui est passé de 45 hommes/années à 12 (une amélioration de 75 %) et l'objectif était de le réduire encore de 50 % à court terme. Aussi, l'adoption du tableau de bord ne rajouta-t-elle pas un autre niveau de coûts et de complexité au suivi. En fait, le tableau de bord simplifia grandement le suivi des performances et en abaissa le coût.

De nombreuses organisations ont fait état d'expériences analogues. Bien que le tableau de bord prospectif soit, pour elles, un nouveau système de suivi et d'informations, elles rédigent à présent moins de rapports et dépensent nettement moins de ressources à recueillir et à suivre les données. Le système traditionnel de DPO de la ville de Charlotte suivait à l'époque près de 1 000 indicateurs. Les indicateurs du tableau de bord étaient bien moins nombreux et bien plus significatifs pour les salariés sur le terrain et ceux qui occupaient les postes supérieurs de la ville. La plupart des organisations indiquent que le tableau de bord leur a permis de mettre au rebut nombre de leurs rapports qui s'étaient accumulés sur des années — des rapports auxquels personne ne prêtait attention.

L'élimination des rapports traditionnels peut toutefois constituer une autre barrière culturelle. Chez CIGNA, une fois que le système du tableau de bord a été institué, le directeur général Isom a demandé que tous les rapports précédents soient éliminés. On pourrait s'attendre à ce que cette décision soit accueillie avec enthousiasme. Bien au contraire, les salariés y ont résisté. « J'ai eu littéralement à dire aux salariés : « Je ne lirai pas vos rapports. Je lirai ce que vous mettez, chaque mois, sur l'ordinateur dans le cadre du tableau de bord. Mais je ne lirai pas les documents écrits qui me parviendront. »

Le simple fait d'installer un système de suivi d'informations est donc truffé de pièges culturels, mais il est aussi plein d'opportunités culturelles. Les responsables qui parviennent à éviter les pièges et à capitaliser sur les opportunités peuvent établir un nouveau climat centré sur la performance. Une organisation qui partage l'information avec ses salariés génère de nouvelles opportunités stratégiques de la part de son personnel sur le terrain. Elle peut réagir rapidement aux changements de la concurrence. Une entreprise, intègre dans son suivi de résultats, encouragera la prise de risque dans le cadre de l'équipe. Une organisation avec un système de communication ouvert partagera et amplifiera la connaissance et les compétences stratégiques. Et enfin, l'organisation aura développé un langage et un programme communs qui favoriseront le travail d'équipe pour tous.

Le rôle de la technologie

Lorsque nous avons commencé à travailler avec les organisations sur leurs tableaux de bord au début des années 90, aucun progiciel n'existait en la matière. Chaque organisation devait développer sa propre méthode pour recueillir et suivre les informations du tableau de bord. CIGNA a débuté avec un rapport écrit. La première édition de ce rapport comportait une page pour chaque indicateur et une brochure pour chacune des vingt-et-une unités, ce qui représentait une pile de papiers d'une dizaine de centimètres de haut sur le bureau de Gerry Isom tous les mois. Et il dit « Mettez-moi cela sur ordinateur ». Chemical Retail Bank, qui n'avait qu'un seul mais grand centre de profit, a gardé le système sur papier pendant plus d'un an. Chaque page du rapport était étayée d'une manière ou d'une autre par un système informatique, mais il fallait un directeur adjoint pour rassembler l'information au moyen d'un processus manuel. La division NAM&R de Mobil avait demandé à chacun de ses centres de profit de mettre leur rapport sur le tableur d'Excel de Microsoft. Malgré ces solutions techniques qui n'étaient pas évidentes, toutes les organisations ont réalisé des progrès spectaculaires dans leurs performances grâce au programme du tableau de bord. La technologie sophistiquée n'est donc pas nécessaire pour réussir une application.

Une fois que le système de gestion de la performance a été lancé, l'informatique peut libérer de nouvelles dimensions de valeur qui ne pourraient pas être créées autrement. Une technique simple peut suffire à aider l'équipe de direction au sommet de l'organisation. Mais pour faire sortir le tableau de bord de la salle du conseil et le faire entrer dans le moindre bureau implique une informatique plus sophistiquée. CIGNA a rapidement développé un système informatique complexe (voir Figure 12-4). Alors que l'objectif initial était d'obtenir un suivi plus efficace des résultats pour les équipes de direction (et réduire la hauteur de la pile de papier sur le bureau de Gerry Isom) le nouveau système permit également de partager l'information avec tous les salariés. Un suivi ouvert n'aurait pas été possible sans le système et son réseau de soutien. Il est possible de faire descendre en cascade le tableau de bord vers les fonctions, les départements, les équipes et les individus sans l'aide de la technologie, mais un système informatisé permet de relier les tableaux de bord et les organisations de façon à ce que des synergies se produisent. Nous avons déjà évoqué les leçons qu'a tirées Chemical Bank du processus granulaire et de son impact sur l'apprentissage stratégique. L'informatique permet aux indicateurs du tableau de bord d'être reliés à des données et à des transactions plus détaillées. La banque a créé une base de données clients qui lui a permis de mesurer la satisfaction et la fidélisation des clients par localité et par segment de clientèle. Comme nous l'avons déjà dit, l'approche « granulaire » a été décisive pour pratiquement toute la stratégie de la banque. Elle n'aurait pas pu être réalisée en l'absence de technologie.

De nombreuses organisations sont, à présent, en mesure de capter les données de transactions, les données opérationnelles et les données des clients et des fournisseurs dans leur système de planification de ressources de l'entreprise (PRE) et de les mettre à la disposition de leurs banques de données. Les entreprises qui ont de telles capacités de PRE peuvent relier leurs tableaux de bord à leurs bases de données de transactions, permettant une actualisation automatique et continue de nombreux indicateurs des tableaux de bord. Elles peuvent également lier leurs tableaux de bord prospectifs à leurs autres applications analytiques tels que les systèmes de mesure du coût par activité (ABC) et de la gestion par activité, de la valeur ajoutée économique (EVA) et de la gestion de la relation client.

RÉSUMÉ

Au départ, le tableau de bord prospectif clarifie et exprime la stratégie de l'organisation. Il commence à influencer la stratégie en mettant en adéquation les centres de profit, les services communs et les individus avec la stratégie formulée et en allouant des ressources, en capitaux, en dépenses discrétionnaires, en hommes et en technologie, aux nouveaux projets nécessaires pour appliquer cette stratégie. La direction a besoin toutefois d'avoir l'occasion de mesurer si la stratégie est bien appliquée et à quel point elle semble bien fonctionner.

Les réunions de direction fournissent l'occasion aux cadres de travailler ensemble en équipe pour identifier les problèmes, évaluer les changements dans l'environnement opérationnel et stratégique et examiner les nouvelles opportunités qui auraient pu se présenter depuis que la stratégie a été formulée. Le tableau de bord prospectif sert d'ordre du jour à ces réunions, permettant aux participants de travailler en dehors de leurs limites de fonctions et de départements pour résoudre les problèmes touchant toute l'organisation. Ces réunions favorisent le travail d'équipe et l'apprentissage de l'organisation. Certains ont même dit que c'était un plaisir de participer à ces réunions.

En donnant aux salariés un accès continu au tableau de bord prospectif, l'entreprise amplifie grandement les capacités d'identification et de résolution de problèmes et de création d'opportunités. Elle engage ainsi pleinement tous ses salariés et pas seulement quelques élus au sommet. Les récents progrès réalisés en informatique permettent de recueillir et de partager les données à un coût bien moindre et avec plus de liaisons, plus de visibilité et de facilité de compréhension et d'utilisation. De simples schémas codifiés en couleurs telles que le rouge, l'orange et le vert remplacent des rangées, des colonnes et des pages de nombres à huit chiffres que seuls les spécialistes et les comptables pouvaient interpréter auparavant. Le suivi et le retour d'informations stratégiques contribuent à maintenir l'enthousiasme tout au long du voyage stratégique et à guider l'organisation vers des niveaux de performance chaque fois plus élevés.

Cinquième partie

Mobiliser le changement grâce au leadership de la direction

LA MISE EN ŒUVRE DE NOUVELLES STRATÉGIES IMPLIQUE des changements d'envergure. Le terme **transformation** a émergé pour différencier le niveau de changement, nécessité par la stratégie, de l'amélioration continue, que les organisations réalisent de façon habituelle. Les leaders de nos organisations orientées stratégie ont clairement mené des transformations et non pas des changements sur une petite échelle.

John Kotter a soigneusement fait la distinction entre les mots management et leadership en décrivant la transformation : « Le management est un ensemble de processus qui peut permettre à un système humain et technologique complexe de fonctionner sans heurt… Le leadership est un ensemble de processus qui au début crée les organisations ou les adapte à des circonstances extrêmement changeantes… La transformation réussie comporte 70 à 90 % de leadership et seulement 10 à 30 % de management[1]. »

Le processus de leadership, tel qu'il est pratiqué par la direction des organisations performantes, peut être vu tout au long des premiers chapitres de ce livre. Dans la première partie, nous avons vu comment elles avaient créé des visions inspiratrices pour les nouvelles stratégies. Le tableau de bord prospectif a fourni le cadre pour expliquer et communiquer la nouvelle vision et la nouvelle stratégie. Dans la deuxième partie, les leaders ont permis une nouvelle concentration sur la stratégie. Le tableau de bord a défini les liens nécessaires entre les centres de profits, les services communs et les partenaires extérieurs pour que la stratégie soit opérationnelle. Dans la troisième partie, les leaders ont décentralisé le pouvoir et la responsabilité vers les niveaux les plus bas de l'organisation, en ayant recours à la puissance de la vision partagée pour mettre en adéquation et renforcer les projets locaux. Dans la quatrième partie, les leaders ont utilisé les systèmes du budget, du retour d'informations et du suivi pour créer une nouvelle culture et un nouveau processus de gestion. Dans la cinquième partie, nous nous attacherons à la façon qu'ont ces leaders d'intégrer ces différentes activités pour mobiliser leurs organisations et maintenir la dynamique en faveur d'un changement stratégique.

Le lancement du processus de transformation est souvent le plus grand défi. Au chapitre 13, nous étudierons les différentes démarches utilisées par les leaders. Plusieurs des cas étudiés étaient des organisations en situation d'échec ; les leaders ont été en mesure de capitaliser sur ce contexte

---

1. John P. Kotter, *Leading Change* (Boston : Harvard Business School Press, 1996), 25-26.

dramatique pour motiver le changement. Dans d'autres cas, les entreprises étaient alors performantes ; les leaders ont fixé des objectifs ambitieux pour que l'entreprise ne s'endorme pas sur ses lauriers et engage des efforts créatifs. Nous y verrons également que les tableaux de bord qui réussissent ne naissent pas tous dans le bureau du dirigeant. De nombreux programmes efficaces ont débuté à des niveaux inférieurs, voire dans les départements fonctionnels.

Mais en lançant le projet, l'on ne fait que semer les graines du changement. Les projets de changement doivent ensuite être cultivés et entretenus. Les organisations utilisent différents moyens pour créer et entretenir la dynamique. Toutes les organisations, toutefois, utilisent leur système de mesures relié au processus de gestion, pour maintenir le changement.

S'il est vrai de dire que de nombreuses organisations on tiré profit du tableau de bord prospectif, il faut ajouter qu'il y a eu également des échecs. Plusieurs organisations n'ont pas réussi à tirer de bénéfices de leurs programmes de tableau de bord prospectif. Nous pouvons apprendre de l'échec. Nous examinerons au chapitre 14 les pièges qui leur ont fait rater ces opportunités. Ils servent de contrepoints aux principes adoptés par les leaders de nos organisations orientées stratégie.

Conjuguer leadership et mobilisation

LE PROCESSUS DE LANCEMENT D'UN SYSTÈME DE GESTION de tableau de bord prospectif commence, à l'initiative du leader, par une prise de conscience de l'urgence du changement. L'urgence peut venir du besoin de redresser une médiocre performance récente, de réagir à un changement dans l'univers concurrentiel ou de fixer à l'organisation des objectifs ambitieux pour qu'elle soit encore bien meilleure qu'elle ne l'est. Ceux qui veulent créer un changement spectaculaire dans leur organisation trouveront, dans le tableau de bord prospectif, un outil extrêmement efficace pour motiver et réaliser le changement souhaité.

Le changement est souvent stimulé par les mauvaises performances de l'organisation : les performances sont tellement mauvaises que de nouvelles orientations sont clairement nécessaires. D'autres fois, la direction s'aperçoit que les défis à venir seront très différents de ceux du passé. L'organisation doit adopter de nouvelles façons de faire des affaires bien qu'il n'y ait pas de crise à l'horizon pour le moment. Un autre déclic encore se produit lorsque la direction souhaite motiver les salariés pour qu'ils dépassent leurs performances, qui sont correctes sans être extraordinaires. Dans tous ces cas, le cadre de direction ressent le besoin de changement, mais il doit ensuite trouver les moyens de communiquer cette urgence à tous les responsables et à tous les employés et leur fournir une vision de ce que le changement peut accomplir[1].

SE SORTIR D'UNE SITUATION CATASTROPHIQUE

Plusieurs dirigeants d'organisations qui ont adopté le tableau de bord ont clairement senti le besoin de changement urgent en raison de performances catastrophiques. Bob McCool de la division NAM&R de Mobil se souvient que « les dépenses avaient doublé, les marges s'étaient réduites et les volumes étaient orientés à la baisse. Vous n'aviez pas besoin d'être grand clerc pour savoir que nous avions des difficultés[2]. »

Gerry Isom de CIGNA a été recruté pour redresser la division assurance dommages au moment où son ratio combiné — le ratio des dépenses en dollars sortantes par rapport aux recettes de primes entrantes — dépassait les 130, comparé à la moyenne du secteur qui était de 108.

Bill Catucci, le directeur général, nouvellement recruté chez AT&T Canada, raconte : « Quand je suis arrivé en décembre 1995, la compagnie était au bord de la faillite. Le seul cœur de compétences que nous avions était de perdre de l'argent. Et nous étions bons à cela : nous perdions un million de dollars canadiens par jour. »

Pour Chemical Retail Bank, la concurrence dans son activité traditionnelle de dépôt était devenue féroce. La croissance des recettes s'était ralentie en raison de la baisse des taux d'intérêt sur les dépôts de base ; les dépôts quittaient la banque pour des fournisseurs de service non bancaires tels que les OPCVM et les OPCVM monétaires ; les dépenses opérationnelles de base pour l'immobilier et le personnel s'accroissaient dans la région déjà chère de New York ; et de gros investissements étaient nécessaires pour de nouveaux systèmes de distribution électronique. Bien que la banque fût encore marginalement rentable, le président Michael Hegarty voyait également la menace de la banque électronique alors que Chemical avait, de tout temps, parié sur les agences en dur.

---

1. John P. Kotter, dans *Leading Change* (Boston : Harvard Business School Press, 1996) a également décrit le rôle fondamental du responsable pour galvaniser le changement dans l'organisation.
2. R.S. Kaplan, *Mobil USM&R (A) : Linking the Balanced Scorecard*, 9-197-025 (Boston : Harvard Business School, 1996), 2.

Chacun de ces dirigeants voyait la nécessité d'un changement spectaculaire. Quoi qu'ait fait leur organisation par le passé, ou bien ça ne marchait plus, ou alors ça ne marcherait pas à l'avenir.

CRÉER UN NOUVEL AVENIR

Le lancement d'un changement majeur dans l'organisation n'a pas besoin d'être exclusivement provoqué par la peur. Les leaders efficaces peuvent également motiver le changement en inspirant l'avenir. Pam Syfert, la directrice de la ville de Charlotte, développa des tableaux de bord prospectifs parce qu'elle était convaincue qu'ils pourraient aider les départements et les salariés à réaliser la vision d'être la ville la plus prisée des États Unis pour y vivre, y travailler et y passer ses loisirs. De la même façon, dans l'état de Washington, des projets de tableau de bord ont été lancés au cours d'une réunion où le gouverneur Gary Locke posa à ses cadres supérieurs la difficile question de savoir pour quoi ils souhaiteraient que l'on se souvienne d'eux à l'issue de leurs années au service de l'état. « Souhaiteriez-vous que l'on se souvienne de vous pour des améliorations graduelles et pour le fait qu'il n'y a pas eu de scandales majeurs pendant votre mandat ou souhaitez-vous pouvoir vous retourner pour voir que, sous votre impulsion, s'est produit quelque chose de réellement significatif et révolutionnaire qui a nettement amélioré la vie des ressortissants de l'état ? »

Douglas Newell, responsable de la toute nouvelle division de banque sur Internet des services financiers en ligne de National Bank, fixa l'objectif de devenir le numéro un des compagnies bancaires sur Internet. La division de SFL bénéficiait de l'avantage du pionnier et semblait bien marcher. Mais Newell savait que, sur le marché extrêmement dynamique d'Internet, des améliorations continues étaient loin d'être suffisantes. Il encouragea la mise en place du tableau de bord prospectif en fixant des objectifs ambitieux : tripler la clientèle en moins de trois ans pour devenir la première banque Internet avec un million de clients ; augmenter le chiffre d'affaires par client de plus de 50 % et réduire le coût par client servi de plus de 35 %. Chez Reuters Amérique, le président lança le programme de tableau de bord prospectif en fixant à l'organisation l'objectif ambitieux de doubler la valeur pour l'actionnaire en cinq ans. Le fondateur et dirigeant d'une grande société de vente de vêtements au détail demanda à son équipe de direction de mettre au point des plans pour faire passer les ventes de 8 milliards de dollars à 20 milliards de dollars dans les cinq ans.

Les objectifs limites qui inspirent et conduisent le changement ont été décrits dans un livre à succès comme des Objectifs Majeurs Mobilisants et Audacieux (OMMA). « L'OMMA engage les salariés, il les prend et les saisit aux tripes. Il est tangible, stimulant et très précis[3]. »

Jack Welch, peu après sa nomination comme directeur général de General Electric, qui était déjà une société performante et respectée, stimula les salariés en annonçant un OMMA : Chaque division devrait devenir le numéro un ou deux sur chacun des marchés que nous servons et transformer radicalement cette société pour qu'elle ait la rapidité de réaction et l'agilité d'une petite entreprise.

Les OMMA doivent se situer au-delà de la zone de confort, ils doivent presque être déraisonnables. Ils demandent un engagement de toute l'organisation pour se réaliser. Les cadres de direction peuvent même motiver leurs entreprises déjà très innovantes et exceptionnellement performantes en déterminant des objectifs limites ou en fixant des OMMA qui ne peuvent être réalisés par un fonctionnement routinier. Les objectifs limites sortent les salariés de leur autosatisfaction, qui les fait considérer les performances réalisées comme bonnes et suffisantes.

Steve Kerr, le responsable de l'apprentissage chez General Electric a noté toutefois qu'il y avait des problèmes lorsque les objectifs limites n'étaient qu'un simple exercice de rhétorique, fait pour inspirer : « La plupart des organisations n'ont aucune idée de la façon de gérer des objectifs ambitieux. Il est courant aujourd'hui que les entreprises demandent à leurs salariés de doubler les ventes ou de tripler la vitesse d'accès au marché. Mais elles ne donnent pas à leurs salariés la connaissance, les outils et les moyens de réaliser des objectifs aussi ambitieux[4]. »

Pour pouvoir réaliser des objectifs limites, les responsables et les employés doivent trouver les moyens, à la fois, d'accroître le chiffre d'affaires et d'améliorer la productivité. Un tableau de bord prospectif bien construit indique la trajectoire à suivre pour des changements aussi

---

3. James C. Collins et Jerry I. Porras, *Baties pour durer : les entreprises visionnaires ont-elles un secret ?* (Paris, Éditions First, 1996).
4. S. Sherman, « Stretch Goals : The Dark Side of Asking for Miracles, » *Fortune*, 13 novembre 1995, 231.

spectaculaires. Il décompose les objectifs limites supérieurs en résultats ambitieux pour les objectifs et les indicateurs reliés au tableau de bord. L'entreprise peut alors définir les projets stratégiques conçus pour combler l'écart dans la planification entre les objectifs limites et les performances de l'organisation. L'organisation est alors en mesure de fournir la connaissance, les outils et les moyens nécessaires pour réaliser les objectifs ambitieux, surmontant ainsi les obstacles identifiés par Steve Kerr. Le tableau de bord prospectif aide l'organisation à se mobiliser pour le changement, en concentrant et en mettant en adéquation toutes ses ressources et ses activités avec la stratégie qui vise des performances exceptionnelles. Les salariés sont davantage disposés à s'engager sur les objectifs ambitieux parce qu'ils peuvent voir les liaisons, l'intégration et les projets qui en rendent la réalisation possible.

SE LANCER

On nous demande souvent quand est-ce qu'il faut mettre au point son premier tableau de bord. Il n'y a pas de réponse simple à cette question. La réponse dépend de la structure, de la stratégie et du leadership de l'organisation.

FMC

FMC commença par identifier six unités opérationnelles « volontaires » pour mettre au point des prototypes de tableaux de bord pour leurs structures. Ce qui a permis de valider le thème et le processus du tableau de bord sur six sites pilotes. Ce volontariat a fourni le soutien nécessaire pour déployer les tableaux de bord pour toutes les autres unités opérationnelles de l'entreprise. Le rôle principal de l'entreprise en la matière a été de demander à chaque unité opérationnelle de formuler une stratégie de croissance, qui puisse être exprimée dans son tableau de bord — une stratégie qui servirait par la suite de document pour gérer les responsabilités entre l'unité opérationnelle et l'entreprise.

FMC a suivi une démarche extrêmement sensée. En tant que conglomérat, elle n'avait pas de stratégie fédératrice qui pouvait être reprise dans un tableau de bord au niveau de l'entreprise. Si elle avait tenté de commencer par mettre au point un tableau de bord stratégique au niveau de l'entreprise, elle serait allée au devant de frustrations, et probablement de l'échec. Chez FMC, la stratégie existait au niveau des différentes unités opérationnelles et c'est à ce niveau qu'il convenait de construire les premiers tableaux de bord prospectifs. Il n'existait que peu, voire pas, de synergies et d'opportunités d'intégration entre les différentes unités opérationnelles. Il n'y avait donc rien à perdre à demander à chaque unité de formuler sa propre stratégie de croissance et son propre tableau de bord pour représenter sa nouvelle stratégie.

Mobil

Mobil semble être exactement à l'opposé de FMC. C'est une compagnie intégrée verticalement avec trois grands secteurs : l'exploration et la production (E&P), le marketing et le raffinage (M&R) et la chimie. Étant donné le niveau élevé d'intégration, on aurait pu s'attendre à ce que le premier tableau de bord prospectif ait été développé au niveau du siège de Mobil. En fait, comme nous l'avons décrit au chapitre 3, le premier tableau de bord a été mis au point dans la division M&R et non au siège. Nous pensons qu'il est bon qu'il en ait été ainsi et même mieux que si Mobil avait essayé de construire son premier tableau de bord au niveau du siège.

Mobil tout en étant intégré verticalement transférait essentiellement des produits de base entre ces trois secteurs. Ces produits pouvaient être achetés et vendus sur des marchés très concurrentiels. L'existence de marchés actifs pour le pétrole brut agissait comme un tampon naturel entre les stratégies opérationnelles des secteurs E&P et M&R. Et de même, les marchés actifs pour les matières transformées permettaient au secteur M&R d'agir très indépendamment du secteur chimique. Ainsi le secteur M&R pouvait-il éventuellement développer sa propre stratégie sans consultation et intégration approfondies avec les divisions E&P en amont et les divisions chimiques en aval. Bien sûr, s'il n'existait aucune stratégie unificatrice entre les trois grands secteurs, les observateurs pourraient à juste titre se demander si Mobil tirait des bénéfices conséquents de son intégration verticale. Comment l'entreprise ajoutait-elle de la valeur en dehors des performances indépendantes de ses secteurs E&P, M&R et chimique ? Finalement, en répondant à cette question, Mobil (à présent ExxonMobil) définira une stratégie institutionnelle qui pourra être traduite en tableau de bord prospectif de l'entreprise.

Toutefois, le premier tableau de bord prospectif de Mobil n'a même pas été réalisé au niveau du secteur tout entier de M&R. Il a été lancé dans une division qui représentait une région géographique — les Etats-Unis — étendue par la suite pour englober également le Mexique. Le secteur M&R de Mobil comprenait non seulement l'Amérique du Nord mais des opérations en Amérique du Sud, en Europe, en Asie, en Australie et en Afrique. Le développement d'un tableau de bord prospectif dans une région importante même si elle était locale telle que les Etats-Unis, pouvait affecter le secteur M&R tout entier.

À l'instar de la situation au niveau du siège, toutefois, les opportunités d'intégration et de synergies dans l'ensemble du secteur M&R dans le monde n'étaient pas évidentes. Le marché américain, aussi bien en ce qui concerne ses clients que ses distributeurs indépendants, était pratiquement complètement séparé des opérations marketing dans le reste du monde. Des stratégies pour le marché américain pouvaient être développées et appliquées sans affecter les stratégies établies pour les clients dans d'autres parties du monde, ceux qui ne regardaient pas les messages publicitaires diffusés dans les média américains ou n'achetaient pas d'essence ou de nourriture dans les stations service américaines. Les organisations de distributeurs ne dépassaient pas non plus les frontières nationales, de sorte que des stratégies de distribution différentes pouvaient être nécessaires pour chaque région. Ainsi, pour le secteur M&R, les frontières géographiques naturelles permettaient à chaque région de développer des stratégies, adaptées aux conditions locales et qui n'avaient pas besoin d'être cordonnées sur le plan international. Nous pensons donc qu'il n'y a eu aucune perte à développer le premier tableau de bord au niveau de la division NAM&R, sans avoir formulé une stratégie mondiale pour le secteur. Bien sûr, comme au niveau global, s'il n'existe pas de stratégie du secteur, on peut se poser la question des avantages qu'il y a à avoir un secteur M&R international. La réponse apportée à la question de savoir pourquoi Mobil a intérêt à avoir une division de marketing et de raffinage globale, au lieu de vendre chaque unité géographique comme une compagnie autonome et indépendante, créera une stratégie au niveau des secteurs qui pourra alors être traduite dans un tableau de bord de marketing et de raffinage global.

Au cours du travail de réflexion qu'accomplit une entreprise comme Mobil pour savoir où mettre en place les tableaux de bord, elle se heurte à la raison d'être de son existence. S'il n'est pas possible d'identifier de synergies claires au niveau de l'entreprise ou des secteurs, il se peut que le siège n'apporte pas de valeur ajoutée à son ensemble de divisions et de centres de profit. Certains avantages au niveau du siège émanent de la consolidation des résultats financiers et fiscaux et de l'établissement de relations bancaires. Mais il y a d'un autre côté les coûts de fonctionnement du siège et, plus important encore, ceux correspondant au ralentissement ou au blocage de la prise de décision dans les unités opérationnelles où se crée la valeur. Les sièges rencontrent souvent des difficultés à construire des tableaux de bord au niveau de l'entreprise tout entière parce que les stratégies et les opportunités d'intégration n'existent pas à ce niveau. Ces entreprises reçoivent ainsi un signal, selon lequel l'ensemble pourrait valoir moins que la somme de ses parties.

Le tableau de bord de la division NAM&R de Mobil fixa les stratégies et les thèmes communs que les unités aux niveaux inférieurs incorporèrent dans leur tableau de bord au moment de leur élaboration. Le tableau de bord supérieur expliquait les synergies, la raison d'être et les possibilités de créer de la valeur si les unités dans leurs stratégies renforçaient les thèmes communs. Si l'on construit le tableau de bord prospectif initial à un niveau trop bas on perd la possibilité de créer de la valeur en intégrant et en coordonnant les stratégies des unités. Mais si l'on tente de construire le tableau de bord prospectif initial à un niveau trop élevé (par exemple chez Mobil) l'expérience peut se révéler difficile et frustrante parce qu'il se peut qu'une stratégie intégrée n'existe pas à ce niveau. Dans un tel cas, on obtiendra de meilleurs résultats en construisant le tableau de bord prospectif initial à un niveau inférieur à celui de l'entreprise ou du secteur.

Les unités de services communs

Le tableau de bord prospectif initial peut même être lancé dans une unité de services communs. Nous avons un excellent exemple avec l'entreprise GTE Service, où le tableau de bord initial a été créé dans le service de ressources humaines. Au début, nous étions sceptiques sur le fait de lancer le tableau de bord prospectif à partir du service de relations humaines. Il nous semblait improbable qu'un tel service soit en mesure de comprendre les compétences, la connaissance et les capacités nécessaires pour ses décisions de recrutement, de formation, de fidélisation et de promotion sans être guidé explicitement par les stratégies communiquées dans les tableaux de bord du centre de profit, de la division et de l'entreprise dans son ensemble. Mais le tableau de bord des ressources humaines a été construit justement avec ces stratégies en tête. GTE venait de terminer un gigantesque exercice stratégique de repositionnement dans le secteur en rapide évolution des télécommunications. La nouvelle stratégie, accompagnée d'une solide documentation, (en l'absence d'un nouveau système de mesure) a été communiquée à tout un chacun dans l'entreprise. La stratégie comprenait « les impératifs du personnel », les besoins spécifiques qu'exigeait la stratégie des salariés de GTE. Tout en reconnaissant la base de compétences existantes en gestion de réseaux, en soutien à la clientèle, en capacités internationales et en expertise pour les produits vocaux, la stratégie nécessitait une amélioration des capacités de leadership, de relations syndicales, de soutien à la clientèle, d'apprentissage et d'innovation et de travail en équipe. Et elle exigeait des compétences totalement nouvelles en marketing et en distribution, en gestion des données, en établissement et en gestion des alliances et en intégration. Disposant d'une stratégie aussi explicite et d'exigences pour de meilleures et de nouvelles capacités et compétences, le service des relations humaines pouvait se lancer dans un projet pour l'élaboration d'un tableau de bord prospectif très documenté et crédible pour la fonction des ressources humaines.

Une autre évolution peu commune se produisit chez General Motors. GM se trouvait engagé dans un programme de transformation majeure dans ses opérations internationales. Comme le nota un des responsables, l'entreprise avait conçu et fabriqué par le passé des produits dont les consommateurs ne voulaient pas et elle l'avait fait de façon inefficace. Sous l'impulsion du directeur général, Jack Smith, GM était en train de se transformer pour passer d'une philosophie orientée produit de « faire et vendre » à une stratégie orientée client de « sentir et réagir ». Une telle transformation dans une organisation, avec près de 200 milliards de dollars d'opérations et de ventes dans la monde, impliquait des changements considérables dans les processus, l'organisation et les stimulations.

Alors, qu'en principe, un tableau de bord prospectif au niveau de l'entreprise aurait pu faciliter une transformation aussi radicale, les cadres de direction n'auraient probablement pas eu l'esprit assez libre pour lancer un tel projet au milieu de toutes les transformations qui avaient lieu en même temps. De plus, avec une organisation aussi complexe, aussi diverse, aussi dispersée, il aurait été extrêmement ardu de faire le premier tableau de bord au niveau global de l'entreprise.

Le tableau de bord prospectif de General Motors a été lancé dans son service informatique européen, un service commun. Le service avait pour mission « d'être le moteur et le turbo du changement dans les systèmes et les processus ».

Cette mission donna au service informatique accès à la gamme complète des activités de l'organisation : le marketing, la conception, l'ingénierie, la fabrication, la vente de véhicules, et l'après-vente. L'équipe de projet du service informatique bâtit son premier tableau de bord prospectif en se mettant en adéquation avec les stratégies des centres de profit. Ce qui donna à l'équipe l'expérience et la crédibilité sur la façon de mesurer une large gamme d'indicateurs de performance concernant une stratégie. À l'issue de ce premier succès, on a demandé à l'équipe de transférer son savoir et d'aider au développement de tableaux de bord pour l'ensemble de GM Europe. Ce qui recouvrait huit centres de profit (Allemagne, Vauxhall, Belgique, Espagne, Autriche, Hongrie, Pologne et les centres de vente nationaux) et onze unités fonctionnelles (notamment l'ingénierie, la production, les ventes/marketing, la qualité, la finance, le personnel et les achats). Forte de son expérience de création du premier tableau de bord pour le service informatique, l'équipe a ensuite aidé les équipes de projet, dans les différentes activités et les différentes unités fonctionnelles, à choisir les indicateurs et à repérer les données pour les indicateurs, notamment les indicateurs de prospection. L'équipe informatique enseigna également, aux autres équipes de projet, les relations de cause à effet pour s'assurer que les tableaux de bord étaient bien reliés aux objectifs stratégiques et pas seulement aux améliorations opérationnelles.

Vers la fin de 1998, des tableaux de bord prospectifs avaient été mis en place dans la plupart des centres de profit et des unités opérationnelles de GM en Europe et le système de gestion, basé sur les tableaux de bord, était opérationnel. À ce stade, le siège de General Motors demanda à l'équipe informatique européenne de l'aider à mettre au point et à déployer des tableaux de bord prospectifs dans le monde entier. Le projet débuta avec le service informatique d'Amérique du Nord (tout comme en Europe), et à partir de cette expérience, le projet s'étendit vers la direction de l'exploitation en Amérique du Nord. Vers la mi 1999, des plans avaient été mis au point pour appliquer le processus du tableau de bord en Amérique Latine et dans la zone Asie/Pacifique.

Ainsi, un projet, qui avait débuté dans un service commun dans une région éloignée du siège américain, mena finalement à une application au niveau de l'entreprise dans le monde entier. Au moins dans cette grande compagnie traditionnelle quelque peu centralisée et bureaucratique, le fait d'avoir appliqué la nouvelle idée dans un service isolé et éloigné lui a permis de se développer, et ensuite de se propager, dans le reste de l'organisation progressivement, permettant à l'expérience, la visibilité et la crédibilité de se construire au sein de l'organisation elle-même.

Sans doute, les objectifs et les indicateurs spécifiques du premier tableau de bord du service informatique auraient pu être meilleurs, si General Motors avait d'abord fixé une stratégie complète pour l'Europe et pour le monde. Mais si l'entreprise l'avait attendue, le projet local aurait été retardé, peut être de plusieurs années. Le service informatique n'a pas permis que « le mieux soit l'ennemi du bien ». Il a laissé le système se développer là où il bénéficiait de soutien local. Le projet démontra sa faisabilité et fournit une équipe expérimentée qui, par la suite, a pu être déployée pour guider et faciliter le développement de tableaux de bord dans toute l'organisation. À un certain moment, après que les tableaux de bord de GM Europe et du siège ait été mis au point, le service informatique européen a été en mesure d'actualiser son propre tableau de bord pour tenir compte des nouvelles perspectives stratégiques. La mise au point de tableaux de bord n'est pas faite une fois pour toutes. C'est un processus qui permet des améliorations et des optimisations continuelles. Il vaut mieux se lancer et ensuite améliorer le système plutôt que d'attendre l'information parfaite. Comme l'a fait remarquer Jim Noble, le responsable de toute la stratégie informatique, à propos de l'évolution du tableau de bord chez GM « Si vous réussissez vous êtes au premier stade d'un processus de gestion dynamique des ressources. »

Le danger de commencer trop haut

L'importance du principe de création du tableau de bord lorsqu'une stratégie existe nous a été rappelé, lors d'une discussion sur un projet de tableau de bord relativement raté avec un cadre de direction d'une grande entreprise internationale. Le cadre nous a confié comment le dirigeant et le comité de direction avaient ajouté plusieurs indicateurs non financiers au système de rémunération pour les cadres de direction. Les performances des indicateurs non financiers se sont améliorées mais pas les résultats financiers. L'entreprise payait de substantielles primes sur salaires en l'absence d'amélioration des performances financières.

La conversation se poursuivit et nous lui avons demandé comment les indicateurs non financiers avaient été choisis. La réponse a été que les nouveaux indicateurs représentaient certains intérêts des actionnaires, tels que les performances dans les domaines de l'environnement et de la santé et du recrutement, sur lesquels l'entreprise voulait mettre l'accent. Mais les indicateurs n'avaient pas été choisis en tant qu'éléments d'une stratégie globale et intégrée dans laquelle l'amélioration des indicateurs non financiers était censée conduire à une meilleure performance financière. En fait, l'entreprise avait créé une check-list d'indicateurs — un tableau de bord d'indicateurs clés de performance — et non pas un tableau de bord stratégique.

Nous avons voulu en savoir plus et nous avons interrogé ce cadre de direction sur la stratégie au niveau de l'entreprise tout entière et nous avons appris qu'il n'existait pas de véritable stratégie globale intégrée. Nous avons conclu qu'il aurait mieux valu que le premier tableau de bord ait été mis au point, comme cela s'est fait pour FMC et Mobil, au niveau de la division, en dessous du niveau de l'entreprise, car des stratégies existaient au niveau des divisions. Dans cette organisation, le premier tableau de bord avait été mis au point trop haut. Il n'existait pas de stratégie claire au niveau global, aussi le tableau de bord a-t-il été construit en ajoutant une série d'indicateurs non financiers ad hoc aux mesures financières existantes. Nous n'avons pas été surpris d'apprendre que l'amélioration des éléments non financiers du tableau de bord n'entraînait pas l'amélioration des performances financières.

Comparons cette expérience avec celle de la division NAM&R de Mobil où les indicateurs de sécurité et d'environnement avait été incorporés dans les relations de cause à effet du tableau de bord prospectif. Brian Baker, le directeur général, avait remarqué que les performances en matière de sécurité et d'environnement étaient généralement des indicateurs de prospection qui débouchaient sur des performances financières à venir. Il avait observé que l'augmentation des incidents liés à la sécurité et à l'environnement indiquait que les opérateurs ne faisaient pas attention. Et s'ils ne faisaient pas attention lorsque leur propre bien-être était en jeu, ils ne faisaient certainement pas attention non plus à la façon dont les biens de la compagnie étaient utilisés et entretenus. Ainsi, pour Mobil, les indicateurs non financiers, choisis en tant qu'éléments d'une stratégie intégrée, étaient en corrélation avec les améliorations des performances financières à venir.

L'UTILISATION DES INDICATEURS POUR CONDUIRE LE CHANGEMENT

Cela fait des décennies que les entreprises essaient d'appliquer le changement. Pourquoi suggérons-nous à présent que les projets de changement soient accompagnés d'une modification dans le système de mesure en faveur du tableau de bord prospectif ? L'adaptation du système de mesure de l'organisation au programme de changement est vitale pour réussir. Lorsque nous nous adressons à un auditoire de responsables et de cadres financiers, nous les incitons, au cas où ils ne seraient pas d'accord avec les changements préconisés dans leur organisation, à ne pas se lever pour y objecter. Nous leur disons qu'ils n'ont pas besoin d'écrire des notes internes ou d'envoyer des messages électroniques. Il leur suffit de continuer à mesurer les performances et à rédiger des rapports comme ils l'ont toujours fait. Finalement, le projet de changement sera étouffé. Dans un article réputé, intitulé *On the Folly of Rewarding A, While Hoping for B* (*De la folie de récompenser A si l'on souhaite B*), Steve Kerr décrit comment le management déclare être en faveur de la croissance à long terme tout en récompensant les performances sur les gains trimestriels[5]. Il n'est pas surprenant que les responsables soient à la hauteur des performances sur les gains trimestriels et n'investissent pas dans la croissance à long terme. Les responsables, évalués par rapport à des indicateurs financiers à court terme, géreront en fonction de ces indicateurs et éviteront vraisemblablement les nouveaux projets de croissance, l'orientation client, l'innovation et la responsabilisation du personnel.

Les dirigeants qui ont adopté le tableau de bord prospectif pour leurs nouvelles stratégies ont compris la nécessité d'un nouveau cadre de mesure. Ils le considéraient comme un outil puissant pour conduire le nouveau projet de changement. Bob McCool fit le commentaire suivant sur les raisons qu'il avait de changer les indicateurs de la division NAM&R de Mobil :

> *Nous étions dans une logique de contrôle, occupés à passer en revue le passé et non à guider l'avenir. Les chiffres fonctionnels ne communiquaient pas ce que nous faisions. Je voulais que les chiffres fassent partie de notre processus de communication, grâce auquel tout le*

---

5. S. Kerr, « On the Folly of Rewarding A, While Hoping for B » *Academy of Management Executive* (février, 1995) ; première édition 1975.

> *monde dans l'organisation pourrait comprendre et appliquer notre stratégie. Nous avions besoin de meilleurs indicateurs pour que notre processus de planification puisse être lié aux actions, afin d'encourager le personnel à faire les choses pour lesquelles l'organisation s'était à présent engagée.*

Les cadres responsables qui créent le tableau de bord constituent par la suite le groupe de conseil qui conduit le changement dans l'organisation. Le processus de création du tableau de bord permet de développer à la fois l'équipe et son engagement envers la stratégie. Et le tableau de bord donne les moyens de rendre la vision et la stratégie opérationnelles. Les mots ne suffisent pas à communiquer le projet de changement. Les mots veulent dire des choses différentes à différentes personnes. Ce n'est que lorsque les déclarations verbales sont traduites en indicateurs que chacun comprend ce que sont réellement la vision et la stratégie.

Les dirigeants des entreprises qui ont adopté le tableau de bord avaient tous des stratégies comportant une forte composante de croissance. Ils ne souhaitaient pas simplement accroître les profits en coupant sur les coûts, en réduisant les effectifs et en éliminant les centres de profit non rentables. S'il est vrai que les réductions de coûts et l'amélioration de la productivité faisaient partie de leur programme de changement, il ne s'agissait que d'une partie ; elles n'étaient là que pour réaliser la composante de la stratégie à court terme. Les dirigeants qui appliquaient cette stratégie souhaitaient également améliorer la rentabilité grâce à l'augmentation du chiffre d'affaires correspondant à une stratégie de croissance à plus long terme. Il n'est pas surprenant que ces entreprises aient trouvé le tableau de bord prospectif utile pour une stratégie de croissance. Les organisations qui ont choisi d'être les premiers en matière de coûts, comme stratégie, ou qui souhaitent retrouver leur compétitivité par la réduction de coûts et l'amélioration de la productivité ne trouveront pas le tableau de bord prospectif aussi utile. Les indicateurs financiers, notamment lorsqu'ils s'appuient sur la méthode ABC du coût par activité, donnent de bons résultats pour motiver la réduction de coûts et l'amélioration de la productivité[6]. Les indicateurs financiers fournissent également un bon retour d'informations sur le fait de savoir si les coûts ont réellement baissé et si la productivité s'est améliorée. Seuls, toutefois, les indicateurs financiers

---

6. Robert S. Kaplan et Robin Cooper, *Cost and Effect* : *Using Integrated Cost Systems to Drive Profitability and Performance* (Boston : Harvard Business School Press, 1997).

ne suffisent pas à dire comment on peut augmenter la première ligne, celle du chiffre d'affaires.

N'importe qui peut construire un plan d'action sur un tableur et faire apparaître certains objectifs de croissance. Si les hypothèses de croissance avancées ne sont pas suffisantes pour atteindre les objectifs de l'entreprise, les responsables peuvent facilement augmenter les hypothèses de taux de croissance de leur tableur. Finalement, le taux de croissance estimé sera en adéquation avec les objectifs de planification de l'entreprise. Cette partie analytique est facile. La partie la plus difficile est de savoir comment l'hypothèse du taux de croissance sera réalisée. Quels sont les nouveaux clients que l'entreprise va attirer et fidéliser ? Quelle quantité doit être vendue à chaque client ? Qui parmi les clients existants va acheter davantage de produits et de service, en permettant de dégager une marge supérieure ? Quelles nouvelles régions, quelles nouvelles applications et quels nouveaux produits doivent être exploités pour que les hypothèses de croissance se réalisent. Le tableau de bord prospectif a aidé les entreprises qui s'y sont lancées à préciser en détail les éléments fondamentaux de leur stratégie de croissance[7] :

- les clients à viser pour que la croissance rentable se réalise
- les propositions de valeur qui inciteront les clients à faire plus d'affaires et à des marges supérieures avec l'entreprise
- les innovations de produits, de services et de processus
- les investissements dans le personnel et les systèmes pour améliorer les processus et assurer des propositions de valeur en faveur de la croissance

En l'absence de précisions aussi claires, les salariés ne pourraient pas renforcer leurs efforts mutuels pour appliquer la nouvelle croissance et la nouvelle stratégie d'efficacité.

Les indicateurs financiers ne peuvent même pas communiquer et suivre une stratégie d'excellence véritablement opérationnelle, dans laquelle le succès auprès des clients implique non seulement des coûts et des prix réduits mais également une qualité sans défaut et un très court laps de temps entre la commande du client et son traitement. Les stratégies de

---

7. Les administrations et les organisations à but non lucratif, pour lesquelles l'option de croissance peut ne pas être une stratégie viable, peuvent interpréter le thème de « croissance » comme la mise en avant de l'efficacité et pas seulement de l'efficience.

différenciation qui peuvent déboucher sur un avantage concurrentiel durable nécessiteront, quant à elles, une gamme beaucoup plus large d'indicateurs que des indicateurs purement financiers.

Le dirigeant et l'équipe de direction reconnaissaient également qu'ils n'étaient pas en mesure d'appliquer la nouvelle stratégie tout seuls. Ils avaient besoin de la collaboration active de tout un chacun dans l'organisation. Pour que leur nouvelle stratégie réussisse, il fallait qu'ils la fassent sortir de la salle du conseil pour qu'elle pénètre dans le moindre bureau et jusque sur le terrain des opérations quotidiennes et du service à la clientèle, comme nous l'avons évoqué dans la troisième partie. Le système de mesure du tableau de bord prospectif communiquait sur la stratégie un message simple et clair que tous les salariés pouvaient comprendre et intégrer dans leur fonctionnement de tous les jours.

LA CONSTITUTION D'ÉQUIPES DE RESPONSABLES

C'est souvent la dynamique de l'équipe de responsables qui détermine si le tableau de bord prospectif peut être durable, de sorte que la stratégie soit exécutée avec succès. La plupart des équipes de responsables comportent des spécialistes fonctionnels, chacun doté d'une somme de connaissances spécialisées. Curieusement ces cadres fonctionnels n'ont souvent que peu d'idées sur la façon dont fonctionnent les autres départements. Les organisations orientées stratégie doivent transformer leurs multiples spécialistes fonctionnels en équipes transversales de résolution de problème.

Certaines fonctions semblent particulièrement méconnues. D'après notre expérience, nous avons découvert que de nombreuses équipes de responsables n'avaient que peu de compréhension commune du marketing et de la gestion des ressources humaines. Et pourtant, ces deux domaines sont souvent fondamentaux pour les stratégies d'aujourd'hui. Au fur et à mesure que l'équipe de responsables, avance dans le processus de création du tableau de bord, elle s'aperçoit souvent qu'elle n'a pas la compréhension nécessaire des segments de marché, des clients ou des salariés. Pour pallier ce manque, elle ajoute, à l'équipe, des cadres de marketing et de ressources humaines, qui disposent alors d'une meilleure tribune pour initier les autres à leurs disciplines et à leurs contributions.

Chez Mobil, les disciplines des finances et de l'exploitation ont historiquement dominé dans l'équipe de responsables. Brian Baker, le directeur général de NAM&R, faisait remarquer : « Nous étions une entreprise truffée d'ingénieurs, des esprits analytiques et relativement introspectifs. Nous n'avions pas regardé en dehors de l'activité vers le client et nous n'avions pas compris son importance. »

L'équipe de responsables de Mobil n'avait pas de consensus sur les questions concernant le client. Lorsque les cadres de direction ont essayé de s'orienter vers le client et de vendre des produits autres que de l'essence, ils ont dû accroître le rôle du cadre de marketing. Cinq ans plus tard, tous les responsables avaient compris les nuances des segments du marché, la façon dont Mobil se différenciait de ses concurrents et les moteurs du comportement du client. La transformation culturelle se produisit en inscrivant le client à l'ordre du jour et en demandant à un porte-parole intelligent de faire avancer le reste de l'équipe.

La création d'une vision et d'une stratégie communes a été un moyen efficace de constituer une véritable équipe de responsables en partant de la juxtaposition de responsables de centres de profit. Le cadre du tableau de bord prospectif fournit à l'équipe un moyen structuré de travailler ensemble pour guider le développement d'une nouvelle vision et d'une nouvelle stratégie. Un enrichissement mutuel considérable se produisit lorsque chacun des éléments de la stratégie fut traduit en termes de tableau de bord. Les questions stratégiques concernant les segments de clientèle (le marketing), l'optimisation du rendement (la production), le coût du capital (la finance), et la gestion de la chaîne de l'offre (le transport, les circuits) étaient à présent les problèmes de tous dans l'équipe. De tout temps, ces problèmes étaient considérés comme étant du ressort d'un seul cadre fonctionnel.

La création d'une équipe de responsables efficaces implique de rompre avec de nombreuses traditions. La gestion cloisonnée est profondément enracinée. Comme nous l'avons évoqué, précédemment, le directeur général de AT&T Canada, Bill Catucci, annula ses réunions mensuelles de direction avec chacun de ses responsables de départements pour les remplacer par des réunions communes sur les principaux processus, notamment la gestion de la stratégie. Comme le rapporte Catucci « Lors de la réunion de gestion stratégique, toute l'équipe se rassemblait pour parler de l'entreprise dans son ensemble, une approche globale de l'activité. Au lieu d'être bloqués par les cloisonnements, nous nous concentrions sur ce qui se passait dans toute l'entreprise. »

Catucci est même allé plus loin dans l'officialisation de la nouvelle orientation du travail d'équipe et de la culture, en nommant quatre femmes à des postes de commandement stratégiques dans l'équipe, auparavant dominée par les hommes : « La mentalité selon laquelle il y avait certaines personnes pour certains postes était une autre barrière qui devait être éliminée. » Le véritable message était que dans une culture de performance c'était la performance et non le sexe qui importait.

Une culture fonctionnelle ou technique est souvent en opposition avec la création d'une organisation orientée stratégie. Le NRO (National Reconnaissance Office) américain existait depuis des décennies comme organisation d'espionnage super secrète dotée de trois programmes complètement séparés et autonomes[8]. Chaque programme émanait d'une culture différente (Armée de l'air, services secrets de la CIA, et Marine) avait peu de communication les uns avec les autres et, à vrai dire, se livrait à une farouche concurrence. Les cadres supérieurs étaient des ingénieurs avec un riche palmarès de prouesses techniques. Les tâches « plus molles » de gestion telles que la planification et l'application de la stratégie étaient considérées comme moins intéressantes que la résolution de nouveaux problèmes techniques.

Pour répondre à un environnement externe différent, le NRO avait été réorganisé en directions telles que Imagerie, Communications et Lancement Spatial. Les participants à des programmes auparavant extrêmement concurrentiels étaient censés coopérer et se mettre d'accord dans chaque direction sur une démarche unique d'exploration de l'espace. NRO, comme beaucoup d'organisations dans le secteur public (et privé) a, au départ, créé une équipe au niveau du personnel : l'office des plans et de l'analyse, pour mettre au point les plans stratégiques. Ce processus animé par le personnel échoua et les plans ne furent jamais appliqués.

En 1996, le nouveau directeur de NRO lança un exercice de planning stratégique, à partir du tableau de bord prospectif, pour engager activement ses cadres supérieurs dans la formulation et la modification de la stratégie de l'organisation. À l'issue d'un briefing aux directeurs et cadres supé-

---

8. L'expérience de NRO est tirée d'une description plus détaillée dans « Transforming an Organization : Using Models to Foster a Strategic Conversation, » de J.A. Chesley et M.S. Wenger dans *California Management Review* (printemps, 1999) : 54-73.

rieurs sur le tableau de bord, les membres de l'équipe de direction se mirent à modifier le tableau de bord pour l'adapter à leur situation : ils placèrent l'axe client tout en haut du schéma[9] et rebaptisèrent l'apprentissage et le développement « satisfaction des salariés ». En modifiant les appellations et en réaménageant le tableau de bord, les cadres de direction s'approprièrent le processus. Comme l'ont noté les animateurs du projet « En changeant les cases, les appellations et les flèches, les participants ont commencé à comprendre les relations de cause à effet propres à NRO…Le tableau de bord prospectif fournit un environnement et un vocabulaire structurés et communs pour que cadres et employés apprennent comment "faire de la stratégie" »[10]. Ces discussions furent les premières au cours desquelles l'équipe de direction aborda la stratégie globale et commune de NRO, au lieu des stratégies de chaque unité.

Une fois que la glace a été brisée et que les cadres de direction ont pu aborder la stratégie de NRO, le directeur fixa des réunions mensuelles de stratégie, au cours desquelles les cadres fournissaient des actualisations et des rapports continus. Lors de réunions trimestrielles à l'extérieur, l'équipe de direction examinait l'impact des nouveaux problèmes et leurs implications sur la stratégie de NRO. Lorsque les détails et les hypothèses du modèle stratégique devinrent plus clairs, des conflits et des contradictions surgirent qui forcèrent les cadres supérieurs à ouvrir le dialogue pour inclure d'autres participants. Le processus a permis aux salariés d'en savoir plus sur le modèle stratégique, de tester leurs idées et de s'entraîner à parler entre eux de stratégie. Le directeur avait utilisé le modèle du tableau de bord pour constituer une équipe de responsables qui pouvait aller au-delà de la réflexion sur la mission et la stratégie de leur seule direction individuelle. Ils pouvaient à présent travailler tous ensemble pour formuler et appliquer de nouvelles stratégies pour l'ensemble de l'organisation.

L'exemple de la ville de Charlotte, que nous avons évoqué au chapitre 5, montre également comment la directrice, Pam Syfert, a utilisé le tableau de bord pour éliminer les barrières fonctionnelles et créer un esprit d'équipe et une culture de résolution de problème en transversal. L'exécution des cinq thèmes stratégiques, tels que « la ville dans la ville », impli-

---

9. Souvenez vous du chapitre 5 où cette modification pour placer le client au sommet du tableau de bord avait été faite, indépendamment, par plusieurs administrations et organisations à but non lucratif.

10. Chesley et Wenger « Transforming an Organization, » 65.

quait une équipe intégrée de membres venant de chaque département de l'organisation. Syfert introduisit une nouvelle structure, un comité pour chacun des cinq thèmes stratégiques. Les participants venaient de nombreux départements de l'organisation, mais également du secteur privé. Les comités avaient leur propre tableau de bord et tenaient des réunions mensuelles pour discuter de la façon d'intégrer les activités des départements spécialisés pour atteindre les objectifs globaux de la ville.

LES LEVIERS DE CONTRÔLE

Il y a un dernier ensemble de concepts important pour le responsable qui veut intégrer le tableau de bord à l'organisation. Robert Simons[11] a mis au point un cadre puissant pour visualiser les multiples systèmes de contrôle utilisés par les cadres de direction pour mettre en œuvre la stratégie (voir Figure 13-1). Le système de croyances dans la partie supérieure gauche du cadran recouvre l'ensemble des documents explicites qui ont été communiqués aux salariés et qui fournissent les valeurs fondamentales, la raison d'être, et l'orientation de l'organisation. Les documents tels que les déclarations de croyances, les déclarations de mission, les déclarations de vision, et les déclarations de raison d'être ou de valeurs sont des exemples de la façon dont l'organisation communique ses valeurs et ses objectifs les plus fondamentaux à ses salariés.

En plus de la raison d'être supérieure de l'entreprise, les responsables doivent également faire connaître les comportements et les actions qui sont inacceptables dans la poursuite de la mission. Les organisations ont besoin de limites pour décrire les actions qui ne doivent jamais être entreprises. Les limites comprennent les contraintes juridiques et les règles de conduite qui définissent clairement les actions interdites. Elles visent à limiter la gamme de comportements acceptables.

Les organisations ont également besoin de solides systèmes de contrôle interne pour préserver les actifs vitaux, tels que l'argent ; l'équipement ; l'information telle que les bases de données ; la comptabilité ; et l'historique client. Ce sont là, certes, des aspects importants mais si l'on se

---

11. Robert Simons, *Levers of Control : How Managers Use Innovative Control Systems to Drive Strategic Renewal* (Boston : Harvard Business School Press, 1995) et « Control in an Age of Empowerment » *Harvard Business Review* (mars-avril 1995) : 80-88.

cantonne au contrôle interne on peut confondre le respect des règles et des règlements avec la réalisation de la mission et des résultats.

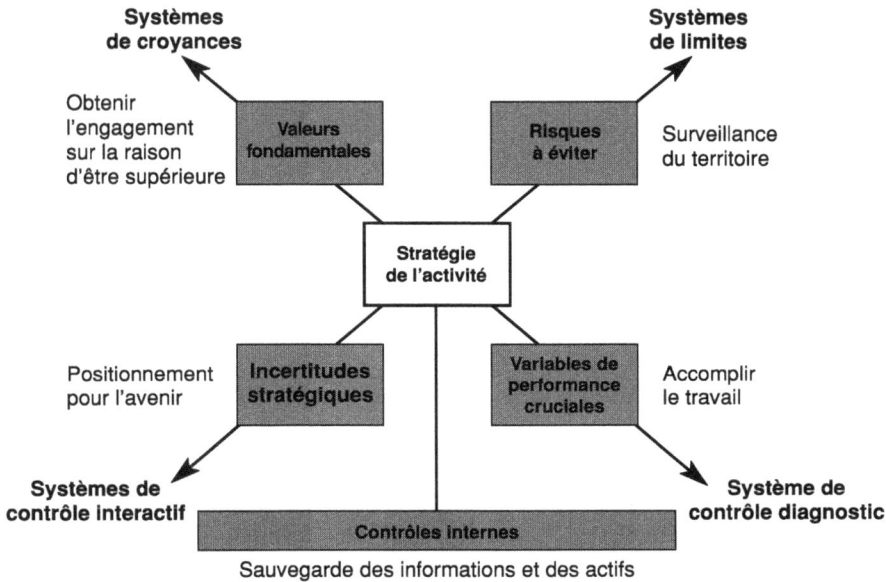

Source : d'après Robert Simons, *Levers of Control : How Managers Use Innovative Control Systems to Drive Strategic Renewal* (Boston : Harvard Business School Press, 1995), 159. Reproduit avec l'autorisation de Harvard Business School Press.

Figure 13-1. Les leviers de contrôle

Les systèmes de diagnostic sur la Figure 13-1 recouvrent ce à quoi pensent la plupart quand ils décrivent les systèmes de contrôle de la performance. Les systèmes de diagnostic émettent des signaux sur la santé de l'organisation ; ils représentent des aspects importants de la performance tout comme la température du corps et la pression artérielle (les signes vitaux du corps) émettent des signaux sur la santé personnelle des individus. Les organisations peuvent avoir des centaines voire des milliers de variables vitales pour réussir sans toutefois qu'aucune ne soit un inducteur du succès stratégique. Certaines de ces variables peuvent être appelées « facteurs clés du succès ». Elles indiquent que le fonctionnement est « sous contrôle ». Les variables de diagnostic doivent être mesurées, surveillées et contrôlées. Mais il n'en est rendu compte à la direction qu'exceptionnellement, seulement lorsqu'une variable sort du cadre normal du contrôle et que des mesures correctrices s'imposent.

Le système interactif, qui est le cinquième des systèmes de contrôle clés, s'attache aux quelques rares mesures qui mènent à la performance exceptionnelle. Les systèmes interactifs sont les systèmes d'information formelle que les cadres de direction utilisent pour engager un dialogue productif avec leurs subordonnés sur la stratégie et son application. Les systèmes de contrôle interactif focalisent l'attention et entraînent le dialogue dans toute l'organisation. De tels systèmes servent de catalyseurs pour le défi et le débat permanents sur les données sous-jacentes, les hypothèses et les plans qui mèneront à l'apprentissage et à l'amélioration. Les questions posées dans un système de diagnostic commencent par « combien » et « de quoi ». Les questions dans un système interactif sont conçues pour l'interprétation, la discussion et l'apprentissage ; les responsables demandent « pourquoi » « comment cela se passera-t-il », « et si » et « supposons que ».

Les systèmes de diagnostic, les systèmes de limites et les systèmes de contrôle interne sont tous trois nécessaires, mais ils ne créent pas une organisation apprenante en adéquation avec une stratégie précise. Certaines applications de tableaux de bord prospectifs ont échoué parce que les organisations n'ont utilisé leur tableau de bord que pour le diagnostic et n'ont pas réussi à tirer les bénéfices d'apprentissage et d'innovation d'un système interactif. Les dirigeants des organisations qui ont réussi avec leur tableau de bord, tels que ceux décrits au chapitre 1, y sont parvenus parce qu'ils ont utilisé le tableau de bord de façon interactive, pour communiquer et conduire l'apprentissage et l'amélioration. Ils ont fixé la stratégie globale et ont ensuite incité les salariés au sein de leurs organisations à trouver les actions et les projets locaux qui auraient le plus d'impact pour la réalisation des objectifs du tableau de bord.

LE STYLE DE LEADERSHIP

Mais peut-être que l'ingrédient le plus indispensable au succès du tableau de bord, ne vient pas des explications analytiques et structurelles que nous avons déjà données. Il s'agit du style de leadership des cadres de direction. Ceux qui ont adopté avec succès le tableau de bord prospectif ont pensé que le défi le plus important qui s'était posé à eux était la communication. Ces responsables savaient qu'ils ne pourraient pas appliquer la stratégie s'ils ne gagnaient pas le cœur de tous leurs cadres intermédiaires, de leurs ingénieurs, de leur force de vente, de leurs salariés sur le terrain et dans les bureaux administratifs. Les responsables ne connaissaient pas toutes les étapes nécessaires pour appliquer la stratégie. Ils avaient certes une bonne idée de ce que représenteraient le succès et les résultats qu'ils essayaient d'atteindre. Mais ils dépendaient de leurs salariés pour trouver les moyens innovants d'accomplir leur mission.

Au début, nous avons été surpris d'apprendre que deux des dirigeants parmi ceux qui avaient le mieux réussi, Bob McCool chez Mobil et Michael Hegarty chez Chemical Bank, étaient d'anciens officiers dans les Marines. Les officiers dans l'armée sont connus pour être des responsables hiérarchiques habitués à commander et à contrôler. Mais les meilleurs officiers dans l'armée, et notamment chez les Marines, reconnaissent que lorsque la bataille fait rage, les généraux sont loin du front. Dans les environnements incertains dans lesquels les Marines livrent bataille, quel que soit le scénario prévu, il est presque sûr de ne pas se produire. Les officiers sur le front peuvent avoir été tués ; le matériel peut avoir été largué au mauvais endroit ou avoir été détruit avant d'avoir été acheminé, et l'ennemi peut s'être montré dans des lieux inattendus et avec des forces et des ressources différentes. À ce stade, la mission dépend de la capacité des troupes du front à se réorganiser et à s'adapter à la situation locale. Dans le feu de la bataille, les atouts immatériels sur lesquels les troupes peuvent compter sont une claire conscience de leur mission et des objectifs qu'ils sont censés réaliser et une capacité à improviser et à travailler ensemble pour effectuer la mission et atteindre les objectifs.

Les officiers supérieurs chez les Marines communiquent et enseignent à leurs troupes que « tout soldat peut devenir général » et les forment dans cet objectif. Chaque membre du corps doit être capable et prêt à commander. Notre observation sur le terrain a été confirmée par une étude menée par McKinsey et Conference Board sur les organisations qui réussissaient le mieux à mobiliser l'énergie émotionnelle de leurs salariés sur le terrain. L'étude examina de nombreuses organisations exemplaires dans le secteur privé mais finit par conclure que le corps des Marines « dépassait toute autre organisation quand il s'agissait de mobiliser l'énergie du terrain »[12]. Étant donné cette culture, il n'est pas du tout surprenant que des officiers des Marines dirigeant des organisations du secteur privé recherchent constamment les moyens de communiquer la

---

12. J.R. Katzenbach et J.A. Santamaria, « Firing up the Front Line, » *Harvard Business Review* (mai-juin 1999) : 108.

mission et les objectifs et d'inciter les salariés à trouver des voies innovantes pour aider l'organisation à réussir.

Lors de notre premier entretien avec lui, Bill Catucci de AT&T Canada nous a décrit son style de communication, de constitution d'équipe et de responsabilisation des salariés. Cela ressemblait beaucoup à ce que nous avions entendu de McCool et Hegarty. Lorsque nous lui avons demandé s'il avait été officier dans l'armée, il a tout d'abord été surpris par la question, avant de répondre par l'affirmative. Il convient par la suite que son style de leadership dans les affaires avait probablement été influencé par son passé d'officier.

Le système de gestion stratégique du tableau de bord fonctionne mieux lorsqu'il est utilisé pour communiquer une vision et une stratégie que pour contrôler les actions des subordonnés. Cette utilisation semble paradoxale à ceux qui pensent que la mesure est un outil de contrôle et non un outil de communication. Les meilleurs responsables reconnaissent que le défi principal qu'ils doivent relever lorsqu'ils appliquent le changement et les nouvelles stratégies est d'obtenir une mise en adéquation de toute l'organisation. Gerry Isom de CIGNA l'a fort bien dit :

> *Comment pouvez-vous mettre l'esprit de 6 000 salariés en adéquation avec la stratégie ? Comment parvenez-vous à faire en sorte que les fonctionnels soient en adéquation avec le centres de profit qu'ils soutenaient ? Le tableau de bord prospectif est devenu mon outil de communication clé pour les processus de suivi des résultats, de planification et de budget. Cela nous a fait passer d'une entreprise bureaucratique, autocratique et hiérarchique avec des salariés cloisonnés, à une structure simplifiée et participative, dotée de communication descendante et ascendante avec des salariés qui travaillent ensemble par delà les limites fonctionnelles.*

Aussi, lorsque des responsables nous demandent par où ils doivent débuter la construction d'un tableau de bord dans leur organisation, nous donnons souvent la réponse analytique de « l'hémisphère gauche », que nous avons expliquée au début de ce chapitre : Choisissez dans l'entreprise un niveau où une stratégie globale et intégrée existe, qui a besoin d'être mise en adéquation avec les sous unités et les employés. Mais nous poursuivons toujours en donnant la réponse de l'hémisphère droit : Assurez-vous que le responsable de l'unité en question a un style de management qui privilégie la vision, la communication, la participation ainsi que l'initiative et l'innovation des salariés. Évitez les unités où le responsable aime tout contrôler. Évitez les responsables qui ont recours à des systèmes de contrôle de gestion pour s'assurer que toutes les sous unités et les employés suivent les indications et adhèrent aux plans qui sont décidés au sommet de l'organisation. Et lorsque les recommandations de l'hémisphère droit et de l'hémisphère gauche sont en conflit, suivez la règle de l'hémisphère droit. Le choix de l'implantation initiale doit être régi davantage par le style de leadership que par la conclusion analytique sur le lieu idéal pour formuler une stratégie. Si cette règle vous conduit à construire le tableau de bord initial dans un centre de profit ou dans une unité de services communs plutôt que dans une division, c'est très bien. Le tableau de bord peut ensuite être actualisé pour tenir compte des interactions et des synergies potentielles qui n'avaient pas été identifiées au départ. Il est bien plus difficile de modifier et d'actualiser le style de leadership et de management d'un cadre de direction récalcitrant.

RÉSUMÉ

Le tableau de bord prospectif est d'autant plus efficace qu'il fait partie d'un large processus de changement dans l'organisation. Le besoin de changement est souvent évident : l'unité enregistre de médiocres performances ou des changements majeurs sont en train de se produire dans son univers concurrentiel et technologique. Même si le besoin de changement n'est pas évident, les responsables incitent fréquemment leur organisation à réaliser de plus hautes performances en fixant des objectifs ambitieux. Quelles que soient les circonstances initiales, l'adoption du nouveau système de mesures et de gestion du tableau de bord prospectif aide les responsables à communiquer leur vision en faveur du changement et à responsabiliser les centres de profit et tous les salariés pour qu'ils imaginent de nouveaux moyens d'accomplir leur travail quotidien afin d'aider l'organisation à atteindre ses objectifs stratégiques.

Les projets de tableau de bord peuvent être lancés de n'importe laquelle des unités. Idéalement, le projet devrait débuter à un niveau de l'organisation où une stratégie complète existe ou peut être formulée. Le tableau de bord fournit le mécanisme qui permet de traduire cette stratégie en objectifs et en indicateurs ayant des relations de cause à effet qui peuvent alors être communiqués aux sous unités et aux individus. Mais les tableaux de bord peuvent également démarrer dans les services communs. Le critère le plus important est que l'unité soit dirigée par un cadre supérieur dont le style de leadership et de management privilégie la communication, la participation ainsi que l'initiative et l'innovation des salariés.

Enfin, le tableau de bord devrait être considéré comme le système interactif de l'organisation, un système fait pour provoquer les questions, les discussions, le débat et le dialogue. Là où le tableau de bord se révèle le plus puissant, ce n'est pas tant pour expliquer le passé que pour stimuler l'apprentissage et canaliser les questions et les discussions sur les moyens d'avancer vers l'avenir.

Finalement, toutefois, la capacité à créer une organisation orientée stratégie dépend moins des questions de structure et de conception et bien davantage du leadership du responsable. C'est lui qui crée un climat favorable au changement, la vision de ce que le changement peut accomplir et le processus de gestion qui encourage la communication, les discussions interactives et l'apprentissage sur la stratégie.

14

Éviter les pièges

Nous avons à présent décrit les cinq principes indispensables pour qu'une organisation soit orientée stratégie. De nombreuses organisations depuis 1996 ont été en mesure de mettre en place avec succès des programmes de tableau de bord prospectif. Tout au long de ce livre, nous vous avons donné les exemples de ces organisations, mais la preuve que cela marche va bien au-delà de ces quelques cas individuels. Ainsi, le Metrus Group a analysé 122 organisations pour comparer les performances des organisations gérées par des indicateurs prospectifs et équilibrés avec celles qui ne l'étaient pas[1]. L'étude révéla que dans les organisations gérées par des indicateurs prospectifs et équilibrés « la direction était d'accord sur les critères mesurables pour déterminer le succès stratégique, actualisait et suivait les indicateurs de performance semestriels… dans les domaines de performance prioritaires. » L'étude montra également (voir Figure 14-1) que les organisations gérées par des indicateurs prospectifs et équilibrés avaient tendance à avoir un meilleur travail d'équipe au sommet, une meilleure communication dans la structure et une meilleure autonomie à la base. Une meilleure adéquation se

---

1. J.H. Lingle et W.A. Schiemann, « From Balanced Scorecards to Strategic Gauges : Is Measurement Worth It ? » *Management Review* (mars 1996) : 56-62. Voir également W.A. Schiemann et J.H. Lingle, *Bullseye : Hitting Your Strategic Targets Through High Impact Measurement* (New York : The Free Press, 1999).

traduisait par de meilleurs résultats pour les organisations ayant des mesures prospectives et équilibrées :

- 83 % avaient des résultats financiers qui les situaient parmi le premier tiers de leur secteur

- 74 % étaient considérées comme les leaders du secteur par leurs pairs

- 97 % étaient perçues comme des pionniers ou des leaders pour le changement apporté à la nature de leur secteur

	Entreprises ayant des mesures prospectives et équilibrées	Entreprises n'ayant pas des mesures prospectives et équilibrées
■ Accord au sein de la direction sur la stratégie	90 %	47 %
■ Bonne coopération et travail d'équipe parmi les cadres	85 %	38 %
■ Partage de l'information et communication ouverte	71 %	30 %
■ Communication efficace sur la stratégie	60 %	8 %
■ Haut niveau d'autonomie parmi les employés	42 %	16 %

Source : Données de J. H. Lingle et W.A. Shieman, « From Balanced Scorecards to Strategic Gauges : Is Measurement Worth It ? *Management Review* (mas 1996) : 56-62.

Figure 14-1. L'impact des systèmes de mesure prospective et équilibrée sur la mise en adéquation et la sensibilisation des organisations

Une étude menée auprès de 113 organisations dans le monde par Conference Board pour A.T. Kearney montrait que pour les entreprises reliant leur système formel de gestion de la performance à la stratégie[2],

- 52 % avaient une gestion des stocks plus performante que leurs concurrents

- 30 % avaient une gestion de stocks aussi performante que leurs concurrents

- 18 % avaient une gestion de stock moins performante que leurs concurrents

Une étude menée par l'IMA (Institute of Management Accountants) conclut que les systèmes de gestion de la performance du tableau de bord

---

2. *Making Strategy Pay* un rapport décrivant une étude de 1999 menée pour A.T. Kearney par Conference Board (Chicago : A.T. Kearney, 1999).

prospectif donnaient de meilleurs résultats que les démarches tradition-nelles (voir Figure 14-2).

Dans l'étude de l'IMA, les systèmes de gestion de la performance du tableau de bord prospectif étaient nettement plus efficaces que ceux qui n'utilisaient pas le tableau de bord prospectif, bien que ni l'un ni l'autre des systèmes n'obtiennent des scores au-dessus de « satisfaisant » sur les échelles qui étaient utilisées. Ce qui était plus significatif c'était les réponses à la question : « Cela vaut-il la peine d'appliquer le tableau de bord ? » 60 % des personnes interrogées répondirent par l'affirmative, 30 % répondirent « pas encore, mais cela vaudra la peine » et 7 % répon-dirent « il est trop tôt pour le dire ».

Question	Ensemble	Non-utilisateurs du tableau de bord prospectif	Adeptes du tableau de bord prospectif	Utilisateurs du tableau de bord prospectif
Efficacité du système de mesure de performance actuel	2,08	1,74	2,62	2,92
Soutien des mesures de performance aux objectifs de l'activité	2,02	1,65	2,60	2,92
1 = médiocre 2 = moins que satisfaisant 3 = satisfaisant 4 = bon 5 = très bon 6 = excellent				

Figure 14-2. Efficacité du système de mesure de la performance

Mais toutes les organisations adeptes du programme de tableau de bord prospectif n'y ont pas réussi. Plusieurs d'entre elles, malgré des efforts considérables, et parfois des ressources considérables, ne sont pas parve-nues à appliquer le nouveau cadre de mesure et de gestion[3]. Nombreuses sont celles qui nous disent que le tableau de bord prospectif est « plus difficile qu'il n'en a l'air ».

---

3. B. Birchard, « Where Performance Measures Fail », p. 36 dans « Closing the Strategy Gap » *CFO Magazine* (octobre 1996) ; J. Kersnar, « Hitting the Mark, » *CFO Europe* (février 1999) : 46-48 ; A. Schneiderman, « Why Balanced Scorecards Fail, » *Journal of Strategic Performance Measurement* (janvier 1999) : 6-11.

Dans notre premier ouvrage, nous avons développé une démarche générique pour construire un premier tableau de bord[4]. Nous utilisons essentiellement ce même processus aujourd'hui dans nos applications. Grâce à l'expérience acquise ces cinq dernières années et à des modèles spécifiques à certaines stratégies et à certains secteurs, le processus initial peut à présent être raccourci de 50 % et plus, par rapport aux seize semaines généralement nécessaires en 1996[5]. Mais le processus de base reste inchangé et n'a pas besoin d'être à nouveau traité ou modifié dans ce livre. Malgré notre publication de cette démarche générique, certaines entreprises ont encore des difficultés à appliquer le concept. Nous avons identifié trois catégories de problèmes qui empêchent la création d'organisations orientées stratégie : les problèmes de transition, les problèmes de conception et les problèmes de processus. Nous allons les traiter à tour de rôle.

LES PROBLÈMES DE TRANSITION

Quelques déceptions surviennent après des changements majeurs. Ainsi, plusieurs entreprises, qui étaient bien avancées dans l'application de leurs tableaux de bord, ont-elles été achetées ou ont-elles fusionné. La nouvelle équipe de direction ne portait aucun intérêt à la nouvelle démarche et a abandonné le projet. Même des entreprises performantes bien avancées dans le système de gestion du tableau de bord prospectif peuvent rencontrer cette cause d'échec. Ainsi le groupe ACE a acquis la compagnie d'assurance CIGNA, l'un de nos principaux exemples en décembre 1998. ACE n'a conservé ni le système de gestion ni l'équipe de direction qui avait fait passer CIGNA en quatre ans de la dernière place du quatrième quartile au sommet. Au bout de six mois, Gerry Isom avait quitté l'entreprise ainsi que Tom Valerio le directeur de la transformation qui avait parrainé le système de gestion du tableau de bord prospectif. AT&T Canada a fusionné avec MetroNet Communications en janvier 1999. Le directeur général Bill Catucci démissionna à l'issue de ses trois années de contrat. Peu après, le responsable du projet quitta également l'entreprise. Une année plus tard, le tableau de bord connaît un regain de faveur, mais

---

4. Robert S. Kaplan et David N. Norton, « Le processus de construction, » p. 302-311 dans *Le tableau de bord prospectif* (Paris : Éditions d'Organisation, 1998).
5. Voir, par exemple, le programme « Balanced Scorecard Fast Track Development » proposé par Balanced Scorecard Collaborative (http://www.bscol.com).

seulement après que plusieurs de ses champions les plus importants aient quitté l'entreprise. L'avenir du tableau de bord prospectif était également incertain dans la nouvelle société d'ExxonMobil en février 2000.

Les entreprises paient généralement très cher leurs acquisitions. Et lorsqu'elles veulent mettre en avant une stratégie de réduction des coûts pour justifier le prix payé, le tableau de bord peut ne pas être considéré comme l'outil adéquat pour faire du *downsizing*. Et si l'équipe de direction de l'acquéreur est plus encline à obtenir la réduction des coûts et l'amélioration de la productivité, elle peut sous-estimer les caractéristiques d'amélioration de la croissance qu'apporte le tableau de bord prospectif. Ceux qui sont devenus de bons chirurgiens, passés maître dans l'art d'éliminer le gaspillage et l'inefficacité chaque fois qu'ils en trouvaient, ne deviennent pas soudain des architectes créatifs, concevant de nouvelles formes d'organisation et mettant au point des stratégies de croissance innovante.

Un échec connu[6] raconte l'histoire d'un tableau de bord qui remporta une bataille locale mais perdit la guerre. Les premières informations transmises par le nouveau système de tableau de bord montraient clairement que la stratégie du président d'alors ne fonctionnait pas, aussi l'entreprise changea-t-elle d'orientation. Voilà pour le succès local, à savoir que le tableau de bord fournit des informations sur une mauvaise stratégie. Mais les propriétaires de l'entreprise attribuèrent la mauvaise stratégie au président qui fut aussitôt renvoyé. Le nouveau président appliqua une nouvelle stratégie et, ce faisant, écarta le tableau de bord qu'il associait à l'ancienne stratégie qui avait échoué.

Ces problèmes de transition se posèrent dans deux de nos premiers projets dans le secteur non lucratif également. Les tableaux de bord aussi bien chez United Way dans le sud-est de la Nouvelle Angleterre que chez United Way of America ne survécurent pas au changement de dirigeants. Celui de la Nouvelle Angleterre se retira peu après que le projet de tableau de bord initial ait été terminé. Au cours du projet, il n'avait pas engagé activement son conseil d'administration dans le développement du tableau de bord, pensant que le conseil devait suivre la stratégie mais ne devait pas participer à sa formulation. Lorsqu'il a fallu le remplacer, le conseil n'accorda pas beaucoup d'importance à trouver un dirigeant qui serait acquis au nouveau système de gestion stratégique de la performance. Il

---

6. Voir Birchard, *Where Performance Measures Fail*.

choisit un cadre de banque à la retraite qui pensa que ses priorités immédiates étaient de traiter les problèmes opérationnels laissés par son prédécesseur et de s'assurer que chaque poste faisait l'objet d'un descriptif. Le tableau de bord était nouveau pour lui, il n'avait aucun engagement à son égard et ne l'a jamais appliqué au grand dam de plusieurs responsables qui avaient consacré beaucoup de temps et d'énergie au nouveau système. Le conseil, étant donné son absence d'implication dans le tableau de bord prospectif, ne fit aucune pression en ce sens.

Chez United Way of America, le directeur général démissionna de façon imprévue au cours du projet. La nouvelle directrice, recrutée en dehors de United Way of America, débarqua avec son propre style de management et un processus de planification très formalisé qu'elle voulait appliquer. Le tableau de bord prospectif ne cadrait pas avec son processus de planification et ne survécut pas à la transition.

Mais même ces deux projets ne furent pas des échecs complets. Ils étaient tous les deux bien connus de toute l'organisation de United Way et dans de nombreuses autres organisations à but non lucratif. Les responsables de projets internes des deux organisations sont devenus des porte-parole et des formateurs très en vue dans les milieux des organisations à but non lucratif qui voulaient appliquer le concept. Ainsi ces deux projets pilotes dans des organisations à but non lucratif pourraient être considérés comme des échecs locaux mais peut-être comme des succès nationaux. Les projets ont démontré le concept et formé des responsables compétents et efficaces qui, par la suite, ont aidé de nombreuses autres associations sur le plan national.

Au chapitre 13, nous avons évoqué le type de leadership et de style de management qui cadrent avec le tableau de bord. Ce sont les leaders qui mettent en avant la vision, la communication, la participation ainsi que l'innovation et l'initiative des salariés. Lorsque de tels leaders sont remplacés par des responsables qui veulent tout contrôler, des leaders dont le style de management comprend des systèmes de planification hiérarchiques et formels, des descriptifs de poste détaillés pour s'assurer que chacun fonctionne à l'intérieur de son créneau fonctionnel et des systèmes de contrôle pour surveiller que toutes les sous unités et tous les salariés respectent les plans décidés par le siège, alors le tableau de bord prospectif n'a pas beaucoup de chances de survivre à la transition.

Aussi décevants que puissent être ces faits, ils ne représentent qu'une minorité des échecs dans l'application des tableaux de bord prospectifs. Notre expérience nous a montré que les résultats décevants sont le plus souvent le fait des responsables eux-mêmes, en raison de facteurs internes à l'activité plutôt qu'attribuables à des événements extérieurs.

LES ÉCHECS DE CONCEPTION

Certains échecs se produisent lorsque les entreprises créent des tableaux de bord de qualité médiocre. Les entreprises peuvent, par exemple, utiliser trop peu d'indicateurs (seulement un ou deux par axe) et ne pas réussir à atteindre un équilibre entre les résultats qu'ils veulent obtenir et les inducteurs de performance de ces résultats. D'autres y incluent beaucoup trop d'indicateurs et n'identifient pas les quelques-uns qui comptent. Art Schneiderman avance que certains tableaux de bord échouent parce qu'ils n'incluent pas les bons « inducteurs » pour les résultats souhaités ou ne sont pas reliés aux programmes d'amélioration spécifiques pour les indicateurs de processus du tableau de bord[7]. Si une telle explication est certes possible, notre expérience nous a montré que les entreprises qui intègrent le tableau de bord dans des processus stratégiques efficaces d'apprentissage et d'améliorations (voir les développements dans les chapitres 12 et 13) apprennent avec le temps quels sont les inducteurs adéquats et efficaces de la performance de l'organisation. Les entreprises dont les projets de tableau de bord échouent à cause d'une conception médiocre ne sont en général pas en train de concevoir des tableaux de bord pour raconter l'histoire de leur stratégie.

Par exemple, les entreprises qui créent des tableaux de bord d'indicateurs clés de performance ne risquent pas de réaliser des performances exceptionnelles. Ces tableaux de bord peuvent entraîner une amélioration des performances opérationnelles mais, à moins qu'ils ne soient accompagnés d'une stratégie explicite pour en capter les avantages, l'organisation connaîtra des résultats décevants[8].

---

7. Voir, par exemple, Schneidermann, *Why Balanced Scorecards Fail.*
8. Voir, par exemple, les problèmes rencontrés après l'application d'un tableau de bord global chez Analog Devices dans « Analog Devices : The Half Life System, » de R.S. Kaplan 9-190-061 (Boston : Harvard Business School, 1990). Le déclin des performances qui a suivi est décrit dans la note pédagogique sur le cas (5-191-103) et dans « Unanticipated Side Effects of Successful Quality Improvement Programs : Exploring a Paradox of Organizational Improvement, » de J.D. Sterman, N. Repenning et F. Kofman, *Management Science* 4 n° 2 (1997) : 503-521.

On rencontre le même problème avec les tableaux de bord des parties prenantes. Les systèmes de mesures qui s'attachent à conserver la satisfaction des clients, des salariés, des fournisseurs et de la collectivité manquent généralement de stratégie pour créer un avantage concurrentiel durable. Les tableaux de bord d'indicateurs de performance clé et ceux des parties prenantes sont dépourvus de processus internes critiques et de liaisons pour entraîner des résultats exceptionnels pour les clients et les actionnaires.

Des échecs se produisent également lorsque les centres de profit et les services communs ne sont pas en adéquation avec la stratégie globale. Nous avons décrit, dans l'introduction à la deuxième partie, comment la stratégie d'une banque européenne a échoué, même en utilisant le tableau de bord prospectif, parce qu'elle n'avait pas réussi à mettre en adéquation la stratégie et le tableau de bord de son service informatique avec la stratégie de ses centres de profit. Si chaque centre de profit suit sa propre voie pour développer son tableau de bord, les organisations n'auront pas de vocabulaire stratégique commun ; elles auront à la place un tableau de bord sous forme de « tour de Babel ». De nombreuses grandes entreprises se sont désintéressés du tableau de bord prospectif parce que chaque unité le faisait de façon différente, en l'absence de coordination globale ou de liaison pour des synergies au niveau des équipes ou de l'entreprise. Les cadres de direction ne disposaient pas de cadre cohérent pour les différents tableaux de bord utilisés par leurs centres de profits et leurs services communs. En l'absence de processus de gestion communs au niveau supérieur, soit pour l'application, le retour ou le suivi d'informations, n'importe quel tableau de bord prospectif risque d'être temporaire.

LES ÉCHECS DE PROCESSUS

Toutefois, les causes les plus communes d'échec d'application du tableau de bord viennent des mauvais processus de l'organisation et non d'une conception médiocre du tableau de bord. Nous avons rencontré au moins sept types d'échecs liés aux processus dans les projets de tableaux de bord des entreprises :

1. Le manque d'engagement de la part de la direction
2. Trop peu de salariés impliqués
3. Le tableau de bord est conservé au sommet

4. Un processus de développement trop long ; le tableau de bord en tant qu'événement ponctuel

5. Le traitement du tableau de bord comme un système

6. Le recours à des consultants inexpérimentés

7. L'introduction du tableau de bord uniquement pour la rémunération

1. Le manque d'engagement de la part de la direction

La cause d'échec la plus fréquente vient de ce que l'on délègue le projet à une équipe de cadres intermédiaires. Le symptôme est clair lorsque l'équipe se réfère au projet en tant qu'indicateurs ou projet de mesure de la performance. Souvent l'équipe de cadres intermédiaires a été activement engagée dans un projet de Qualité Totale ou d'amélioration continue et le tableau de bord est considéré comme la suite logique de la philosophie de mesure de la Qualité Totale. Le tableau de bord est certainement compatible avec la Qualité Totale ou les projets d'amélioration continue (tels que le prix Baldrige aux États-Unis ou le cadre de l'EFQM en Europe). Mais, en positionnant le tableau de bord comme un projet d'amélioration de la qualité, l'on perd son énorme potentiel pour centrer et mettre en adéquation l'entreprise sur la stratégie et pas seulement sur les améliorations opérationnelles. Les programmes de qualité ont aidé les entreprises à bien faire les choses. Avec la stratégie, il s'agit de faire les bonnes choses. Les équipes de cadres intermédiaires peuvent aider les organisations à améliorer le fonctionnement existant. Mais transformer et mettre en adéquation les processus et les systèmes de l'organisation avec la stratégie nécessite un leadership du sommet.

L'engagement de la direction est nécessaire pour plusieurs raisons. Tout d'abord, la direction doit expliciter la stratégie de l'organisation. Nos recherches ont révélé que peu de cadres intermédiaires comprenaient la stratégie de l'organisation. Il est donc peu probable qu'une équipe de cadres intermédiaires arrive à capter la stratégie lorsqu'elle construit le tableau de bord. Seule l'équipe de direction a le pouvoir de faire les choix et les arbitrages difficiles que requiert une stratégie efficace. Il est peu probable que la direction délègue à un comité de cadres intermédiaires le droit de choisir les clients et les segments de marché à viser et d'identifier la proposition de valeur qui attirera et retiendra la clientèle visée et approfondira les relations avec elle. En l'absence de connaissance ou de pouvoir de décision sur la stratégie (et généralement des deux), l'équipe de cadres intermédiaires n'est pas en mesure de formuler un tableau de bord relié à la stratégie du centre de profit. La direction est également nécessaire s'il est difficile de parvenir à un consensus sur la stratégie ; le directeur général de l'activité doit servir d'arbitre si le projet se retrouve dans une impasse en raison du manque de consensus sur les choix stratégiques.

Mais plus encore que de la connaissance et de l'autorité de l'équipe de direction, le processus de création d'un tableau de bord efficace a besoin d'un engagement moral de sa part. C'est ce que nous appelons le besoin « des œufs au bacon ». La poule est impliquée dans la préparation du plat mais le porc y a un réel engagement. L'équipe de direction doit vraiment « se prêter au jeu ». Elle doit y consacrer des heures. Elle passera une partie de ce temps en tête-à-tête avec les membres de l'équipe de projet. Mais surtout, elle passera le plus clair de ce temps dans les réunions mêmes, où les cadres supérieurs débattront et discuteront entre eux des objectifs et des indicateurs du tableau de bord et des relations de cause à effet des cartes stratégiques qui définissent les hypothèses stratégiques. Ces réunions suscitent un engagement moral à la stratégie, au tableau de bord, en tant qu'outil de communication, et aux processus de gestion qui créent une organisation orientée stratégie. Un tel engagement de la direction est à la fois nécessaire et suffisant au succès.

2. Trop peu de salariés impliqués

Dans certaines entreprises, c'était un cadre de direction, tel que le directeur financier ou le responsable de la planification, faisant partie de l'équipe de responsables, qui construisait tout seul le tableau de bord. Au lieu de conduire un processus en équipe pour mettre au point le tableau de bord, le cadre solitaire faisait deux hypothèses.

Tout d'abord, il pensait que l'équipe de responsables était déjà occupée à traiter de nombreux projets aussi bien collectivement que dans le cadre de leurs propres responsabilités et qu'elle avait déjà trop de réunions dans son emploi du temps ; et qu'il serait difficile d'y ajouter une nouvelle série de réunions pour construire le tableau de bord avec cette équipe. Deuxièmement, il pensait qu'avec ses capacités analytiques et sa profonde connaissance de la stratégie de l'organisation, il pouvait construire le tableau de bord par lui-même. Et c'est ce qu'il faisait. Et il construisait, certes, un excellent tableau de bord, qui captait bien la stratégie de l'organisation et avait un bon équilibre entre les résultats et les inducteurs de performance sur les quatre axes.

Mais les entretiens suivants révélaient que rien n'avait changé dans l'organisation. Certes, l'équipe de responsables avait moins de données financières et plus de données non financières à suivre. Mais le cadre qui avait créé le tableau de bord était forcé de reconnaître que les décisions étaient toujours prises de la même façon et que le style de leadership et de management de l'entreprise était toujours centré sur les variables habituellement utilisées par la direction.

L'engagement envers la stratégie et son application exigeait que l'équipe de responsables soit activement impliquée dans la formulation des objectifs, des indicateurs et des résultats du tableau de bord. Autrement, les attitudes et les comportements ne changeraient pas. Si les salariés se plaignent de participer déjà à trop de réunions, le responsable du projet devrait profiter des réunions déjà programmées, telles que celles que l'on appelle les réunions stratégiques, pour conduire le processus de développement du tableau de bord. Ce sont justement les organisations qui ont déjà trop de réunions qui ont le plus besoin du tableau de bord.

Bien sûr, il peut être également désastreux d'essayer de construire un tableau de bord avec trop de personnes. Les interactions très denses impliquent que la taille des groupes soit raisonnable pour permettre une discussion efficace de la part de tous les participants et qu'il soit réaliste de parvenir à un consensus. Les entreprises peuvent impliquer un nombre plus important de participants dans le processus de création du tableau de bord en faisant descendre les tableaux de bord en cascade du sommet vers les divisions, les centres de profit et les départements. Au lieu que chacun travaille simultanément sur le tableau de bord à son niveau dans l'organisation, il est également possible de créer des sous-groupes plus réduits pour se concentrer sur un seul axe ou sur l'un des thèmes stratégiques qui définissent la stratégie globale. Le travail des sous-groupes est alors intégré lors d'une réunion plus vaste.

3. Le tableau de bord est conservé au sommet

L'erreur diamétralement opposée à celle de ne pas inclure l'équipe de direction est de n'inclure que l'équipe de direction. Pour que le tableau de bord soit efficace, il doit finalement être partagé par tous dans l'organisation. Le but est que chacun dans l'organisation comprenne la stratégie et contribue à son application (comme nous l'avons décrit dans la troisième partie).

Lorsque le tableau de bord est diffusé dans toute l'entreprise, il sert de base pour établir les projets locaux et promouvoir la connaissance et l'apprentissage des processus clés de l'organisation. Il facilite le partage des meilleures pratiques soit par des anecdotes publiées dans la lettre d'information de l'entreprise ou plus formellement au travers des réseaux de partage des connaissances. Les entreprises qui ne déploient pas le tableau de bord dans toute l'organisation perdent le potentiel d'innovation, de créativité et d'apprentissage des salariés. Elles ne réussissent pas à faire de la stratégie le travail quotidien de chacun.

4. Un processus de développement trop long : le tableau de bord en tant qu'événement ponctuel

Certains échecs se produisent lorsqu'une équipe de projet laisse « le mieux être l'ennemi du bien. » L'équipe croyant en la théorie du *big-bang* dans le changement de l'organisation, pense qu'elle n'a qu'une seule chance de lancer le tableau de bord aussi souhaite-t-elle présenter un tableau de bord parfait. L'équipe croit qu'elle doit avoir des données valables pour chaque indicateur du tableau de bord, aussi passe-t-elle des mois à affiner ses indicateurs, à améliorer les processus de recueil de données et à constituer des bases pour les indicateurs du tableau de bord. Dix huit mois après le lancement du projet du tableau de bord prospectif, la direction ne l'a toujours pas utilisé dans l'une quelconque de ses réunions. Interrogés sur le tableau de bord, les cadres répondent « Je pense qu'on l'a utilisé l'an dernier mais que cela n'a pas duré ». Le problème n'est pas qu'il n'a pas duré. Mais qu'il n'a jamais débuté.

Comme nous l'avons évoqué au chapitre 12, les applications les plus réussies du tableau de bord prospectif débutent avec des indicateurs manquants. Il y a parfois jusqu'à un tiers des indicateurs qui manquent dans les premiers mois. Et malgré tout, la direction utilise le tableau de bord comme programme pour ces processus de suivi des résultats et d'allocation de ressources, l'ancrant ainsi dans le système de gestion de l'organisation. Le tableau de bord devient un document vivant. Des conversations ont lieu sur les objectifs et les indicateurs, même en l'absence de données spécifiques sur les indicateurs. Et les indicateurs eux-mêmes évoluent en fonction de l'utilisation et de l'expérience.

L'apprentissage par l'action est un principe puissant. Le tableau de bord n'est pas un événement ponctuel. C'est un processus de gestion continu. Les objectifs, les indicateurs et le recueil des données seront modifiés avec le temps en fonction de l'apprentissage de l'organisation.

5. Le traitement du tableau de bord comme un système

Certains des échecs les plus onéreux se sont produits lorsque les entreprises ont appliqué leur tableau de bord comme des projets de systèmes et non des projets de gestion. Ces échecs ont généralement lieu lorsqu'un cabinet de consultant extérieur, notamment spécialisé dans l'installation de gros systèmes, convainc quelqu'un dans l'entreprise de faire appel à des consultants pour installer un système de gestion de tableau de bord prospectif. Les consultants passent les douze ou dix huit mois suivants en dépensant plusieurs millions de dollars pour automatiser tous les systèmes de recueil de données existants et pour fournir une interface de suivi standard et, peut être même, des capacités de recherche de données, de sorte que les responsables puissent disposer, sur leurs ordinateurs, d'un système d'information pour la décision. Ce système d'information permet aux responsables d'accéder à n'importe quelle donnée ou de trier de différentes façons une large base de données. Il n'est guère surprenant que pratiquement personne n'utilise le nouveau système. L'automatisation et la simplification de l'accès à des milliers et à des millions de données observées et recueillies dans une entreprise ne sont pas ce que nous avions à l'esprit lorsque nous avons mis au point le tableau de bord prospectif.

Souvenez-vous des organisations, qui avaient déjà des bases de données et des systèmes étendus, à qui il manquait jusqu'à un tiers de leurs indicateurs sur leur premier tableau de bord prospectif. L'automatisation et la possibilité de recherche des données existantes n'identifieront jamais les indicateurs majeurs qui manquent. Souvenez-vous également de la notion d'équilibre. Donner aux responsables accès à plus de cent mille données ne remplacera jamais une carte stratégique organisée avec des liens de cause à effet entre les trente indicateurs qui représentent vraiment les variables stratégiques les plus importantes.

Encore plus important, réfléchissez aux problèmes posés par les deux premiers pièges. Des organisations qui délèguent leur tableau de bord à des consultants extérieurs pour créer un système et l'appliquer ne parviendront que difficilement à engager l'équipe de direction dans un dialogue stratégique. Il ne serait dès lors pas surprenant que la direction n'utilise pas le nouveau système informatique et, à coup sûr, ne gère pas l'entreprise différemment, simplement parce qu'ils ont à présent un accès direct aux détails de toutes les données de leur compagnie.

Le tableau de bord stratégique doit débuter par une analyse stratégique complète qui engage les responsables de l'organisation. Cette tâche ne peut être déléguée à une équipe informatique ou à un cabinet chargé d'appliquer un système. Le tableau de bord devrait débuter par un processus de gestion et non un processus systématique.

Les systèmes et la technologie sont importants, comme nous l'avons vu dans les chapitres 11 et 12. En intégrant le tableau de bord dans le recueil des informations, le suivi des résultats et les processus d'apprentissage et d'analyse courants, il fait réellement partie de l'organisation. Mais les systèmes et la technologie ne viennent qu'après le processus de gestion initial qui génère les objectifs, les indicateurs, les résultats, les projets et relie les tableau de bord à toute l'organisation. Et plus important encore, le processus de gestion génère au départ l'engagement de gérer l'organisation par le biais du tableau de bord.

6. Le recours à des consultants inexpérimentés

Le recours à des consultants qui traitent le tableau de bord prospectif comme un système est lié à un autre piège, celui d'avoir affaire à des consultants dont c'est la première mission d'application d'un tableau de bord. Après la publication de nos articles et de nos livres, de nombreux cabinets de consultants répondaient à la demande d'assistance des entreprises pour l'application du tableau de bord. Trop souvent, malheureusement, les consultants ne faisaient que rebaptiser « Tableau de bord prospectif » leur démarche habituelle de mesure de l'information. En ayant recours à des consultants inexpérimentés ou à des consultants qui vous appliquent leur méthode favorite sous le nom de tableau de bord prospectif, vous courez à coup sûr à l'échec.

Ce point s'est imposé à nous avec force lorsque nous avons entendu parler d'une grande institution financière qui venait de dépenser des millions de dollars sur un projet de tableau de bord prospectif largement considéré comme un échec retentissant. Nous avons pris rendez-vous avec le responsable de l'institution pour savoir ce qui s'était passé. S'agissait-il d'un problème avec le concept de tableau de bord et du système de gestion sur lequel nous devrions nous pencher ?

Dès notre arrivée à cette réunion, le président nous dit aussitôt :

> *Nous l'avons bousillé : le tableau de bord n'est pas en cause. Je l'ai vu fonctionner de façon très efficace dans mon ancienne entreprise. Mais le projet n'a pas été bien positionné dans celle-ci et les consultants que nous avons engagés, tout en clamant leur expertise sur le sujet, n'avaient pas la moindre idée sur la façon d'organiser le projet ou d'appliquer le système.*

7. L'introduction du tableau de bord uniquement pour la rémunération

Comme nous l'avons exprimé au chapitre 10, nous aimons l'idée de lier la rémunération aux indicateurs stratégiques du tableau de bord. Les entreprises se servent de ce lien comme d'un levier puissant pour capter l'attention et l'engagement des salariés sur la stratégie. Mais certaines entreprises sautent l'étape de la traduction de la stratégie dans le processus du tableau de bord. Elles se contentent d'introduire de nouveaux indicateurs non financiers dans leur plan de rémunération variable. Ceci peut se produire lorsque l'entreprise crée un tableau de bord des parties prenantes en incluant des indicateurs sur la performance dans le domaine de l'environnement, la diversité des salariés et les notations de la collectivité. Les responsables, bien sûr, consacrent alors plus d'attention et d'énergie aux nouveaux indicateurs. La performance des indicateurs non financiers s'améliore. Mais les performances financières et les performances pour le client ne s'améliorent guère créant un certaine tension et des conflits dans l'organisation. Les responsables se demandent alors pourquoi le tableau de bord n'a pas marché pour eux. La réponse est évidente. Lorsque les tableaux de bord sont utilisés pour introduire des indicateurs non financiers dans un plan de rémunération, ils ne traitent pas de la façon dont les mesures non financières entraîneront l'amélioration des performances financières et des performances pour le client. Le lien avec la rémunération entraîne les performances financières, lorsqu'il est basé sur un tableau de bord stratégique et non sur un tableau de bord de parties prenantes ou un tableau de bord de l'indicateur de performance clé.

RÉSUMÉ

De nombreuses entreprises bénéficient déjà des avantages de leurs systèmes de gestion du tableau de bord prospectif. Certes, des échecs se produisent lors de l'application, mais la plupart sont le fait des entreprises elles-mêmes. Après un changement de dirigeant ou de contrôle, les organisations peuvent revenir à des systèmes de gestion traditionnels parce que le nouveau dirigeant ne connaît pas les avantages qu'il y a à gérer une organisation orientée stratégie. Les autres échecs viennent d'insuccès dans l'application du concept, tels qu'un parrainage et un engagement insuffisants de la part de la direction, la conception d'un tableau de bord qui n'est pas relié à la stratégie, le recours à des consultants inexpérimentés et le déploiement de ressources inadéquates.

Dans cet ouvrage, nous avons indiqué les principales étapes qui permettent au tableau de bord de créer une organisation orientée stratégie.

1. Traduire la stratégie en termes opérationnels
2. Mettre en adéquation l'organisation avec la stratégie
3. Faire que la stratégie soit l'affaire quotidienne de tous
4. Transformer la stratégie en un processus continu
5. Mobiliser le changement grâce au leadership de la direction

Le chemin n'est ni facile ni rapide. Il nécessite de l'engagement et de la persévérance. Il nécessite un travail d'équipe et une intégration au-delà des frontières et des rôles traditionnels de l'organisation. Le message doit être répété souvent et de multiples façons. Mais les organisations qui poursuivront l'effort et conserveront leur adhésion aux cinq principes énoncés éviteront les pièges et seront sur la voie de la performance exceptionnelle.

Les questions le plus souvent posées

Comme nous donnons des conférences et que nous animons des séminaires sur la matière qui fait l'objet de cet ouvrage, de nombreuses questions nous sont régulièrement posées sur le tableau de bord prospectif et la façon de l'appliquer. Nous avons pensé que les lecteurs trouveraient utile de connaître nos réponses aux questions qui reviennent le plus souvent.

Questions

Beaucoup de vos exemples viennent de grandes entreprises dans des secteurs parvenus à maturité : la banque, l'assurance, les produits pétroliers et la grande distribution. Le tableau de bord prospectif peut-il s'appliquer aux petites entreprises, aux nouvelles entreprises et aux entreprises à évolution rapide ?

La réponse est oui aux trois questions. Au début, nous avons travaillé avec de grandes entreprises. C'est là qu'il y avait le plus d'urgence. La plupart de ces entreprises avaient des résultats médiocres et avaient clairement besoin d'une nouvelle stratégie et d'un nouveau modèle. Mais leur taille et l'inertie qui l'accompagne rendaient le déploiement de toute nouvelle stratégie plus difficile. Le tableau de bord a accéléré leur orientation vers une nouvelle direction stratégique. Depuis lors, nous avons assisté à plusieurs applications réussies dans des entités plus petites appartenant à de grandes entreprises. Nous avons évoqué, au chapitre un, le succès de Southern Garden Citrus qui employait deux cents salariés. Nous avons conseillé

Guideposts, un magazine et un éditeur chrétien à but non lucratif avec 500 salariés, ainsi qu'une petite entreprise de conception et de fabrication de systèmes satellite. Et bien sûr, plusieurs des organisations à but non lucratif, New Profit, l'hôpital pour enfants de Duke et l'Institut May avaient des effectifs allant d'une douzaine à quelques centaines. Le problème clé pour une organisation, quelle que soit sa taille, est celui de la mise en adéquation des individus et des processus avec la stratégie. Les petites comme les grandes entreprises tirent avantage du fait que chaque salarié comprend la stratégie et l'applique dans son travail quotidien.

Pour les entreprises nouvelles, l'exemple des services en ligne de National Bank (voir chapitre 4) fournit un guide pour l'application du tableau de bord prospectif aux entreprises sur Internet. Nous sommes, à l'heure actuelle, en train de travailler avec plusieurs entreprises de commerce électronique pour développer des tableaux de bord prospectifs afin de guider leurs opérations. Les avantages apparaissent dès lors que les fondateurs de l'entreprise sont complètement en adéquation avec la stratégie. Ainsi, ils disposent également d'un outil puissant pour communiquer et enseigner aux nouvelles recrues le modèle sous-jacent et la façon dont elles pourraient contribuer à une croissance rapide.

En ce qui concerne les entreprises dans des contextes en rapide évolution, on peut citer Cisco Systems qui utilise un système de mesure de type tableau de bord prospectif pour ses opérations. Microsoft en Amérique Latine a également recours à un tableau de bord pour mettre en adéquation tous les responsables régionaux avec les stratégies évolutives pour le lancement de nouveaux produits, de nouveaux services et de nouvelles relations avec les distributeurs et les consommateurs[1].

Le tableau de bord devient, pour ces entreprises, un outil puissant pour des changements en cours de route, comme nous l'avons évoqué au chapitre 12 dans le contexte de stratégies émergentes. Tout le tableau de bord n'a pas besoin d'être refait à chaque fois qu'une nouvelle opportunité ou une nouvelle menace se présente. Les objectifs et les indicateurs, notamment sur les axes financier et client ne seront pratiquement pas concernés. Ce qui change ce sont les lancements de nouveaux projets, la réduction de projets existants et peut être un ou deux processus internes qui deviennent critiques. Le tableau de bord devient le langage grâce

---

1. A. Ballvé, A. Davila et R.S. Kaplan, *Microsoft Latin America : Measuring the Future* 100-040 (Boston : Harvard Business School, 2000).

auquel la direction communique les changements dans la tactique et l'orientation, permettant aux transformations et aux nouveaux projets de se réaliser d'autant plus rapidement. En outre, l'orientation ne vient pas forcément d'en haut, comme nous l'avons vu au chapitre 12. En comprenant la situation de l'entreprise et l'orientation qu'elle veut prendre, les salariés peuvent identifier de nouvelles opportunités intéressantes et les communiquer aux autres par le biais du langage commun du tableau de bord.

Question

Y-a-t-il de nouveaux problèmes, tels que des différences de culture, qui se posent lorsque le tableau de bord prospectif est appliqué dans différentes parties du monde ?

Notre premier ouvrage sur le tableau de bord prospectif a déjà été traduit en dix-neuf langues, ce qui semble indiquer que les questions et les principes du tableau de bord s'adaptent bien aux cultures de par le monde. Nous avons conseillé et formé des responsables sur tous les continents et nous n'avons pas rencontré de barrières culturelles à l'application du tableau de bord. Des cabinets de consultants sur les principaux marchés du monde ont adopté le tableau de bord prospectif et l'ont adapté aux pratiques intellectuelles et professionnelles traditionnelles sur leurs marchés. Nous n'avons pas vu de changements majeurs de notre schéma de base, lorsque le tableau de bord a été adapté à ces applications locales.

Le tableau de bord a certes besoin d'une certaine maturité et d'une certaine sophistication de la gestion. Il nécessite un style de management participatif et non autoritaire. Certaines entreprises peuvent avoir à s'adapter au style de management avant de retirer les pleins bénéfices du tableau de bord.

Question

Comment puis-je obtenir le parrainage de la direction pour le projet de tableau de bord prospectif ?

Cela nous rappelle l'anecdote du client posant la question du prix d'un yacht et qui s'entend répondre : « Si vous avez besoin de poser la question c'est que vous n'avez pas les moyens de vous l'offrir. » Si vous avez à convaincre une direction réticente de soutenir le tableau de bord prospectif, c'est que vous n'allez probablement pas obtenir l'engagement suffisant de sa part. Comme nous l'avons évoqué au chapitre 13, le tableau de bord prospectif fonctionne mieux lorsque la direction recherche déjà des moyens plus efficaces pour communiquer la stratégie et les objectifs de ses centres de profit. Les directions qui accordent du prix à la vision, à la communication, à la participation ainsi qu'à l'initiative et à l'innovation des salariés devraient, sans avoir besoin de persuasion, trouver dans le tableau de bord prospectif un outil de gestion précieux et naturel. S'ils ont besoin d'un peu d'encouragement, les succès des entreprises, relatés au chapitre un, devraient leur révéler la puissance des tableaux de bord pour créer des performances exceptionnelles.

Les directions, qui gèrent à coup de formules financières et qui souhaitent que les sous unités et les salariés suivent les orientations et adhèrent à des plans formulés d'en haut, ne trouveront pas dans le tableau de bord prospectif un outil de gestion très compatible avec leur philosophie. Nous ne perdrions pas notre temps à tenter de convaincre ces directions à « parrainer » le tableau de bord prospectif. Elles ne suivraient pas les principes pour devenir une organisation orientée stratégie, même si elles finissent par fournir les fonds et les autres ressources nécessaires pour qu'un premier tableau de bord soit développé. Nous recommanderions aux adeptes du tableau de bord de rechercher ailleurs dans l'organisation plutôt que de solliciter le parrainage de ces directions. Trouvez alors un responsable d'unité pour lequel le tableau de bord serait un complément plus naturel à son style de management.

Question

Le tableau de bord prospectif peut-il être appliqué à un personnel syndiqué ?

Les applications, dans le secteur pétrolier (avec notamment Mobil et Texaco) et dans l'automobile, se sont produites dans des entreprises où de nombreux salariés sur le terrain étaient syndiqués. De même, de nombreuses applications dans le secteur public se sont faites avec des salariés syndiqués.

Le tableau de bord communique aux salariés un modèle plus durable. Il incite les salariés à rechercher des nouveaux moyens de faire leur travail pour créer de la valeur pour l'organisation. La résistance vient plus souvent des supérieurs sur le terrain et des cadres intermédiaires, qui ont l'habitude de donner des ordres et de tout contrôler, que des employés sur le terrain.

Le seul aspect de l'organisation orientée stratégie que les syndicats n'aient pas adopté, c'est le lien avec la rémunération. Texaco a eu recours aux récompenses non financières, décrites au chapitre 10, pour éviter le salaire variable pour des salariés syndiqués. Chez Mobil, le syndicat était heureux d'être associé au plan de salaire variable de l'entreprise, mais il s'éleva contre un salaire de base à 90 % du salaire du marché et à une prise de risque sur les 10 % restants. La direction de Mobil ne voulait pas que les syndicats participent au plan de rémunération s'ils n'acceptaient pas au moins 5 % de risque. Le syndicat n'étant pas d'accord, il a été exclu du plan de rémunération variable qui s'est élevé en moyenne entre 17 et 19 % des rémunérations globales entre 1996 et 1999.

Question

Est-ce que je dois disposer d'une stratégie avant de construire un tableau de bord ?

Le tableau de bord prospectif est, à strictement parler, un outil d'application de la stratégie. Pour les entreprises qui disposent déjà d'une stratégie, le tableau de bord peut les aider à appliquer plus rapidement et plus efficacement leur stratégie en suivant les principes décrits dans cet ouvrage.

Certaines équipes de direction pensaient au départ que tous leurs membres étaient d'accord avec la stratégie existante. En construisant le tableau de bord, toutefois, elles s'aperçurent que chaque membre de l'équipe avait une interprétation totalement différente de la stratégie. Les participants n'étaient pas d'accord sur les clients à viser, sur les propositions de valeur discriminantes et sur le rôle que devaient jouer l'innovation et les services communs dans la stratégie. La construction du tableau de bord entraîna la clarification et le consensus sur ce qu'était exactement la stratégie et la façon de l'atteindre.

Les organisations qui ne disposaient d'aucune stratégie explicite ou partagée ont utilisé la construction du tableau de bord comme mécanisme pour développer une stratégie pour le centre de profit. Le tableau de bord stimule un dialogue très dense sur la gestion pour définir la stratégie. Comme nous l'avons évoqué au chapitre 3, le tableau de bord crée, pour la stratégie, une structure et un langage communs qui n'existaient pas auparavant. Les cartes et les modèles stratégiques fournissent un cadre aux discussions.

Aussi la réponse à la question est qu'en ayant une stratégie explicite que tous comprennent vraiment et avec laquelle ils sont d'accord, on peut raccourcir le temps nécessaire pour construire le tableau de bord initial. Mais les organisations n'ont pas besoin d'attendre le consensus sur la stratégie pour construire un tableau de bord. Elles peuvent se servir de la création du tableau de bord comme mécanisme pour simultanément créer la stratégie.

Question

Qu'en est-il de la sécurité des données et des questions de confidentialité ? Pouvons-nous partager toutes les informations de notre tableau de bord stratégique avec nos salariés sur notre Intranet ?

Les questions de sécurité et de confidentialité provoquent des tensions intéressantes. D'un côté, les organisations orientées stratégie souhaitent que les salariés aient accès à la stratégie et en aient une profonde connaissance et compréhension. La communication et la sensibilisation stimulent la motivation intrinsèque, car les salariés sont ainsi en mesure de voir comment ils peuvent contribuer au succès de l'organisation. C'est ce qui libère leur énergie pour trouver de nouveaux moyens de participer.

D'un autre côté, une explication aussi claire de la stratégie, crée des risques. Dans notre premier livre, nous avons relaté ce qu'un directeur de division avait dit lorsqu'il avait présenté son premier tableau de bord au président de son entreprise :

> *Auparavant, si vous aviez perdu mon plan stratégique dans un avion et qu'un concurrent l'avait trouvé, j'aurais été en colère mais je me serais dominé. En réalité, cela n'aurait pas été une si grande perte. Ou si j'avais laissé mon analyse opérationnelle mensuelle quelque part et qu'un concurrent en avait obtenu une copie, j'aurais été ennuyé, mais là encore cela n'aurait pas été une si grande affaire. Par contre, ce tableau de bord prospectif explique si bien ma stratégie qu'un concurrent en le voyant serait capable de bloquer ma stratégie et de la rendre inefficace.*

Nous voulons des tableaux de bord qui racontent l'histoire de la stratégie. C'est le résultat idéal à partir des cartes stratégiques. Mais le risque de partager cette information avec des centaines et des milliers de personnes est évident. Les salariés quittent l'entreprise tous les jours. Les entreprises ne peuvent pas s'attendre à ce que 100 % de leurs salariés soient en adéquation 100 % du temps avec leurs valeurs, leur mission et leur succès à terme. Comme le disait une expression utilisée pendant la guerre : « À trop parler, on met les bateaux en danger. » Pour éviter la communication d'informations sensibles, les entreprises peuvent coder les chiffres du tableau de bord pour éviter qu'ils ne tombent aux mains des concurrents. Ainsi, la plupart des salariés voient les grandes tendances, mais pas les chiffres absolus.

De nombreuses entreprises, toutefois, pensent que leur succès par rapport à leurs concurrents vient non pas d'une stratégie supérieure, gardée secrète par les membres de l'équipe de direction, mais de l'application plus rapide et plus efficace de leur stratégie. Et ils considèrent également que le tableau de bord, communiqué, compris et appliqué par tous les salariés, leur donne les moyens de cette rapidité et de cette efficacité dans l'application de leur stratégie. Le secret alors n'est plus la stratégie mais les processus de leadership et de gestion internes qui mènent à l'organisation orientée stratégie.

On nous demande souvent pourquoi la division NAM&R de Mobil s'est montrée si généreuse en acceptant que sa stratégie soit dévoilée et utilisée comme cas. Tout d'abord, Mobil doit appliquer sa stratégie au travers de ses distributeurs, qui sont des professionnels indépendants de l'entreprise. Toute nouvelle stratégie communiquée à ses distributeurs est aussitôt connue de tous ses concurrents. À l'inverse, Mobil connaît la stratégie de tous ses concurrents (dont la plupart ont des stratégies tout à fait analogues à la sienne) et les concurrents connaissent tous la stratégie de Mobil. La différenciation vient de la manière dont l'entreprise applique sa stratégie et c'est là que le tableau de bord a donné à Mobil certains avantages durables de précurseur. Deuxièmement, en rendant publique sa stratégie, le directeur général, Brian Baker, a fait comprendre à tous ses salariés que le succès ne viendrait pas d'une stratégie gagnante, imaginée par des génies au siège de la compagnie, et que les concurrents ne pourraient tenter d'imiter. Il viendrait de la façon dont les salariés appliqueraient la stratégie. Et troisièmement, Baker pensait qu'en mettant les premières mesures stratégiques de la division NAM&R de Mobil dans le domaine public, les responsables et les employés seraient davantage incités à trouver de nouveaux moyens de se battre contre la concurrence, peut être en développant des stratégies émergentes comme nous l'avons vu au chapitre 12. Ce qui aiderait Mobil à conforter et à développer ses avantages de précurseur.

Le problème de la confidentialité s'est posé de façon cruciale dans une entreprise où des avocats ont analysé le tableau de bord et se sont aperçus qu'il contenait des projections financières. Ils ont demandé « Et si un salarié copie et distribue ces informations prospectives à des analystes ? Nous pourrions tomber sous le coup de la violation de la réglementation de la commission des opérations de bourse sur la diffusion des informations financières. » Leur objection stoppa net le déploiement du tableau de bord pendant deux mois jusqu'à ce qu'une solution soit trouvée. Le tableau de bord a été diffusé après que l'entreprise ait prévu deux niveaux d'accès à son Intranet. L'équipe de direction pouvait consulter les chiffres absolus sur l'échelle verticale des indicateurs du tableau de bord. Tous les autres salariés pouvaient voir les tendances et le code couleur en rouge, orange et vert des indicateurs du tableau de bord. Ils ne pouvaient pas voir les valeurs exactes des indicateurs diffusés.

Question

Supposons qu'il manque certains indicateurs au tableau de bord. Devrions-nous en différer le lancement jusqu'à ce que nous obtenions les données pour tous les indicateurs ?

À l'issue de la conception initiale du tableau de bord, de nombreux indicateurs ne sont souvent pas encore disponibles pour le suivi. Il manquait à Chemical Bank environ un tiers des indicateurs, à Mobil 25 %, et à Reuters Amérique 40 %. La première réaction est prévisible : « Si nous ne pouvons pas mesurer ce que nous souhaitons, essayons de souhaiter ce que nous pouvons mesurer ; Utilisons les indicateurs pour lesquels nous avons déjà des données ! » C'est une erreur. Si le tableau de bord a été bien pensé, les indicateurs représentent les informations les plus importantes de l'entreprise. Si les indicateurs n'existent pas pour le moment, c'est que des processus de gestion majeurs ne sont peut être pas gérés. L'organisation aura à explorer de nouvelles voies dans lesquelles des processus et des systèmes de gestion sont encore à développer. Nous conseillons aux organisations de se montrer patientes et d'établir de nouveaux processus pour obtenir les nouvelles informations. Le chef du personnel de Chemical Bank, Lee Wilson, se souvient qu'après avoir pris connaissance de ces lacunes dans l'information « Nous avons consacré un temps, une énergie et des sommes considérables dans les systèmes et les procédures pour recueillir les nouvelles informations. En recherchant les nouveaux indicateurs, nous avons tiré profit de notre stratégie. »

Combien doit-il y avoir d'indicateurs dans le tableau de bord et quel devrait être le panachage entre les différents axes ?

D'après notre expérience, nous pensons que le tableau de bord devrait avoir entre vingt et vingt cinq indicateurs. Voici une répartition type entre les quatre axes :

Financier . . . . cinq indicateurs (22 %)

Client . . . . cinq indicateurs (22 %)

Interne . . . . huit à dix indicateurs (34 %)

Apprentissage et développement . . . . cinq indicateurs (22 %)

Une étude indépendante menée par Best Practices, LLC, a analysé les tableaux de bord de vingt deux organisations, qui avaient implanté le tableau de bord prospectif avec succès, et a trouvé à peu près la même répartition des indicateurs[2].

La pondération plus élevée pour l'axe interne reflète l'importance de mettre en avant les inducteurs des résultats pour le financier et le client. Remarquez également que 80 % des indicateurs d'un tableau de bord prospectif devraient être non financiers. Parmi les meilleures entreprises de leur catégorie, seul Mobil s'est écartée du schéma précédent : elle avait 50 % de ses vingt quatre indicateurs sur l'axe interne, reflétant l'importance mise sur l'excellence opérationnelle et les problèmes de santé, de sécurité et d'environnement dans une activité de forte capitalisation comme la sienne.

En quoi est-ce que le tableau de bord prospectif diffère de la Qualité Totale ?

Le tableau de bord prospectif est parfaitement compatible avec les principes de la Qualité Totale. Les projets pour améliorer la qualité, la réactivité et l'efficacité des processus internes peuvent s'intégrer dans la partie

---

2. Rapport sur les meilleures pratiques, *Developing the Balanced Scorecard* (Chapel Hill, NC : Best Practices, LLC, 1999).

opérationnelle de l'axe interne du tableau de bord. Si l'on étend les principes de Qualité Totale vers le processus d'innovation et l'amélioration des relations avec le client, on les intégrera dans divers autres modules de l'axe de processus interne. Ainsi, les entreprises qui pratiquent déjà les disciplines d'amélioration continue et de mesure de la Qualité Totale auront pleinement l'occasion de maintenir leurs programmes dans le cadre plus stratégique du tableau de bord prospectif.

Notre expérience en entreprise nous indique, toutefois, que le tableau de bord prospectif fait bien plus que replacer les principes de la Qualité totale dans un nouveau cadre. Le tableau de bord optimise à bien des égards l'efficacité des programmes de Qualité Totale. Tout d'abord, le tableau de bord identifie les processus internes dont l'amélioration est le plus vitale au succès stratégique. Dans de nombreuses organisations, les programmes locaux de Qualité totale ont réussi, mais leur impact n'a pu se faire sentir dans les performances financières ou pour le client. Le tableau de bord identifie et fixe les priorités sur les processus qui sont les plus importants pour la stratégie ; il indique également si l'amélioration des processus devrait porter plutôt sur la réduction des coûts, l'amélioration de la qualité ou la compression de la durée du cycle. Bill Allen, directeur des services communautaires chez United Way dans le Sud-est de la Nouvelle Angleterre, avait fait le commentaire suivant : « Le tableau de bord a unifié et canalisé nos efforts de Qualité Totale. Nous avions un tas d'équipes faisant un tas de choses, mais les efforts étaient ponctuels. Notre expérience de Qualité Totale a mis l'accent sur le travail d'équipe ainsi que sur le recueil et la mesure des bonnes données. Le tableau de bord a tout rassemblé dans une démarche unique[3]. »

Le deuxième apport du tableau de bord aux programmes de Qualité totale se produit en forçant les responsables à expliquer la liaison entre l'amélioration des processus opérationnels et les résultats positifs pour les clients et les actionnaires. Si on peut dire que la liaison entre les résultats de qualité et les résultats financiers se produit souvent, elle ne se produit pas toujours. Au début des années 90, plusieurs entreprises qui avaient été de récents lauréats du prix Baldridge ou apparemment exemplaires dans les principes de Qualité Totale ont, par la suite, rencontré des problèmes

---

3. R.S. Kaplan et E.L. Kaplan, *United Way of Southeastern New England*, 9-197-036 (Boston : Harvard Business School, 1996), 7.

financiers[4]. Dans ces derniers jours comme directeur général d'IBM, John Akers culpabilisait en pensant à ces visites dans les établissements de production d'IBM. Les salariés lui montraient fièrement des graphiques sur la qualité supérieure et les améliorations de la durée des cycles, mais avaient peu de réponses quand il les interrogeait sur la raison pour laquelle les ventes aux clients continuaient de baisser.

Les entreprises qui se concentrent exclusivement sur la qualité et l'amélioration du processus local ne relient souvent pas ces améliorations aux résultats attendus soit dans le domaine financier ou dans celui du client. Ces entreprises suivent une stratégie du domaine des rêves pour la qualité : « Si nous améliorons la qualité, les résultats financiers suivront. » Le tableau de bord exige que la liaison soit explicite. Une des liaisons va des améliorations de la qualité, sur l'axe interne, à un ou plusieurs résultats (et non processus), sur l'axe client. Une autre liaison va des améliorations de la qualité qui permettent aux entreprises de réduire les coûts, ce qui entraîne un résultat sur l'axe financier. Le cadre du tableau de bord permet aux responsables d'expliquer comment ils vont traduire des améliorations de qualité en chiffre d'affaires accru, en réduction d'actifs, de personnel et de coûts.

Question

Qu'en est-il du reengineering *? Comment cela se relie-t-il au tableau de bord ?*

Le *reengineering*, qui est une amélioration discontinue des processus existants peut parfois être nécessaire lorsque le processus d'amélioration continue (la démarche de Qualité Totale) ne mène pas aux performances souhaitées[5]. Mais sans l'orientation que fournit le tableau de bord stratégique, le *reengineering*, tout comme la Qualité Totale, peut se concentrer sur des processus qui ne sont pas vitaux pour le succès stratégique, de sorte que les améliorations des processus revus n'ont pas d'impact économique majeur. Les programmes de *reengineering* peuvent également être banalisés en simples programmes de réduction brutale des coûts et des effectifs. Le tableau de bord peut optimiser les stratégies centrées sur les

---

4. R.E. Kordupleski, R.T. Rust, A.J. Zahorik « Why Improving Quality Doesn't Improve Quality (Or Whatever Happened to Marketing ?) *California Management Review* (avril 1993).
5. J. Champy et M. Hammer, *Le reengineering* (Paris, Dunod, 1993).

processus en identifiant plusieurs indicateurs non financiers de la proposition de valeur qui peuvent être des résultats probants des projets de reengineering[6].

Question

Quelle est la relation entre le tableau de bord prospectif et la méthode ABC du coût par activité ? Que faut-il faire d'abord ?

Au moins l'un d'entre nous doit reconnaître une faiblesse pour les deux démarches et préfère ne pas avoir à choisir entre les deux. La méthode ABC donne aux responsables une vision claire des inducteurs de coûts dans leur organisation et l'occasion de réduire les coûts grâce à des décisions sur la gamme de produits et de clients, les relations client et les conditions de paiement, les conceptions de produit et les améliorations des activités et des processus. Aucun système de coût, toutefois, même pas la méthode ABC, ne peut mesurer la valeur de ce qu'une organisation fait pour son client. Le tableau de bord prospectif offre une démarche complémentaire qui identifie spécifiquement les clients à viser, ce qu'ils représentent en valeur et les processus, les capacités et les compétences dans lesquels doit exceller une organisation pour fournir des propositions de valeur uniques pour les clients visés. Ainsi, les deux systèmes fonctionnent-ils bien ensemble. La méthode ABC identifie les inducteurs de coûts et les mesures que peut prendre l'organisation pour réduire ses frais, tout en gardant intacte la valeur assurée aux clients. Le tableau de bord identifie les inducteurs de valeur de la stratégie et d'un nouveau système de gestion pour mettre l'organisation en adéquation avec la stratégie. Les deux systèmes s'entrecroisent à différents moments. Sur l'axe client, la rentabilité du client ne peut être mesurée que si un système ABC bien construit calcule les coûts liés au service du client individuel. Pour le thème de l'excellence opérationnelle, sur l'axe interne, un système ABC mesure le coût des activités et des processus critiques. Enfin, un système ABC peut aider, au stade de la formulation lors de la création du tableau de bord, en identifiant le coût qu'il faut compter pour servir différents segments de clientèle, facilitant ainsi le choix des segments qui devraient être visés par la stratégie de l'entreprise.

---

6. Michael Hammer, *Beyond Reengineering : How the Process-Centered Organization is Changing our Work and our Lives* (New York : Harper Collins, 1997).

Les deux démarches sont intéressantes pour les organisations. Les entreprises qui ont besoin de clarifier leur stratégie et de se mettre en adéquation avec une nouvelle stratégie orientée client trouveront sans doute que le tableau de bord prospectif est la première des priorités. Celles qui ont besoin de s'attaquer immédiatement à la hausse de leurs coûts, à la prolifération des produits et des clients et à la compétitivité de leurs coûts devraient débuter par un système ABC. Nous pensons cependant que les entreprises ont intérêt à utiliser les deux systèmes de façon à mesurer et à gérer à la fois leurs inducteurs de valeur et leurs inducteurs de coûts.

Question

Nous sommes déjà en train d'appliquer une démarche de gestion fondée sur la valeur ajoutée économique, l'EVA. Pourquoi avons-nous besoin d'un tableau de bord prospectif, au-delà de ces mesures financières optimisées ?

Les entreprises qui ont adopté des stratégies de valeur pour l'actionnaire, qu'il s'agisse d'EVA ou d'autres systèmes de gestion fondés sur la valeur, peuvent tout à fait replacer ces mesures supérieures tout en haut de leur tableau de bord[7]. Les inducteurs financiers de la valeur pour l'actionnaire tels que la croissance du chiffre d'affaires, la marge opérationnelle, les ventes par rapport aux actifs, les ratios de fonds de roulement et de leviers financiers sont également représentés sur l'axe financier comme des inducteurs de valeur. Mais les applications de la gestion fondée sur la valeur s'arrêtent souvent avec ces inducteurs financiers.

Le cadre du tableau de bord prospectif optimise les stratégies fondées sur le financier en rendant explicites les résultats pour des clients spécifiques et les inducteurs de performance qui permettent d'atteindre les objectifs financiers. En l'absence de l'équilibre apporté par le tableau de bord prospectif, les stratégies de gestion fondées sur la valeur peuvent « cueillir les fruits à portée de main » tels que la réduction de coûts et la rentabilité accrue des actifs mais rater l'occasion de créer de la valeur ajoutée grâce à une stratégie de croissance du chiffre d'affaires à plus long terme par le biais d'investissements pour le client, d'innovation, d'optimisation des processus, d'informatique et de compétences des salariés.

---

7. R. Myers, « Metric Wars, » *CFO Magazine* (octobre 1996) ; « Measure for Measure, » *CFO Magazine* (novembre 1997) ; et « Valuing Companies : A Star to Sail By ? » *The Economist*, 2 août 1997 : 53-55.

(Question reliée à la précédente) Pourquoi est-ce que je ne peux pas parvenir aux mêmes résultats en communiquant et en récompensant les salariés sur les objectifs financiers que nous voulons atteindre ?

Essayer de conduire la stratégie, en communiquant et récompensant les salariés sur les résultats économiques, revient à montrer à quelqu'un à jouer au tennis en lui enseignant comment compter les points. Le cours débute par « love » (le terme tennistique et non le sentiment en anglais) ; passe rapidement à « 15, 30, 40 » ; s'arrête sur une leçon approfondie de « égalité » ; puis explique « jeu ». Pour les élèves qui vont jusque là, le cours se poursuit en expliquant « les sets » et les « tie-breaks ». Puis, le moniteur dit aux élèves, « C'est bon, à présent vous connaissez les résultats que vous devez atteindre. Allez-y et gagnez ! » Les élèves sentent soudain les balles de leurs adversaires siffler à leurs oreilles, tandis que la plupart de leurs tentatives de les renvoyer finissent dans le filet ou hors du court. À la fin de l'exercice, les élèves connaissent le score : 6-0, 6-0 et comprennent que ce n'était peut-être pas le résultat souhaité, mais ils n'ont aucune idée sur la façon d'améliorer leurs performances à l'avenir.

Visiblement, de bons cours de tennis impliquent que les élèves comprennent non seulement comment compter les points mais également quels inducteurs de performance (revers, coup droit, volée, balle coupée, lobée et services) généreront les résultats souhaités ainsi que la gestion performante du court qui relierait les éléments ensemble pour en faire une stratégie gagnante. De même, au-delà de la fixation d'un bon ensemble d'indicateurs financiers pour compter les points, les responsables doivent aider les salariés à comprendre à la fois les éléments (relations avec le client, proposition de valeur, innovation, gestion de processus, capacités et motivation du personnel et informatique) et la stratégie qui les relie pour obtenir le résultat financier souhaité. C'est ainsi que le tableau de bord prospectif intègre des stratégies basées sur le financier et optimise les stratégies exclusivement orientées sur la valeur pour l'actionnaire en explicitant la logique qui permet d'améliorer la valeur pour l'actionnaire.

Question

Le tableau de bord prospectif devrait-il être communiqué aux analystes financiers et aux actionnaires ?

Peu d'entreprises ont des tableaux de bord au niveau du siège et de chacun des centres de profit. Les indicateurs financiers ont cet énorme avantage de pourvoir être additionnés entre des centres de profit totalement différents pour obtenir la performance financière globale de l'entreprise. Les indicateurs client et les propositions de valeur ne peuvent pas être ajoutés, notamment lorsque les centres de profit ont des stratégies différentes. Il n'est pas encore évident que des tableaux de bord au niveau de l'entreprise toute entière aient un sens, sauf lorsqu'il s'agit d'entreprises opérant dans un seul secteur. De plus, la confidentialité des indicateurs de tableaux de bord stratégiques devient encore plus sensible si les données sont incluses dans des documents et des rapports publics.

Ceci étant dit, il faut observer que certains cadres dans des entreprises ayant plusieurs divisions, comme par exemple, Brian Baker chez Mobil et Michael Hegarty chez Chemical Bank, utilisaient en fait le cadre du tableau de bord dans leurs réunions d'information avec les analystes. Ils ont convaincu les analystes que leurs excellentes performances récentes n'étaient pas dues à la chance ou à des événements ponctuels, en communiquant la logique et la structure sous-jacente d'une stratégie intégrée. Ils ont expliqué les segments visés, les propositions de valeur et le rôle dévolu à la technologie. Les analystes sont partis avec un enthousiasme renouvelé pour l'action de la société et ses perspectives d'avenir. Nous pensons que le tableau de bord, en structurant le discours des responsables sur la stratégie, peut améliorer leur crédibilité et, sur la durée, encourager les analystes et les actionnaires à se pencher sur les variables financières clés qui sont les inducteurs ou les résultats d'une stratégie réussie.

Index Thématique

Index des noms propres

www.ingramcontent.com/pod-product-compliance
Lightning Source LLC
Chambersburg PA
CBHW082125210326
41599CB00031B/5872